传承红色基因

检察历史人物

最高人民检察院政治部　组织编写

中国检察出版社

图书在版编目（CIP）数据

传承红色基因检察历史人物 / 最高人民检察院政治部
组织编写 . —— 北京：中国检察出版社，2023.5
ISBN 978-7-5102-2899-5

Ⅰ.①传… Ⅱ.①最… Ⅲ.①检察官—先进事迹—中
国 Ⅳ.① K825.19

中国国家版本馆 CIP 数据核字（2023）第 078874 号

传承红色基因检察历史人物

最高人民检察院政治部　组织编写

责任编辑：王伟雪　　葛晓湄
技术编辑：王英英
封面设计：天之赋设计室

出版发行：中国检察出版社
社　　址：北京市石景山区香山南路 109 号（100144）
网　　址：中国检察出版社（www.zgjccbs.com）
编辑电话：（010）86423797
发行电话：（010）86423726　86423727　86423728
　　　　　（010）86423730　86423732
经　　销：新华书店
印　　刷：北京联合互通彩色印刷有限公司
开　　本：710 mm×1000 mm　16 开
印　　张：40
字　　数：514 千字
版　　次：2023 年 5 月第一版　　2023 年 5 月第一次印刷
书　　号：ISBN 978-7-5102-2899-5
定　　价：128.00 元

《传承红色基因检察历史人物》

编委会

主　　任　潘毅琴

副主任　滕继国　肖　玮

委　　员　郭文梅　闵　钐　白兵利

　　　　　王玉杰　肖康宁　秦海威

　　　　　赵婧琦

执行编辑　梁伟男　赵晓敏

序言

　　1931 年 11 月，中国共产党领导的人民检察事业在红都瑞金创建。90 多年来，人民检察事业紧跟党领导革命、建设、改革的铿锵步伐，与党和人民事业发展同向，与法治中国建设同行。一代代检察人以党的旗帜为旗帜、以党的方向为方向、以党的意志为意志，赓续党的红色血脉，弘扬党的优良传统，在不忘初心、砥砺前行的奋斗中形成了具有鲜明法治元素、检察特征的"红色基因"。

　　翻开人民检察历史画卷，我们看到，新民主主义革命时期，人民检察事业自诞生之日起就把打击犯罪、惩治反革命、保护群众利益、巩固革命政权、维护革命法制作为重要使命。新中国成立后，检察机关积极投入到镇压反革命及"三反""五反"等运动中，依法行使检察权，巩固人民民主政权，促进新中国法制建设。党的十一届三中全会后，人民检察迎来历史性发展机遇。恢复重建的检察机关认真履行各项检察职能，在维护社会主义经济秩序、维护国家安全和社会稳定、促进党风廉政建设和惩治腐败、维护司法公正和法制统一等方面发挥了重要作用。党的十八大以来，全国检察机关自上而下展开系统性理念、机构、工作变革，积极构建刑事、民事、行政、公益诉讼"四大检察"法律监督新格局，依法能动履行宪法法律赋予的职责，为书写经济快速发展和社会长期稳定两大奇迹贡献了检察力量。

　　回顾人民检察事业发展历程，我们深知，90 多年来人民检察事业取得的一切成就，都是党中央坚强领导的结果；人民检察事业各个时期迈出的稳健步伐，都是老一辈检察人自强不息、艰苦奋斗和新一代检察人继承创新、奋勇拼搏的结果。革命战争年代，老一辈检察人筚路蓝缕，为人民检察制度的诞生发展浴血奋斗；新中国成立后，老一辈检察人艰难探索，为人民检察事业新的起步呕心沥血；改革开放以来，新一代检察人开拓创新，为检察机关恢复重建和人民检察事业传承发展尽心竭力。其中，还有许多英烈为人民检察事业英勇献身。正是一代又一代检察人薪火相传、接续奋斗，为捍卫国家政权、惩治犯罪、保护人民、促进国家各方面工作法治化发挥了重要作用，形成了党的领导、服务大局、司法为民、实事求是、专群结合等优良传统，才有了今天人民检察事业的蓬勃发展。

习近平总书记深刻指出，历史是最好的教科书，也是最好的营养剂。为激励引领广大检察人员弘扬优良传统，把党绝对领导下的人民检察"红色基因"融入灵魂血脉，走好新时代检察长征路，我们选取自人民检察制度诞生以来的101名传承"红色基因"检察历史人物，广泛收集史料，组织编写了简明扼要的人物传记，作为全国检察机关深入开展学习贯彻习近平新时代中国特色社会主义思想主题教育、推动党史学习教育常态化长效化、开展检察教育培训的辅助读物和教材。

在编写过程中，我们经查阅党史资料、组织各省级人民检察院推荐、征求有关部门意见、反复研究讨论，侧重收录了包括新民主主义革命时期的人民检察历史人物，曾任最高人民检察院检察长、副检察长的已故老领导，为检察事业作出突出贡献的已故最高人民检察院早期厅长、副厅长，在省级检察机关作出重大贡献的已故主要领导同志，参与侦诉日本战犯和公诉林彪、江青两个反革命集团等大要案件的国家公诉人，以及被批准为"革命烈士"的检察人员、获得国家级荣誉的已故检察英模代表。这些检察历史人物传承"红色基因"，对党忠诚、司法为民、勇于担当、敬业奉献，是人民检察事业弥足珍贵的红色资源和精神财富。这些检察历史人物的革命生涯和检察履历，彰显着党的性质和宗旨，凝聚着党的优良传统和作风，蕴含着十分丰富的革命精神、法治精神和检察文化底蕴。我们希望广大检察人员通过这部人物传记，不仅可以读到以人物为主线反映出的人民检察历史发展面貌的"微检史"，更能用检察先辈的崇高精神激励自己，赓续红色血脉，不断开拓奋进。

以党的二十大胜利召开为标志，人民检察事业紧跟党和国家事业发展步伐，开启了全面现代化建设的新征程。党的二十大报告强调，"加强检察机关法律监督工作""完善公益诉讼制度"，这是以习近平同志为核心的党中央在新时代新征程对全面依法治国、党的检察事业发展作出的历史性、战略性部署，赋予了检察机关更重的政治责任、法治责任、检察责任。走好新时代检察长征路，检察机关要常态化长效化开展党史学习教育，学习传承人民检察历史人物的精神品质，自觉赓续人民检察制度与生俱来的"红色基因"，从中汲取强大的信仰力量；要以党的二十大精神为指引，始终坚持党的绝对领导，深入学习贯彻习近平新时代中国特色社会主义思想，全面贯彻习近平法治思想，深刻领悟"两个确立"的决定性意义，把增强"四个意识"、坚定"四个自信"、做到"两个维护"融入检察履职全过程、各环节；要认真落实《中共中央关于加强新时代检察机关法律监督工作的意见》，始终坚持为大局服务、为人民司法，努力让人民群众在每一起司法案件中感受到公平正义，以检察工作现代化服务保障中国式现代化，积极续写党绝对领导下的人民检察事业新篇章！

本书编写组

2023 年 2 月

目 录

何叔衡

何叔衡（1876－1935），湖南宁乡人，无产阶级革命家，中共一大代表，中国共产党的创始人之一。1931年11月，当选中华苏维埃共和国中央执行委员会委员，任中央政府工农检察人民委员（人民委员部部长）兼任临时最高法庭主席、内务人民委员部代部长等职。红色政权首任"最高检察长"。1934年10月，中央红军主力长征，何叔衡奉命留在中央革命根据地坚持斗争。1935年2月24日，从江西转移至福建途中，在长汀突围战斗中壮烈牺牲。

★ 积极传播新思想

1876 年，何叔衡出生于湖南宁乡一个农民家庭。他自小刻苦勤奋，阅读了很多名著，26 岁时得中秀才，但他"感世局之汹汹，人情之愦愦"，拒不接受县衙门的任职，宁愿在乡种地、教书。他曾说："我的一生不想为一家一身发财升官，或者安居在家以求善终。"以此表明自己的志向。他先在乡间教过五年私塾，1909 年春受聘到云山高等小学学堂任教，其间开始接受孙中山的革命思想。辛亥革命胜利后，中华民国成立，何叔衡十分振奋，在云山高等小学学堂开展教学改革，反对尊孔读经，提倡社会科学和自然科学，吸收附近贫苦农民子弟免费上学，使学堂面目为之一新。后来辛亥革命果实被袁世凯篡夺，他辞去教职，奔赴长沙寻找新的道路。

1913 年，何叔衡考入湖南省立第一师范讲习班，结识了毛泽东，两人志趣相投，共同探讨救国救民的真理。自此，毛泽东早年在湖南的革命活动，他无不以极大的热情和实际行动加以赞助；他的革命行动，毛泽东也同样予以支持。

1915 年，陈独秀等创办的《新青年》，为探索"如何使个人和全人类生活向上"的毛泽东、蔡和森、何叔衡等带来了曙光。1918 年 4 月，毛泽东、蔡和森等倡议成立新民学会。何叔衡是新民学会的骨干成员，他感情热烈，开诚布公，正义凛然，很受青年的欢迎。

1919 年五四运动爆发，何叔衡以极大的热情投入其中，组织和推动湖南反帝反封建斗争不断深入和发展。同年 11 月，他被选为新民学会执行委员长。此时，湖南的统治者张敬尧无恶不作、镇压爱国人士，激起民愤。在毛泽东和新民学会的组织下，声势浩大的驱张斗争取得了胜利。对于何叔衡的表现，毛泽东称赞"叔翁办事，可当大局"。

★ 忠实信仰马克思主义

经过五四运动和驱张运动的洗礼，何叔衡开始走上信仰马克思主义的道路。

1920 年 6 月 17 日，何叔衡从衡阳回到长沙不久，就协助毛泽东在湖南开展宣传马克思主义和建立共产党的准备工作。他们创办文化书社，组织俄罗斯研究会，培育和发现了一批革命人才，扩大了新文化的传播。

1920 年，陈独秀等在上海建立中国共产党最早的组织。同年 9 月，毛泽东在长沙组织新民学会会员中的积极分子学习马克思列宁主义，为在湖南建党培养骨干，何叔衡参加了学习。

1921 年 6 月 29 日，毛泽东和何叔衡代表湖南的共产主义者前往上海，出席中国共产党第一次全国代表大会。1921 年 7 月，中国共产党第一次全国代表大会宣布了党的成立。中共一大闭幕后，何叔衡和毛泽东被派回长沙，在湖南建立共产党湖南支部。1922 年五一节前后，中共湘区（包括安源）委员会正式成立，毛泽东任书记，何叔衡任组织委员。

为了扩大马克思列宁主义宣传，1921 年 8 月，毛泽东同何叔衡利用船山学社创办了湖南自修大学。其间，何叔衡还参与了对当时湖南工人运动的领导，领导粤汉铁路武长段工人罢工取得胜利。湖南自修大学被封闭后，湘江学校成立，何叔衡担任校长，特别注意培养学生的民族独立思想与革命精神。

1928 年 6 月，何叔衡被选派莫斯科学习，并在莫斯科参加了中国共产党第六次全国代表大会。在外学习期间，他在政治上始终保持清醒的头脑，时刻关注国内的斗争情况。1930 年 7 月，学成回国后，何叔衡在上海担任共产国际救济总会和全国互济会的主要负责人。这一时期，他的女儿何实山、何实嗣因在上海开展地下工作被捕。他在前往中央苏区前教育女儿："作为共产党员就应该是不怕死的。我们从入党的那天起，就把自己的一切，包括自己的生命完全交给党了。"

★ 开创工农检察工作

1931 年 11 月，在中华苏维埃第一次全国代表大会上，何叔衡当选为中央执行委员会委员，并被任命为中央政府工农检察人民委员，成为红色政权首任"最高检察长"。1932 年 2 月，鉴于工作认真出色，何叔衡又被毛泽东力荐兼任临时最高法庭主席，成为红色政权首任"首席大法官"。之后又兼任内务人民委员部代部长等职务，身兼监察、司法、民政等数职。

工农检察部是兼有行政监察和职务犯罪检察等多种职能的国家机关，是苏区检察机关中独立的主体，中华苏维埃共和国赋予各级工农检察部监督苏维埃机关、企业及其工作人员正确执行苏维埃的政纲及各项法律、法令，保护工农群众利益，检举和查处混进苏维埃组织中的阶级异己分子、贪污腐化分子和动摇、消极分子，对贪污腐化、官僚主义犯罪案件，有权报告法院。此外，苏区检察机构体系还包括军事检察（查）所、政治保卫局检察（查）科和配置在审判机关的检察长、检察员，四个检察机构相互独立又相互依存、既相互衔接又相互制约，共享法律监督权。在具体工作实践中，何叔衡特别注重以下几方面：

注重实地调查取证。何叔衡特别强调实地调查对检察工作的重要性，对一些重大案件，他都会实地调查。调查中，他随身背着布袋子、手电筒、笔记本"三件宝"。1932 年 5 月，在查处瑞金县县委组织部部长陈景魁案期间，何叔衡亲自带领"突击队"深入案发地黄柏区和陈景魁家乡大柏地，走访案件受害人、知情人，调查取证。随后，何叔衡总结本案教训，主持制定和颁布《关于检查苏维埃机关和地方武装中阶级异己分子贪污腐化动摇消极分子问题》训令，在中央苏区部署开展检举运动。

坚持司法审慎原则。1932 年，在王明"左"倾错误影响下，一些省、县司法机关的干部认为多判死刑保险。何叔衡坚持以事实和法律为依据，对下面报来审批的案件，总是仔细审查，反复推敲，避免冤错案件的发生。例如，瑞金县苏维埃裁判部判决朱某某死刑案、江西省苏维埃裁判部判决王某某死刑案等，依据犯罪事实均不认定原判决书所认定的反革命罪，予以改判。在致会昌县苏维埃裁判部信中，对事实不清、证据不足的第二号判决发回重审，同时责令"主审人要改换"。相关案例均是基于犯罪事实的考量，特别是"缘法准情"对犯罪性质作审慎的判断。

引领和组织群众广泛参与。何叔衡上任后，在各级工农检察部设立控告局，接受群众举报控告；设置工农通讯员，及时反映群众呼声，反映基层实际情况；吸收具有财会等专业知识的人员进入突击队，参加案件侦查；组织轻骑队、群众法庭，开展检举活动，广泛吸收群众参与和监督检察工作。在工农集中的地方悬挂控告箱，以方便工农群众投递控告书，"不论何人，都可写控告信投入箱内，不会写信的，可请人代写，或当面来本局控告，一律欢迎"。如今，我们设立 12309 检察服务中心，受理群众来信、来访，就其功能和作用而言，就是当代的"控告箱"。

强调实质性化解矛盾纠纷。1932 年 3 月，瑞金市白露乡、合龙乡村民因农田灌溉"抢水"发生激烈械斗，为调解纠纷，时年 56 岁的何叔衡两次翻山越岭，召集区负责人和两乡有关人员进行调处，上百名村民坐在河边听何叔衡讲道理、讲法律，最终有效化解了纠纷。此后，何叔衡还协调寻找到新的水源，从源头上解决了矛盾。这一纠纷处理模式，成为当时苏区审判工作的典范，对人民司法影响深远。

★ 英勇献身革命理想

1934年10月，中央红军主力长征后，何叔衡留守赣南坚持游击战争。根据李六如回忆，何叔衡在根据地"帮助乡政府做动员工作，每天扶一根拐杖，朝出晚归，口不言劳"。

1935年2月，中央苏区沦陷，何叔衡与瞿秋白、邓子恢等从江西瑞金出发转移去闽西。突围途中，在福建长汀被敌人发现追击。为不给战友添加"累赘"，退到一处悬崖边时，何叔衡挣脱两个警卫战士阻拦，纵身跳下悬崖，壮烈牺牲，实践了他生前"我要为苏维埃流尽最后一滴血"的誓言。

何叔衡的女儿何实山、何实嗣在《回忆父亲何叔衡》中写道："林伯渠同志曾说过，旧学问一经和革命学问相结合，即和最新的学问——马克思主义相结合，蔚然发出奇光。这奇光，照耀着父亲认准革命的方向，百折不回地走到底，直至为苏维埃流尽最后一滴血！这奇光永远照耀着我们踏着先烈的血迹，勇往直前！"

（袁宗评　张海荣编写）

参考资料

1. 王兴刚、方大铭：《何叔衡》，载《中共党史人物传》（第4卷），中国人民大学出版社2017年版。

2.《何叔衡：绝对不能为一身一家谋升官发财以愚懦子孙》，载中国共产党新闻网。

3.《何叔衡：用生命践行铮铮誓言》，载《人民日报》2021年5月7日。

4. 韩伟：《何叔衡的司法思想》，载《人民法院报》2017年5月5日。

5. 刘俊、曾绍东：《法律与革命：中华苏维埃共和国法制价值新论》，载《江西社会科学》2021年第10期。

董必武

　　董必武（1886－1975），湖北红安人，中国共产党的创始人之一，中华人民共和国的缔造者之一，杰出的无产阶级革命家、马克思主义的政治家和法学家，中国共产党第一代领导集体成员和国家的重要领导人。曾任中央人民政府委员会委员、政务院副总理兼政治法律委员会主任，最高人民法院院长，全国政协副主席，中共中央监察委员会书记，中华人民共和国副主席、代主席，第四届全国人大常委会副委员长，中共第六届、第七届、第八届、第九届、第十届中央委员，中共第七届、第八届、第九届、第十届中央政治局委员，中共第十届中央政治局常委。

★ 中国共产党重要创建者和早期领导者

1886 年，董必武出生在一个清贫的教书先生家庭，自幼受到良好的启蒙教育，17 岁考中秀才。青少年时期，董必武目睹清政府的腐朽专制和西方列强对中国人民的欺压掠夺，立志救国救民。

1911 年 10 月 10 日，武昌起义爆发。董必武毅然奔赴武昌投入战斗，从一个晚清秀才成为坚定的反帝反封建的民主主义者，从此走上为中国人民解放事业不懈奋斗的职业革命家道路。

在俄国十月革命影响下，董必武开始学习马克思列宁主义。他与李汉俊等讨论俄国革命和布尔什维主义，得出中国革命"必须走列宁的道路"的结论。五四运动爆发后，他在上海参加这场反帝爱国运动，从中看到了民众行动起来的伟大力量，看到了中华民族新的希望。1920 年秋，在上海共产党早期组织的指导下，董必武与陈潭秋等同志创建了武汉共产党早期组织，向工人宣传马克思列宁主义。在董必武等同志的组织领导下，武汉地区的革命活动逐渐活跃起来。

1921 年 7 月 23 日至 8 月初，董必武出席中国共产党第一次全国代表大会，成为党的创始人之一，随后参与建立和发展湖北省的党组织，任中共武汉区执委会委员和湖北区执委会委员。在他和区委同志的组织领导下，武汉成为近代工人运动策源地之一。

1927 年，蒋介石、汪精卫相继背叛革命，轰轰烈烈的大革命失败。8 月 1 日，中国共产党领导举行南昌起义。董必武与宋庆龄、邓演达、毛泽东等 22 人联名发表《中央委员宣言》，痛斥蒋、汪，号召进行坚决斗争。在白色恐怖日益严重的情况下，董必武根据党的指示东渡日本。1928 年，党组织派他到苏联学习。1932 年回国后进入中央革命根据地，先后担任马克思共产主义学校教务长、副校长，中央党务委员会书记，中华苏维埃共和国中央执行委员会委员，最高法院院长等职，为中央苏区的干部教育、纪检监察工作和法制建设付出大量心血。1934年10月，年近半百的董必武参加长征，以超凡的勇气和毅力，历经千难万险，走完长征路。到达陕北后，董必武担任中央党校校长，为全面抗战培养了大批领导骨干。

★ 中央苏区工农检察机关的领导人

在我们党的创始人中，董必武是特有的早期具有法律专业素养和立法与司法实践的领导人。1914年1月，董必武东渡日本留学，攻读法律。1917年4月，在武汉与张国恩合办律师事务所，在社会上赢得一定的声誉。1927年3月，在武汉领导制定了《湖北省惩治土豪劣绅暂行条例》和《湖北省审判土豪劣绅暂行条例》。

1932年，董必武由苏联辗转到达红都瑞金。1933年2月，董必武在中央苏区人民委员会第三十五次常会上被任命为中央工农检察人民委员部委员。1934年1月，中华苏维埃第二次全国代表大会将中央工农检察人民委员部更名为中央工农检察委员会，董必武当选为中央工农检察委员会委员、副主席，1934年6月任代主席。在此期间，董必武大量地倡导、组织和参与了苏区立法工作，开展了大规模苏区司法实践，为中央苏区的法制建设作出了重大贡献。

董必武在中央苏区倡导、组织、参与制定了一批司法方面的法律法规。董必武从1933年3月被任命为中央工农检察人民委员部委员起，历任中央党务委员会书记、中央执行委员会委员、临时最高法庭主席、最高法院院长等职。在领导司法工作的同时，总结苏区司法活动经验，指导和参与立法工作，制定和颁布了诸如《中华苏维埃共和国司法程序》等20余部司法方面的基本法律法规，形成了初具规模的司法法律体系。通过董必武等的努力，中央苏区创建了较为完整的司法机构，并形成了一整套中央苏区的司法审判制度。

董必武组织开展了以大规模反贪倡廉为核心的司法活动。在董必武担任工农检察机关领导人期间，工农检察机关围绕苏区中心工作，开展检举运动、反贪污浪费斗争，为加强中央苏区党政机关的廉政建设发挥了重要作用。其间，董必武发表《把检举运动更广大地开展起来》等文章，部署和深入推进检举运动。作为中央苏区法院（裁判部）系统的领导人，董必武参与审理了一批重大案件，当时苏区轰动一时的熊仙壁案件，就是由董必武担任最高特别法庭的主审。

★ 新中国法制建设的重要开拓者

新中国成立初期，法律尚不完备，司法资源有限，人民群众的利益无法得到依法保障。基于长期的司法实践经验，结合马克思列宁主义的实践应用，董必武逐渐形成和发展了人民司法观念。1959 年 5 月 16 日，董必武对新中国初期的政法工作总结经验时认为，"我们党从井冈山建立革命政权的时候起，就有了自己的政法工作。人民政法工作……在党中央和毛主席的领导下，从民主革命到社会主义革命，逐步积累起丰富的经验，形成了自己的优良传统。这就是服从党的领导、贯彻群众路线、结合生产劳动、为党和国家的中心工作服务"。这一时期的司法实践，为我国的法制建设打下了坚实的基础。

人民检察工作是人民司法工作的有机组成部分。董必武有关人民检察工作的论述相当丰富，针对人民检察工作如何贯彻社会主义法制的基本要求，他提出，要积极施行《人民检察院组织法》，规范和统一新时期的人民检察工作，保证人民检察工作顺利而正确地施行，坚持人民检察工作的人民性方向。他还指出，人民检察工作必须依法律、依程序进行，他曾专门论述称"按程序办事，可以使工作进行得更好、更合理、更科学，保证案件办得准确、合法、及时，否则就费事，甚至出差错"。对于司法实践中存在的不重视甚至破坏程序法制的行为和现象，董必武给予了严肃的批评，他在党的八大上指出："有些地方对于违法犯罪的人犯，只注意他是否违法犯罪，而不注意严格履行法律手续的现象，还没有完全克服，例如有些司法人员有时没有按照法律规定的手续拘捕人犯，限制被告人行使辩护和上诉的权利……这些都是严重的违法行为，必须彻底加以肃清。"董必武认为，必须充分重视检察工作的法律监督作用，他在 1957 年 3 月 18 日召开的军事检察院检察长、军事法院院长会议上做了具体阐述："检察院、法院和公安机关是分工负责，互相制约，共同对敌。检察院是监督机关，不管哪一机关犯了法，它都可以提出来……公安机关捕人，要经检察院批准；没经批准就逮捕人，是违法的；检察院本身没有判决权，如果认为应该判刑，向法院起诉。判刑或不判刑是法院的职责。法院审判不合法，检察院可以抗议。"

为了加强人民检察的工作建设，在组织和推进人民司法工作建设的过程中，董必武从加强人民检察工作的立法、加强党对人民检察工作的领导以及加强人民检察的组织机构建设等三个方面进行了全面的论述，为中华人民共和国成立后恢复人民检察工作起到了积极而重要的作用。

★ 共产党人立党为公的坚定践行者

董必武具有坚定的共产主义理想信念。在他 60 多年的革命生涯中，始终抱定革命必胜的信念，即使在革命遭到挫折时也矢志不渝。他曾考中秀才、在旧政府任职，在漫长的革命征途中多次身处险境，但始终把民族和国家的利益放在第一位，为党建功、为国立业、为民造福，为共产主义理想奋斗不息。

董必武始终保持着艰苦朴素的优良作风，在严格要求自己的同时，总是虚怀若谷，平易近人，亲切感人。他对工作人员生活上给予无微不至的关怀，学习上尽心帮助，给他们制订学习计划，圈定报刊上的好文章，检查学习效果，都考虑得十分周到。

董必武对广大人民群众怀有特别深厚的感情。他总是想尽一切办法，抓住一切机会，通过一切渠道，深入群众，了解和关怀人民群众的疾苦。直到 20 世纪 60 年代，他还不顾年事已高、体弱多病，外出视察，下乡蹲点，了解民情，征求民意。1975 年 3 月初，他生命的最后二十几天，心中仍牵挂贫困地区的人民，他问身边人甘肃当年的收成情况，又问到秦川人民的生活怎么样。

董必武总是把自己视为人民公仆，他常说："我们的党是为群众利益服务的，如果不为群众服务，还要组织共产党干什么？"他不仅严于律己，而且对子女及亲友要求很严格，教育他们正直做人，勤奋学习和工作，绝不允许有任何特殊的行为。

1975 年 4 月 2 日，董必武在北京逝世，享年 89 岁。叶剑英在追悼会上说："董必武真正做到了一辈子做好事，不愧为无限忠诚于党和人民的无产阶级革命家。"

（袁宗评 张海荣编写）

参考资料

1. 中共中央党史研究室：《纪念中国共产党的模范的领导者董必武》，载《人民日报》2016 年 3 月 7 日，第 6 版。

2. 中国中共党史人物研究会编：《中共党史人物传》（第 13 卷），中国人民大学出版社 2017 年版。

3. 曾绍东:《开拓与奠基——论董必武在中央苏区的司法实践》,载《毛泽东思想研究》2010年第2期。

4. 闵钐:《董必武与新民主主义革命时期的检察工作》,载《董必武法学思想研究文集》(第十辑),人民法院出版社2011年版。

5. 庞晓燕、杨铭:《董必武人民检察法律思想论述》,载《董必武法学思想研究文集》(第十一辑·上册),人民法院出版社2012年版。

6. 何勤华、廖晓颖:《新中国人民司法思想的发端与成长——董必武人民司法思想的再探讨》,载《犯罪研究》2021年第2期。

7. 湖北省社会科学院组编:《忆董老》(第2辑),湖北人民出版社1982年版。

项 英

项英（1898－1941），湖北武昌人，1922年加入中国共产党。1934年2月兼任中央工农检察委员会主席。曾任中华全国总工会执行委员和湖北省总工会委员长。党的第三届、第四届中央执行委员，第五届中央委员，第六届中央政治局委员、常委。1931年11月任中央执行委员会副主席，中央人民委员会副主席。抗日战争时期，任中共中央东南局书记、新四军副军长。

★ 工人运动的著名活动家

1898 年，项英出生于湖北省武昌县（今属武汉市）一个贫苦职员家庭。由于生计所迫，他 12 岁辍学，15 岁进入纺织厂当学徒，饱受资本家的剥削和工头的虐待。1919 年五四运动爆发，项英受此影响，心中向往革命。1920 年 4 月，他利用工人对遭受工头虐待和工资低微的不满情绪，成功发动武汉纺织工人第一次罢工。1922 年，项英加入中国共产党，开始了革命生涯。

在中国共产党领导的第一次工人运动高潮中，项英是重要领导人之一。1921 年 12 月起，他参加中国劳动组合书记部武汉分部工作，相继在铁路、工厂等组建工人俱乐部或工会，深入工人群众，宣传革命道理，促进工人团结，很快赢得工人群众的信任。1923 年 2 月，他与陈潭秋等同志一起指挥了震惊中外的京汉铁路工人大罢工。

大革命时期，按照党的指示，项英辗转于上海、武汉两地从事工运工作，参与领导了 1925 年上海沪西日商纱厂工人二月罢工和波澜壮阔的五卅运动。在第二次全国劳动大会上，项英当选为中华全国总工会执行委员。1926 年秋北伐军攻克武汉后，项英担任中共湖北区委组织部主任，参与湖北省总工会领导工作，同时在武汉工人运动讲习所担任兼职教师，培养了一批工运骨干。这一时期，项英先后当选中国共产党第二次全国代表大会代表，第三届、第四届中央执行委员会委员，第五届中央委员。

1927 年大革命失败后，项英转移到上海，在白色恐怖下开展工运工作。1928 年 7 月，在党的六届一中全会上，项英当选为中央政治局常委，11 月任中共中央职工运动委员会书记。1929 年 11 月，项英主持召开第五次全国劳动大会，并当选为中华全国总工会委员长兼中共党团书记。

在项英的革命生涯中，有近半数时间从事工人运动。他参与或领导了 20 世纪 20 年代中国工人运动中许多具有重要历史意义的活动，在党领导的工人运动史上写下光辉一页。他在斗争实践中成为深受工人群众信赖和拥戴的工运领袖。1948 年 7 月 29 日，中共中央在给全国第六次劳动大会的祝词中称项英同志为"工人阶级的英雄人物"。

★ 党和红军的早期领导人之一

项英为中国工农红军和中央革命根据地的建设与发展殚精竭虑，做了大量工作，与毛泽东、朱德一起，被美国友人尼姆·威尔斯并称为"中华苏维埃三巨头"。1931 年 1 月，受党中央派遣到中央苏区工作，任中央革命军事委员会主席，苏区中央局委员、代理书记。在协助中央政府主席毛泽东主持中央政府工作期间，他着力加强苏维埃政权建设，动员组织群众发展生产、筹措给养，保证前线供应，带头艰苦奋斗、廉洁奉公。项英在中央革命根据地的实践探索，为党领导的红色政权建设积累了宝贵经验。

项英是南方三年游击战争的主要领导人之一。1934 年 10 月，中央红军主力开始长征，项英同志根据党中央决定留在中央革命根据地坚持斗争。他坚决服从党中央决定，与陈毅同志等一起率队掩护策应红军主力进行战略转移。1934 年 11 月底，鉴于形势恶化，项英同志主持召开中央分局会议，提出"独立自主坚持游击战争"的方针，开始由正规战到游击战的转变。他们经常穿行于崇山峻岭和茅草密林之间，昼伏夜行，风餐露宿，长期坚持英勇的游击战争，使各游击区成为中国人民反日抗战的重要支点。三年游击战争与红军主力的伟大长征交相辉映，谱写了中国革命史上壮烈而光辉的篇章。

项英是新四军的创建人和主要领导人之一。1937 年 11 月，叶挺和项英先后到达延安，接受中央赋予的组建新四军、开展华中抗日游击战争的任务。项英同志遵照中共中央和毛泽东同志的指示，在大江南北、江淮河汉广大地区，广泛开展抗日游击战争，配合正面战场作战。到 1940 年年底，新四军共对日伪军作战 2700 次，毙伤俘敌 5.5 万人。新四军主力部队由组建时的 1 万余人发展到近 9 万人，脱产和不脱产的地方武装达数十万人。抗日根据地总面积达 4.4 万平方公里，人口达 1400 万人。1941 年 1 月，国民党反动派发动皖南事变。项英在突围中不幸遇难，年仅 43 岁。

★ 人民检察制度的先驱之一

1931 年 11 月 7 日，中华苏维埃第一次全国代表大会召开，建立了中华苏维埃政权体系，确立了包括检察制度在内的司法制度，人民检察制度从此诞生。1931 年 11 月 27 日，中央执行委员会第一次会议举行，会议选举项英为副主席。根据会议决议，在中央人民委员会之下设"九部一局"，其中，工农检察人民委员部承担执法监督、查处贪污腐化和行政监察等职能；在国家政治保卫局设检察科；在红军中，设立与各级军事裁判所相应的军事检察所；在临时最高法庭（"二苏大"后更名为最高法院）配置检察长、副检察长、检察员，在省、县裁判部配置检察员，四个检察机构各自独立行使检察权。1934 年 1 月至 2 月，中华苏维埃第二次全国代表大会选举产生中央工农检察委员会，项英当选该委员会主席，各级工农检察部（科）也随之更名为工农检察委员会。

项英是我国检察事业的开拓者之一。1931 年 2 月，项英作为党中央派遣到苏区筹备全国苏维埃代表大会的主要负责人，根据共产国际的指示，在 1930 年 9 月全国苏维埃代表大会中央准备委员会（中准会）第一次全体会议《中华苏维埃共和国根本法（宪法）大纲草案》的基础上，直接负责为大会起草《宪法草案》。以毛泽东等为代表的中央革命根据地广大党员和群众，主张制定一部符合中国革命发展需要的纲领性宪法文件，项英也主张起草一部简略的纲领性宪法文件，并尽量剔除那些理想化的"左"倾观点，遂改为起草《中华苏维埃共和国宪法大纲》。在组建检察机关时，项英他们没有照搬当时苏联的检察体制，而是在不违反共产国际关于苏维埃机构建设具体指示的基础上，根据苏区反"围剿"、反颠覆、反腐败斗争的实际需要，把检察职能分散在四个机构，形成相互依存、相互制约的检察机构体系。

项英高度重视法制建设。反思中央苏区肃反工作中存在的问题，1931 年 12 月 13 日，"一苏大"刚刚选举产生的中央执行委员会召开非常会议，通过《中华苏维埃共和国中央执行委员会训令第六号——处理反革命案件和建立司法机关的暂行程序》，明确指出：建立苏维埃司法机关、规定司法程序，就是"要坚决的迅速的建立革命秩序，使革命群众的生命权利和一切法律上应得的权利，得到完全的保障，同时对于反革命的组织和活动，要给他以彻底的消灭"。在项英等的努力下，短短三年时间内，临时中央政府先后制定颁布了 130 多部法律法令条例，其中包括《中华苏维埃共和国中央苏维埃组织法》等组织法 15 部、《中华苏维埃共和国的选举细则》等选举法 10 部、行政法规 30 多部，初步形成了以《中华苏维埃共和国宪法大纲》为核心，包括政权组织法、选举法、刑法、行政法、民法、经济法、社会法、诉讼程序法等部门法的配套法律体系。他还关注法律的运行和解释工作，比如，1931 年《中华苏维埃共和国婚姻条例》实施后，针对根据地妇女解放的时代背景下人们关于离婚后债务清偿问题，项英专门撰写了《关于婚姻条例的质疑与解答》予以解释。

项英高度重视检察监督与群众监督、舆论监督的有机结合，吸收人民群众参与检察工作。在工农检察部设立控告局、突击队，设置工农通讯员，组织轻骑队、群众法庭，开展检举活动，吸引和组织工农群众参与和监督检察工作、监督苏维埃机关工作，监督检查苏维埃法律法令的执行情况。项英十分重视检察队伍包括工农通讯员建设，瑞金中央革命根据地历史博物馆中，至今留存有项英给工农通讯员的亲笔回信、项英签发给工农通讯员的油印学习资料。

作为检察工作的重要工作方式，当时有一定影响的案件办案进展、案情、起诉书、判决书，包括突击队、轻骑队工作成果等，都会在《红色中华》《斗争》《红星》等报刊及时披露，便于人民群众更好地参与监督检查。1932年3月2日，项英在《红色中华》发表《反对浪费严惩贪污》的文章，表明临时中央政府反腐败斗争的决心。1933年12月15日，中华苏维埃共和国临时中央政府主席毛泽东、副主席项英签署人民政权第一部反腐败单行刑法《中央执行委员会第二十六号训令——关于惩治贪污浪费行为》，在中央苏区广泛张贴宣传。为了扩大影响、配合开展斗争，项英指示中央工农检察部制发《怎样检举贪污浪费》指示信，在《红色中华》公开发表。1934年2月，项英亲率突击队进驻于都，查处于都县委、县苏维埃贪污腐化窝案。结案后，项英撰写《于都检举的情形和经过》和相关案件控告书（起诉书）、判决书，在《红色中华》第168期第5版至第10版全文登载，为中国共产党廉政建设提供鲜活的素材。

项英作为早期领导者之一，在极其艰苦的条件下，与何叔衡、董必武、梁柏台等先辈们一起创造性地开展苏区检察工作，为保障苏维埃法律政策统一正确实施、巩固新生的红色政权作出了不可磨灭的贡献。

（袁宗评　张海荣编写）

参考资料

1. 中共中央党史和文献研究院:《矢志革命 奋斗一生——纪念项英同志诞辰120周年》,载《人民日报》2018年5月14日,第6版。

2. 项英:《写在前面的几句话》,载《红色中华》1932年3月2日,第7版。

3. 王小元、于洁茜:《中央苏区强化反腐败法制监督及启示研究》,载《理论研究》2022年第2期。

4. 张晓明:《红色宪法的创制与传承》,载《人民法院报》2021年10月1日。

梁柏台

　　梁柏台（1899－1935），浙江新昌人，1922年加入中国共产党。中国近代无产阶级革命家，中国共产党早期优秀党员，中华苏维埃共和国中央政府重要领导人。曾担任中央司法委员会委员，中央司法人民委员部副部长、部长，中华苏维埃共和国中央执行委员会执行委员等，中华苏维埃共和国红色政权的第一位检察长，第一部红色宪法的起草人，中国劳动改造教育感化制度的创始人，被誉为"人民法制和人民司法的开拓者和奠基人"，是依法执政、依法治国的先驱。

★ 远赴苏俄　革命救国

1899 年 9 月，梁柏台出生于浙江省新昌县新林乡查林村，先后入当地双溪学堂、龙山学堂和知新学校读书。1918 年，梁柏台考入浙江省立第一师范学校预科，在校期间，以极大的热情投入五四运动中，参与组织浙江一师学生"全国书报贩卖团"，推销各地新书刊，积极传播新思想。梁柏台广泛阅读进步书刊，树立了"鼓吹新思想，以改造社会、革新人生观为唯一的目的"的信念。1920 年 9 月，经俞秀松、陈望道介绍入上海外国语学社学习俄文，1920 年冬加入社会主义青年团，成为中国最早的青年团员之一。

1921 年 4 月，22 岁的梁柏台受组织派遣，抱着"男儿立志出山乡，以身许国路漫漫。待到世界大同日，筑路架桥把家还"的宏愿离开家乡，远赴苏俄学习，以图革命救国。一同赴苏联学习的还有刘少奇、任弼时、萧劲光等同志。1922 年，梁柏台进入莫斯科东方大学学习，1922 年年底转为中国共产党党员。

1924 年，梁柏台圆满完成学业，被分配到苏联海参崴工作，先后担任沿海省职工苏维埃华工指导员、远东五省职工苏维埃委员及主席团成员、中共崴埠支部书记等职，并在党校兼职。1927 年年底，梁柏台调任伯力远东华工指导员，负责远东的华工工作和中国共产党的工作，后被派往伯力省法院任审判员，从事革命法律研究和司法工作，同时任远东教务部编译局编译，翻译了《联共党纲和党章》《列宁主义入门》等书籍。梁柏台在远东地区的辛勤工作，打下了"远东的工作基础"。

★ 依法治国的先驱　红色政权的司法奠基人

1931 年春，梁柏台被国内迅速发展的革命形势所吸引，专程去莫斯科向共产国际东方部请求回国，参加国内革命斗争。1931 年 5 月，梁柏台秘密回国，7月暂留闽西苏区工作，9月随刘伯坚到达中央革命根据地。11月7日，中华苏维埃第一次全国代表大会在瑞金召开，梁柏台出席大会，当选大会主席团宪法起草委员会成员，大会通过了他参与起草的《中华苏维埃共和国宪法大纲》。在此期间，他还参与起草了《中华苏维埃共和国婚姻条例》《中华苏维埃共和国中央苏维埃组织法》等法令。

以毛泽东同志为主席的中华苏维埃共和国临时中央政府成立后，梁柏台一直从事临时中央政府的司法工作。他和何叔衡、董必武、项英、张鼎丞、高自立等开展了创立苏维埃政法机关和司法制度的工作，历任临时中央政府司法人民委员部副部长、内务部副部长和代理部长、临时最高法院法庭委员、临时检察长、司法人民委员等职。

毛泽东同志称赞梁柏台为"红色法律专家"。在中华苏维埃共和国临时中央政府成立的短短两年多时间里，梁柏台组织制定了《革命法庭条例》《革命法庭的工作大纲》《看守所章程》《中华苏维埃共和国惩治反革命条例》《中华苏维埃共和国司法程序》等10多个法律法规，并陆续颁布实施，初步建立起了中华苏维埃共和国的司法机关和司法制度。

梁柏台是无产阶级专政条件下劳改劳教工作的创始人。1932年2月，在临时中央政府第七次常委会上，梁柏台提出创办劳动感化院，常委会决定由他起草劳动感化院章程，并经常委会讨论批准，于1932年8月由司法人民委员部颁布实施。

1933年6月，梁柏台被指定为中华苏维埃第二次全国代表大会准备委员会成员和重要文件起草委员会委员，负责起草有关大会的重要文件，执笔修改了《中华苏维埃共和国宪法大纲》《中华苏维埃共和国婚姻条例》《中华苏维埃共和国中央苏维埃组织法》等重要法规。7月，根据人民委员部的决定，梁柏台修改定稿了《中华苏维埃共和国选举法》，在9月召开的中央苏区南部18个县区的两级苏维埃政府内务部部长出席的选举大会上，作了《选举法》和《全苏大会的准备》报告，详细而具体地指导了选举工作。

1934年1月，梁柏台出席中华苏维埃第二次全国代表大会，被推选为大会主席团成员、大会秘书长和法令委员会主任。梁柏台经大会选举为第二届中央政府执行委员会委员，并在执行委员会第一次会议上作了《关于组织的重要原则》的报告，选任为司法人民委员。

梁柏台在中华苏维埃共和国法制建设中，既是领导者，也是法律的主要制定者。在立法活动中，梁柏台一面组织立法，一面指导立法，一面参与立法。他将过去革命根据地零散的立法整合、修订，参考苏联的法律制度，把马克思主义基本原理和中国革命法律建设的具体实际相结合，促进了中华苏维埃法律体系的诞生，为苏维埃政权的正规化建设和有效运行起到了重要作用，开创了有法可依的时代，"透出了民主新政的曙光"。梁柏台在《司法人民委员部一年来工作》中指出："司法机关过去在苏区是没有的，是中央政府成立后的创举。在司法上，每种工作都是新的创造和新的建设，所以特别困难。"这段话揭示了中华苏维埃共和国司法工作开创性的历史事实及其艰难的历程。中华苏维埃临时中央政府作为第一个真正由人民当家作主的红色政权，苏区的司法机关从无到有，从小到大，从草创到健全，从无序到规范，浸透了梁柏台无数的精力和汗水。

★ 红色检察长

梁柏台在我国人民审判、人民检察发展史上有着重要地位。最高法院成立后，遵照中央执行委员会命令，组织最高特别法庭，依照法定程序开庭审理了原中央执行委员会执行委员、于都县苏维埃政府主席熊仙壁等贪污渎职一案，此案被称为"红色中华反贪第一大案"。

1934 年 3 月 20 日，中央执行委员会发布命令，批准撤销熊仙壁于都县苏维埃政府主席职务，开除其中央执行委员会执行委员资格，交最高法院治罪。最高法院院长董必武接到中央执行委员会命令后，立即组织最高特别法庭公开审判熊仙壁。最高法院指定最高法院委员、司法人民委员会部长梁柏台担任最高特别法庭临时检察长。梁柏台接受任命后，调来所有本案的案件材料核实甄别，又在看守所提审了熊仙壁，经过几天准备工作，确认无误后，于 3 月 25 日上午开庭审判熊仙壁。开庭后，梁柏台列举出熊仙壁八个方面的犯罪行为。法庭上，熊仙壁对其所犯罪行供认不讳，最终判决其监禁 1 年，期满后剥夺公民权 1 年，其投机生意所获利润没收，上缴国库。从上述案件审判史料看出，"尽管临时最高法庭和最高法院都有检察长的设置，但真正以中央审判机关身份行使检察权的就是最高特别法庭临时检察长梁柏台了"。

梁柏台多才多艺，在从事司法工作之外，还先后担任过《红色中华》代理主笔、苏维埃大学委员会委员、中央审计委员会委员等职，并担任瑞金红军烈士纪念塔、中央临时政府大礼堂等工程的总指导。

★ 革命先驱　丰碑永存

1934 年 10 月，中央红军主力被迫长征。梁柏台留在中央苏区坚持战斗，任中共中央分局委员、中华苏维埃共和国中央政府办事处副主任（陈毅为主任）。他领导军民坚壁清野、安置伤员、解决部队给养，妥善处理大批文件资料。在敌人日益严重的围困中，被迫突围。1935 年 3 月，梁柏台率中央政府办事处部分人员在突围中不幸负伤被捕，后被敌人"铲共团"杀害，时年 36 岁。

1984 年 2 月，浙江省新昌县委党史办、共青团县委、县民政局等单位联合倡议建立梁柏台烈士纪念碑，得到各级政府和社会各界热烈

响应。1994 年 11 月，中华苏维埃共和国临时中央政府成立 60 周年、由梁柏台起草的中国第一部红色宪法《中华苏维埃共和国宪法大纲》颁布 60 周年之际，新昌县人民政府和社会各界约 1500 人汇聚在新林乡查林村来龙山上，隆重举行梁柏台烈士纪念碑亭揭碑典礼。

2021 年 6 月 18 日，"百年党史中的梁柏台"座谈会在梁柏台的故乡——浙江省新昌县召开，回顾了梁柏台"许国大丈夫"短暂一生的光辉业绩。最高人民检察院张军检察长作了题为《传承发扬革命先驱梁柏台的崇高精神，扎实走好新时代人民检察事业新的长征路》的重要讲话。

梁柏台是中华苏维埃共和国法制建设的重要领导者、组织者和参与者，为中华苏维埃共和国法制建设作出了开拓性贡献。梁柏台的法制思想和司法实践为以后中国共产党的政权建设和法制建设提供了重要的历史经验。中国法制体系中独具特色的很多制度设计和司法原则都能够从其法制思想和司法实践中寻找到源头，值得总结和发展。

（高洪友编写）

参考资料

1. 中共中央党史研究室编著：《中国共产党历史》（第一卷），中共党史出版社 2002 年版。

2. 中共浙江省委党史研究室编著：《中共浙江历史》（第一卷），中共党史出版社 2002 年版。

3.《中国共产党在浙江一百年百名英烈》，浙江人民出版社 2021 年版。

邓　发

　　邓发（1906－1946），原名邓元钊，广东云浮人，1925年10月加入中国共产党。中国共产党的杰出领导人，中国工人运动的先驱，中国共产党的保卫工作和干部教育事业的开拓者。1931年任中央苏区红军司令部政治保卫处处长、国家政治保卫局局长，领导政治保卫局的各项工作，其中包括对反革命案件行使检察职能。曾任中共广东油业工会支部书记、广州市委书记、广东省委委员兼香港市委书记，中共驻新疆代表和第十八集团军驻新疆办事处主任，中共中央党校校长兼任中共中央职工运动委员会书记，中国解放区职工联合会筹备委员会主任等职。

★ 在人民检察事业的光辉起点上

1931 年 11 月 7 日至 20 日，在中国南方，在江西南部崇山峻岭中的瑞金，在叶坪这座古朴的小村子里，中华民族召开了中华苏维埃第一次全国代表大会，宣告中华苏维埃共和国诞生，中华苏维埃临时中央政府成立。11 月 19 日，邓发当选为中央执行委员会委员。

中华苏维埃共和国的最高权力机关是中华苏维埃全国代表大会，大会闭会期间的最高政权机关是中央执行委员会。11 月 27 日，中央执行委员会召开第一次全体会议，设中央人民委员会，作为中华苏维埃共和国的最高行政机关，选举毛泽东为中央执行委员会主席和中央人民委员会主席。中央人民委员会由外交、军事、劳动、财政、土地、教育、内务、司法、工农检察等九个人民委员部和国家政治保卫局组成，时称"九部一局"。其中，中央工农检察人民委员部和国家政治保卫局承担部分检察职能，与此后设立的军事检察（查）所和最高法院、各级裁判部内设的检察机构，共同组成了苏区检察机构体系。这是人民检察使命的伟大开元，是人民检察制度的伟大奠基，是人民检察历程的伟大启航。在这个光辉的起点上，何叔衡任中央工农检察人民委员部人民委员（部长）、临时最高法庭主席，邓发任国家政治保卫局局长。此时邓发年仅 25 岁。四个月前，担任中共闽粤赣常委的邓发奉命奔赴中央苏区，成为中共苏区中央局委员，担任红军总司令部政治保卫处处长，负责红军的政治保卫工作。新生的革命政权需要革命法制来捍卫。国家政治保卫局的工作，关系到中央苏区共产党组织和红军的安危存亡。邓发运用多年领导白区秘密工作的经验，以各种有效手段训练机要、警卫干部，制定和部署反特防奸等一项项保安措施。他建立健全国家政治保卫局的红军工作部、执行部、侦察部等机构，并配备得力的干部。先后在各部门负责的，都是经过邓发挑选或认可的、具有丰富对敌斗争经验的干部。比如，李克农任红军工作部部长，李一氓任执行部部长，钱壮飞任侦察部部长，这些闪亮的名字被誉为"红色中国的守护神"。

国家政治保卫局是中华苏维埃专门负责镇压反革命的机关，对一切反革命案件均有侦查、逮捕和预审之权。国家政治保卫局在省、县分别设有省分局、县分局，在区设特派员；在红军方面军、军团、军区设分局，师、团及独立营则设有特派员及干事；在某些机关中也设有特派员。上下级政治保卫局之间实行严格的垂直领导。在邓发的努力下，苏区各省县和红军各军团、师、团陆续建立起各级政治保卫机关。各级政治保卫局对反革命案件行使检察权，主要负责政治保卫局侦查案件的预审和公诉。

★ 预审和公诉反革命案件

当时，随着红军军事的胜利和苏维埃运动的发展，苏区不断扩大。白军靖卫团经常派遣便衣武装侦探潜入新区和边区刺探军情，散布反动谣言，书写反动标语，甚至暗杀革命干部；而新区边区的地主豪绅则作内应，企图内外合谋，配合国民党大举进攻，推翻苏维埃。邓发提醒同志们，"残酷的革命战争正在开展着"，"帝国主义、国民党绝不因受革命的打击而放松对我们的进攻"。为了和暗藏的反革命分子作斗争，邓发要求大家保持高度的政治警惕性，对党对革命要绝对忠诚，要有严格的组织纪律来约束和保证。他还在中共苏区中央局机关报《斗争》上发表文章，指出敌人在新区与边区的活动情况，提出"要肃清一切反革命，巩固新区与边区政权，必须对工农群众进行宣传教育，发动群众与敌人进行斗争；同时抽调最坚定积极的干部去新区边区工作；保卫局协同当地苏维埃政府实行户口调查登记，加强赤白交界处的检查站，严格检查路条与出境护照等"。

邓发在对敌斗争上毫不手软。他那双眼睛射出的锐利目光，使敌人望而生畏。一次，邓发发着高烧同保卫局的几个同志审问一个隐藏的敌人。那个人在证据确凿的情况下，仍然百般抵赖。邓发听得怒火万丈，猛地坐起来厉声说道："证据确凿，你还想抵赖吗？你看着我的眼睛！你敢说你不是罪人吗？"他那双鹰一样的眼睛使那人不寒而栗，最终低头认罪，把自己的罪行一一交代出来。

1931年12月出台的《中华苏维埃共和国中央执行委员会训令第六号——处理反革命案件和建立司法机关的暂行程序》规定："一切反革命的案件，都归国家政治保卫局去侦查逮捕和预审，国家政治保卫局预审后，以原告人资格，向国家司法机关提起公诉，由国家司法机关审讯和判决。"中央苏区审判的案件大多数都是反革命案件，都是由各级政治保卫局预审和公诉（出庭告发）的。邓发、李克农等都担任过国家原告人。

1932年2月19日，中央人民委员会第七次常务会议决定组织临时最高法庭，委任何叔衡为临时最高法庭主席。临时最高法庭是最高法院成立前的最高审判机关，其审判为终审裁判。2月25日，奉中央执行委员会命令，临时最高法庭第一次开庭，审判由国家政治保卫局逮捕的10名案犯。当天上午9时，审判开始，主审为何叔衡，陪审人为梁柏台、万家林。首先由邓发和娄梦侠作为国家原告人，分别向临时最高法庭控诉被告的犯罪事实。经过国家政治保卫局以各种事实控诉、举证，结合被告口供，临时最高法庭根据中华苏维埃共和国中央执行委员会第六号训令，按照阶级成分、首要与附和等，对10名案犯分别作出监禁、监禁期满时再剥夺选举权等判决，并当庭宣读判决书。这次审判以事实为依据，对罪犯予以严惩或宽大的裁决，对中央苏区的公开审判活动起到了很好的示范作用。

★ "对党非常忠诚"

打击犯罪、惩治反革命、巩固革命政权、维护社会稳定是苏维埃法制建设的重要内容，也是法律赋予苏区检察机构的重要使命。邓发怀着对革命事业必胜的信念，既严厉打击反革命活动，也注重对国家政治保卫局的工作进行总结。他在 1932 年 11 月出版的《实话》第 10 期上发表文章，鲜明提出"党对于保卫局的领导应当加强"，"要纠正'肃反有保卫局，党不可问'的倾向"。他说，"我们应当站在党的正确路线上，站在正确的阶级立场上来做到'不枉杀一人，不容许一个反革命分子在苏区活动'"。这些深入思考和鲜明号召，体现着邓发对党的事业的无比忠诚，对党领导的革命事业的规律性探索。这也反映了，包括人民公安、检察、审判在内的人民政法事业从诞生之初就确立了党的绝对领导，把不枉不纵作为革命法制的重要原则。

1934 年 10 月，国家政治保卫局跟随党中央，从瑞金出发，开始了伟大的二万五千里长征。长征中，邓发既要领导国家政治保卫局，又兼任军委第二纵队司令员，任务艰巨，责任重大。他认真负责，有魄力，能吃苦。组织上配备给他的那匹马，只有遇急事时才骑，平时则让给身体不好和生病的同志骑。他和警卫员吃同样的饭，从不特殊。无论战斗多么紧张，环境怎样艰苦，他都一直精神抖擞。有时他给战士讲故事，讲到好笑处，自己哈哈大笑起来，战士们也乐得前仰后合。他那坚定的革命信念和革命乐观主义精神，影响和鼓舞着同志们去战胜长征中的各种困难。

国家政治保卫局作为中华苏维埃政权的重要组成部分、对敌斗争的强力机关，在保卫红色政权中发挥了重要作用，也为我们党在抗日战争和解放战争时期根据地的公安、司法建设以及新中国的公安、司法建设，提供了宝贵的历史经验，培养了一批领导骨干和组织、管理人才。苏区各级政治保卫局和红军各军团的政治保卫分局负责人，有许多在新中国成立后从事政法工作，如罗瑞卿任新中国第一任公安部部长兼北京市人民检察署检察长，许建国任天津市人民检察署检察长。

1946 年 4 月 8 日，邓发由重庆返回延安途中，因飞机失事，在山西兴县黑茶山遇难，与同机遇难的王若飞、秦邦宪、叶挺等同称"四八"烈士。毛泽东向"四八"烈士致哀："数十年间，你们为人民事业做了轰轰烈烈的工作。今天，你们为人民事业而死，虽死犹荣！"

邓发生前战友、原国家主席杨尚昆回忆说，"我记得他当年任国家保卫局局长。一个对党非常忠诚，一个性格开朗，一个和同志们（地位）比他高的，（地位）比他低的，和大家很好"，"他眼睛特别大，炯炯有神、发光。双眼盯住你的时候，就好像把你看透了似的"。另一位战友、最高人民检察院原检察长黄火青接受电视采访时说："1931 年认识他，在江西瑞金，他当国家保卫局局长。这个人（邓发）做啥事很有决心，很干脆利落。"

美国记者埃德加·斯诺在《西行漫记》中记述了邓发安排他进入苏区采访的经过。他笔下的邓发"相当年轻"又充满传奇："他的一头黑油油的浓发下面，一双闪闪发光的眼睛紧紧地盯着我。""这个人的行动有一种黑豹的优美风度，在那套硬邦邦的制服底下，一点也不失轻巧矫健。"

在牺牲前写给堂弟邓碧群的家书中，邓发说："抗战八年，我虽未死于战场，但头发却已斑白了，但我比起遭难的同胞，战场牺牲之英雄，不但算不得什么，而且感到无限惭愧！国家所受破坏是惨重的，人民的牺牲，房屋的被蹂躏，这一切固然付出了巨大的代价，然而中华民族不但在东方而且在全世界站立起来了。国家未来的伟大前途都寄托在你们青年一辈的身上。"

邓发的生命定格在永远的 40 岁。邓发生前常讲的话，被一代代革命者铭记："你不把谷子撒在地上，怎望它长出芽来？"

（肖玮编写）

参考资料

1.《邓发纪念文集》编辑部编：《邓发纪念文集》，中共党史出版社 2002 年版。

2. 陈刚：《人民司法开拓者梁柏台传》，中共党史出版社 2012 年版。

3. 吴烈：《峥嵘岁月》，中央文献出版社 1999 年版。

4. 中国中共党史人物研究会编：《中共党史人物传》（第 30 卷），中国人民大学出版社 2017 年版。

5. 最高人民检察院编：《人民检察史——纪念人民检察机关恢复重建三十周年》，中国检察出版社、江西美术出版社 2008 年版。

6. 最高人民检察院编：《人民检察史——纪念检察机关恢复重建 40 周年》，中国检察出版社 2018 年版。

7. 孙谦：《论检察》，中国检察出版社 2013 年版。

8. 曾宪义主编：《检察制度史略》，中国检察出版社 2008 年版。

9. 林海主编：《人民检察制度在中央苏区的初创和发展》，中国检察出版社 2011 年版。

10. 林海主编：《中央苏区人民检察制度的初创和发展》，中国检察出版社 2014 年版。

高自立

高自立（1900－1950），原名高省烦，曾用名高志立、高节源，江西萍乡人，1926年10月加入中国共产党。参加了安源路矿工人运动、秋收起义，曾任红三军政委兼军委书记，红十五军政委兼军长，中央革命军事委员会后方办事处政委，中华苏维埃共和国工农监察委员会委员，中央审计委员会委员，中央执行委员会执行委员，中央政府土地部部长，共产国际监察委员会委员，陕甘宁边区政府副主席、代主席，中共七大正式代表，中共中央冀察热辽分局委员。

★ 信念萌芽　投身革命

高自立还未出生，他的父亲就已去世，他随母亲改嫁到彭家。4 岁时回到高家，过继给伯父。他小时候聪明好学，读私塾时，常常过目成诵。在养父的精心培养和教育下，读完了 6 年功课。1914 年，养父把他送往长平里"如云居"南货店当学徒，后到南坑"即元号"兄弟店帮忙开店，1921 年在萍乡花庙前合伙开了个南货布匹店，取名"清华号"，后在岳父开设的"清华斋"油鞋店当账房先生。他不但擅长口算，打算盘时还可以两手同时并进，两人报数，他两只手各打一个算盘，也不会出现差错。有的账几个人算了半个多月都算不清，他只用两三天就算得一清二楚。

当学徒和在各字号做工期间，高自立不仅把自己所学所知运用到社会实践，还积累了丰富的经验，结交了进步人士，接触了新思想，慢慢懂得了一些革命道理。

1922 年，高自立参加了安源路矿工人俱乐部活动，在安源从事工人运动，是工人运动的骨干分子，帮助安源路矿工人消费合作社采购货物，清理财务账目。1926 年 9 月，北伐军占领萍乡城，萍乡和安源工人组织相继恢复建立，他参加了店员工会。萍乡县总工会成立后，又到萍乡县总工会调查股工作，在生产消费合作社总社管理总账，并兼任公有财产保管委员会委员。同年 10 月加入中国共产党。

马日事变后，国民党要逮捕他，高自立在朋友家躲了一个多月，结果还是在萍乡被捕。关在县里班房的时候，高自立通过妻子杨竞萍在其岳父家凑到 200 块银元藏在身上，当两个押送人员把他押送安源途中，高自立问两押送人员："你们抽烟吗？抽的话就给我解开手来。"解开手后，高自立给了两押送人员各 100 块银元，并跟他们说："你们跟我一起逃也可以。"因志向不同，三人分道扬镳。高自立临危不惧，机智勇敢，表现出了一个共产党员的革命胆略。

★ 以工农检察履职推进苏区法制建设

在漫长的革命生涯中，高自立始终保持坚定的共产主义信仰和高昂的革命斗志，从 1927 年参加湘赣边界的秋收起义、跟随毛泽东上井冈山率部参加中央苏区第一次至第四次反"围剿"，到后来任职于中央政府、陕甘宁边区政府、冀热辽分局，转战南北，他为党和人民建立了不朽功勋。

1933 年 5 月，中央人民委员会常委会第四十二次会议任命高自立为中央工农检察人民委员部副部长，不久任代部长。1933 年 11 月，中央工农检察人民委员部在瑞金县财政部 9 月至 10 月经费收支决算报告中发现了贪污浪费的迹象。时任中央工农检察人民委员部副部长的高自立，亲自带队进驻瑞金县苏维埃驻地附近明察暗访，发现财政部部长蓝文勋和会计科科长唐仁达有重大贪污浪费嫌疑，立即对相关人员贪腐问题进行调查，最终查明瑞金县财政部存在虚报开支、侵吞公债公物、乱开项目等贪污腐败现象，合计贪污 2820 多块银元。不久，临时最高法庭判决唐仁达死刑，执行枪决；判决蓝文勋监禁 10 年，没收一切财产。根据瑞金县财政部暴露的问题，高自立又组织人员顺藤摸瓜，在瑞金县区乡两级苏维埃又相继查处壬田区委组织部部长钟某龙、区军事部部长范某柱等贪污案件。经对瑞金县苏维埃政府的开支情况全面检查，发现存在严重的贪污浪费现象：瑞金县苏维埃政府仅 1933 年 10 月就超预算达 858 块银元，瑞金县苏维埃主席团却全然不知，瑞金县苏维埃主席杨世珠等责任人员均受到应有的惩处。高自立认为贪污腐败问题既要治标更要治本，他建议中央工农检察人民委员部把反贪污浪费斗争深入各级政府及群众中去。1933 年 12 月，临时中央政府颁布训令《关于惩治贪污浪费行为》，至此，苏区反贪污浪费、反官僚主义斗争掀起了新高潮。

在工农检察人民委员部任职期间，高自立高度重视工农检察队伍建设，刀刃向内，严查检察队伍中的懈怠失职、官僚主义行为。宁化县木枋区、准土区工农检察部部长王某生、张某提参加中央政府召集的邻近八县区苏维埃各部负责人会议期间，"既无工作报告，又不发言"，甚至还"翘会"上街。对此，在严肃纪律的同时，高自立撰文《两个吃冤枉的工农检察部长》，在中央政府机关报《红色中华》第 92 期予以通报。此外，罗田区工农检察部部长饶某贞，放任某合作社把苏区紧缺的耕牛卖至白区而不加制止，也被通报批评。

1934 年 6 月，高自立奉派赴苏联出席共产国际"七大"，当选为共产国际监察委员会委员。1938 年年初，在全民抗战的热潮中，高自立回国到达延安；4 月，任陕甘宁边区政府副主席、代主席。1939 年 2 月，在陕甘宁边区第一届参议会议上，高自立被选为边区政府委员，2 月 6 日宣誓就职，被推选为陕甘宁边区政府常务委员、副主席兼民政厅厅长。

作为陕甘宁边区政府的主要领导人，高自立非常注重法制建设。1940 年 6 月 7 日，《林伯渠、高自立关于新区建立统一战线模范政权致王维舟、朱开铨的复函》指出："因为民主政府，是法制的政府……法令对于政府或政府工作人员，是规定政府的权力和义务。对于人民的合法权利，政府有保护的义务"，强调政府必须依法行使权力、履行法定义务，保护人民权利，否则就要承担法律责任。

抗日战争胜利后，高自立被调离陕北，先后担任中共中央冀热辽分局和冀察热辽分局委员、财经委员会主任，冀热辽办事处、冀察热辽办事处副主任。

★ 尚俭清廉　正气传家

高自立一生克己奉公，崇尚勤俭，作风清廉。他认为，一名共产党员既要管好自己，做到廉洁为民，又要管好亲属，做到正气传家。

高自立一心向党，甘守清贫。在长期的战斗中，特别是在井冈山反"围剿"战斗中高自立多次负伤，又长期缺乏营养，身体非常虚弱，尽管如此，他还是省吃俭用，把钱积攒下来捐给党组织支援革命事业。逝世后，高自立留给家人的仅有一床破棉被、一只破皮箱、一件大衣、几件换洗衣服和指南针、放大镜等工作用品。1983 年 8 月，高自立的女儿高馥英决定将高自立的这些遗物捐献给安源路矿工人运动纪念馆。纪念馆按照有关规定，表示要给予报酬。高馥英坚决拒绝："父亲拿出家中的一切支持革命，我们不可能拿他的遗物去换钱，否则怎么对得起父亲！"

高自立严惩腐败，纯洁党性。高自立以身作则，同时也严格要求下属廉洁自律。高自立疾恶如仇，一旦发现有贪腐行为，绝不留情，是反腐倡廉的先锋。在中央工农检察人民委员部工作期间，高自立亲自带队查出瑞金县财政部腐败窝案等贪腐案件，相关事件在当时中央苏区产生了巨大震动，极大地提高了革命队伍中干部战士拒腐防变的警惕性和廉洁自律的自觉性。

高自立正气传家育后人。高自立经常教育亲属，生活上要自力更生，不以权谋私，不给组织添麻烦。妻子见他总是一心为公，从不为个人考虑，禁不住问他："你不留点钱，不怕老了没钱用吗？"高自立回答："等到解放那一天，人人都有饭吃，你还操这个心呀？"

1949 年，高自立先后两次写信对老家患有严重残疾的女儿说："馥英女儿，二十多年没有写信给你，也无法照顾你的生活，原因是环境不好，写信给你，反怕害了你，寄钱又怕被国民党没收。现在我县（原萍乡县）解放了，故可通信。本来父亲可调江西省工作，不料得病，故没实现。现在国外治疗，病况好了许多。如有机会，我可能回老家一趟，或者要你母亲回家接你来我处……""吾儿现已年过二十，不知已婚否？如未结婚，暂时可不结婚，我拟送你入学，求得一项专门技能，以便能在生活上自立……"信笺虽已斑驳泛黄，但清秀整洁的字里行间，体现出对亲人的情感是那样的亲切和厚重。

1950年1月9日，高自立因病在沈阳逝世，享年50岁。

（袁宗评　张海荣　颜金明编写）

参考资料

1. 萍乡市地方志编纂委员会编撰：《萍乡市志》，方志出版社2007年版。

2. 林海主编：《人民检察制度在中央苏区的初创和发展》，中国检察出版社2011年版。

3.《中国共产党审计人物生平展——高自立》，载中华人民共和国审计署网站，2016年7月25日。

4.《高自立：正气传家的楷模》，载《中国纪检监察报》2018年7月6日。

5.《身边的家风——高自立：一心为公励后人》，载《中国纪检监察报》2017年4月24日。

6. 中共延安市委统战部组编：《延安时期统一战线研究——陕甘宁边区统一战线性质的"三三制政权"》，华文出版社2020年版。

7.《高自立的故事》，载《萍乡日报》2018年8月12日。

8.《高自立："自立精神"励后人》，载《萍乡日报》2021年5月31日。

9. 萍乡市安源区纪委、安源区监委编：《廉洁奉公　自强自立——高自立一家的故事》。

10. 高自立廉洁自律教育基地编：《"四点一线"红色教育之正气传家熏陶课教材》。

程玉阶（画像）

　　程玉阶（1910－1931），又名程汝阶，湖北麻城人，1926年加入中国共产党。1931年7月任鄂豫皖区革命法庭国家公诉处处长，被誉为"国家公诉第一人"。曾任中共麻城县乘马岗区委书记、麻城县行动委员会委员、红军营长等职。

★ 乘马的骄子

　　麻城乘马岗是一个神奇的地方，乘马岗位于鄂豫两省三县接合部，大革命时期，它是黄麻起义的重要策源地之一，鄂豫皖革命根据地的核心部分，先后诞生了红四方面军、红二十五军等主力红军。20 世纪 30 年代初，乘马岗苏区下设 13 个乡苏维埃，有 29000 人参加革命，3800 人参加长征，诞生了王树声、陈再道等 26 位开国将军，"三支半枪闹革命，二十六将出乘马"，乘马岗走出的将军数量为中国之最，有全国"将军第一乡"之称。这里很多村子几乎与世隔绝，几户人家便是一个自然湾。肖家山村一带曾经兵匪横行，苛捐杂税多如牛毛，老百姓过着数米而炊、朝不保夕的日子。1910 年 4 月 21 日，程玉阶出生于麻城县乘马岗区肖家山村程家湾二里地外的岗背岩湾。程玉阶的父亲程金国既喜又忧，喜的是添丁进口，大儿玉城、二儿玉松、女儿玉宝又多了一个弟弟，忧的是收入微薄，难以糊口。

　　1912 年，程金国病故前交代：玉阶天性聪慧，要让他多读书。程金国去世后，全家搬到肖家山村程家湾祖母家居住。1916 年至 1922 年，程玉阶在程家湾私塾读书，聪慧好学，急公好义，深受师生和乡邻器重。1923 年至 1926 年，程玉阶就读乘马岗初等小学。其间，在校长王树声教育启发下，阅读进步书刊，加入该校马克思列宁主义研究会。他痛恨贪官污吏，同情贫苦百姓，积极参加反帝爱国运动，逐步走上了革命道路。

　　1926 年 9 月，徐子清、王树声、廖荣坤等在乘马会馆秘密成立中共乘马岗支部，程玉阶光荣加入中国共产党，积极参加本地农民运动，并参与组织农民武装。10 月，北伐军攻占武汉，麻城农民运动随之高涨，程玉阶带领本村的程玉兴、程玉早、程玉桂、程玉金、王大富等参加革命。

这一时期，程玉阶两个哥哥因苛捐杂税，年纪轻轻就被夺去了生命，姐姐出嫁到其他村子。在革命队伍中，程玉阶历任中国工农红军连长、营长，其间仅回过两次家。一次是他当红军连长时，到姐姐家，姐姐给了他一双鞋，含泪送他到村边；另一次是当红军营长时，他带两个传令兵到好友程玉朝家吃了一次饭，因家里没人，他还将家里的五斗田无偿给了程玉朝家种。

★ 红星闪耀

1927年4月，湖北麻城和河南光山一带土豪劣绅组织"红枪会"土匪武装万余人进行暴乱，王树声、程玉阶等指挥农民武装坚决反击。6月中旬，王树声、陈再道、程玉阶等率领学生军和农民自卫军在破寨岗激战三昼夜，打垮地主武装万余人进攻，追敌20公里，毙俘敌3000余人。后又相继参与指挥了癞痢寨和扬泗寨战斗，粉碎了地主武装进攻。战后，群众将破寨岗改名为得胜寨。

1927年5月，中共麻城县委组建乘马岗区委，程玉阶担任区委书记。1927年七一五反革命政变后，麻城县委转移到乘马岗等地坚持斗争，乘马岗一带的自卫军由王树声、程玉阶领导，负责各地游击，后自卫军改编为赤卫队。程玉阶在麻城县委领导下，发动了邱家畈、乘马岗等地农民暴动。8月20日，程玉阶参与组织指挥北界河战斗，粉碎了麻城流亡土豪劣绅武装杀回乡里的企图。9月下旬，参与组织领导麻城"九月暴动"。11月13日，率部参加了黄麻起义。黄麻起义失利后，乘马岗区委转入秘密斗争。

1928年10月，革命形势好转，程玉阶带领农民武装打土豪、分田地，建立苏维埃政府。1930年8月上旬，为促进与巩固以武汉为中心的全国总暴动胜利，鄂豫边区特别委员会决定成立麻城县行动委员会。同年9月，麻城县行动委员会成立，其职能相当于麻城县委，程玉阶担任麻城县行动委员会委员。1931年3月至9月，程玉阶任鄂豫皖红四军十师三十三团营长，在双桥镇战斗中，率部参与主攻，在兄弟部队配合下，全歼敌第三十四师，活捉敌师师长岳维峻。

★ 国家公诉第一人

20世纪二三十年代，全国在轰轰烈烈的土地革命中先后建立了中央、鄂豫皖、湘鄂西等革命根据地。1931年7月1日，鄂豫皖革命根据地召开第二次苏维埃代表大会，大会选举产生了人民委员会，人民委员会下设有革命法庭，在革命法庭中担负人民检察职能的就是国家公诉处，履行职责的是国家公诉员。《鄂豫皖区苏维埃临时组织大纲》（1931年7月）规定："革命法庭：委员若干人，主席一人，内设审判委员会，正审一人，副审若干人；国家公诉员；辩护员。"《鄂豫皖区苏维埃政府革命法庭的组织与政治保卫局的关系及其区别》规定，国家公诉处"要研究（对）破坏苏维埃政权法令之案件提起公诉。当法庭审问被告人的时候，国家公诉员要来证明案犯之恶"。尽管从实体和程序上没有现行国家公诉部门和国家公诉人职责规定的具体、详细和完善，与现行审查起诉相比内容也狭窄一些，但它担负了现行审查起诉、提起公诉和出庭公诉的主要职责，其审查形式和审查内容是基本一致的。

国家公诉处的组建、国家公诉处处长的人选，是萦绕在鄂豫皖区苏维埃领导心中的难题，这个人既要政治过硬、能文会武，还要熟悉基层、会做群众农运工作，到哪里去找？时任鄂豫皖红四军十师三十三团团长王树声推荐："我们团的营长程玉阶，乘马岗人，初小毕业，打过很多大仗，符合这一条件。"因此，程玉阶担起了重任。上任之初，程玉阶从首府新集到各个县苏维埃走访调研，同时，为了搞清公诉为什么要冠以"国家"二字，他向革命法庭主席卫祖胜请教。"国家公诉的设置是借鉴苏联的模式，苏联的国家公诉不是设置在法庭中，而是一个单独的机关叫检察机关，苏联的检察机关既是国家公诉机关，又是法律监督机关。我们的根据地目前处于初创时期，在革命法庭内设立国家公诉处行使检察机关的职权，是巩固新生政权的需要。在'公诉'之前冠以'国家'两字，不是重复之词，它能充分反映出检察机关和检察权的国家性质。国家公诉处的职责亦比照了苏联检察机关的职权部分，它的核心就是指控和证明犯罪。"弄清这些原理后，他还向曾在红四方面军当过陪审员的陈福初交流请教。

国家公诉处刚成立，程玉阶就出庭支持公诉了赤诚县（现商城县）杨山煤矿经理高振武贪污销售款1000块银元一案的法庭审判，这反映了当时的国家公诉员"积极运用公诉职能，始终是以检察职能服务于革命斗争，严厉打击各种反革命组织和活动，组织革命法庭公开公正公平审判案件，保护被告人的合法权益，严厉查处革命工作人员贪污、浪费、腐化、放弃职责、徇私舞弊等职务犯罪和形形色色的官僚主义"。这与当时的历史条件是相吻合的，这个案件中国家公诉员履行的职责与当代公诉中"审查起诉""提起公诉""出庭支持公诉"的三项职责相符合。

担任鄂豫皖区苏维埃革命法庭国家公诉处处长期间，程玉阶还办理了两件有影响的案子。一件是当时鄂豫皖区苏维埃政府一名司务长，利用采购物品和掌管伙食之便，贪污20块银元，工农监察委员会核查账目时案发，该司务长被绳之以法。另一件是黄安县箭厂河黄谷畈红军被服厂女工方某，经常偷偷将被服及针织物品带回家，供自己和家人所用，被群众检举揭发后，方某被绳之以法。

1931年10月，程玉阶参与制定《鄂豫皖区苏维埃政府关于各种委员会工作概要说明》，其中规定："国家公诉处，研究犯人的证据，应判什么罪由国家公诉员提起公诉，换句话说就是由国家公诉员做原告来告犯罪人。"

程玉阶疾恶如仇，执法如山，主持公道，伸张正义，为鄂豫皖苏区司法惩恶治腐和国家公诉制度建设做出了有益探索，赢得了苏区军民的信任与爱戴。

1931 年年末，程玉阶不幸在"白雀园肃反"中牺牲，年仅 21 岁。

（郭清君编写）

参考资料

1. 钟式武主编：《麻城市志系列丛书——乡镇概况》，中国文联出版社 2010 年版。

2. 湖北检察志编纂委员会：《湖北检察志》，武汉市崇文书局 2008 年版。

3. 中共麻城市委组织部、中共麻城市委党史办、麻城市档案局（馆）：《中共湖北省麻城市组织史资料》，湖北人民出版社 1992 年版。

4. 袁伟：《木兰烽火》，中国文史出版社 1987 年版。

5. 贺恒扬：《公诉论》，中国检察出版社 2005 年版。

6. 刘建国：《鄂豫皖革命根据地的人民检察制度》，中国检察出版社 2011 年版。

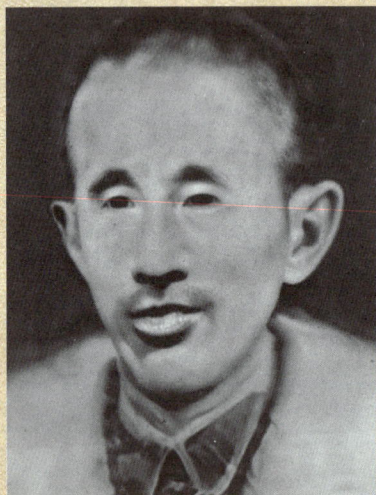

曾国旗

曾国旗（1889－1943），湖南平江人，1926年加入中国共产党。1934年任湘鄂赣省苏维埃政府工农检察部主席。曾任中共万载县委农运部部长、区委书记，湘鄂赣军区后方修械处和兵工厂政治委员，中共湘鄂赣省委代理书记，湘鄂赣省苏维埃政府主席，中共长沙县铜官中心区委书记、长沙县委书记，衡阳中心县委副书记兼组织部部长。

★ 转战湘赣　勇挑重担

1889 年，曾国旗出生于湖南平江一个贫苦农民家庭。年少时学木工，手艺见称乡里。五四运动后，参加了由进步人士举办的工人夜校学习，受到进步思想熏陶。在硝烟弥漫、烽火连天的战争年代，曾国旗为了革命信仰，义无反顾地参加了革命。

1926 年，曾国旗由方浩然、吴钦明介绍，加入了中国共产党。同年 8 月，他发动平江群众，组织支援北伐军攻克平江城。此后，平江的工农运动蓬勃发展。曾国旗任长寿区工会理事、长寿市总工会纠察部部长，带领长寿等地 3 个纠察大队，与土豪劣绅作斗争。9 月，参加了湘赣边界的秋收起义。

1928 年，曾国旗作为平江三月扑城之役的东路指挥部的火炮总技师，在敢死队攻城时，发射了几十发炮弹，打开了前进道路。之后，他奉命潜入长寿市，组织市内工人与余本健、罗纳川率领的平（江）湘（阴）岳（阳）游击总队里应外合，打进长寿市。

1929 年 4 月，曾国旗受中共湘鄂赣边特委派遣，到江西省万载县做地下工作，他在万载仙源地区发展了一批中共党员，建立了 9 个党支部。不久，中共万载县委正式建立，曾国旗担任县委农运部部长。1930 年春，曾国旗任万载县第六区区委书记，先后建立了 18 个党支部。

1930 年 3 月 18 日，曾国旗指挥 38 个乡的赤卫军 3 万余人，迫使国民党两个连驻军向县城溃逃，缴获枪 3 支、电话机 1 部。7 月 12 日，万载县工农兵代表大会在浙桥岭下杨家祠召开，正式成立了万载县苏维埃政府，曾国旗当选为苏维埃政府执行委员。

1931 年年初，曾国旗筹建湘鄂赣后方修械处和兵工厂，先后担任后方修械处党的特支书记、兵工厂政治委员。他组建了一支技术骨干队伍，不断完善设备，兵工厂既能修理大炮、枪支等武器，又能制造手枪、手榴弹及其他弹药，同时培养了一大批技术工人，为发展苏区的军事工业奠定了基础。

1934 年 12 月，曾国旗当选为湘鄂赣省苏维埃政府副主席、党团书记。1935 年 1 月，曾国旗代理省委书记。他针对当时环境极端恶劣、红十六师严重减员的情况，把扩充红军（扩红）的工作列为压倒一切的中心任务，他深入咏生县、平江黄金洞及铜鼓、浏阳等地，动员 370 余人参加了红军。

1937 年 12 月，曾国旗奉命调至八路军驻湘通讯处工作。在徐特立、王凌波领导下，他夜以继日地投入到了抗日救亡活动中。经常陪同徐老到长沙市各处讲演，宣传党的抗日主张。

1938 年 7 月，曾国旗前往长沙附近的铜官、靖港、丁字湾和湘阴的樟树港等地，发展党的组织，秘密组建了中共铜官中心区委，并任书记。中共长沙县委成立后，他担任长沙县委书记。

1939 年 2 月，曾国旗前往衡阳负责整顿衡阳县委。经过 3 个多月的艰苦工作，于 5 月正式成立了中共衡阳中心县委，曾国旗任中心县委副书记兼组织部部长；6 月代理中心县委书记。在衡阳等地，他仍以游乡做木工为掩护，进行党的地下工作。

★ 智勇兼备　办事公道

面对革命道路上遇到的各种复杂困难的局面，他足智多谋，刚强勇毅，都能够从容应对，化险为夷，转危为安；他始终坚持真理，追求正义，公私分明，不徇私情，公平公正，光明磊落。

1928 年 3 月 16 日，曾国旗率十几名游击队员追捕国民党反动团长邱国轩，追到一个十字路口，邱国轩不见了，路上甩了些白花花的银元。他大声喊："注意搜查，不要中了敌人的金蝉脱壳计！"终于在一茅厕内活捉了邱国轩，并在嘉义镇召开万人公审大会，处决了邱国轩。

1929 年 7 月的一天，在万载仙源，曾国旗碰上两个团丁，一个团丁用枪托猛砸他那个装有秘密的箱子，他急中生智，扛起另一只木箱子就跑。两个团丁同时向他奔来，他站住了，打开那只木箱盖，抓起几块银元就往腰包里藏，两个团丁把银元夺走，扬长而去，他才折转身取来那个木箱，保住了党的机密。

1933 年，曾国旗常常先化装侦察土豪的行踪，扮成进攻苏区的国民党军队，叫土豪劣绅带路进山"清剿"，一到山中，就将土豪扣押，并耐心细致地做土豪的工作，限定他们定时缴款缴物。由于筹款任务完成得好，他受到中共湘鄂赣省委的表彰。

1934 年初冬，中共湘鄂赣省委调曾国旗出任湘鄂赣省苏维埃政府工农检察部主席，他办事公道，在工作中从不徇私情。一次，他到西南特委检查工作时，查出少数领导干部在困难环境中动摇退缩，有的还严重违反党的群众纪律，奸污调戏妇女。对这些违纪者，按照党的纪律，他都做出了严肃处理。有一个与他共事多年的同乡好友犯了错误，托人求情，希望从宽处理，但他没有答应，并劝那位同乡好好吸取教训，重新做人。

1935 年 4 月，曾国旗当选为湘鄂赣省苏维埃政府主席，同年 9 月，又代理湘鄂赣省委书记。他向湘鄂赣省委和省苏维埃、省军区建议：抓住有利时机，组织红军和地方游击队主动出击。之后，在大源桥、高视、虹桥、三界尖等地打了几场胜仗，使红十六师日益壮大，至 1936 年 5 月发展到 5000 余人。

1936 年 3 月，曾国旗参加了中共湘鄂赣省委在平江黄金洞召开的执委扩大会议，部署反"清剿"斗争。在湘鄂赣苏区，曾国旗为革命保存了近 500 名党员、干部和 390 多名战士。

1937 年，曾国旗在八路军驻湘办事处负责招待所工作。他对来访者都热情接待，耐心回答他们提出的各种问题。不久，曾国旗任中共长沙市工委委员，负责青年工作，在他的安排下，先后有千余青年人由长沙到延安去。

1938 年春的一天，曾国旗得知原中国工农红军抗日先遣队第二十一师参谋长乔信明等 30 多名红军干部，已由江西被押解到长沙陆军监狱。他想方设法组织营救，通过反复交涉，争取社会各界支持，最终使这些同志重返抗日前线。

1939 年 10 月的一个晚上，因叛徒告密，曾国旗驻地被一群国民党特务包围。他临危不惧，一口吞下了党的机密文件，拿起身边的锄头，从后门冲了出去。脱险后，他搭上南去的列车，前往广西桂林，又辗转 3 个多月，于 1940 年 1 月到达延安。

★ 赴汤蹈火　不畏艰辛

曾国旗在艰难险阻面前决不退缩，为人民、为革命赴汤蹈火，不避艰险，奋勇向前，克服一切困难，一心扑在工作上，展示了一个共产党员忘生舍死、因公忘私的高尚情操和道德情怀。

1932 年 1 月，湘鄂赣军区特委因环境困难要将兵工厂和被服厂解散，曾国旗坚决反对。他挑起重担，与工人群众共同商议如何渡过难关。他说："枪弹是前方战士的命根子，是夺取反'围剿'胜利的物质保障，我们宁肯自己饿肚子，也不能让战士手中没枪弹。"他领着炊事班，找来野草树叶，一连 10 多天，100 余人每天只有 8 升米磨成粉，拌野菜汤度日。因积劳成疾，他肺病复发，经常咯血，仍不肯下火线，坚持和大家共同战斗。

1933 年，曾国旗任湘鄂赣边区土豪工作处政委。当时，机关生活十分艰苦，没有地方居住，他重操旧业，拿起斧头，上山砍树，就地搭棚，在深山密林里"安家"。没有粮食、油盐、布匹和医药用品，他又带领大家下山打土豪，筹集经费和物资。

1938年夏，宋庆龄等爱国人士捐助的大量药品、医疗器械及食品衣服等运至长沙后，曾国旗组织保卫和转运到前方。他还经常来往于衡阳、南昌、武汉等地，筹集和分送抗日物资。

1938年11月12日，长沙发生大火，他按照周恩来和叶剑英的指示，成立了长沙大火善后突击工作队，投入紧张的救灾工作。他不顾个人生命安危，带头清理火场、抢救老弱妇孺、接济灾民，受到周恩来同志赞誉。

1940年，曾国旗到延安后，因沿途劳累，肺病再次发作。中共中央组织部送他到干部休养所休养。病还没好，根据他的请求，中央组织部决定介绍他去中央党校学习。

1942年，曾国旗的肺病日趋严重，组织上送他进中央医院治疗。进院刚几天，他就要求给自己分配工作。他说："我不做事，心里就发慌。"医院中共组织推选他担任了党支部书记，其夜以继日地工作，还将医院开给他的滋补药品，转送给其他病人。

1943年1月6日，曾国旗因脑溢血不幸逝世，享年54岁。李富春致悼词说："曾国旗同志对革命事业忠心耿耿，入党后没有一天停止过工作，艰苦奋斗，不计生死，是一名优秀的共产党员，被群众誉为'革命的鲁班'。"新中国成立后，曾国旗被追认为革命烈士。

（汪中华编写）

参考资料

1. 中国中共党史人物研究会编：《中共党史人物传》（第52卷），中国人民大学出版社2017年版。

2. 李景田主编：《中国共产党历史大辞典（1921—2011）》（人物卷），中共中

央党校出版社 2011 年版。

3.《革命鲁班：曾国旗》，载中共湖北省委党史研究室网站，2021 年 8 月 18 日。

4. 张友南主编：《湘鄂赣苏区纪事》，中共党史出版社 2017 年版。

5. 王松州等主编：《湘鄂赣苏区文献资料》，江西省内部使用资料（图书）登记号：宜字（88）023 号。

6. 徐日辉编：《湘鄂赣苏区史稿》，湖南人民出版社 1982 年版。

蔡 畅

　　蔡畅（1900－1990），原名蔡咸熙，湖南湘乡（今双峰）人，1923年加入中国共产党。杰出的无产阶级革命家，中国妇女运动的先驱和卓越领导人、国际进步妇女运动的著名活动家。1932年2月当选为江西省工农检察委员会主席。曾任中共两广区委妇委副书记，中共江西省委、湖北省委、广东省委、中央根据地江西省委妇委书记，中华苏维埃共和国第二届中央执行委员会委员、工农检察委员会委员、中共中央妇女运动委员会书记，全国妇联第一届、第二届、第三届主席，第四届名誉主席，国际民主妇女联合会第二届、第三届副主席，中共第七届、第八届、第九届、第十届、第十一届中央委员，第一届、第二届、第三届全国人大常委会委员，第四届、第五届全国人大常委会副委员长。

★ 抗婚出走进学堂

1900 年 5 月 14 日，蔡畅出生在湖南省湘乡县永丰镇一个普通家庭。母亲葛健豪思想开明，性格刚强，经常向蔡畅兄妹讲述好友秋瑾的故事。在母亲的教导下，年少时代的蔡畅对一心一意救国救民的女英雄秋瑾烈士十分敬仰。1913 年春，接受革命思想影响的葛健豪变卖自己的衣服首饰等嫁妆，带着儿子蔡和森和女儿蔡咸熙（蔡畅）、蔡庆熙一起进学校求学。蔡畅非常珍惜母亲为自己争取来的学习机会，读书异常刻苦，成绩十分优秀。

正当蔡畅潜心读书之际，1914 年夏，父亲蔡蓉峰自作主张要接受500 块银元的聘礼，将蔡畅许配给一个有钱人家做小媳妇。母亲坚决反对这门亲事，蔡畅也对父亲抗议道："我的事自己做主，谁说了也不算！" 1915 年年初，蔡畅在母亲和哥哥蔡和森的帮助下逃避封建包办婚姻来到长沙。当年 2 月，长沙周南女子师范学校招生，她报考音乐体育专修科，改名"蔡畅"，表达了她与命运搏斗获胜后的舒畅心情，以及渴望今后的生活道路畅通无阻的美好愿望。

周南女校是著名革命教育家朱剑凡先生创办的一所女校，素有"开湖南女界之先河"的盛誉。在这里，蔡畅结识了向警予、陶毅、劳启荣等进步学生。她们经常在一起谈论时事、探讨男女平等、抒发各自的理想和抱负。她还参加周南女校召开的"反对袁世凯签订卖国二十一条"大会，和同学们一起走上街头宣传演讲唤起民众觉醒。蔡畅开始悟出了"革命"二字的含义，加深了对周南女校着眼于妇女解放、培养人才以振兴中华的办校宗旨的理解，更加如饥似渴地阅读进步书刊。在毛泽东、蔡和森的影响下，蔡畅成为《新青年》的忠实读者，为她后来成为革命者打下了重要基础。

★ 赴法留学寻真理

1919 年五四运动爆发后，蔡畅和所有爱国青年一样，以强烈的爱国热情参加了反帝爱国斗争。作为周南女校教员，她一面帮助和组织学生走上街头示威游行，组织教师救国会；一面组织学生话剧团排练新剧，揭露帝国主义列强瓜分中国的阴谋，痛斥北洋军阀政府腐败无能、出卖民族利益的罪行。毛泽东、蔡和森等发起组织湖南青年留法勤工俭学，为寻求救国救民、解放妇女的真理，蔡畅邀好友向警予共同发起成立了"湖南女子留法勤工俭学会"，并于 1919 年 12 月下旬与李富春、蔡和森、向警予等赴法勤工俭学。在法期间，蔡畅加入新民学会、工学世界社等进步团体，一边做工，一边刻苦攻读《共产党宣言》等马克思列宁主义著作。当中国和法国的反动当局勾结迫害勤工俭学学生时，她积极参加示威请愿，冲锋在前。1922 年到 1923 年，她先后参加中国社会主义青年团、中国共产党（旅欧支部）。1924 年年底，蔡畅、李富春夫妇被党组织派到苏联莫斯科东方劳动者共产主义大学中国班，进一步学习、研究马克思列宁主义和苏联社会主义革命经验。

1925 年 8 月，蔡畅夫妇从苏联回国，蔡畅被委任中共两广区委妇委副书记，兼任国民党中央妇女运动讲习所教务主任，与何香凝、邓颖超等同志共同努力积极开展妇女运动，筹建妇女解放组织。大革命失败后，成千上万名共产党员和进步群众惨遭杀害，在白色恐怖下，蔡畅先后在上海、香港开展地下工作，在血与火的考验中继续从事革命工作。

★ "刀下留人" 纠错案

1931 年年底，蔡畅奉命进入江西中央革命根据地，后历任江西省工农监察委员会主席、中共江西省委组织部部长、妇女部部长等职。

当时苏区各级政府工农检察机构的任务主要是监督苏维埃机关、企业及其工作人员，保护工农群众的利益，正确执行苏维埃的政纲及其各项法律、法令，受理工农群众对机关、企业和工作人员的控告，领导人民同苏维埃机关中的官僚主义作斗争。对在工农检察机构中工作的人员要求很高。张闻天曾发表文章说："工农检察委员必须是党和苏维埃最好的干部，这个干部必须是群众最有威信的同志，他们应该将全部精力用在他们自己的工作上，把工农检察委员会的工作作为苏维埃其他各个部门的榜样与模范。"

中央苏区兴国县鼎龙区鼎龙乡有位老秀才，叫黄家楫，长期执教私塾，家里只有 8 担谷田，十口人吃饭。因为是村里唯一的"文化人"，曾给人代写过诉讼状，难免得罪了一些人。1932 年，当地有些干部在"肃反扩大化"的影响下，把他重定为土豪，列为"斩决"对象。这位老秀才觉得冤枉，情急之下，想到蔡畅。他之前见过蔡畅，听过她做的报告，认为她是个可信赖的人，便偷偷跑到省委驻地，向蔡畅哭诉了自己的冤屈。蔡畅认真听了黄家楫的讲述，与省委书记李富春交换意见后，派人到当地调查核实，证实黄家楫所述情况属实，不应判"斩决"。蔡畅亲自给当地政府写信说："刀下留人。黄家楫是教书先生，教书先生不该杀！"鼎龙区政府遵照蔡畅来信的要求，释放了黄家楫。此事对兴国县、鼎龙乡的干部震动很大，教育很深。

★ 支持妇女享权利

作为江西省工农检察委员会主席，蔡畅认真履职，工作细致，体察民情，积极为群众排忧解难，维护妇女儿童合法权益，在群众中享有很高威望。

江西妇女在革命之前，深受封建礼教束缚，在政治上没有地位，经济上不能独立，文化上被剥夺了受教育的权利，婚姻上被视为男人的附属品，当作商品任人买卖。苏维埃政府成立后，十分注意保障苏区妇女享有土地分配权、选举权、婚姻家庭权、文化教育权等民主权利，颁布了一系列保护妇女权益的法规和政策。蔡畅鼓励动员妇女走出家门参加革命工作，主持召开妇女讲习所培养妇女干部，提高她们的思想文化水平和政治觉悟，培养选拔一批优秀妇女干部成为革命骨干力量，体现和落实妇女的平等参政权。她深入调查研究，积极宣传党的方针、政策和苏维埃政府公布的各项法令。她告诉大家什么是妇女儿童的合法权利，苏维埃政府怎样保护妇女、儿童的合法权益，妇女应当怎样争取和维护自己的权利。检查农村分田情况时，她注意按苏维埃政府颁布的《土地法》规定，检查妇女是否和男子一样分得了同等土地。对于因包办、强迫而引起的婚姻纠纷等，她坚决为妇女撑腰，依据中华苏维埃政府颁布的《婚姻条例》，支持妇女获得婚姻自由的权利。对虐待妇女的现象，她要求各级妇女组织发动群众进行说理斗争，对严重的召开公审大会批判教育。对于溺弃女婴的犯罪行为，她主张一定要依法惩处。

为粉碎敌人"围剿"，苏区各县青壮年大部分都参加红军上了前线，犁田耙地发生了困难，省委号召全省妇女承担生产任务，保证军需民用。但当地流传一种迷信说法："妇娘学犁，母鸡学啼。触犯天神，会遭雷劈。"农村妇女都害怕触犯天神，不敢犁田耙地。省委决定先从破除封建迷信、消除妇女思想顾虑做起，并把这个任务交给蔡畅。她及时召开各县妇女干部会议，讲明雷电发生的科学道理，鼓励妇女学科学，破除迷信，做自然的主人，不做封建迷信的牺牲品。同时她以身垂范，带头挽起裤腿，赤脚下田，拜老农为师学习犁田耙地，再亲手传授给妇女干部和积极分子。在她的带动示范下大批青年妇女学会了农田耕作技术，有力支援了苏区的革命和生产。大家高兴地称赞"蔡大姐"是敢破"天规"的英雄。

在苏区物质条件极度困难的情况下，蔡畅仍非常注意保护儿童的合法权益，中央苏区的妇女既要参加生产，又要工作开会，还要养育后代，不得已将孩子锁在家里，由于孩子没人照看，时有意外发生。蔡畅得知情况后，马上召集开会研究措施，很快成立了托儿小组。苏区后来还专门颁布《托儿所组织条例》，成立了一些托儿所，既解除了母亲们参加劳动和工作的后顾之忧，又保证了孩子的健康安全。

1934年1月，在中华苏维埃第二次全国代表大会上，蔡畅与滕代远、董必武、罗荣桓、项英等当选为中华苏维埃中央工农检察委员会委员。从1932年1月到1934年10月的三年间，蔡畅在苏区兢兢业业，恪尽职守，维护广大民众特别是妇女儿童合法权益，在人民检察制度初创和发展时期作出了积极贡献。

1990年9月11日，蔡畅因病在北京逝世，享年90岁。

（郭文梅编写）

参考资料

1. 中国中共党史人物研究会编：《中共党史人物传》（第55卷），中国人民大学出版社2017年版。

2. 苏平：《蔡畅传》，中国妇女出版社1990年版。

3. 董边、蔡阿松、镡德山编：《我们的好大姐蔡畅》，中央文献出版社1992年版。

4. 刘芳莲、刘琨编著：《蔡畅的故事》，中共党史出版社1996年版。

5. 林海主编：《中央苏区人民检察制度的初创和发展》，中国检察出版社2014年版。

滕代远

　　滕代远（1904－1974），湖南麻阳人，1925年参加中国共产党。1932年7月任中华苏维埃共和国中央执行委员会工农检察委员会委员。曾任铁道部部长、全国政协副主席等职，是中国共产党的优秀党员、久经考验的老一辈无产阶级革命家、党和国家杰出的领导人。

★ 青少年时期

1904 年 11 月 2 日，滕代远出生在湖南省麻阳县下玳瑁坡村一个农民家庭。1923 年秋，滕代远考取具有光荣革命传统的湖南省立第二师范学校（以下简称二师），从偏僻的乡镇来到这所学校学习，感到耳目一新，整天沉浸在书的海洋里，各门功课的成绩都名列前茅。1924 年 6 月，在中共湘区区委委员陈佑魁倡导下，滕代远与同乡滕代胜、滕代顺等发起成立"麻阳新民社"，创办社刊《锦江潮》，向家乡宣传马克思主义，揭露英、日、法帝国主义掠夺中国财富、侵犯中国主权的暴行。1925 年 11 月，滕代远被中共常德特别支部吸收为共产党员。1926 年 1 月 17 日，中国共产主义青年团常德地方执行委员会在二师成立，选举滕代远等 7 人组成执行委员会，滕代远负责领导经济斗争。他们揭发国民党右派组织成员贪污学联会经费的行为，组织清理账目，给国民党右派以沉重打击。1926 年 4 月 8 日，常德发生震动全省的"二师事件"，引起械斗，4 名进步学生被捕入狱，滕代远也被学校开除。后经常德中共党组织介绍，滕代远到长沙接受新的任务。

★ 在农民运动中成长

1926 年秋，湖南区委派滕代远去长沙近郊区担任农民运动特派员，他与熊志超一起以教书为掩护，宣传马克思列宁主义，秘密发展党员，建立了 5 个乡的党支部。随着基层党组织的陆续建立，中共长沙近郊区委诞生，滕代远、熊志超先后担任区委书记。滕代远发动组织农民协会，领导农民进行平粜谷米、减种退押、增加雇工工资的斗争。经过艰苦细致的发动工作，10 月 11 日，在黄土塘成立近郊区农民协会，滕代远被选为委员长。12月1日，湖南省第一次农民代表大会与第一次工人代表大会同时在长沙召开，滕代远代表长沙近郊区农民协会向大会报告了近郊区农民运动工作的情况。中共中央农民运动委员会书记毛泽东参加大会，会后，由柳直荀、滕代远陪同，考察了长沙地区的农民运动，给近郊区的农民运动工作以很大推动。至1927年1月，近郊区农民协会会员激增到近6万人。长沙近郊区农民协会在滕代远的领导下，创造了近郊区历史上从未有过的革命斗争业绩。但是，随着湖南、湖北农民运动如火如荼地发展，国民党右派势力也拼命地进行压制和镇压。马日事变后，1927年6月底，滕代远组织近郊区的党员、农民协会和纠察队的干部成立复仇大队，自任队长，先后处决了那些罪恶极大、与农民协会为敌的劣绅、团总和密探，为死难烈士报仇。1927年11月，滕代远遵照中共湖南省委的指示，离开长沙近郊区去醴陵，组建中共湘东特别委员会。

★ 保卫井冈山

1928年1月27日、2月27日，滕代远两次领导醴陵年关起义，但因敌我力量悬殊而失败。但湘东地区的工农革命风暴引起湖南反动当局的恐慌与"围剿"，滕代远和特委机关被迫转移到赣西的安源，继续开展革命斗争。6月下旬，湖南省委调滕代远任湘鄂赣边特委书记。7月22日，滕代远和彭德怀发动了著名的平江起义。7月24日，滕代远以湖南省委特派员身份，宣布成立中国工农红军第五军，并任军的党代表。他着手在各团内建立党的支部，从军到连先后实行党代表制，团以上建立政治部，加强了党对军队的领导。后湖南省反动当局组织6个团的兵力反扑，红五军虽给敌人以重大杀伤，但自身伤亡也很大，经与彭德怀商量，撤出平江，向井冈山转移。12月上旬，红四军与红五军主力在茨坪会师。两军会师壮大了湘赣边界的革命力量，蒋介石急调湘鄂赣 3 个省 18 个团的兵力，分 5 路对井冈山发起"会剿"。为摆脱困境，毛泽东决定红四军主力向赣南、闽西进军，在外线打击敌人；由红五军改编的三十团及红四军三十二团王佐部留守，担负保卫井冈山的任务。对此，红五军中多数同志不同意固守井冈山，而主张北返湘鄂赣苏区。滕代远反复说明"围魏救赵"的军事意图，强调坚守井冈山这面红色旗帜关系革命全局的重要性，耐心说服大家维护毛泽东的决定。他还总结了平江起义至上井冈山以来的工作情况，认真总结了这段过程中有关红军作战、红军工作、党的工作以及革命根据地工作的经验教训，为红五军的建设提出了很有价值的见解。1929 年 1 月 27 日，敌人发起总攻，滕代远、彭德怀与大家共同作战，与敌人战斗三天三夜，后向南突围下山。同年 4 月、7 月，红五军两次打回井冈山，广泛开展游击战争，扩大革命根据地。1930 年 5 月，根据中央要求，红五军扩编为红三军团。8 月至 9 月，毛泽东、朱德领导的红一军团与红三军团会合，成立红一方面军，毛泽东为总政委，滕代远为副总政委。12 月，蒋介石调集 11 个师对红一方面军进行第一次"围剿"，这时队伍内部发生危及红军团结的"富田事变"。事变当事人提出"打倒毛泽东，拥护朱（德）、彭（德怀）、黄（公略）"等错误口号，伪造毛泽东写给总前委秘书长古柏的信，说要使人招出"朱、彭、黄、滕系红军中的 AB 团主犯"，企图诱使他们反对毛泽东。滕代远和彭德怀认为"这是一个大阴谋"，当即发出"拥护毛泽东、拥护总前委领导"的宣言，并请毛泽东到红三军团干部会上讲话，说明情况，表明态度，使大家了解了真相，从而维护了总前委的领导，保证了反"围剿"的胜利。

1931 年 11 月 7 日，中华苏维埃第一次全国代表大会在瑞金召开，成立中华苏维埃共和国临时中央政府。滕代远被选为中央政府执行委员。1932 年 7 月 15 日，滕代远被任命为中华苏维埃共和国中央执行委员会工农检察委员会委员。

1933年，滕代远调任中央军委武装动员部部长，参加了中央革命根据地第一次至第四次反"围剿"战争，获得中华苏维埃共和国中央革命军事委员会二等红星奖章。1935年，滕代远受党中央委派参加共产国际第七次代表大会。1937年12月，滕代远任中共中央军委参谋长。1934年冬，晋西事变后，滕大远奉命赴晋西北地区指挥反顽斗争，粉碎了国民党顽固派发动的第一次反共高潮，巩固了晋西北抗日根据地。1942年5月，滕代远任八路军参谋长，继续参与中共中央北方局的领导工作。抗日战争胜利后，滕代远任晋冀鲁豫军区副司令员、中共晋冀鲁豫中央局常委，参与指挥上党战役和平汉战役，后又指挥内线作战收复失地，扩大了解放区。新中国成立后，滕代远任铁道部部长，他长期主持铁道部工作，为新中国的铁路事业作出了重大贡献。1954年9月，滕代远被任命为国防委员会委员。1965年，在第四届全国政治协商会议上当选为全国政协副主席。

1974年12月1日，滕代远因病在北京逝世，享年70岁。

（白兵利编写）

参考资料

中国中共党史人物研究会编：《中共党史人物传》（第62卷），中国人民大学出版社2017年版。

王孚善

　　王孚善（1904－1935），又名王富善，江西兴国人，1929年5月加入中国共产党。1933年9月任粤赣省苏维埃政府副主席兼工农检察部部长。历任兴国县苏维埃政府副主席、代理主席，江西省苏维埃政府土地部部长，中华苏维埃中央政府土地委员会委员，赣南省苏维埃政府副主席兼工农检察部部长等。中央红军主力长征后，王孚善留在中央苏区坚持游击斗争。王孚善为保卫中央苏区，在同国民党粤军战斗中壮烈牺牲。

★ 男儿有志出乡关

王孚善，1904年3月24日（农历）出生于江西省兴国县。1928年秋，他受肖子龙、丘会培、鄢日新等共产党员的启发和教育，加入了悠久乡农民游击队，并当上游击队小队长，从此走上革命道路。1928年10月20日，他带领悠久乡农民游击队跟随红二团攻打兴国县城，火烧县衙、释放百姓、散发官仓，史称"兴国暴动"。暴动中，王孚善骁勇善战，一个人夺得五条大枪，受到暴动组织者黄家煌的表扬。暴动后回到家乡，王孚善当选为悠久乡农民协会主席和贫农团团长，不久又当选为悠久乡革命委员会主席。

1929年4月，红四军党代表毛泽东首次来到兴国县，在鸡心岭召开5000余人的群众大会。王孚善第一次见到毛泽东，聆听了毛泽东激动人心的讲话，高兴得成天笑呵呵的，逢人就说他见到了"毛委员"，并向群众传达毛泽东号召穷人闹革命的讲话。

1929年5月，由共产党员丘会培、丘会池介绍，王孚善加入了中国共产党。1930年3月，他奉命领导建立了悠久乡苏维埃政府，并被选为主席。

1930年8月，兴国县苏维埃政府决定调他进县城工作。面对是走是留，王孚善坚定地说："男儿有志出乡关，处处青山埋忠骨。革命者应该无条件服从革命工作的需要。"

★ 脚踏实地重实干

调入县城后，王孚善任县苏维埃政府土地部部长。土地部部长在当时是个地位很重要的"官"，他工作的好坏直接关系到农民的切身利益，

关系到全县土地革命的成败。他主导了"8月分田",提出"建立以贫农团为核心的领导机构,全面划分地主、富农、高利贷、富裕中农、中农、贫农、雇农、流氓地痞和游民等九种阶级成分;实行以乡为单位、原耕近地为基础,抽多补少、抽肥补瘦的办法",受到当地群众的一致欢迎。

1930 年 10 月,红一方面军总政委毛泽东在江西省新余县罗坊镇彭家洲,特地找到了兴国县永丰区 8 位当红军预备队的农民开调查座谈会,史称"兴国调查"。毛泽东了解到兴国县的群众对"8月分田"很满意,非常高兴。

1932 年 1 月,王孚善任兴国县苏维埃政府副主席。时值第四次反"围剿",前方需要补充兵员,壮大红军队伍。王孚善负责领导崇贤、高兴、方太、鼎龙、城岗 5 个区的扩红工作。到 2 月底,兴国有 1200 名工农群众加入红军。王孚善在这次突击运动中,荣获了扩大红军动员模范,并得到中共江西省委和江西军区的表彰。7 月,江西省苏维埃政府主席曾山把王孚善调至省苏维埃政府任土地部副部长,不久升任土地部部长。

1933 年 4 月 11 日,中央人民委员会第三十九次常委会通过决议,决定任命胡海、邓子恢、张俊贤、李日照、王孚善、李崇焕等 20 人为中央土地委员会委员。

1933 年 7 月,中央政府为了加强新区、边区的工作,将王孚善从江西省苏维埃政府土地部调任会昌县苏维埃政府主席。会昌乃中央苏区的南大门,具有重要战略地位。王孚善通过亲自下乡调查,发现会昌有不少地主富农分子混进区乡两级政府。7 月下旬,中央查田工作团到达会昌后,他配合中央工作团以门岭、罗田两区为重点,迅速组成贫农团,开展查田运动,揪出一批地主富农,在全县营造成浓厚的革命气氛。

1934 年 4 月下旬,中央政府主席毛泽东从瑞金沙洲坝来到会昌文武坝，并写下了著名的《清平乐·会昌》："东方欲晓，莫道君行早。踏遍青山人未老，风景这边独好。会昌城外高峰，颠连直接东溟。战士指看南粤，更加郁郁葱葱。"毛泽东在这首词中歌颂了粤赣省"风景这边独好"的革命形势，这无疑是对坚持在粤赣省从事革命斗争的张云逸、刘晓、钟世斌、王孚善等党政军领导干部工作业绩的充分肯定和热情赞扬。

江西省政协原副主席、曾任粤赣省苏维埃政府土地部部长的朱开铨回忆说："王孚善是个在工作上善于打开局面的好同志，是个脚踏实地，不尚空谈的实干家，这就是他给我留下的鲜明印象。"

★ 铁面无私正法纪

王孚善执行革命纪律铁面无私，不徇私情。1932 年，王孚善代理兴国县苏维埃政府主席。针对地主残余武装和敌探经常骚扰苏区而有些干部麻痹轻敌的情况，他于 4 月 4 日发布了一则《加紧赤色戒严的通令》，"督促各步哨所严厉实行赤色戒严""不得损失丝毫东西""以防敌人混入赤区"。当时，兴国县苏维埃政府某副部长被发现向一在押人犯通风报信，使那人得以逃脱惩罚。在确凿的证据面前，那个副部长供认不讳。他原以为王孚善平时待他不薄，能手下留情，但王孚善大义凛然，亲手将这个内奸交付裁判部予以严惩。

1933 年 9 月 6 日，王孚善当选粤赣省苏维埃政府执行委员，并担任粤赣省苏维埃政府副主席兼工农检察部部长。因于都工作比较落后，反革命分子活动猖獗，省苏维埃政府执行委员会决定派王孚善到于都，配合中央工农检察人民委员部主席项英检查于都的工作。王孚善到于都后，深入群众调查，发现于都问题症结在县委、县苏维埃政府领导机关部分干部的腐化。县委书记和几个干部合股开酒店，贩私盐；县苏维埃政府主席熊仙壁挪用公款 50 块银元贩卖私盐；许多干部热衷经商赚钱，消极对待扩大红军、查田运动、粮食突击运动等工作。项英到于都后，根据王孚善的调查，立即召开县委扩大会，撤销了腐化堕落、意志消极的原县委、县苏维埃政府主要领导人的职务。这一有力措施激发了群众的革命热情，纷纷检举揭发，仅 20 余天就捕获了一批反革命分子，同时改组了县委、县苏维埃政府等领导机关，使于都革命工作面貌焕然一新。

★ 巍峨青山埋忠骨

1934 年 10 月，中央红军主力北上后，王孚善留在苏区坚持斗争。项英派他到禾丰区利用省苏维埃政府的兵工厂制造炸弹。当时物资紧缺，找不到白硝和钢铁。王孚善和工人们研制出坛子地雷，即用酒坛子或菜坛子做外壳，装上熬硝盐产生的土硝，引爆后威力很大。后来，中央分局讨论决定实施九路突围计划，指示王孚善在赣粤边的广东省兴宁、龙川和江西省寻乌、安远一带山区开辟新的游击区，并成立兴龙寻安县革命委员会，王孚善任主席。

1935 年 1 月，王孚善在禾丰组建了兴龙寻安县革命委员会，任务是到寻乌县阳天峰建立根据地，在敌人后方打游击，牵制敌人。2 月 8 日，王孚善率领挺进营部队及县直机关共 500 余人，从于都禾丰出发，经乱石、会昌、安远边界向寻乌方向突围。2 月 19 日，在安远、寻乌交界的分水坳，遭到粤军独立第四师的四面包围，被迫同优势之敌展开激战，坚持战斗一个礼拜，伤亡惨重。最后，王孚善率 50 余人奋勇突围，在敌人的疯狂"追剿"下，不幸中弹，壮烈牺牲，时年 31 岁。

（朱志杰编写）

参考资料

1. 中国中共党史人物研究会编：《中共党史人物传》（第 76 卷），中国人民大学出版社 2017 年版。

2. 林海：《人民检察制度在中央苏区的初创和发展》，中国检察出版社 2011 年版。

罗梓铭

罗梓铭（1907－1939），湖南浏阳人，1924 年参加工人运动，1927 年加入中国共产党。1935 年任中华苏维埃共和国临时中央政府西北办事处工农检察局局长。抗日战争时期，曾任中共湘鄂赣特委副书记兼组织部部长、特委书记，中国工农红军总供给部政治处主任、中共陕甘宁省委组织部部长等职。

★ "细裁缝" 投身革命

1907 年，罗梓铭出生在浏阳县淳口乡先锋村一个凄苦的农户家。3 岁时，父母将他过继给未娶亲的叔父为嗣。尽管叔父家也十分贫寒，但对罗梓铭十分爱护，节衣缩食送他读了 4 个月私塾，后来又把他送到一家裁缝铺学习裁缝。罗梓铭勤奋聪颖，做事细心，肯动脑筋，颇受师父喜爱，16 岁时便已出师。罗梓铭出师后，经常拎着工具篮子走家串户，在乡里有了"细裁缝"的名头。

1926 年，北伐军进驻浏阳后，浏阳工农运动蓬勃发展，裁缝出身的罗梓铭加入了缝纫业工会。1926 年 8 月 12 日，浏阳县总工会成立，罗梓铭加入总工会，很快成为工人运动的骨干，不久又参加了工人纠察队。1927 年，中共浏阳县委书记潘心元为收缴全县团防局所掌握的枪支，巧摆宴会，席间"杯酒释兵权"。罗梓铭等纠察队员趁机扣留了应邀赴宴的各乡团总，迫使他们交出枪支。1927 年 3 月，罗梓铭等工农运动骨干组建了浏阳工农义勇队，这是大革命时期浏阳党组织领导的一支重要工农武装。5 月，反动军官许克祥在长沙制造了马日事变，罗梓铭代表缝纫业工会在浏阳县总工会举行的声讨大会上发言控诉了许克祥屠杀工农的罪行。7 月，罗梓铭随浏阳工农义勇队转移至江西铜鼓，后编入工农革命军第一师第三团，参加了毛泽东同志领导的湘赣边界秋收起义。

1927 年冬，罗梓铭加入了中国共产党。1928 年年初，受浏阳县委委派，罗梓铭回到家乡淳口从事秘密工作。当时，社港人徐洪作为浏阳北乡特派员，负责恢复和发展浏阳北乡党组织，开展武装斗争。两人在北盛张家大屋相见，畅谈了许久。从此，罗梓铭在淳口、社港一带奔走，帮助恢复和发展党的组织。他或者打扮成教书先生，或者扮成庄稼汉，或者恢复"细裁缝"的身份，走村串户。在他的辛苦奔走下，社港发展了一批党员，成立了社港党支部，随后他又协助徐洪在淳口建立党支部。随着地下工作的有序开展，淳口游击队在浏阳县委的支持下建立起来，还攻打了淳口团防局，"在北乡炸响第一声春雷"。不久，淳口游击队在徐洪、张正坤、苏劳、罗梓铭等的努力下发展壮大，扩编为浏北游击队。浏北游击队参与了"卓然暴动"、智取罗家大屋、"火烧玉皇殿"等战斗，成为一支战斗力较强的武装，威震浏北地区。

1928 年 6 月 23 日，游击队接到群众反映：罗家大屋有个地方团总叫罗耀辉，欺压百姓，无恶不作。罗梓铭进一步了解得知，罗家大屋驻扎了一队团防兵，有 10 余支好枪，决定智取。罗梓铭派人策动该团一名团丁做内应，于 26 日深夜打开大门，游击队员探入罗家大屋，搬走枪支，杀死罗耀辉，打开粮仓将谷米分给当地群众。天刚拂晓，镇上联防队闻讯赶来抓人，游击队早已无影无踪。随着游击武装的发展壮大，浏阳北区农村革命根据地初具规模。罗梓铭受湘鄂赣特委和浏阳县委的指派，开始筹建北区苏维埃政府工作，并兼任浏阳第十八区（驻淳口）区委书记。

★ 司法先驱　担任中央苏区最高法院陪审员

1934 年 1 月，中华苏维埃第二次全国代表大会在瑞金沙洲坝举行。罗梓铭作为正式代表，参与了此次会议，并当选为中华苏维埃共和国中央执行委员会委员。当时，在内外消极因素作用下，贪污浪费、腐化堕落、官僚主义等腐败现象在各苏区都有发生。中华苏维埃共和国临时中央政府领导人深知腐败是执政党的大患。毛泽东在《党的建设问题决议案》中严肃指出："必须将严格党的纪律、反对官僚腐化现象，作为党的建设工作的中心任务之一。"2月17日，中华苏维埃共和国最高法院成立，对苏维埃执行委员会及其主席团负责。原临时最高法庭主席董必武担任最高法院院长。罗梓铭作为工人代表，被任命为最高法院的人民陪审员，成为中华苏维埃共和国最高法院的首批人民陪审员，开始了他在中央苏区短暂而光辉的司法审判岁月。

1934年1月至3月，中央工农检察人民委员部与中央审计委员会、临时最高法庭等部门积极配合，将贪污浪费分子送法庭制裁的29人，开除工作的3人，建议行政机关撤职改调工作的7人，给予严重警告的2人，警告的4人。在查处赵宝成等包庇贪污浪费与官僚主义大要案时，罗梓铭夜以继日地深入发案地点调查走访干部群众，获取有关证据，为后来审理案件做了大量前期工作。经请示毛泽东同志同意，在临时中央政府大礼堂对案件进行公开审判。主审法官由董必武亲自担任，何叔衡、罗梓铭作为人民陪审员参与审判。其中，左祥云成为中共历史上因贪污腐败问题而被处决的第一个县处级干部。

1934年3月25日，董必武遵照中央执行委员会的命令，组织了最高特别法庭，对原中央执行委员会委员兼于都县苏维埃主席熊仙壁渎职贪污一案进行审判，罗梓铭也是此案的人民陪审员。一场场反腐肃贪斗争，伸张了正气、打击了邪恶、刹住了歪风、纯洁了队伍，红色政权得以巩固。在担任中央苏区最高法院人民陪审员期间，罗梓铭参与审判了多起大案要案，是司法战线先驱。

1935年7月，罗梓铭担任中国工农红军总供给部政治处主任。9月，随中共中央、中央红军主力先行北上，到达陕北后，罗梓铭任中共陕甘宁省委组织部部长。

1935年10月，中央红军到达陕北。11月，中华苏维埃共和国中央执行委员会宣布，在西北苏区设立中华苏维埃共和国临时中央政府西北办事处，在组建人民政权的过程中即着手建立司法机构和检察机构。中央政府西北办事处下设工农检察局，罗梓铭任局长。工农检察局的任务是监督国家企业和机关，以及有国家资本在内的企业和合作社企业，正确执行苏维埃的劳动法令、土地法令及其他一切革命法令与条例，正确执行苏维埃的各种政策。西北办事处成立后厉行廉洁政治，不仅形成了较为完整的制度规范，而且严格实施，取得了良好成效，使党员、干部、红军成为群众拥护、信任的人。工农检察局、国家审计委员会所代表的政府内部监督机构的设立，为以后陕甘宁边区廉政监督奠定了基础。

★ 宁死不屈　危难时显大义

抗日战争全面爆发后，国共两党开始第二次合作。1937 年 9 月，中央批准罗梓铭从陕北回湘鄂赣工作。同年年底，中共湘鄂赣省委改组为中共湘鄂赣特委，由涂正坤任书记，罗梓铭任副书记兼组织部部长。1939 年 1 月，党中央根据形势需要，决定将湘鄂赣特委划归江西省委领导，涂正坤任中共江西省委副书记，罗梓铭任湘鄂赣特委书记。罗梓铭长年从事工运和组织工作，经验丰富。他经常忙碌到深夜，为培训党的干部编写党课教材，撰写指导性文章。为恢复、整顿和发展党的组织，罗梓铭经常甩开特务的跟踪，深入城镇乡村，发动青年工人和中小学教师、学生成立中华民族解放先锋队。

1939 年 6 月 11 日，国民党第二十七集团军司令杨森收到蒋介石密电，派特务营的一个连包围了新四军驻平江县通讯处。12 日下午 3 时，国民党顽军中尉张绍奇来到通讯处，谎称接到上峰紧急通知，日寇不日就要窜犯平江，请新四军参议涂正坤前去商议合作抗日事宜，后残忍将其杀害，特委秘书长吴渊也被埋伏在通讯处附近的特务开枪击倒。罗梓铭感到事情有变，立即销毁了身边文件，把通讯处活动经费埋入灶屋火灰中。正在这时，国民党特务连连长余元日带领一群士兵冲进通讯处，将 10 余名干部、家属和警卫班 8 名战士扣押起来，夺去所有通信器材和武器。罗梓铭和新四军驻赣办事处少校秘书曾金声、平江通讯处军需长吴贺泉、特委妇女干事赵绿吟等 4 人被捆绑到后厅进行审问。反动派把罗梓铭等吊起来拷打，要罗梓铭等承认"扰乱后方，破坏抗战"，并威逼他们交出机密文件和党员名单。暴徒们折腾到半夜，用烧红的铁铲往他们身上烙，无所不用其极，得到的只有严词痛斥。午夜 12 点，暴徒们将罗梓铭等押出加义镇，把他们拖到镇外虎形山上，推入一口荒废的淘金井里……罗梓铭壮烈牺牲，年仅 32 岁。"知道暴徒要下毒手了，罗梓铭一路上不停地呼喊'中国共产党万岁！'每喊一句，暴徒就捅他一刀！据当地收殓罗梓铭遗体的群众说，他身上留下了 30 多处刀痕。"罗梓铭牺牲后，他的妻子和 8 岁的儿子罗吉林在当地群众的保护下得以逃生，后在地下党员的护送下回到家乡淳口。平江惨案发生前三天，特委还举办了训练班，平江 300 多名党员和工农运动积极分子参加，"如果有一人变节，后果将不堪设想！但是，任凭敌人严刑逼供，罗梓铭等都没有说出半点党的信息！"平江惨案发生后的第三天，国民党反动派杀害爱国志士的罪行引起社会震动，周恩来、叶剑英多次致电国民党当局，要求速查严办杀人凶手。"1939 年 8 月 1 日，中共中央在延安举行了追悼平江惨案烈士大会，各界人士 1 万多人冒雨参加，毛泽东发表了题为《必须制裁反动派》的演讲，沉痛悼念涂正坤、罗梓铭等烈士。"为铭记先烈殊勋，褒扬先烈精神，平江县人民政府于 1963 年在平江惨案烈士就义的虎形山上修建了革命烈士陵园。在烈士陵园有一处碑文纪念廊，镌刻着平江惨案后党中央和毛泽东、周恩来等同志书写的挽联。其中，中共中央的挽联写道："在国难中惹起内讧，江河不洗古今憾；于身危时犹明大义，天地能知忠烈心！"

（张烨编写）

参考资料

1.《先烈志 两地红丨"平江惨案"烈士罗梓铭：屠刀不改英雄志，天地能知忠烈心》，载浏阳日报—浏阳网，2021年8月10日。

2.《延安革命纪念馆陈列人物》，中央文献出版社2014年版。

3.《梁柏台："以身付诸国"的红色法律专家》，载《民主与法治》2021年第29期。

4. 中华英烈网·罗梓铭，2015年6月4日。

5. 罗吉林:《回忆我的父亲罗梓铭》，载《湖南日报》1982年6月16日。

谢觉哉

谢觉哉（1884－1971），湖南宁乡人，1925年加入中国共产党。新中国司法制度的奠基者之一，著名的法学家、教育家，杰出的社会活动家、法学界先导、人民司法制度的奠基者。曾任中华苏维埃共和国临时中央政府西北办事处国家检察长。第二次国内革命战争时期，先后在湘鄂西苏区和中央苏区工作，曾任中央政府秘书长。中央红军到达陕北后，曾任中华苏维埃共和国临时中央政府西北办事处秘书长、司法内务部部长、国家审计委员会主席。抗日战争和解放战争时期，历任陕甘宁边区高等法院院长、中共中央西北局常委、边区政府秘书长等职。新中国成立后，历任中央人民政府内务部部长、最高人民法院院长、全国政协副主席等职。

★ 以身许党　勤勉尽责

1884年4月27日，谢觉哉出生于湖南宁乡一个农民家庭。1905年，谢觉哉考取秀才，曾在湖南省立第一师范学校任教。后受进步思想影响，积极参加五四运动，并创办《宁乡旬刊》。1920年8月任《湖南通俗报》主编。1921年1月，他加入毛泽东等创建的新民学会。1925年，谢觉哉加入中国共产党，并在给家人的信中写道："革命前途未可知，我已以身许党。"1931年，谢觉哉在湘鄂西革命根据地工作，1933年进入中央苏区，任中华苏维埃共和国临时中央政府和毛泽东同志的秘书。1934年1月，任中华苏维埃共和国中央政府秘书长，并兼任中央政府机关党总支书记。同年10月，谢觉哉与徐特立、林伯渠、董必武等一起参加了长征。长征途中，他们处处以身作则，与战士们同甘共苦，以苦为乐，经常给战士们讲故事、说笑话，给年轻的红军战士以极大鼓舞。

到达陕北后，谢觉哉先后担任中华苏维埃共和国临时中央政府西北办事处秘书长、司法内务部部长、国家审计委员会主席、国家检察长。抗日战争时期，谢觉哉历任陕甘宁边区高等法院院长、中共中央党校副校长、中共陕甘宁边区中央局副书记、中共中央西北局常委、陕甘宁边区政府中央党团书记、边区政府秘书长。1941年11月，在边区参议会二届一次会议上，谢觉哉被选为副议长。1946年后，任中央法律问题研究委员会主任委员。新中国成立后，历任中央人民政府内务部部长、中央人民政府法制委员会委员、最高人民法院院长、全国政协副主席等职。

谢觉哉在党的建设、人民民主制度的建立和健全、统战、司法和新闻工作以及社会福利事业等方面都作出了重大贡献。他长期担任中央领导人，事务繁忙，但一直保持平易近人、事必躬亲的作风，与农民同吃同住，向农民群众宣传党的政策，教群众学习文化知识和选举投票的方法，在 79 岁高龄的时候，还先后到上海、杭州等多地调研，历时 46 天，回程后又连续每天工作十几个小时，以致病倒。"鬓发似银心似火""一天不死要操劳"这两句诗，生动反映了谢觉哉的工作和生活。

★ 人民司法制度的重要奠基人

谢觉哉在中央苏区工作期间，主持和参加起草中国红色革命政权最早的劳动法、土地法、婚姻条例等一系列法令和条例。陕北时期，谢觉哉先后担任西北办事处司法内务部部长、国家检察长，陕甘宁边区高等法院院长，兼任国家审计委员会主席，积累了丰富的法律知识和实践经验。他致力于将马克思列宁主义、毛泽东思想的指导原则，同根据地的具体实际情况，以及自己的亲身经历和经验相结合，从边区人民的需要出发，建设我国新民主主义司法理论，创造一套新的法规和审判形式，制定出符合边区的司法条例。他曾提出："中国要有自己的立法原则。实事求是，从实际出发，制定有中国特色的法律。""新的法律，不只内容要冲破旧的范围，而且形式也不能为旧的形式所拘束，要使广大人民能够了解。"他为我国人民司法制度的发展做出了开创性的探索，成为我国革命司法制度的奠基人之一。

在具体办案实践中，谢觉哉主张在判案中"敢碰要人"。在延安时期，发生了一件要案，主犯是有革命资历的人物，有些人以权势相威胁，但谢觉哉并不屈从，协同边区司法机关判处主犯徒刑。他认为，不遵守法令的公务人员影响更坏，就要坚持"要罚的罚，应拘的拘"。他同时主张要充分保障人权、保护女权，反对轻罪重罚，反对刑讯逼供,不放过任何冤案,比如在"王观娃死刑案"、边区政府总务科科长贪污案等中,他都逐项审查证据,予以改判。在刑罚执行上,他扬弃报应刑观念,主张劳动教育改造罪犯。他的这些思想和实践为我国的新民主主义法制革命和新中国刑事法制建设作出了巨大贡献,纠正了因政治上过于"左"倾而导致的重刑主义倾向,对我国现代刑事法律制度的发展和实践起到了非常重要的作用,对今天的司法实践仍然具有重要指导意义。

谢觉哉非常重视人才的培养,为改变陕甘宁边区司法落后的状况,培养和提高司法干部的业务水平,他创办了中共历史上第一个司法讲习班和第一个司法研究会。针对司法人才缺乏的情况,谢觉哉经常说:"司法是专门业务,要专门人才。""司法人员必须有学问、有才干。"1948年8月,华北人民政府成立,谢觉哉担任司法部部长的第一件事就是开办司法训练班,为我国培养了第一批司法骨干力量。1949年,谢觉哉又兼任中国政法大学校长,为全国培养了大批法律人才。

他经常教育司法工作人员,对于大小案件,必须实事求是,要重证据,重调查研究,要懂得"一念之忽差毫厘,毫厘之差谬千里"的道理和危害性。1959年5月13日,谢觉哉在全国公、检、法先进工作者大会上讲话,明确指出:"所谓提高办案质量,就是要把案子办得更精准、更细致、更踏实,做到不纵、不冤、不漏、不错。"为此,必须"切实弄清案情,正确认定案件性质,严格区分政策界限,正确适用法律和掌握量刑幅度,切实遵守必要的法律手续和审判制度"。无论是在机关里还是到各地区检查工作,他都严格要求提高办案质量。发现有工作粗糙的,不依法办事的,就亲自过问,或启发教育或严厉批评,直到采取措施,把错误纠正过来,问题得到解决为止。

★ 廉洁家风的典范

谢觉哉家庭和睦，儿孙满堂，他既喜欢孩子，又严格教育孩子，在家风、家教方面堪称模范。1945 年 12 月 15 日，抗日战争胜利后，谢觉哉参照《沁园春·雪》的韵律，写了一首幽默风趣的《沁园春·为诸孩》："三男一女，飞飞列列，定定飘飘。记汤饼三朝，瞳光灼灼；束脩周载，口辩滔滔。饥则倾饼，倦则索抱，攀上肩头试比高。"浓浓父爱、殷殷期盼，溢于言表。

谢觉哉虽疼爱孩子，却从不溺爱。他重视学习，崇尚知识，对子女的学习也很重视，他曾在信中对儿子和女儿说，虽然"私人的信，很少写"，但是"你们如有学习上的困难问题，经过考虑还得不到解决的，如来问我，可能给你们答复"，"经验知识是无穷尽的，只要用心，随时随地都可学到东西；只要虚心，别人的、书本上的经验知识，都可变为自己的经验知识"。他高度重视子女的品德塑造。教育子女不要有特权思想，不要把他视为旧社会的官老爷，更不要做"少爷"的美梦。写诗一首："你们说我做大官，我官好比周老倌。起得早来眠得晚，能多做事即心安。"他一直关心记挂留在湖南老家的子女，但没有为他们调动工作而说情，而是教育子女始终要靠自己的劳动自食其力。他格外重视孩子们的思想改造问题，教育他们要"从艰苦的过程中，得出隽永的味道"。对于子女入党，他更是严肃认真："入党不只是组织上批准你入党，而是你自己总想行动像个具有共产主义品质的人。"

不论境况如何，不论是对待工作还是生活，不论是对待个人还是家人，谢觉哉都是不谋私利、不图虚名、廉洁奉公、艰苦朴素、实事求是，数十年如一日，甘做人民的公仆。"为党献身常汲汲，为民谋利更孜孜"，这是延安时期人们送给他的诗句，也是他崇高品格的真实写照。

1971年6月15日，谢觉哉因病在北京逝世，享年87岁。

（袁宗评　张海荣编写）

参考资料

1. 谢觉哉传编写组：《谢觉哉传》，人民出版社1984年版。

2. 最高人民检察院编：《人民检察史——纪念检察机关恢复重建三十周年》，中国检察出版社、江西美术出版社2008年版。

3. 林准：《在纪念谢觉哉同志诞辰一百周年大会上的讲话》，载《人民司法》1984年第6期。

4.《谢觉哉院长在全国公安、检察、司法先进工作者大会上的讲话》，载《人民司法》1959年第10期。

5. 李元：《谢觉哉：人民司法制度的奠基人》，载《人民司法》2021年第15期。

李木庵

　　李木庵（1884－1959），原名李振堃，湖南桂阳人，1925年参加革命，同年加入中国共产党。杰出的共产主义战士，著名的马克思主义法律家。北伐战争时期，曾任国民革命军第十七军政治部主任。辛亥革命后，曾任广州地方检察厅检察长、闽侯地方检察厅检察长，福建闽侯县知事和福建督军署秘书。1940年11月任陕甘宁边区高等法院检察处检察长，后代理陕甘宁边区高等法院院长。新中国成立后，任中央人民政府司法部党组书记、副部长，中央人民政府法制委员会刑事法规委员会主任委员、最高人民法院顾问、湖南省政协副主席等职。

★ 艰难曲折的法治人生

　　1884 年 2 月 18 日，李木庵出生于湖南桂阳东镇乡排楼村（今属正和乡）一个殷实家庭。李木庵自幼聪慧，勤奋好学，在家乡私塾读书，走传统功名之路，15 岁考取秀才，有"少年天才"之称。后负笈长沙岳麓书院、京师国子监进修，又考入京师法政专门学堂，为中国最早一批系统接受过现代法学正规教育的专业人士之一。京师法政学堂是晚清法制变革的重要成果之一，该校师资水平较高，管理规范。良好的学习环境，不仅使李木庵系统地掌握了现代法学知识，也奠定了其一生的法治理想。1909 年毕业后，李木庵留校任讲习，从事法学教育，同时，为报刊撰写文稿，开启了艰难曲折的法治人生。民国初兴，李木庵转行做起法律实务，希望以自己所长而国家所短的法律知识服务国家与社会。李木庵出任广州地方检察厅检察长，但由于为人正直，行为儒雅，不久即受人排挤而离任，又到京津一带做律师，筹建两地律师公会。1914 年，他转道福建，出任闽侯地方检察厅检察长，但这次转行仍不成功，法制理想受到打击。经过几年的法律实务，他对中国司法制度的现状有了更为清晰的认知。尽管此时国体已经更张，但人治的传统和官场的黑暗依旧，他的法制抱负并无施展的空间。不愿同流合污的李木庵选择了卸职回京赋闲。此后若干年中，李木庵开始思考另外的救国之路——革命救国的道路。就某种意义上讲，这也是在为法治的实现寻求更广阔的政治背景。

★ 在红色延安找到使命归宿

　　经过多方比较，李木庵最终选择了共产主义。1925 年，李木庵加入中国共产党，先是投身北伐战争，任国民革命军第十七军政治部主任。

大革命失败后，李木庵被国民党通缉，被迫到上海从事地下工作，随时都有被捕的危险，家庭生活也极为拮据。李木庵在上海工作，把家眷安置在南京郊区，买了块荒地务农为生。他本人则奔走于上海、南京以开办律师事务所做掩护，从事地下工作。1935年前后，李木庵受上海地下党组织委派到西安开展工作，到杨虎城部宪兵营任书记。中共西北特别支部成立后，李木庵任宣传委员，参与组织成立西北各界抗日救国联合会，任总务部负责人，领导开展西安地区抗日救亡运动。他参与推动张学良、杨虎城发动西安事变，是西安事变的积极参与者之一。

1940年11月，李木庵辗转到达延安，出任陕甘宁边区高等法院检察处检察长。在早期中国共产党人少有人系统地接受过现代法学教育，李木庵等人的到来，对边区法制工作来说如获至宝。李木庵代理陕甘宁边区高等法院院长，任职期间他以自己所长积极推行以正规化为特征的司法改革。解放战争时期，李木庵任中共中央法律委员会委员，与谢觉哉等人一起为创建新的、适应未来共和国的法律体系和法制理论做着前期准备工作。1942年4月，陕甘宁边区政府党团会议决定李木庵代理陕甘宁边区高等法院院长，李木庵主导的以司法正规化为核心内容的改革正式开始。这次改革的目的，李木庵说得极为清楚："提高边区的法治精神，切实执行边区的法令，使边区人民获得法律的保障，建立适合边区的司法制度。"

★ 在战火纷飞中推动司法改革

司法制度是政权建设中最为重要的内容之一。自晚清西方现代司法制度进入中国以来，司法制度改革似乎成了一个永恒的主题，改革的目的是如何让原产于西方的现代司法制度与中国国情结合，寻找一种适合中国的司法制度，即便是在战火纷飞的年代，改革也未曾停止。七十多年前，在陕甘宁边区也曾发生过一场司法改革，这次改革的推动者和领导者是李木庵。在早期中国共产党人中，李木庵是为数不多的系统接受过现代法学教育、有丰富司法实践经验的人。他生活于中国社会的转型时期，认定法治应该在社会转型中发挥重要作用，为此，他奋斗了一生，孜孜以求地探索法治在中国实现的路径。其中，以司法制度方面的改革意义最大。

这次改革主要涉及以下几方面内容：第一，制定了一批法律法规。法律供给不足严重地制约着陕甘宁边区的司法环境，李木庵等抓紧制定最紧缺的法律法规。仅一年就制定了调解条例、复判条例、审限条例、县司法处组织条例、高等法院分庭组织条例、边区司法人员任用条例、保外生产条例、边区妨碍抗战动员处罚条例、监狱人犯保外服役暂行办法、监狱人犯夫妻同居暂行办法、释放人犯暂行办法、继承处理暂行办法等程序性法规。此外还对已有的各种法规进行了整理汇编，使边区的司法审判有了必要的法律依据。第二，健全司法体制。明确独立审判原则，边区县一级设立司法处，在政府领导下从事审判工作。李木庵起草了《陕甘宁边区县司法处组织条例（草案）》，对司法处的权限，司法处与高等法院、高等法院分庭之间的关系均作了清晰界定。边区地广人稀，交通落后，民众赴延安高等法院上诉极不方便，因而各地常有设立高等法院分庭的要求，方便群众诉讼的同时，也健全了司法机关。边区事实上实行两审制，李木庵提出实行三审制的主张。李木庵认为，边区"司法技术错误多，增加一个审级关系人民的权利，多一审级就使人民多一次的希望权，这与判决死刑的人最有关系，各国民法上都有希望权的规定，我们用两级两审，而无三审，是剥夺了人民的希望权，在法理上说不过去的"。在李木庵等的一再要求下，边区政府颁布政府令，设立审判委员会，受理第三审案件。此外，李木庵还规范了判决书的内容与格式。第三，规范诉讼审判制度。李木庵发布了第7号指示信，要求"受理案件，无论是自诉或公诉，必要有起诉书，当事人没有起诉书，由受理该案的机关为之代写，以便有案备查"。第四，司法工作和司法人员专门化。在边区各级政府，为了其他工作的需要随意借调司法人员一度成为"普遍现象"，给司法审判工作带来了较大冲击。为了保持司法人员的稳定性，李木庵特向陕甘宁边区政府建言不得随意借调审判人员，为此，陕甘宁边区政府专门发布命令：各该县凡担任司法工作之干部，如非万不得已时，不应随便调做其他行政工作。陕甘宁边区早期因审判人员文化水平较低，加之对判决书本身不重视，司法实践中判决书写作较为随意，甚至没有判决书。为此，陕甘宁边区高等法院对判决书撰写进行了专门规定。李木庵还强调司法人员专业化，重视司法人员的培训，他说："办理司法干部培训班，调各县的干部来受训；延长时间为一年半，功课学完以后再实习半年才能毕业。"高等法院"设立法律研究组，将每月研究法律的提纲发给各县使之解答"，规定各县所有的检察员、书记员各写法律论文一篇、普通论文一篇，并进行检查评比，奖勤罚懒。李木庵主张司法要有一定程序，但又必须简便易行，应搞一些必要的手续，但又不能机械烦琐，要实在具体、便于执行。他陆续公布了一些切实可行、方便群众的法令等，以补充条例之不足，使边区诉讼进一步走向正轨和日益健全。

1948 年，李木庵随中共中央到达河北省平山县西柏坡，曾参加起草《中国人民政治协商会议共同纲领》和其他有关法律文件。

新中国成立后，李木庵任中央人民政府司法部党组书记、副部长，中央法制委员会委员，中央人民政府法制委员会刑事法规委员会主任委员和全国政协委员。李木庵积极参与各级司法机关的组建工作，主持编写刑法草案，参加惩治反革命条例、惩治贪污条例、婚姻法等法规的起草和审定工作。1955 年，李木庵任最高人民法院顾问、湖南省政协副主席。

1959 年，李木庵在北京逝世，享年 75 岁。

（张烨编写）

参考资料

1. 陕甘宁边区检察史陈列室相关资料。

2.《桂阳著名党史人物——李木庵》，湖南省桂阳县人民政府等互联网平台。

3.《李木庵：司法改革的先行者》，载《民主与法治》2021年第29期。

4. 延安市融媒体中心：《革命人物李木庵》。

马定邦

　　马定邦（1908－1975），陕西延川人，1925年参加革命，1926年加入中国共产主义青年团，1927年转为中国共产党党员。1946年5月任陕甘宁边区高等法院检察处检察长、陕甘宁边区高等检察处首任检察长。新民主主义革命时期，曾任中共陕甘宁边区区委组织部科长，绥德行政督察专员公署副专员，中共黄龙地委、陕北区委组织部部长。新中国成立后，曾任中共陕西省委组织部副部长、党校校长，中共中央组织部处长，中共中央财贸部部务委员，国务院财贸办公室副主任兼中共中央财贸政治部副主任。

★ 走上革命的道路

1908年10月8日，马定邦出生在延安市延川县贾家坪乡马家圪崂村一户普通农民家里。那里山大沟深，农民生活十分艰难。马定邦的父亲马奉君虽然没有文化，但重视对孩子的教育。马定邦出生的窑洞挂着一块牌匾，是光绪三十二年书写的"耕读传家"的家训。马定邦的父亲马奉君与邻村志同道合者出资办学，用优厚的待遇聘请老师，延川北源村的杨其敏老先生和田家川的田同清老先生，都在马家河当过教师。这所大山里的学校，曾为陕北革命火种的传播作出贡献。陕北早期革命烈士焦维炽、马俊英，以及马定邦、石子珍、马国栋、石子珠、马万里等都曾就读于这所小学，后纷纷走上革命道路。

1925年，马定邦考取了省立第四中学。在党组织的培养教育下，他接受了革命思想，积极参加革命活动，经同学焦维炽的介绍，于1926年加入中国共产主义青年团，1927年春，转为中国共产党党员。同年马定邦受指派，回乡以教书为名，与早期共产党员马俊英等在焦家河成立了秘密党支部，简称"定英支部"，扩大革命声势，壮大革命力量。马定邦先后任秀延县东区苏维埃政府秘书、中共秀延县委秘书等职。

★ 出任边区高等检察处首任检察长

1935年，红军长征到达陕北后，马定邦调任中央党校班主任。1937年，马定邦调到中共陕甘宁边区区委组织部，任科长等职。1939年1月，陕甘宁边区第一届参议会决定在边区高等法院设置检察处。1941年1月21日，陕甘宁边区高等法院检察处正式设立，李木庵任边区高等法院检察处检察长，刘临福为检察员。1942 年 1 月，陕甘宁边区实行"精兵简政"，边区政府撤销了各级检察机关，检察处和各县检察员被一并裁撤，检察机关的职权根据案情分别由保安机关（公安机关）和司法机关代行，一般刑事案件统一由法院审理。实施"简政整编"不久，李木庵、张曙时、何思敬、朱婴首次联名向边区参议会常驻会提出恢复检察制度的提案；陕甘宁边区政府副主席李鼎铭先生也多次向陕甘宁边区政府提议恢复检察机关；1945 年 12 月，陕甘宁边区司法会议提出重新建立检察机构。

1946 年 4 月，陕甘宁边区第三届参议会上，边区政府主席林伯渠指出："必须健全司法机关和检察机关，司法机关对法律负责，进行独立审判，不受任何地方行政的干涉。"5 月 5 日，陕甘宁边区第三届参议会常驻会决定在边区高等法院设置边区高等法院检察处，批准任命马定邦为高等法院检察处检察长；根据陕甘宁边区第三届参议会第一次大会关于健全检察制度的决定，陕甘宁边区政府发布《陕甘宁边区政府命令》，将陕甘宁边区高等法院检察处改为"陕甘宁边区高等检察处"，马定邦继续任检察长职务，任命刘临福、折永年等为边区高等检察处检察员。

1946 年 7 月 23 日至 8 月 7 日，陕甘宁边区高等法院检察处召开首届检察业务研讨会议，由马定邦策划并主持。高等法院马锡五院长、乔松山副院长参加指导了会议，各分区到会检察员有：绥德分区黑长荣、关中分区杨直、三边分区陈继光、陇东分区王生弟及关中分区书记员李磊葆等。会议总结了以往检察工作经验，对此后检察工作的范围、组织机构、名称和各种工作制度进行了讨论研究。这是目前可查知的新中国成立前首次检察业务研讨会，说明陕甘宁边区检察机关已经开始重视检察业务建设。这次检察业务研讨会议，不仅促进了边区检察员业务素质的提高，而且为新中国成立后检察业务建设树立了典范，在中国检察制度建设史上具有里程碑意义。

★ 迈出"检审分立"的第一步

从陕甘宁边区高等法院检察处检察长到陕甘宁边区高等检察处检察长，马定邦积极主动协助陕甘宁边区政府起草、修改法案、文书，他过硬的文字功底，赢得同志们的一致好评。

1946年10月19日，陕甘宁边区政府公布《陕甘宁边区暂行检察条例》（以下简称《条例》），对检察机关办理各类案件应遵循的程序作了详细规定。《条例》无论是关于检察体制、职权、程序等制度性建构，还是一些具体措施的创设，都具有开创性，对新中国检察立法有较大的借鉴和指导作用。在检察体制上，首次以法律的形式规定了检察"垂直领导"权，即高等检察处检察长领导全边区各级检察员，受边区政府领导，独立行使检察权，不再受高等法院领导。

1946年11月12日，《陕甘宁边区政府发布命令——健全检察制度的有关决定》（以下简称《决定》），明确了各级检察机关的职权、组织及领导关系，规定"高等检察处受边区政府之领导，独立行使职权"，"各分区设高等检察分处，各县市设检察处，均直接受高等检察长之领导"。随即，陕甘宁边区绥德等分区也成立了高等检察分处，部分县也配置了检察员。此项《决定》的出台，检察长马定邦功不可没。

这是党中央到达陕北后在陕甘宁边区第三次建立检察机构，这次建立的检察机构与以前的有很大不同：首先，在检察体制上实行"检审分立"制，彻底改变了以前"检审合署"或"配置制"的做法；其次，在领导关系上，直接受边区政府的领导，不再受高等法院领导。这是新中国成立前首次建立的独立检察组织系统，它标志着人民检察制度向独立体系迈出了重要的第一步。至此，检察机关的领导关系上确立了垂直领导体制，可以说，陕甘宁边区成为人民检察体制发展和完善的实验地。

马定邦主持陕甘宁边区高等检察处工作期间，人民检察制度迈出了"检审分立"的第一步。从此，陕甘宁边区检察体制从"审检合署"迈向"检审分立"，为新中国检察制度的完善提供了宝贵的历史经验。

1947年后，马定邦历任绥德行政督察专员公署副专员兼陕甘宁边区高等法院绥德分庭庭长、中共清涧县委书记、中共绥德地委组织部部长、中共黄龙地委组织部部长、陕北区委组织部部长。

新中国成立后，马定邦历任中共陕西省委组织部副部长、中共中央组织部处长、中共中央财贸部部务委员、国务院财贸办公室副主任兼中共中央财贸政治部副主任，中国共产党第八次全国代表大会代表。

"文化大革命"期间，马定邦遭受林彪、江青两个反革命集团残酷迫害。1973年8月回乡接受劳动锻炼，1974年春节前回到北京。

1975年5月31日，马定邦因病在北京逝世，享年67岁。

（张烨编写）

参考资料

1. 陕甘宁边区检察史陈列室相关资料。

2. 田雨生：《陕甘宁边区高等检察处首任检察长——马定邦》，载《法治日报》2021年9月8日，第1版。

3.《宝塔山下的检察担当》，载《检察日报》2021年5月23日，第1版。

4. 康存生：《陕甘宁边区时期"人民检察制度"的探索与实践》，载渭南青年网，2022年6月10日。

乔理清

　　乔理清（1910－1949），原名乔天榜，山西临汾人，1937年4月加入中国共产党。1947年4月至1948年10月任关东高等法院首席检察官。1938年任中共中央党校教员、支部书记、总务处处长、马列学院组长等职。1939年10月受组织委派到上海从事地下工作。1943年后历任中共皖江区党委委员、新四军七师锄奸部科长、皖江公安局局长、中共旅大地委社会部副部长、关东公安总局副局长等职。

★ 投身革命　经受严峻考验

1910 年，乔理清出生于山西省临汾县乔家院村一个农民家庭，年幼失去父母，由祖父养大。因成绩优秀，乔理清被保送到山西省立第六师范学校。在校读书期间，他开始接触马克思主义，思想发生了深刻变化，成为当时革命学生群体中的一名活跃分子，表现出极大的革命热情和很强的组织能力。毕业后，他来到县立第一高小当教员，利用教员身份开展思想宣传，对争取进步的学生活动给予支持。

1937 年 2 月，乔理清到延安抗日军政大学学习，同年 4 月加入中国共产党。1938 年任中共中央党校教员、支部书记、总务处处长、马列学院组长等职。1939 年 10 月，受中共中央社会部委派，到上海秘密从事地下工作。在三年多的时间里，乔理清多次历险，走在死亡的边线上，始终忠心耿耿为党工作，充分展示了自己的智慧和才华，圆满完成了党组织交给的各项任务。

1943 年，乔理清受组织委派到安徽工作，历任中共皖江区党委委员、新四军七师锄奸部科长、皖江公安局局长等职。1944 年，皖江解放区受到敌人联合进攻，当时乔理清正生着病，师部要他休息养好身体，但他坚持带病参加战斗，并说"工作是治病的良药"。乔理清奉命转战两淮之时，秋雨很大，平地都成了汪洋，战士劝他到后方休息，他仍坚持说"这是考验我们的时候，为了消灭战争我们只有这样做下去！只有这样才能对得起人民"。

★ 带病复工　开创关东解放区司法新局面

1947 年，组织上安排乔理清到旅大地区治病休养，但他置病体于不顾，主动请求工作。1947 年 4 月 3 日至 4 日，第一届旅大各界人民代表大会召开，会议决议成立关东公署和关东高等法院，选举乔理清为关东高等法院首席检察官，周旭东为高等法院院长，标志着包括检察机关在内的关东解放区司法机关的发展进入了一个新的历史阶段。

乔理清作为第一届旅大各界人民代表大会选举产生的关东高等法院第一任首席检察官，开创了检察机关首长由国家权力机关选举产生的先河。他先后被任命为中共旅大地委社会部副部长、关东公安总局副局长等职。

在旅大地委的领导下，在院长周旭东、首席检察官乔理清的主持下，关东解放区司法机关开启了新的历史发展阶段。此前，关东解放区只有基层一级审判和检察机关，多数案件采取一审终审制，关东高等法院成立后建立两级两审终审制，从而形成了比较完整的诉讼体系。关东解放区迅速出台了一批规章制度，其中比较著名的有《关东各级司法机关暂行组织条例草案》《关东高等法院各部门（庭、处、室）工作条例》《关于领导关系、分工负责及会议制度的决定》等，明确规定了关东司法机关的产生、组织机构、人员配置、职责分工、领导制度、工作制度、会议制度，以及各司法机关之间的审级关系和案件管辖范围。特别是《关东各级司法机关暂行组织条例草案》专设一章，对检察机关的设置做出了专门规定。关东各市县司法机关直接受关东高等法院管辖与领导，各级检察机关不受其他机关干涉，独立行使职权。结合当年工作实践，参照有关政策法律和解放区的司法原则，关东高等法院陆续制定出台了30多部单项法规，这些文件极大地丰富了关东解放区的法律制度，为各级司法机关执法办案提供了充分的依据，逐渐改变了之前主要依据国民政府制定的"六法"进行执法的局面。此外，自关东高等法院成立后，关东解放区司法工作的计划性明显得以加强，有力地推动了审判工作和检察工作的开展，办案数量和办案质量明显上升，各基层司法机关工作开展不平衡的局面也得以有效改善。

乔理清主持开展的一系列卓有成效的工作，有力推动了检察工作的开展，办案数量和办案质量明显上升。1947 年，关东解放区成立司法机关的第一个年度，共处理各类刑事案件涉案人员 1826 人，比 1946 年的 1075 人上升了 70%，工作开展不平衡局面有效改善。至此，关东解放区检察工作在中共旅大地委和关东高等法院的领导下逐渐走向规范和完善，为检察机关的设立和工作开展提供了制度上的保证，初步形成了关东解放区检察制度，是中国共产党进入城市后建立的最早的人民检察制度，是新中国检察制度建立的前奏。

★ 锄奸反特　保卫新生民主政权

关东解放区检察机关与公安、法院等部门配合，同日伪残余势力、国民党反动势力、特务汉奸、封建恶霸以及其他反革命分子开展了坚决斗争，运用法律武器打击犯罪、保护人民、保卫新生的民主政权，发挥了重要作用。

1947 年 6 月 3 日，由董彦平率领的国民党政治视察团乘坐长治号军舰抵达旅顺口。乔理清带领人员全力执行中共旅大地委就应对视察团"内紧外松，不冷不热"的方针，严格监视、控制董彦平等接触人员和活动范围，突击回收董彦平等携带的大量钞票，使得他们四处碰壁，一无所获地离开了旅大。国民党通过外交手段接收旅大的企图就此落空。

1947 年秋，国民党加紧进攻辽南，旅大地区反革命势力抬头，造谣破坏。为了便于开展工作，加强对大连市的控制和管理，1947 年 11 月下旬至 12 月中旬，关东高等法院由旅顺迁到大连，与大连地方法院合署办公，对全地区司法机关进行整编，进一步明确了关东高等法院院长和首席检察官对整个关东解放区司法工作的共同领导地位，标志着关东解放区检察机关正式进入了有计划的全面创建阶段。

1948 年 3 月，乔理清作为首席检察官指挥旅顺市、大连市和大连县的检察人员、公安人员，在中共旅顺市委密切配合下，一举侦破了国民党旅顺市党部重大案件，逮捕国民党旅顺市党部成员 114 人，彻底摧毁了国民党旅顺市党部和盘踞在旅顺市的国民党地下武装组织，流亡在沈阳的国民党旅顺市党部也被解体。

乔理清紧密围绕中共旅大地委和关东公署的工作部署，全力履行出庭公诉职能，运用法律武器打击犯罪，保护人民，一方面加大了对造谣破坏和侵吞公共财产的反革命分子的制裁力度，另一方面对大生产运动起到了配合推动作用。其中，乔理清亲自指挥办理的李巨川隐匿侵占官产案，案件宣判后，在社会上引起很大震动，不少不法分子被群众举报揭发或主动投案自首。

★ 身兼数职　将一切献给党和人民

乔理清对旅大地区的法制建设及公安事业作出了突出贡献。随着解放战争的节节胜利，为了迎接新中国的诞生，做好司法工作，必须有一支与之相适应的司法队伍。1948 年 3 月上旬至 4 月下旬，乔理清在全区司法机关开展了思想作风大检查活动，成立评议委员会，乔理清做动员讲话，通过开展批评与自我批评、大检查活动，提出了学习苏联司法的号召，使广大司法人员对马克思列宁主义、毛泽东思想国家观和法律观有了初步理解，统一了思想，转变了作风，促进了工作。为加强司法队伍建设，高等法院明确提出了政治与业务相结合的学习制度，他不辞辛劳，挤出时间亲自为大连警察学校、旅大建国学院和大连电业专科学校的学生授课，培养了一批用新民主主义思想武装起来、具有一定法律素养的新型司法人员。乔理清学识渊博，平易近人，学员无不被他渊博的知识和生动精彩的教学语言所折服，他也因此在学员中赢得了"铁嘴"的美称。

作为领导干部，乔理清始终保持俭朴本色，甘于清贫，虽然身患重病，但在生活条件和工作待遇上从不搞特殊，处处体现了共产党员应有的高风亮节。乔理清说："我们要和别人比工作、比学习、比对党的贡献，这样越比越会感到自己的不足，才能继续努力上进。如果和别人比生活条件和待遇，那就越比越没有上进心，就要落伍了。"他的警卫员都知道乔理清廉洁奉公，从不敢替他多领生活保障物资。乔理清处处严格自律，很少使用公车，经常穿一套旧便装，风尘仆仆深入基层，奋斗在第一线。他每到一个地方，就教育那里的同志，不要搞攀比、讲待遇，要为人民群众办好事、做实事，带头为旅大政法工作树立了良好风气。

乔理清在旅大工作期间，身兼数职，工作兢兢业业，废寝忘食。由于积劳成疾，长年的肝脏疾病逐渐恶化，医治无效，于1949年10月22日逝世，党组织为他举行了公葬仪式，数千名各界群众自发参加追悼活动。乔理清用一生践行了自己的誓言：将一切献给党和人民。

（张华　牛浩编写）

参考资料

赵建伟编：《关东解放区的人民检察制度》，中国检察出版社2014年版。

裴华夏

　　裴华夏（1903－1954），安徽寿县人，1926 年加入中国共产党。1950 年 10 月任旅大市人民检察署副检察长。抗日战争期间，曾任新四军第四支队服务团团长、新四军第二师新八团政治部主任等职，1941 年任津浦路西联合中学校长兼党委书记。抗日战争胜利后，1947 年 3 月任旅大公安总局秘书室主任，1948 年 10 月任关东高等法院首席检察官，1949 年 1 月任关东地区犯人劳动改造委员会主任。

★ 追求真理　踏上革命征途

裴华夏出生于安徽省寿县一户小地主家庭，9 岁入私塾，18 岁进入高小，并于当年进入旧制中学，因聪慧好学，成绩优异，中学毕业后考入武昌师范大学。五四运动爆发后，裴华夏受到革命思想启蒙，如饥似渴地阅读革命书籍，很快接受了马克思主义。

1925 年，裴华夏脱离了就读一年的大学，踏上了革命征途，在上海总工会做组织干事，并加入了中国共产主义青年团，1926 年加入中国共产党。

五卅运动后，党组织派裴华夏到湖南农民运动讲习所学习。在这个革命摇篮里，他接受了国民革命基础知识教育，为他以后革命的一生奠定了坚实的思想基础。

北伐战争开始后，裴华夏又被派到上海从事地下工作。1927 年四一二反革命政变期间，他始终和上海革命工人一道坚持斗争，浴血奋战。第一次大革命失败后，党又派他到莫斯科中山大学学习。1930 年毕业后，任苏联海参崴中国师范学校校长。1931 年裴华夏回国，在上海党中央担任交通局主任，一年后又到安徽省合肥市任中共皖西北特别委员会宣传部部长。1933 年，裴华夏再次被派往上海，到互济总会工作。当年，上海互济总会书记邓中夏不幸被捕，他接替担任了互济总会书记。不久，他也被捕。

1937 年，抗日战争全面爆发，中国共产党倡导的抗日民族统一战线形成，经周恩来多番交涉，裴华夏被营救出狱到延安。1938 年，裴华夏先后调任济南市委书记和开封市委书记。开封失守后，裴华夏任豫南特委宣传部部长。1939 年，裴华夏转到部队工作，在新四军第四支队担任服务团团长，不久，调新四军第二师新八团任政治部主任，转战黄河南北。1941 年，党决定通过联合中学、抗日大学等形式加紧培养革命骨干，将裴华夏转到地方工作，安排他担任津浦路西联合中学校长兼党委书记。抗日战争胜利后，裴华夏调任华中分局调研室主任。

★ 亲力亲为　培养新型司法人才

1947年3月，裴华夏调往旅大工作，初始时担任旅大公安总局秘书室主任。1948年10月，关东公署任命裴华夏为关东高等法院首席检察官。当时，检察、审判两个机构配置在法院内，裴华夏作为首席检察官与法院院长共同实行集体领导，负责全面工作。

为适应革命形势的发展和司法工作的需要，培养胜任工作的司法人才成为关东高等法院一项重要工作。1948年9月至1949年12月，关东高等法院先后举办了3期司法训练班，培养司法干部近200名，选拔优秀青年参加培训，着力培养新式司法人才，充实大连地区各级法院及基层调解组织，推进司法工作。作为首席检察官的裴华夏亲自上课，培训学员毕业后大部分被充实到关东解放区的各级司法机关或基层政权组织，另有多人被充实到外省市司法机关或随军南下，为新生的人民民主政权和全国其他解放区培养了一批急需的新式司法人员，为检察工作的开展奠定了坚实的思想和理论基础。

裴华夏对检察干部非常关心，尤为关爱年轻检察干部的工作和学习，经常和年轻干部谈心交流，接见从学校刚到检察机关工作的年轻干部，帮助生病干部寻医问药，并安排他们到干部学校培训，帮助年轻检察干部尽快熟悉情况，顺利展开工作。

★ 分级改造　探索形成监所检察制度雏形

1949年1月，为加强对监狱（之后改称劳动改造所）的领导和民主管理，有计划地进行犯人的政治文化教育，大量发展习艺生产，并在劳动中得到改造，关东高等法院决定设立犯人劳动改造委员会，首席检察官裴华夏任主任委员，制定了《关东高等法院犯人劳动改造委员会组织条例》，作为高等法院的一个院级领导机构，负责犯人教育劳动改造的政策制定、组织协调、减刑假释报请和经费审批等，将原属于司法行政处下的监狱科升格为劳动改造处，专门负责全区的劳动改造工作，直接领导旅顺监狱和大连监狱，进一步突出了监狱的劳动改造功能。

在裴华夏的组织和领导下，关东高等法院先后出台了《关东高等法院暂行羁押规则》《关东高等法院关于监外执行条例》《劳动改造所暂行管理规则》等文件，关东解放区的检察机关直接参与刑罚措施的具体执行和对监管场所的日常管理，对监管活动实行全面监督。监所检察制度的创立，是当时关东检察制度的一大特色。关东解放区检察机关根据在押犯人犯罪性质和文化程度的不同，对在押犯人进行了政治思想教育、生产技术教育和消减文盲识字教育，开展了形式多样的劳动教育改造。关东解放区监所检察工作卓有成效，使一大批犯人重获新生，三年中经教育改造释放者达 1704 人，释放出所后再犯者极少。

解放战争期间，关东检察机关积极响应中共旅大党组织号召，在保卫人民政权、维护社会稳定的同时，积极支援人民解放战争。在首席检察官裴华夏的直接领导下，劳改场所积极组织犯人劳动生产，将所办工厂生产的机械、被服等物资所创收入，除供犯人生活外全部上缴地委财委，所产产品大量运往前线，支援了全国的解放战争。其间，关东解放区的劳动改造队犯人研制并生产出了新中国第一台拖拉机，经苏联和我国专家鉴定，认为"质量与效能很好"，轰动一时。1950年5月和11月，时任司法部部长史良、国家副主席宋庆龄、政务院秘书长林伯渠等先后视察了大连监狱习艺机械工厂，并给予了充分肯定。

关东解放区在监所检察方面的制度规定和实践探索，其全面性和有效性，在我国检察制度史上都是前所未有的，其中一些制度规定与我们今天正在施行的监所检察制度基本一致。

★ 推动检察制度完善与规范

1948 年 12 月 10 日至 14 日，关东高等法院召开了全地区推事、书记、检察和审判扩大会议，在首席检察官裴华夏和法院院长的共同主持下，深入讨论了新民主主义政策，并正式宣布废除运用国民党"六法全书"的决定，会议通过总结工作、交流经验，提高了人民司法的理论与业务水平，进一步统一了广大司法干部对新民主主义政策和法律思想的认识。

1949 年 1 月，为了使司法工作更紧密地与政府中心工作相结合，服务当地建设，关东解放区司法机关进行了第三次大整编，将设置在各基层法院内的检察机关行政领导关系改由当地政府直接领导，业务工作仍然实行严格的上下级领导关系。裴华夏带领检察干部配合开展了关东解放区司法机关第三次大整编，将旅顺地方庭改组为旅顺地方法院，设检察官一职，关东解放区三个主要基层行政区域均正式成立了检察机关，独立行使检察权。

1949 年年初，裴华夏参与制定出台了《关东地区司法工作两年计划》，明确了 1949 年至 1950 年关东解放区检察机关的主要任务。1949 年 4 月 6 日至 18 日，裴华夏参加了关东解放区第一届司法工作会议，通过了司法业务上的一些具体办法。《关东地区司法工作两年计划》及有关制度的制定出台，以及相关工作的有序开展，标志着关东解放区司法工作进入了有计划性、正规化发展的新阶段。1949 年 4 月，旅大地区党组织正式公开，关东高等法院改称旅大高等法院，裴华夏主持制定了《旅大检察工作条例（草案）》。

　　1949 年 9 月 21 日，中国人民政治协商会议决定成立最高人民检察署为国家最高检察机关。1950 年 1 月 29 日，中央转发《关于中央人民检察署四项规定的通报》，要求各地迅速成立检察署。1950 年 6 月，遵照中共旅大区委、旅大行政公署和最高人民检察署东北分署指示，由旅大公安总局局长周光、旅大行政公署人民法院首席检察官裴华夏负责筹建旅大市人民检察署。同年 10 月 14 日，旅大市人民检察署正式成立，裴华夏受命担任副检察长。

　　至此，旅大检察机关进入了一个全新的历史发展阶段，明确了检察机关独立行使检察权和垂直领导原则，推动检察机关从"审检合署"向"审检分立"的模式转变，实现了检察机关迈向法律监督机关的历史性跨越，使关东解放区的检察制度一步步走向规范和完善，为新中国检察制度的建立发展提供了宝贵经验，具有重要的历史意义。

　　1953 年，裴华夏病情恶化，住进医院。年底，市委决定送他到北京住院治疗，经检查，他已经是癌症晚期。1954 年 9 月 28 日，裴华夏在北京逝世，享年 51 岁。

（张华　牛浩编写）

参考资料

赵建伟编:《关东解放区的人民检察制度》，中国检察出版社 2014 年版。

徐世奎

　　徐世奎（1911－1940），湖北礼山（今大悟）人，1929年4月参加中国工农红军，1930年加入中国共产党。1937年8月至1938年12月任陕甘宁边区高等法院检察员，在黄克功逼婚杀人案的审理工作中担任国家公诉人。曾任红军排长、连长、政治指导员、营长、团长、师长。1939年任新四军第四支队第七团政治委员。

★ 投身革命　奔向光明

1911 年 9 月，徐世奎出生于大别山区一户贫苦佃农家庭。10 岁时，徐世奎给地主放牛、割草，他常常跟着叔父上山打猎，习武练功，从小练就了强壮的体魄，培育了顽强的毅力。

1927 年春，年仅 16 岁的徐世奎跟着叔父毅然参加了农民自卫队。1927 年 11 月 13 日，在中共黄麻特别区委员会的领导下，徐世奎同自卫队队员一道，身佩 "红带"，手握大刀，参加了惊天动地的黄麻起义。1927 年 12 月，起义受挫，队伍被打散。随后，"清乡团" 便兴风作浪到处捕杀起义军战士。一天夜里，"清乡团" 的团丁偷偷地向徐世奎家摸去，他们早就把这个 "不安分" 的青年视为眼中刺，想斩草除根，了却心头之患。手臂负了枪伤、在家休养的徐世奎听到敌人的动静，迅速穿好衣服，挥泪与父母告别，消失在茫茫的夜色中。他一边走，一边想起了起义的领导人在突围时说的那番话："如果队伍打散了，就要想方设法去寻找工农革命军。哪里有工农革命军，哪里才是我们穷苦人的天下。" 他忍着手臂上剧烈的伤痛，翻山越岭，艰难跋涉。白天敌人搜查得紧，他就在夜里走；饿了，吞野果野菜充饥；渴了，喝几口泉水；困倦了，露宿荒野。面对重重困难，他始终坚定寻找工农革命军、奔向光明的信念。

★ 红军 "虎将"　屡建战功

1929 年 4 月，徐世奎几经挫折，终于来到了皖西，成了一名光荣的红军战士。由于他作战勇敢，第二年就加入了中国共产党，先后担任红军排长、连长、政治指导员、营长、团长、师长。

1931 年，红军打下黄安后，旋即北上向豫南行动。一次部队包围了敌人的一个镇子，里面驻守着敌人的一个团。战斗一打响，担任二一九团六连指导员的徐世奎就跃出掩体，奋勇杀敌，敌人吓得连忙举手投降。有一个俘虏兵指着徐世奎的脊背说："这位长官真'虎'，要不是我枪交得麻利，早就被削掉半个脑袋啦！"此后，徐世奎便有了"虎将"的威名。

1932 年 11 月，红军西征进入陕南漫川关地区，遭到胡宗南一个师的偷袭。敌人从南面兵分两路向徐世奎带领的二一九团猛扑，妄图将红军围歼。危急关头，徐世奎带领全团将士浴血奋战，终于成功掩护红军主力和总部机关安全突围。

1933 年，作战骁勇、敢打硬仗的徐世奎升任红三十军八十九师师长，同政治委员杜义德共事，并肩战斗，屡建战功。

★ 担任检察员　成功公诉"黄克功案"

1937 年 7 月，陕甘宁边区高等法院在延安成立。徐世奎 1937 年 1 月参加了延安抗日军政大学第二期学习，8 月毕业后被分配到陕甘宁边区高等法院，担任检察员。

10 月 5 日晚，红军将领黄克功逼婚不成，将陕北公学女学生刘茜杀害。次日，有人在延河岸边发现被害人尸体并报案。10 月 11 日，陕甘宁边区高等法院在陕北公学操场公审此案。陕甘宁边区高等法院院长雷经天担任审判长，抗日军政大学政治部副主任胡耀邦作为机关团体的代表，与边区保安处王卓超、边区高等法院检察员徐世奎作为组成国家公诉团队出庭执行任务、陈述意见、支持公诉。公诉人指出，黄克功对刘茜实系求婚未遂以致枪杀革命青年，黄克功主观上属强迫求婚，自私自利无以复加；黄克功曾是共产党员，又是抗大干部，不顾革命利益，危害边区法令，损害共产党的政治影响，实质上无异于帮助日本汉奸破坏革命，应严肃革命的纪律，处以极刑，特提向法庭公判。法庭采纳了公诉人意见，当庭宣布判处黄克功死刑。

"黄克功案"从案发到召开公判大会，徐世奎等严谨细致紧锣密鼓，前后仅用六天时间，就侦查起诉了此案。办案质量之高，速度之快，政治、法律、社会效果之好，无不令人称道。

在调查取证过程中，"误伤"一直是案件认定的关键问题，但是种种疑点和迹象，让公诉团队感觉案件并非如此简单。面对困境和诸多压力，他们坚持原则，实事求是，不徇私情，认真细致地搜寻案件线索。经过缜密搜查，先后寻找到书信、血衣、口琴等证据，尤其是在案发现场搜寻到的第二颗子弹发射后留下的弹壳，成为案件定性的关键所在。由此，"误伤"的谎言被揭穿，杀人真相被还原。

毛泽东同志在给雷经天的信中写道："黄克功过去斗争历史是光荣的，今天处以极刑，我及党中央的同志都是为之惋惜的。但他犯了不容赦免的大罪，以一个共产党员红军革命干部而有如此卑鄙的，残忍的，失掉党的立场的、失掉革命立场的、失掉人的立场的行为，如为赦免，便无以教育党，无以教育红军，无以教育革命者，并无以教育做一个普通的人，因此中央与军委便不得不根据他的罪恶行为，根据党与红军的纪律，处他以极刑。正因为黄克功不同于一个普通人，正因为他是一个多年的共产党员，是一个多年的红军，所以不能不这样办。共产党与红军，对于自己的党员与红军成员不能不执行比较一般平民更加严格的纪律。当此国家危急革命紧张之时，黄克功卑鄙无耻残忍自私至如此程度，他之处死，是他的自己行为决定的。一切共产党员，一切红军指战员，一切革命分子，都要以黄克功为前车之戒。"

"黄克功案"公正无私、执法如山的处理，受到当时社会各界的广泛赞誉。著名的民主战士李公朴预言："它为将来的新中国建立了一个好的法律榜样。""黄克功案"既是我们党从建立革命政权初期就致力于从严治党、取信于民的鲜明例证，也是我们党始终坚持法律面前人人平等，维护法制严肃性权威性的充分体现，对新中国法制建设和司法实践产生了十分深远的影响。

★ 英勇杀敌　血洒疆场

1938 年，徐世奎奉派到河南竹沟从事地方工作。1939 年 11 月，党中央电令中共中央中原局书记刘少奇率一批干部到华中敌后，开创抗日斗争的新局面。徐世奎随同来到新四军。此前，新四军第四支队司令员兼政治委员高敬亭在安徽肥东青龙场被错杀，第四支队所属的第七团团长杨克志和政治委员曹玉福带着部分人投奔了国民党军李品仙部。这支曾在大别山坚持了三年游击战争，使敌人望而生畏的英雄部队士气低落。徐世奎得知第四支队第七团没有政治委员，便主动请缨。组织上批准了曾担任过红军师长的徐世奎的请求。此后，第七团在徐世奎和团长秦贤安的率领下，战沙河，攻盱眙，克竹镇，打砖井，连战连捷，士气大振。

1940 年 6 月间，日伪军先后对新四军津浦路西、路东根据地进行扫荡。徐世奎率领第七团和兄弟部队一道，粉碎了路西之敌的进攻。

1940 年 9 月初，日军纠集 1 万多兵力，在 20 多架飞机的配合下，以盱眙为目标，兵分九路，再次对津浦路东苏皖根据地进行大规模的秋季扫荡。9 月 7 日，日军在飞机大炮的掩护下，由北临洪泽湖的盱眙城扑向新四军江北指挥部所在地黄花塘，企图一举摧毁新四军江北指挥中枢。第七团接到江北指挥部的紧急命令后，为解江北指挥部之围，徐世奎率领全团急行军，连夜赶到盱眙高庙，并占领了有利地形。9 月 17 日，第七团与敌军在龙王山遭遇，连续打退了敌人的十多次进攻。徐世奎始终在枪林弹雨的前沿阵地坚定沉着地指挥战斗，敌人不但没能越过阵地半步，还丢下了近200具尸体。日军再次进攻，徐世奎审时度势，果断地命令二营营长张学文、三营营长艾明山带上两个营的兵力，从侧后迂回，截断敌军后路。日军指挥官一看有被全歼的危险，顿时慌了手脚，在火力的掩护下仓促溃逃。徐世奎指挥第七团紧追不舍。由于敌我力量悬殊，徐世奎在盱眙龙王山战斗中牺牲，年仅29岁。

徐世奎牺牲后，时任中共中央中原局书记刘少奇同志在纪念徐世奎的碑文上写道"他为中华民族解放及抗击日军扫荡在龙王山战斗牺牲"。2015年8月被民政部列入第二批600名著名抗日英烈和英雄群体名录。

（刘宝华编写）

参考资料

1.《陕甘宁边区检察机关在党的领导下依法办理黄克功案》，载最高人民检察院网"百年党史中的检察档案"专栏第9期。

2.陕甘宁边区检察史陈列室相关资料。

3.江苏省盱眙县委党史工作委员会：《初心之旅　红色盱眙》，河海大学出版社2019年版。

4.安徽省委党史研究室：《威震敌胆的"夜老虎"团》，载《党史纵览》1996年第5期。

罗荣桓

　　罗荣桓（1902－1963），原名罗慎镇，湖南衡山（今衡东）人，1927年加入中国共产党。军事家、政治家，中国人民解放军创建人和领导人之一，中华人民共和国开国元勋，中华人民共和国十大元帅之一。1949年10月至1954年9月任最高人民检察署检察长。1955年被授予中华人民共和国元帅军衔。曾任中央人民政府人民革命军事委员会副主席、中国人民解放军监察委员会书记。中共第七届中央委员、第八届中央政治局委员，第一届、第二届全国人大常委会副委员长。

★ 革命熔炉铸就 "党内圣人"

1902 年 11 月 26 日，罗荣桓出生于湖南省衡山县一个叫南湾的山村。1914 年，年少的罗荣桓进入罗氏岳英小学读书，在学校具有新思想的老师的教导下，他开始关心国家命运。

1919 年夏，罗荣桓到长沙读中学。时任湖南督军的张敬尧滥发纸币，横征暴敛，对学生和工人运动残酷镇压，激起了各界人士的强烈愤慨，于是各界群众联合起来，举行了声势浩大的 "驱张运动"。进入中学的第一学期，罗荣桓便参加了抵制日货和 "驱张运动"，第一次经受了反帝反封建斗争的洗礼。

1927 年 4 月中旬，蒋介石发动四一二反革命政变。在最危险的时刻，革命队伍中许多不坚定分子纷纷脱离了革命，而罗荣桓却在这年 5 月，加入中国共产主义青年团，不久转为中共党员，毅然投入革命的洪流。

1927 年 7 月初，罗荣桓被党派往湖北通城开展农运工作。七一五政变爆发，罗荣桓开始进行农民自卫军的组织工作。之后，带着这支自卫军参加了秋收起义。1927 年 9 月，罗荣桓随起义部队来到文家市，第一次见到了毛泽东。9 月 22 日，部队到达江西永新三湾村并进行了有名的 "三湾改编"。改编后的工农革命军共有 7 个连队，罗荣桓任特务连党代表，成为我军最早的 7 个连党代表之一，也是最早同毛泽东相识、唯一一位从连党代表做起的共和国元帅。

1929 年 12 月 28 日，红四军党的第九次代表大会在福建省连城县古田村召开。会上，经毛泽东提名，罗荣桓当选为红四军前委委员。抗日战争爆发后，他又出任一一五师政治部主任、政委，逐步成为我党的军政要员之一。

1933 年 9 月，罗荣桓被任命为扩红突击队总队长，率领突击队到乐安、宜黄扩红。在工作中他强调，要坚持说服教育，反对强迫命令，向群众讲清武装保卫苏维埃政权的意义；要优待红军家属，搞好代耕。罗荣桓注意总结这些经验，使人民军队动员工作一套做法开始形成。之后，随着革命的发展，罗荣桓又多次承担起招兵买马的工作，展现了出色的组织动员能力。

1939 年年初，按照中央部署，时任政委的罗荣桓与师长陈光率领一一五师主力进入山东，经过努力，取得了在山东合法驻兵的地位。罗荣桓在山东一待就是 7 年，对于其 7 年间的功绩，毛泽东在 1962 年曾有过评价："山东只换上一个罗荣桓，全局的棋就下活了。山东的棋下活了，全国的棋也就活了。山东把所有的战略点线都抢占和包围了——北占东北，南下长江。"

罗荣桓在大是大非面前具有坚定的原则性。

新中国成立初期，高岗和饶漱石结成联盟在党内大搞阴谋活动，想把东北搞成独立王国。一次，高岗到罗荣桓家，提出搞部长会议制，让林彪当部长会议主席。罗荣桓大为吃惊，急忙问："这个问题中央议过吗？是不是毛主席的意图？"

高岗尴尬地说："中央没议过，毛主席也不知道，我们先议一议。"

罗荣桓立即严肃地说："这样重大的问题我们来议不妥当，谁干什么要由党中央、毛主席统一安排。"

后来毛泽东提到这件事时说："罗荣桓最守纪律。连高岗都说，罗荣桓是'党内的圣人'，不敢去找罗荣桓乱说。"

★ 为新中国检察事业打下第一块基石

在中国共产党的历史上，从苏区开始，就已经有了检察人员的设置。1931 年 11 月成立的中华苏维埃共和国，中华苏维埃全国代表大会闭会期间的最高权力机关是中央执行委员会，下设最高法院，检察人员附设于各级审判机关内。此外，在临时中央政府内，还设立了工农检察部（后改称工农检察委员会）。抗日战争期间，在中国共产党领导的陕甘宁、晋察冀等根据地，都有检察人员的设置，当时实行的是"审检合署"的机制，在边区高等法院内设检察处。

1949年9月21日，中国人民政治协商会议第一届全体会议在北平召开。根据新的国家职能，决定成立最高人民检察署为国家最高检察机关。10月1日14时，中华人民共和国中央人民政府委员会第一次会议召开，罗荣桓被任命为最高人民检察署检察长。

这是崇高的使命，也是巨大的责任，对于罗荣桓来说，受命筹建的检察机关及其要开展的工作，是一项开创性的、填补空白的工作，任务艰巨，可供借鉴的东西太少，机构设置、人员配备、制度建设，需要从零开始探索的工作太多。

10月22日，最高人民检察署检察委员会第一次会议在中南海勤政殿召开，罗荣桓主持了会议，宣布最高人民检察署成立。罗荣桓在会上指出："检察署的工作是一个全新的工作，首先应制定检察署工作组织大纲，从速建立机构，开始工作。"会议讨论了建立组织机构和配备干部的问题，确定由李六如、蓝公武、罗瑞卿、杨奇清、周新民为检察署组织大纲起草人，蓝公武为召集人。

1949年11月3日，最高人民检察署召开第二次检察委员会议，通过《中央人民政府最高人民检察署试行组织条例》（以下简称《条例》），并报请中央人民政府批准。12月20日，中央人民政府毛泽东主席批准《条例》。《条例》的制定，犹如巍巍大厦打下了第一块基石。

1950年1月下旬，罗荣桓签署《最高人民检察署关于建立机构与开展工作的通报》。该通报强调建立各级检察署的意义，提出重点建立、逐步发展的方针。在工作方面，要求各级检察署按照《条例》有关规定执行。

1950年2月中旬，罗荣桓又签署了《最高人民检察署一九五〇年工作计划纲要》。纲要提出，首要的工作是建立各级检察机构。要按照国家行政区划自上而下地建立机构，首先把各大行政区和各省、直辖市及重要市、县的检察署建立起来。

在长期的战争生涯中，罗荣桓负过很多次伤，1946年7月还摘除了长了肿瘤的左侧肾脏。早在1949年2月，罗荣桓去西柏坡向中共中央书记处汇报工作时，毛泽东就曾征询他是否可以出任新中国的公安部部长，当时他解释说："身体状况不好，血压高，脑血管硬化，恐难胜任。"1949年11月10日，罗荣桓致信毛泽东："毛主席，我继续在休养治病中。据苏联大夫诊断，还要一个时期不能工作。检察署长之职务是否可以由李六如同志代理，以便其主持一切，请指示。"毛泽东批示："安心休养，李六如代理检察长。"

由于身体原因，在最高人民检察署成立党组后，仍然任检察长的罗荣桓没有参加党组。尽管如此，遇有重大问题，李六如都会向他汇报，有时他也主动给予指导。

1951年冬，在全国编制会议召开期间，讨论精简国家机构时，有的同志提出检察工作"可有可无"，应予裁减，使之"名存实亡"。即只保留名义，不设机构，不配备干部，工作由公安机关兼办。并且会后不少地方迅速行动，裁减了检察机关。

当刮起第一次"取消风"时，罗荣桓告诉李六如将此事报告毛泽东，并说要多给毛主席写报告，而直接写给罗荣桓的报告，一般他都要看并作批示。

最高人民检察署党组向毛主席写了专题报告，主要反映检察机关在监督办理镇压反革命案件、纠正反革命假案等方面所起到的作用，认为应该保留检察机关。

直到毛泽东决定检察机关不裁减，这才刹住了第一次"取消风"。

从最高人民检察署到地方各级检察署一面加紧建立机构，充实人员，一面积极投入镇压反革命及"三反""五反"等运动中，配合有关部门打击反动势力和惩治贪污、盗窃等重大违法犯罪分子，对危害工矿生产建设、危害农业生产合作和粮食购销政策的违法犯罪分子的斗争，也取得了初步的成绩和经验。截至 1953 年 12 月，已在全国建立各级人民检察机构 930 个，共有干部 5600 余人。

至此，检察机关的框架已经基本确立起来了，检察机关在群众中的影响也形成了，这为检察工作的进一步开展打下了较为坚实的基础。

1954 年 9 月，第一届全国人民代表大会第一次会议召开，张鼎丞被选为新任检察长，罗荣桓的担子才完全卸下来。这次会议上，罗荣桓被选为全国人大常委会副委员长。

1963 年 12 月 16 日，罗荣桓因病在北京逝世，享年 61 岁。

（梁伟男编写）

参考资料

1.《罗荣桓传》编写组：《罗荣桓传》，当代中国出版社 2006 年版。

2. 王伟编著：《罗荣桓元帅画传》，四川人民出版社 2007 年版。

3. 黄瑶主编：《罗荣桓年谱》，人民出版社 2002 年版。

4. 闵钐编：《中国检察史资料选编》，中国检察出版社 2008 年版。

5. 王桂五：《王桂五论检察》，中国检察出版社 2008 年版。

6. 曾宪义主编：《检察制度史略》，中国检察出版社 2008 年版。

7. 王松苗主编：《共和国检察人物》，中国检察出版社 2009 年版。

张鼎丞

　　张鼎丞（1898－1981），原名张福仁，福建永定人，1927年加入中国共产党。中华人民共和国最高人民检察院第二任检察长。1930年担任闽西苏维埃政府主席，闽西革命根据地的主要创建者之一。1931年任中华苏维埃中央执行委员会委员、土地人民委员部人民委员（部长）。1932年任福建省苏维埃政府主席。解放战争时期，任华中军区司令员，中央华东局常委、组织委员会书记等职。新中国成立后，曾任福建省委书记兼福建省人民政府主席、军区政治委员，华东军政委员会主席，华东行政委员会副主席兼政法委员会主任，中共中央组织部第一副部长等职。于1954年9月、1959年4月、1965年1月连续三届当选最高人民检察院党组书记、检察长。中共第七届、第八届、第九届、第十届、第十一届中央委员，第四届、第五届全国人大常委会副委员长。

★ 从教书先生到闽西根据地领导人

1898 年，张鼎丞出生在福建省永定县金砂乡西田村一个贫苦农民家庭。初小毕业后，因家境贫寒，张鼎丞辍学在家放牛，但仍不忘学习。母亲看他如此好学，就找亲友们借了钱，将他送进当地最好的道南中学。那时，他的名字叫"福仁"。很快，福仁的勤奋好学引起了老师的注意。一个姓李的老师看了他的作文后，觉得这个学生与众不同，于是建议他改名叫"鼎丞"。1920 年，他到上杭县丰稔丰朗村励勤学校任教，在学校"接应室"墙上书写："应尽一片精诚培养书生强国脉，接交四方先进栽成小子壮民权。"1924 年秋，张鼎丞应乡亲们之邀，回到金砂乡担任小学校长。除了办学外，他还敢于主持公道，在群众中有较高威望。1925 年春，张鼎丞被公推为金砂乡乡长。1926 年，他到广东大埔县青溪保灵寺小学当教员。在那里，他认识了中共大埔县委书记饶龙光，首次接触到了马克思主义思想。1927 年 6 月，张鼎丞由饶龙光、张高友介绍加入中国共产党。

指挥暴动，创建根据地。1928 年 6 月中旬，中共永定县委在陈东坑岭头村湖塘小学召开党的代表大会，会议决定举行大规模的农民武装暴动，并推举张鼎丞为暴动总指挥。三天之内，红色的旗帜飘扬在永定全境。此后，张鼎丞和邓子恢在溪南 13 个乡召开群众大会，成立各乡苏维埃政府。8 月中旬，溪南区苏维埃政府成立，标志着福建省第一块红色区域的诞生。张鼎丞主持召开溪南区工农兵代表大会，通过并颁布了《土地法》《劳动法》《肃反条例》《婚姻条例》等新法令，标志着早期共产党人在闽西苏区开始了用法律制度规范和引领社会生活的伟大尝试。1929 年 5 月 25 日，毛泽东在永定城赖家祠住下后，与张鼎丞进行长谈，从此张鼎丞开始接受毛泽东的领导，并建立深厚的感情和友谊。1929 年 7 月，张鼎丞率领地方武装组织，配合红四军，全面打开永定的局面。全县党支部发展到 81 个，党员 521 人；农会全面恢复，成立 10 个工会，会员 200 余人；成立了 4 个区 66 个乡苏维埃政府。8 月底，全县大部分区乡土地分配完毕。1930 年 9 月，闽西第二次工农兵代表大会在龙岩召开，张鼎丞当选闽西苏维埃政府主席。当时党内"立三路线"盛行，在闽西开展的肃反运动制造了不少冤假错案。张鼎丞果断采取措施，对相关人员进行了制裁，及时遏制了"左"倾错误的蔓延。

1931 年 11 月，中华苏维埃共和国临时中央政府成立，张鼎丞当选为中央执行委员会委员和土地人民委员部人民委员（部长）。1932 年 3 月，张鼎丞任福建省苏维埃政府主席。在中央政府和福建省委的指导下，张鼎丞积极支援确保漳州战役的胜利，积极动员群众参军参战，制定一系列财政经济政策，尤其是在发展苏区经济、搞好革命根据地建设等方面，积极发挥着福建省苏维埃政府的职能作用。

1934 年 10 月，红军长征，张鼎丞留在苏区，领导了闽西南游击战争。1939 年，张鼎丞到延安工作。1949 年 8 月，张鼎丞与叶飞等南下解放福建。福建解放后，张鼎丞出任中共福建省委书记、福建省人民政府主席和福建省军区政治委员。1952 年 9 月 19 日，张鼎丞被任命为华东局第四书记、华东行政委员会副主席兼政法委员会主任，从福州来到了上海。1953 年 8 月 31 日，中央任命张鼎丞为中共中央组织部第一副部长。

★ 共和国检察事业的创建者

1954 年 9 月，第一届全国人大第一次会议召开，张鼎丞当选为中华人民共和国最高人民检察院检察长，且于 1959 年 4 月、1965 年 1 月连续当选，成为共和国检察历史上任职时间最长的检察长。

1949 年 10 月至 1954 年 9 月，各级人民检察署在党的领导下，积极参加镇压反革命及"三反""五反"等运动，以有限的人力和物力，抓重点，办大案，为巩固新生的人民政权发挥了积极作用。

此时的检察机关与时代的要求还有很大差距，例如，检察机构和人员配备不足，至 1954 年 9 月，全国仅有检察机构 1199 个，检察人员 6963 人。张鼎丞上任后，继续大力推进检察机关的组织机构和队伍建设，推进各项业务建设。1954 年 11 月 5 日，全国检察业务工作会议在北京召开，张鼎丞在会上提出了要研究和解决的三个问题：一是熟悉法律特别是宪法和人民检察院组织法；二是总结典型试验的经验；三是解决检察院的组织建设、编制和干部问题。1955 年 1 月，张鼎丞就检察机关的编制、干部配备等问题向邓小平汇报，得到邓小平大力支持。张鼎丞强调，宪法颁布以后，每个县都必须建立检察机关，要把各级检察院在全国普遍建立起来，检察机关这个武器必须完全掌握在党的手里，配备干部必须重视质量。同年 2 月，中共中央批准了最高人民检察院党组关于检察业务工作会议情况和今后工作意见的报告。

在党中央的关心下，检察机构建设和人员配备有了很大进展。张鼎丞提出，地方检察机构的建设要按照"普遍建立、重点充实、逐步完善"的方针。最高人民检察院慎选和配备了一批资历老、能力强、威望高、作风好的优秀领导干部担任了各省、自治区、直辖市人民检察院的检察长。到 1955 年年底，全国检察人员达到 23000 余人。1956 年 2 月，最高人民检察院制定了编制方案，全国各级人民检察院正式编制 43271 人。当时刘少奇和彭真请编制委员会的习仲勋研究，习仲勋认为加强检察机关十分必要，4 万多人的编制并不大。按照留有余地的原则，在 1956 年至 1957 年，全国检察人员约 3 万人。1955 年，铁路水上运输检察院和军事检察院先后成立。

张鼎丞注重加强最高人民检察院自身建设，先后调梁国斌、李士英、黄火星任副检察长。按照各项法律监督职权，设立内设业务机构：一般监督厅、侦查厅、侦查监督厅、审判监督厅、劳改监督厅。

在业务建设方面，1954 年 11 月，张鼎丞提出"以打击危害各时期中心工作的违法犯罪分子为中心，以城市、交通要道地区为重点，有计划有步骤地建立检察业务各项制度"。典型试验是抓业务建设的重要环节。他强调，要采取先典型试验，取得经验，指导全盘，再全面展开的方法。最高人民检察院将河北、辽宁等地确定为典型试验的重点，主要内容是检察机关刑事诉讼各项活动和法律程序。典型试验增长了检察干部的法律知识，提高了业务水平，培养了一些有示范作用的基层检察机关，推动了检察业务建设和具体工作的开展。最高人民检察院及时总结各地试点经验，并根据人民检察院组织法的规定，逐步草拟并不断完善了一般监督、侦查、侦查监督、审判监督、监所和劳改监督等各项业务的试行办法。

1954 年宪法和人民检察院组织法颁布到 1957 年上半年，是人民检察事业发展的大好时期，全国检察组织机构体系基本建成，各级人民检察院依法开展各项业务工作，该阶段也被称为"黄金时期"。这与张鼎丞的掌舵是分不开的。1957 年 7 月 1 日，张鼎丞在第一届全国人大第四次会议上作《关于 1956 年以来检察工作情况的报告》，他在报告中指出："各级检察机关的业务已经基本上建立起来，已经能够基本上担负起国家赋予它的职能了。同时还表明，在党和国家的领导下，司法各部门之间分工负责、互相制约的制度已经建立起来了，司法干部遵守革命法制依法办事的作风加强了。我国的社会主义法制不仅在革命实践中起了巩固专政和保护人民民主的巨大作用，而且从实践中证明了它较之任何资本主义国家的法制具有无比的优越性。"

1957 年，"反右"运动开始。一些人认为检察机关垂直领导是反对党委的领导，对此进行了严厉批判。检察院的垂直领导被取消，其成为同级政府的组成部分。很快，"大跃进"运动开始了。运动之初，最高人民检察院也要求各级检察院修订 1958 年的计划，实现检察工作"大跃进"。在"大跃进"运动中，检察机关出现捕人过多的现象。针对这个情况，张鼎丞在《人民检察》杂志发表《注意办案质量》，要求检察机关实事求是办案，做到正确、及时、合法。很快，检察机关提高了办案质量，防止和减少了错捕错判。

1958 年，政法战线刮起一股"合署风"，公检法三家纷纷合并。张鼎丞一直强调要坚持一条原则：检察工作必须做，机关必须有，坚决反对取消检察机关的倾向。为统一认识，他让人把中央领导对检察工作的历次指示汇编成册，发给各地检察院。此后，各地合并的检察机关又重新分开，并增加近 3000 名干部。

1960 年秋，从中央到地方，又刮起了一股检察机关"取消风"。1961 年，张鼎丞向国家主席刘少奇和全国人大常委会副委员长彭真作了汇报，强调检察机关的重要性，两位领导回复：现在检察机关不是削弱，而是要加强。1961 年 2 月 7 日，中央书记处作出决定，公检法三机关组成 3 个党组，直接对中央负责。当时在一些地方，检察院已和公安机关、法院合署办公了，张鼎丞迅速派人马不停蹄地把中央的决定传达到各地。检察院因此又恢复了生气。接下来，各项检察工作迅速恢复和发展起来，检察机关的组织机构也随之进一步完善。

★ 不计功名　四次"辞官"

张鼎丞是一个把革命事业的"进"放在前，把个人职务的"进"放在后的共产党人。四次"辞官"，就是张鼎丞面对得失进退的真实写照。

1945 年，张鼎丞出席了中共七大，当选为中央委员。8 月 15 日，日本宣布无条件投降。中央决定在苏皖地区建立华中军区，任命张鼎丞担任司令员。接到中央任命后，张鼎丞认为粟裕是个将才，便致电中央，建议改任粟裕为司令员，他任副职。中央复电同意了他的建议。可粟裕在对待同志的关系上同样谦虚，又电请中央恢复原来的任命。最后，中央还是决定由张鼎丞任司令员。但张鼎丞到华中军区后，仍将前线作战的指挥权交给了粟裕，自己全力做好政治思想和后勤工作。

1954 年年初，中央明确张鼎丞主持中共中央组织部工作。张鼎丞向中央提出："我从地方来，对各地干部不熟悉，请中央派个部长来，我做具体工作。"中央采纳了他的意见，派邓小平兼任中共中央组织部部长，张鼎丞同志任副部长。

1965 年在第三届全国人大上，张鼎丞第三次当选为最高人民检察院检察长。

1978 年在第五届全国人大第一次会议上，张鼎丞当选为全国人大常委会副委员长。1980 年 8 月，为了响应中央废除领导终身制的号召，张鼎丞起草了辞职书，递交中央。第五届全国人大第三次会议通过决议，接受了他的辞职请求。

1981 年 12 月，张鼎丞因病在北京逝世，享年 83 岁。

（常璐倩编写）

参考资料

1.《张鼎丞传》编写组：《张鼎丞传》，中央文献出版社 1996 年版。

2. 连尹：《回忆张鼎丞》，福建人民出版社 1991 年版。

3. 王桂五：《王桂五论检察》，中国检察出版社 2008 年版。

4. 闵钐编：《中国检察史资料选编》，中国检察出版社 2008 年版。

5. 林世钰：《一蓑烟雨任平生——共和国第二任检察长张鼎丞》，载王松苗主编：《共和国检察人物》，中国检察出版社 2009 年版。

罗瑞卿

罗瑞卿（1906－1978），四川南充人，1928年10月加入中国共产党。1950年5月至1952年6月任北京市人民检察署检察长。新中国成立前，历任中国工农红军纵队、师和军的政治委员，中国人民抗日军事政治大学副校长、晋察冀野战军政治委员、华北军区政治部主任兼第十九兵团政治委员等职。新中国成立后，历任公安部部长、北京市公安局局长、北京市人民检察署检察长、国务院副总理、中共中央军委常委和秘书长、中国人民解放军总参谋长、国防委员会副主席等职。1955年被授予大将军衔。

★ 热血青年投身革命忘生死

1906 年 5 月 31 日，罗瑞卿出生于四川省南充县舞凤乡清泉坝马家坡（今南充市顺庆区舞凤街道双女石村）。1921 年，罗瑞卿入南充中学后，接受进步思想，积极参加爱国学生运动，为学生领袖之一。1922 年，因教师体罚学生，罗瑞卿挺身而出，以理相争，组织全校学生罢课 7 天，迫使校方向被打学生赔礼道歉。

1924 年，驻南充军阀何光烈以扩充军饷为名，开征"佃当捐"，激起了南充各界民众的强烈反对。南充中学的进步师生组织 4 个抗捐宣传队，于 5 月 10 日分别到各场镇，动员民众反对征收"佃当捐"。得知征收委员秦同淮在茶馆里与乡长、团总策划征收事宜的消息，罗瑞卿便带领几名身材高大壮实的同学机警地走进茶馆，把秦同淮按在牌桌上，一阵狠揍。在南充工商界拥护下，他们的正义行动取得成功，何光烈被迫取消"佃当捐"。

1926 年，罗瑞卿前往成都，入实业专修学校学习。同年加入中国共产主义青年团，并以优异成绩考入武汉中央军事政治学校黄埔军校武汉分校第六期学习，后被编入叶挺的中央独立师第一团参加北伐。1928 年，罗瑞卿到上海，加入中国共产党。

1931 年 4 月，蒋介石调集 20 万大军，向中央革命根据地发动第二次"围剿"。在第二次反"围剿"时，罗瑞卿身负重伤。当朱德总司令得知消息后，马上派总部的医生去抢救。由于罗瑞卿伤势太重，加上各方面条件比较艰苦，引发严重并发症而高烧不止，昏迷不醒。不知过了多长时间，他忽然听到外面有锯木头的声音，还有人说话，只听一人说："这个人恐怕不行了，赶快做棺材吧！"另一人还说："棺材还得做得长一点，那个人个子长得好高！"最终，为罗瑞卿准备的棺材并没有用上——他昏迷数日后，竟奇迹般地醒了过来。罗瑞卿开玩笑说："我摸了摸阎王的鼻子又回来了。"连毛主席都说罗瑞卿是"阎王点了名不去报到的人"。

1936 年 6 月起，罗瑞卿任中国人民抗日红军大学教育长。12 月，参加中共代表团，协助周恩来处理西安事变。1937 年 2 月，罗瑞卿任中国人民抗日军事政治大学（以下简称抗大）教育长，坚决贯彻毛泽东同志为抗大制定的"坚定正确的政治方向，艰苦朴素的工作作风，灵活机动的战略战术"的教育方针和"团结、紧张、严肃、活泼"的校风。

1940 年 6 月，罗瑞卿调任八路军野战政治部主任，参与组织百团大战。1942 年 5 月 24 日，罗瑞卿参与组织指挥八路军总部和北方局机关反"扫荡"，率领八路军野战政治部和后勤部机关在太行群山中与日军周旋，化整为零，分散突围，粉碎了日军的"铁壁合围"，受到八路军总部的赞扬。

抗日战争胜利后，罗瑞卿被任命为晋察冀军区副政治委员，于 1945 年 9 月到达刚解放的张家口。1947 年 6 月，在新组建的晋察冀野战军中，刘少奇、朱德推荐罗瑞卿兼任第一政治委员。朱德在致中共中央的电报中称赞他是"此间优秀干部""平时训练、战时指挥均能胜任"。

★ 新中国公安队伍奠基人

1949 年，罗瑞卿所在部队正准备西进，他接到毛泽东来电："部队开动时，请来中央一叙，部队工作找人代理。"原来，周恩来向毛泽东提出建议，要罗瑞卿出任即将成立的中央人民政府公安部的部长。6 月，毛泽东把罗瑞卿找到香山双清别墅，对他说："听说你不愿干公安部长？还要去打仗？现在要建立新的国家政权了，我们都不干，都去打仗，那行吗？"

1949 年 10 月 19 日，中央人民政府委员会第三次会议任命罗瑞卿为中央人民政府公安部部长。罗瑞卿说："公安工作是很光荣的，一定要做好，我们一定能做好。"

在长达十年的公安工作中，罗瑞卿呕心沥血，为共和国建立了一支敌人惧怕、人民热爱的公安队伍。他在公安部工作期间，领导公安干警，发动群众，进行清匪、反霸、禁毒等斗争，严厉打击惯窃惯盗、流氓头子，取缔妓院、赌场等场所，清除旧社会残渣。同时，在他主政公安部期间，确立了我国治安行政工作的性质、方针和任务，并会同有关部门，制定了一系列治安管理法规。这十年中，在党的领导下，公安工作从无到有，公安战线全体干警为保卫国家安全和巩固新生无产阶级政权，建立良好的社会秩序，恢复国民经济和社会安全稳定作出了重要贡献。

1949 年 11 月，罗瑞卿被政务院任命为北京市公安局局长。毛泽东问他首都的治安工作如何开展，罗瑞卿回答三个字：稳、准、狠。稳，指稳定人心；准，指准确打击；狠，指狠抓肃清所有敌对势力。毛泽东听完非常高兴，当场就说："看来，天塌不下来，就是塌下来也不要紧，有罗长子顶着。"中央对于公安部的工作相当满意，毛泽东常常风趣地说："只要罗长子往我身边一站，我就感到十分放心。"

★ 办理新中国第一起间谍案

1950 年 9 月，北京市公安局侦悉美国政府特务间谍、意大利人李安东、日本人山口隆一等 7 人，企图在 1950 年国庆大典上炮轰天安门，谋害毛主席等党和国家领导人。同年 9 月 26 日，在罗瑞卿指挥下，北京市公安局将李安东、山口隆一等逮捕归案，搜获军火武器、情报等大批罪证。

1951 年 1 月，北京市人民检察署正式成立。时任公安部部长、北京市公安局局长的罗瑞卿兼任检察长，受命组建北京市人民检察署。

1951 年 8 月 9 日，罗瑞卿将李安东间谍案公诉至中国人民解放军北京军区军事管制委员会军法处，起诉书长达 24 页，列举了李安东等的大量犯罪事实，铁证如山，李安东等认罪服法。8 月 17 日，北京军事管制委员会军法处对北京市人民检察署提起公诉的充当美国政府间谍、阴谋武装暴动、危害国家安全的 7 名罪犯进行宣判，其中李安东、山口隆一被判处死刑。这是新中国成立后的第一起间谍案。

★ 练兵强军　坚持真理拨乱反正

1955 年 9 月，罗瑞卿被授予中国人民解放军大将军衔。1956 年 9 月在党的八大被选为中央委员。1959 年 4 月至 1962 年 9 月，先后任国务院副总理、中共中央军委常委和秘书长、中国人民解放军总参谋长、国防部副部长、兼任国务院国防工业办公室主任、中共中央书记处书记。

1964 年，罗瑞卿组织实施全军群众性练兵运动，大力推广将练思想、练作风与练战术、练技术有机结合的郭兴福教学法，使部队战术、技术水平有了显著提高，涌现出许多精武尖兵。与此同时，他坚持政治与军事、政治与业务的辩证统一，提倡以理论联系实际的学风学习马克思列宁主义、毛泽东思想，对林彪鼓吹的"政治可以冲击一切""最高最活"等言论和破坏军队建设的行径进行坚决抵制，遭到林彪等的诬陷。

"文化大革命"期间，罗瑞卿遭到林彪和"四人帮"的打击，受到残酷迫害，造成下肢残疾。1977 年，罗瑞卿被任命为中共中央军委秘书长,这时他已年逾古稀,且腿有残疾,但仍然坚持深入部队,视察国防工事。有的坑道轮椅过不去,他就拄着手杖走,亲友们担心他累坏身体,劝他悠着劲儿干,他却说:"《水浒传》里有个拼命三郎,我们今天就要当拼命三郎。"

罗瑞卿复任中共中央军委常委、秘书长后,协助邓小平领导军队整顿和拨乱反正工作,积极支持和参与关于真理标准大讨论,反对"两个凡是"错误思想。他以顽强的毅力克服病残折磨,深入部队指导工作,清除林彪、江青两个反革命集团对军队建设造成的危害和影响,恢复和发扬人民军队优良传统和作风。1978 年,罗瑞卿在德国治病期间曾豪迈地说过:"我要把 72 岁当成 27 岁一样来活。只要我一息尚存,我就要做一个马克思主义、列宁主义、毛泽东思想的拥护者。"

1978 年 8 月 3 日,罗瑞卿病逝,享年 72 岁。

(苏庆丰编写)

参考资料

1.《罗瑞卿传》编写组:《罗瑞卿传》,当代中国出版社 2007 年版。

2. 北京市地方志编纂委员会编:《北京志·政法卷·检察志》,北京出版社 2006 年版。

3. 北京市检察院史志办编:《北京检察大事记》。

4. 中国中共党史人物研究会编:《中共党史人物传》(第 46 卷),中共党史出版社 2010 年版。

黄火青

黄火青（1901－1999），湖北枣阳人，1926年3月加入中国共产党。中华人民共和国最高人民检察院第三任检察长。新民主主义革命时期，历任冀察热辽中央分局副书记兼组织部部长、军区副政委兼政治部主任，热河省委书记兼热河军区政委。新中国成立后，历任天津市委第一书记、市长，天津警备区政委，第一届全国人大常委会委员。1958年6月调任辽宁省委第一书记、辽宁省军区政委。1978年3月，任最高人民检察院检察长。中共七大、八大、十二大、十三大代表，十四大特邀代表，第八届中央候补委员、第十一届中央委员。中共十二大当选中央顾问委员会常务委员。

★ 往昔峥嵘岁月稠

1901 年，黄火青出生于湖北省枣阳县新市镇东杨庄。1926 年 1 月加入中国社会主义青年团，同年 3 月转为中国共产党党员。

1931 年秋，黄火青进入中央苏区。1934 年春，任红九军团政治部主任，同年秋参加了长征。黄火青一生最艰苦的岁月，便是从江西参加长征直至同西路军远征到达新疆的两年半时间。2 万余人的西路军在河西走廊与凶悍的马家匪军苦战四个月，到 1937 年 3 月，只剩下 2000 余人时突围退入祁连山。黄火青带领部队跟随红三十军余部千余人组成的左支队，在白雪皑皑的崇山中西行。黄火青熟悉地理，便在前面找路，由红四方面军保卫局局长曾传六率十几个骑兵陪伴。风雪饥寒中，不断有同志倒下，如果再迷路便会彻底葬送这支部队。凭借着仅有的一张甘肃地图和从红三十军政委李先念那里拿来的指南针，黄火青不负众望，准确判断出了队伍前进的方向。1937 年 4 月底，黄火青所在的西路军，终于走完了这一段"悲壮而又艰难的历程"。

黄火青在新疆担任新疆民众反帝联合会秘书长，这一待就是三年。直到 1939 年 5 月，他被调任为南疆阿克苏专区行政长。1940 年秋，经周恩来提议，中央调黄火青回到延安工作。

1945 年年底，黄火青被派往东北，担任冀热辽分局副书记兼热河省委书记、军区政委，主管土改和支前。

平津战役打响，为迎接天津解放，1948 年 12 月 13 日，中共中央决定由黄克诚、黄敬、黄火青等 9 人组成中共天津市委领导机构，准备接管天津。其中，黄克诚为天津市委书记兼军事管制委员会主任，黄敬为天津市委副书记兼军事管制委员会副主任，黄火青为天津市委副书记兼市委组织部部长。1949 年 1 月 15 日，中国人民解放军攻克天津。当天傍晚，黄火青等市委领导便踏着硝烟，率领接收干部队伍抵达天津，统一领导全市接管工作。

到辽宁后，黄火青又兼任了辽宁省军区政委、辽宁省政协主席、中共中央东北局书记处书记。在他任职期间，辽宁的工农业生产得到了恢复和发展，人民群众的生活水平也逐步提高。

就在黄火青信心满怀、准备大干一场的时候，胃癌却突袭而来，但"革命人永远最乐观"，身处逆境，黄火青用开朗、豁达去面对。被监护期间，他坚持习字读书，在本溪，他开荒种菜，通读《毛泽东选集》。

1978 年，这位 77 岁的老人再次被委以重任，开启了漫长革命生涯的另一段辉煌。

★ 历史重任肩头扛

1978 年第五届全国人大第一次会议上，黄火青被选举为最高人民检察院检察长，成为共和国第三任检察长，也是最高人民检察院恢复重建后的第一任检察长。

没有做过检察工作的黄火青走上检察机关最高领导岗位后，开始以最快的速度熟悉检察业务。他不顾 77 岁高龄，认真学习毛泽东等中央领导同志有关政法工作的历次指示精神，学习有关法律知识，了解世界各国的检察制度情况，研究分析我国检察制度的历史发展和特点。除了加强理论知识的学习，黄火青还下基层、搞调研，认真听取每一次工作汇报和调查研究的新情况、新问题。就这样，他用尽可能短的时间，加深了对检察工作的了解，对于如何加强检察工作也有了深切体会。同时，他也爱上了自己的这份新职务和党中央交付的新任务。

经过慎重考虑，黄火青找到原东北局的候补书记喻屏、最高人民检察院原副检察长张苏、辽宁省委组织部原副部长杨子谦和他过去的秘书等几位同志，一起筹建最高人民检察院机构。

"严格慎选、保证质量"是黄火青选调干部时坚持的原则。在他的努力下，1978年5月，中央和全国人大常委会分别批准任命了最高人民检察院党组成员和副检察长，建立了最高人民检察院领导班子。在中央组织部的大力支持下，经过两个月的紧张筹备工作，7月底，最高人民检察院的机构初步建立起来，设置了办公厅，掌管审查批准逮捕、审查决定起诉、劳改检察工作的一厅，掌管对违反法纪案件的检察和接待人民来信来访工作的二厅，以及政治部、研究室，共调集干部60人，初步建立了必要的工作、学习制度。

1978年6月1日，最高人民检察院启用印鉴。同年9月底，全国各省、自治区、直辖市检察院都已选举任命了检察长、副检察长或指定了负责人，有22个省、自治区、直辖市检察院已经开始办公。全国地市和县两级检察院已有半数建立起来，进展较快的省、自治区、直辖市已有80%以上地市和县建立了检察院。一年后，全国已经有97%的县建立了检察院，共配备检察干部25000余人，并初步开展了工作。

最高人民检察院正式办公后，建设工作也迅速走上正轨。重新制定一部新的人民检察院组织法迫在眉睫。黄火青亲自参加讨论，指导人民检察院组织法起草工作，提出了诸多重要意见。组织机构初步建立，组织法起草也基本就绪。

经中央批准，1978年12月16日至27日，第七次全国检察工作会议在北京召开，黄火青在大会上作了《加强人民检察工作，为实现新时期的总任务而斗争》的报告，会议提出了新时期检察工作方针：党委领导，群众路线，执法必严，违法必究，保障民主，加强专政，实现大治，促进四化；基本任务：通过行使检察权，镇压一切叛国的和反革命的活动，打击一切卖国贼和反革命分子，打击新生资产阶级分子和其他坏分子，检察各种违反国家法纪的行为，以维护社会主义法制，保护公民的合法权益，保卫社会主义现代化建设，保障新时期总任务的胜利实现。

1979 年，党中央决定成立审理林彪、江青两个反革命集团的领导小组，黄火青任副组长。对林彪、江青两个反革命集团的罪行进行审查和起诉，成为黄火青担任检察长期间一件比较突出的重大任务。年近 80 岁的黄火青，天天守着案头高达 1 米的"两案"资料，逐件翻阅研究。

1979 年 11 月 20 日下午 3 时，最高人民法院特别法庭开庭审理此案，最高人民检察院检察长兼特别检察厅厅长黄火青宣读了长达 2 万多字的最高人民检察院特别检察厅起诉书。由于准备充分，证据扎实，公诉活动取得了良好的法庭效果。

黄火青始终坚持党对检察工作的绝对领导，为维护社会稳定，保障国家安全，做了大量开拓性工作，为我国社会主义民主和检察制度完善、法制建设作出了重大贡献。

1979 年 11 月，全国城市治安会议召开后，黄火青专门主持召开了党组会，研究决定把整顿治安列为检察工作中心任务。在整顿城市治安工作中，黄火青强调要认真贯彻从重从快惩处严重刑事犯罪分子的方针。各级检察院积极参加整顿社会治安工作，仅 1980 年上半年，经检察机关审查批准逮捕并提起公诉的各类案犯共 84000 余人，其中，重大现行犯罪分子占一半之多。

1982 年 1 月 11 日《中共中央紧急通知》、全国人大常委会《关于严惩严重破坏经济的罪犯的决定》和中共中央、国务院《关于打击经济领域中严重犯罪活动的决定》发出后，最高人民检察院党组积极落实，指导各级检察机关严格按照党的政策和国家法律办事，集中力量抓紧办理大案要案，积极投入这场惩治经济犯罪的斗争中。仅 1982 年一年，各级检察机关就立案侦查贪污、受贿、走私贩私、投机诈骗等经济犯罪案件 33000 余件。通过有力惩治严重经济犯罪，保障了党中央对内搞活、对外开放经济政策的正确执行，保障了社会主义现代化建设的顺利进行。

在黄火青的领导下，第五届全国人大期间，各级检察机关参与平反和纠正"文化大革命"时期的冤假错案 40 余万件，严惩刑事犯罪活动开始向纵深发展，四级检察机构全部得以恢复，为履行各项检察职责奠定了基础。广大检察干部以高度热情学习法律和业务知识，努力提高办案能力，履行法律职责的信心不断增强，检察工作开始走上正常发展的轨道。

★ 一名平凡的共产党员

黄火青的家并不富裕，位于古老四合院中的房子已经破旧，唐山大地震那年，有几间房屋的墙已经裂了几个口子，房梁还折了一根。房管局多次提出把房子拆了重建，黄火青一直没同意，他说这太过浪费了，房子简单修修还能住。黄火青的房间里，只摆着几张褪了漆的茶几和桌子，沙发也是朴素的灰色布沙发。

黄火青严格自律，对子女同样要求严格。对于子女而言，黄火青既是慈父，又是严师。黄火青刚刚恢复工作后，特意向从小就疼爱的女儿要了一件当年插队时穿的破衣服，说要留作纪念。不料六年后，当女儿结婚时，父亲将这件衣服仔细包好，并附上亲笔信，作为礼物送给女儿。他在信中嘱咐道，要永远保持艰苦奋斗的作风，永远不忘劳动人民的本色。

黄火青的女儿黄易宇说："父亲自己一直保持艰苦朴素、顽强奋斗的作风，他自己的事情从不愿意向组织伸手，而且严格要求我们子女和亲属。对待贪污腐败的现象，他深恶痛绝，经常提醒我们那些从事经济工作的亲属要注意'洗手'，我想这种关心才是真正的呵护与爱护。"

黄火青的节俭，不仅体现在家庭生活中，还体现在工作中。1982

年，最高人民检察院业务发展，需要扩建一些办公场地，办公厅请一些工程技术人员来最高人民检察院研究建楼方案。行政处为方便工作，想招待他们吃顿饭，黄火青听说后没有同意。在黄火青的带动下，最高人民检察院机关艰苦朴素、勤俭办事的氛围蔚然成风。

黄火青淡泊名利，从不居功自傲，无论处于什么地位、担任什么职务，都把它作为党交给自己的一项革命工作，认真踏实地努力做好。黄火青身边的人经常提到他的一个鲜明特征——无论何时，都始终和党中央保持一致。他常说："检察工作要突出政治，要在党的领导下，为改革开放、为党的中心工作和经济建设服务，这是大局。"

对自己的一生，黄火青的自我评价更为淡然："比起中青年人来说，我是一个老共产党员。我的几个亲属和老秘书们为我整理回忆录，花了不少力气，总算把我一生中的'破铜烂铁'都挖掘出来了，我本人追忆往事也觉得颇堪回味。我自信是忠实执行了入党誓词的，也是个革命的乐观主义者，从没有向困难低过头，或者悲观失望。党交给的任务，我总是尽力而为。我就是这样度过了自己平淡的但又是革命的一生。"1999 年 11 月 9 日，黄火青因病在北京逝世，享年 98 岁。

（戴佳编写）

参考资料

1. 王佳、吴晓杰：《炭来炼就丹心赤——共和国第三任检察长黄火青》，载王松苗主编：《共和国检察人物》，中国检察出版社 2009 年版。

2. 黄火青：《一个平凡的共产党员的经历》，人民出版社 2000 年版。

3. 赵信、王宏伟、肖杰：《黄昏更辉煌》，载《检察日报》1993 年 12 月 4 日，第 1 版。

4. 胥佩衡：《黄火青在最高检工作及晚年生活部分》（第四稿），未刊载。

5. 1978 年黄火青在第七次全国检察工作会议上的报告，以及 1978 年 12 月黄火青在第七次全国检察工作会议闭幕会上的讲话。

6. 1979 年 7 月 1 日黄火青在第五届全国人大第二次会议上所作的《最高人民检察院工作报告》。

7. 1980 年 1 月 7 日黄火青在最高人民检察院检务会上的讲话和 3 月 20 日召集有关人员研究青少年犯罪问题时的讲话。

8. 最高人民检察院 1980 年检察工作总结。

9. 1982 年 7 月 29 日黄火青在检察长座谈会上的讲话。

10. 石秋萍:《老检察长的风范》,载《检察日报》1993 年 10 月 9 日,第 2 版。

11. 黄易宇:《对父亲的怀念》,载《检察日报》2001 年 6 月 26 日专刊。

杨易辰

杨易辰（1914－1997），原名杨振九，辽宁法库人，1936年2月参加革命，同年9月加入中国共产党。中华人民共和国最高人民检察院第四任检察长。抗日战争时期，在延安接受马克思主义教育后奔赴冀南抗日前线，领导和加强根据地建设。抗日战争胜利后，率地方干部团赴东北开展解放区土地改革运动，组织辽沈战役支前和后勤工作。新中国成立后，曾任辽西省委常委、辽西省政府主席、辽西省委书记。1954年东北行政区划调整后，历任黑龙江省副省长、黑龙江省委第一书记等职。1983年6月至1988年4月任最高人民检察院检察长、党组书记。中共第十一届、第十二届中央委员。1987年当选为中央顾问委员会委员。

★ 光辉的战斗历程

1914 年 3 月 31 日，杨易辰出生于奉天省（今辽宁省）法库县东火石岗子。6 岁进入本村私塾读书，1927 年进入法库县第三高等小学，后在哈尔滨、沈阳读中学。1931 年夏，考入冯庸大学。1934 年夏，考入天津河北省立法商学院。1935 年夏，进入北平中国大学法律系学习。中国大学为孙中山所创建，素有革命思想传统。杨易辰受到革命思想的启迪，培养、奠定了自己最初的法律素养。

1935 年 12 月 9 日，北平爆发一二·九爱国学生运动。北京学联举行了大规模的示威游行抗议国民党卖国行径，杨易辰高举大旗始终走在队伍的前面。他一个人对付几个武装警察，从反动警察的枪托和皮带下救出了两名女同学，并用砖头将警察击退。1936 年 2 月，杨易辰参加了中国共产党领导下的"中华民族解放先锋队"，同年 9 月加入了中国共产党。此后，他多次组织领导学生开展抗日救亡游行示威活动。

1938 年，杨易辰来到延安马列学院学习，后赴冀南抗日前线，先后任冀南区第三地委宣传部部长、平原分局第七地委副书记。他率领根据地军民反"扫荡"、斗汉奸、搞生产，不仅巩固了原有根据地，还开辟了新的根据地。

抗日战争胜利后，他率地方干部团赴东北工作，抓紧建立人民政权和人民武装，打击敌伪残余势力，开展解放区土地改革运动，积极组织辽沈战役支前、后勤工作，有力支持了东北境内解放战争。

★ 主政黑龙江

东北解放后，杨易辰先后被任命为辽西省委常委、辽西省政府主席和省委书记，组织群众努力恢复和发展生产，开展抗美援朝、保家卫国运动，巩固了新生的人民政权。

1960 年 9 月，中央东北局成立，杨易辰在黑龙江主管财贸工作。他坚持把发展地方经济、改善群众生活放在第一位，推动了当地农林牧副渔各业快速发展。三年困难时期，全国粮食供应紧张，中央决定从黑龙江再调出一部分粮食。黑龙江库存并不宽裕，杨易辰和黑龙江省委其他领导同志一起教育干部群众从大局出发，几乎将全部库存调出去支援国家。

"文化大革命"期间，他被下放劳动改造，后在周恩来总理的直接关怀下恢复工作。恢复工作后担任黑龙江省委第一书记，他带头解放思想、拨乱反正，主动调整区域经济布局，促进了经济社会快速发展；他高度重视党的建设，强调抓基层、打基础，抓典型、促工作，各级党组织创造力、凝聚力、战斗力不断增强。

杨易辰善于用超前的目光谋划发展。他在 20 世纪 60 年代就提出"农业现代化应当包括机械化、水利化、电气化、化肥化等方面""农业机械化是农业四化、农业技术改造的核心和杠杆"等思想，这些远见卓识在今天仍具有重要借鉴意义。他敢于用创新的精神推动工作。担任黑龙江省委第一书记后，他从打破经济领域思想僵化、半僵化的束缚入手，创造性地贯彻执行中央方针政策，采取压、转、联、挖、补等措施，使黑龙江原有的国民经济比例严重失调、工业经济内部"三多三少"不良格局逐步优化。他坚持用务实的态度指导实践。1979 年，他组织并亲自参加了对全省经济状况进行全面系统调查，使省委对全省国民经济发展的历史和现状有了更加客观科学的认识。他在深入调研的基础上，组织制定了发展城镇集体经济 35 条等 9 个政策性文件，对促进全省经济发展起到了极为重要的作用。

★ 共和国第四任检察长

1983 年 4 月，杨易辰刚从农村考察农机问题回来，就接到了中央调任其到北京主持最高人民检察院工作的通知。同年 6 月，在第六届全国人大第一次会议上，杨易辰当选为最高人民检察院检察长。此时杨易辰已年近古稀，但他仍然信心百倍地挑起党和国家交给他的重担，开启了他漫长革命生涯的新阶段。

1983 年 7 月 29 日至 8 月 2 日，全国政法工作会议在北京召开，主题是贯彻中央关于严厉打击刑事犯罪活动的指示，部署在全国范围内开展"严打"斗争。会议结束时，杨易辰把各省、自治区、直辖市的检察长留下来开会——把原拟在 10 月召开的全国检察长会议，提前至 8 月 3 日。那次座谈会上，杨易辰向全国检察机关提出了"念一本经，唱一台戏"的要求，全力以赴投入"严打"斗争。所谓"一本经"就是全国政法工作会议的"经"；"一台戏"就是各级检察机关都要在各地党委的统一领导下，坚决贯彻执行中央方针，与其他政法部门密切配合，协同作战，集中力量搞好"严打"斗争。不能分台唱戏，更不能唱对台戏。

这场斗争的第一次战役从当年 8 月到 12 月，5 个月内收捕了一大批严重刑事犯罪分子，摧毁犯罪团伙几万个，10 万多名犯罪分子投案自首。经过集中打击，社会治安状况开始好转。1983 年 9 月至 12 月，平均月发案比前 4 个月下降了 45%，大案平均月发案下降 28%，其中 18 个大城市大案平均月发案下降 42%。"严打"第一仗，社会震动很大，取得了明显效果。1984 年 9 月到 1985 年"严打"斗争的第二次战役和 1986 年的第三次战役，基本上是扫尾工作了。

当时，恢复重建不久、各项工作正处于起步阶段的检察机关，还面临一个巨大挑战——改革开放初期经济犯罪滋生且情况严重。1982年3月，第五届全国人大常委会第二十二次会议通过《关于严惩严重破坏经济的犯罪的决定》。1984年10月，《中共中央关于经济体制改革的决定》指出："经济体制改革和国民经济的发展，使越来越多的经济关系和经济活动准则需要用法律形式固定下来……检察院要加强对经济犯罪行为的检察工作。"杨易辰跑了很多地方调研，做了大量调查研究。他坚定地认为，打击经济犯罪是法律赋予检察机关的一项重要工作，责无旁贷。改革时期，检察机关要为改革开放保驾护航，对借改革之名违法乱纪的行为要坚决依法处理。

杨易辰敏锐地察觉到，在打击经济犯罪方面检察机关该出重拳，在经济特区尤应如此。于是，杨易辰提出检察机关要"两打"并举，即在继续抓好打击刑事犯罪第二、第三战役的同时，突出打击经济犯罪活动；在经济特区和其他经济犯罪猖獗的地区，检察机关要把打击经济犯罪放在首位——这被后来的检察理论学者称为"创造性的工作思路"。

1983年至1987年，全国检察机关共依法查办贪污、贿赂和走私、偷税抗税、假冒商标等犯罪案件15.5万余件。杨易辰深深地感到，不论是打击刑事犯罪，还是打击经济犯罪，必须抓好综合治理工作。在这个思路的引领下，最高人民检察院总结和摸索了不少社会综合治理的经验。例如，结合办案制发检察建议，简便易行，效果明显，这是杨易辰担任检察长期间，检察机关参与社会治安综合治理的一项创举。

对如何开展法纪检察工作，杨易辰认为，在此之前，有两种认识制约这项工作发展："一是关于民主与专政的关系问题。受'文革'极左思潮影响，反映在检察工作上，就是不敢理直气壮地提出为保障公民民主权利而斗争。二是关于法纪检察与一般监督的区别问题。后者是对国家管理机关、组织、公职人员和公民执行法律的情况实行监督……有些人对此心有余悸，不敢大胆行使职权。"1985年1月，全国法纪检察工作会议明确了法纪检察工作的业务指导思想——保护公民的民主权利和人身权利不受侵犯，提高广大干部群众的法制观念和遵纪守法的自觉性，健全社会主义民主与法制，促进党风和社会风气进一步好转，保卫和促进经济体制改革和"四化"建设的顺利进行。有专家评论，这是新中国成立以来检察工作又一次创造性突破。法纪检察工作从此步入规范化、制度化轨道。

杨易辰担任最高人民检察院检察长时，摆在他面前的还有一项迫切需要解决的难题——建设一支政治素质好、通晓法律、熟悉业务、有较高文化素质的检察队伍。当时 11 万人的检察队伍人员结构：三分之一是从军队转业和从其他党政机关调入的干部，大多没有受过法律专业训练；三分之一是归队的老检察机关干部；三分之一是政法院校毕业的大、中专毕业生。杨易辰提出了"一身正气，两袖清风，刚正不阿，秉公执法"的队伍建设要求，着力选拔政治坚强、文化程度较高、懂得业务、具有开拓精神的优秀中青年干部进入领导班子，形成了合理的年龄结构、知识结构和专业结构。同时加快"第三梯队"建设，解决好"提"和"让"的问题。"提"就是敢于破格，把符合条件的年轻干部提拔上来；"让"就是老同志当"开明人士"，主动给新干部让出位置来。1984 年至 1987 年，最高人民检察院提拔了 7 名 50 岁以下的厅级干部，51 名 45 岁以下的处级干部。与此同时，整个检察队伍的年龄结构也发生了变化，截至 1988 年，35 岁以下的青年干部比例已超过一半。在队伍建设工作中，为加强对检察干部的培训，逐步做到培训工作正规化、经常化和制度化，杨易辰还着手推动建立国家检察官培训机构。

1988 年 4 月，第七届全国人大第一次会议上，74 岁的杨易辰最后一次代表最高人民检察院作工作报告：五年来，检察机关共批准逮捕各类刑事案犯 221 万多人，依法起诉 216 万多件，有力地打击了各类刑事犯罪活动，为社会治安的好转做出了很大努力。五年来，检察机关立案侦查贪污、贿赂、偷税抗税和假冒商标等犯罪案件 15.5 万多件，追回赃款、赃物折价共计 16.3 亿多元。五年来，各地检察机关冲破阻力，排除干扰，依法查处了一批领导干部犯罪的案件，其中县团级以上干部 1500 多人。五年来，检察机关共查处侵犯公民民主权利、人身权利和玩忽职守、重大责任事故等犯罪案件 3.5 万多件，起诉 2.17 万多件……

★ 一名纯粹的共产党人

1987 年，杨易辰平生第一次收了礼。礼物不贵重，但绝不普通，他视之为珍宝——那是一幅宋任穷同志亲手笔录的郑板桥的《竹石》："咬定青山不放松，立根原在破岩中。千磨万击还坚劲，任尔东西南北风。"这正是杨易辰一生的写照。

离休后，杨易辰开始认真梳理自己 60 载革命生涯，写成了《杨易辰回忆录》。在这本书第二页，杨易辰这样总结自己的一生："我是一个入党五十多年的老党员，在党的领导下，为民族的解放，为社会主义的建设和为国家的富强奋斗了几十年。不论遇到什么困难，为共产主义而奋斗终身的信念，从未动摇过……"

杨易辰常告诫下属："不要总坐在办公室里，要多下去走走，到基层看看，跟老百姓和基层干部聊聊，我们遇到的困难和问题有些在办公室解决不了的，其实下面早就解决了，你到下面一看，困扰咱们多日的问题就都迎刃而解了。"在黑龙江工作期间，杨易辰每年都用三分之一的时间深入农村搞调研。到最高人民检察院工作后，到基层去实地调查研究，摸清基层的情况，从基层寻求解决问题的方法，更是他的常规工作方法。

在山西河津尘土飞扬的大街上，一群老百姓围在一排桌子旁，桌子后面坐着一位头发花白的长者，微仰着头，面带笑容耐心地跟身边的百姓交流着。这是杨易辰到山西调研，在河津县亲自参加接待群众来访的场景，检察官的形象就此印刻在老百姓心中。这也是新中国成立以来，最高人民检察院检察长第一次在基层进行接访工作。

1997年6月28日，杨易辰因病在北京逝世，享年83岁。

（刘亭亭编写）

参考资料

1.《杨易辰回忆录》，中央文献出版社1996年版。

2. 朱佳木:《学习陈云崇高的理想、坚定的信念》，载《上海史与党建》2005年第6期。

3. 1984年4月1日第七届全国人大第一次会议上的《最高人民检察院工作报告》。

4. 王治国、郑赫南:《纪念杨易辰同志诞辰100周年座谈会侧记》，载《检察日报》2014年3月29日，第1版。

5. 陈润儿:《在纪念杨易辰同志诞辰100周年座谈会上的发言》，载《黑龙江日报》2014年3月29日，第1版。

6. 赵雯:《白头唯有赤心存——共和国第四任检察长杨易辰》，载王松苗主编:《共和国检察人物》，中国检察出版社2009年版。

刘复之

刘复之（1917－2013），原名刘成庆，广东梅县人，1937年参加革命，1938年加入中国共产党。中华人民共和国最高人民检察院第五任检察长。新民主主义革命时期，先后任朱德、刘伯承、邓小平同志秘书，八路军一二九师政治部锄奸部科长，晋冀鲁豫中央局社会部秘书科长，华北局社会部办公室主任兼人事处处长等职。新中国成立后，历任公安部办公厅主任、司法部部长、公安部部长、中央政法委员会常务副书记、中共第十二届中央委员，1985年9月当选为中央顾问委员会委员。1988年4月至1993年3月任最高人民检察院检察长。

★ 青年之志　一片赤诚

1917 年 3 月 31 日，刘复之出生在广东省梅县城南二角地约亭岗村一个华侨家庭。青年时期，他接受进步思想，追求革命真理，满怀抗日救国热情，放弃在香港舒适安逸的生活投身革命，于 1937 年 11 月北上延安。1938 年 2 月 25 日，刘复之在陕北公学加入中国共产党，预备期 3 个月，同年 5 月，转为正式党员。10 月，中央党校干部部部长曹轶欧通知刘复之，让他给八路军总司令朱德当秘书，跟随朱总司令到前方去工作。12 月底，在给朱德总司令服务 3 个月后，刘复之调到了一二九师师长刘伯承身边做秘书。1940 年春，中共中央成立太行军政委员会，邓小平任书记，统一领导太行、太岳、冀南三个战略区的工作，刘复之改任邓小平同志秘书。

"有两个工作由你来选择，一个是到师直属队去当党总支书记，另一个是到师政治部锄奸部（后改称保卫部）去。"1941 年年初，邓小平找刘复之谈话时说："你聪明、能干，要多学习，多体验，到基层去经受更加艰苦的锻炼。"刘复之选择去一二九师政治部做锄奸工作。其间，刘复之认真履行除奸职责，与叛徒和日伪汉奸作斗争，坚持"重证据，不重口供"的原则，亲自办理了"两青年投奔八路军案""宣传队三个女青年被俘案""李世奎被俘案"等重要案件。

1945 年 8 月，国民党军队沿平绥、同蒲、平汉、津浦等铁路线，开始向华北解放区推进。当时，刘复之在太行军区第三纵队，他随七六九团下到营连，参加刘伯承、邓小平亲自指挥的上党战役。这是我军对国民党的进攻实行自卫反击的第一个漂亮仗。

不久，刘复之被调到晋冀鲁豫中央局社会部工作，从此离开了部队。之后，他根据组织安排，参加了山东省阳谷县土地改革工作团。

土地改革结束后，他回到了中共中央华北局工作。此时的晋冀鲁豫社会部机关已从河北省武安县北迁至平山县东冶村，与晋察冀社会部机关合并成立了中共中央华北局社会部。刘复之先后担任秘书科科长、办公室副主任、主任兼人事处处长。

1949 年 1 月 31 日，北平和平解放。7 月，中共中央成立军委公安部，刘复之被任命为办公厅副主任。新中国成立后，中央军委公安部改为中央人民政府公安部。1949 年 11 月 1 日，中央人民政府公安部正式办公，刘复之仍担任公安部办公厅副主任。其间，刘复之参与了公安部许多重要文件的起草、审改工作，还创办了由毛泽东亲笔题写刊名的内部刊物《公安建设》等。1950 年 1 月，党中央批准建立中共公安部党组，罗瑞卿任党组书记，刘复之任党组秘书。

镇压反革命运动是他到公安部工作后经历的第一次大规模运动。其间，中共中央成立了"肃反"十人小组，刘复之兼任十人小组办公室主任。在陆定一、罗瑞卿的领导下，他组织精干力量进行工作，先后到各地检查实施情况。1957 年年底，肃反运动基本结束。

★中央点将　全力以赴

"文化大革命"期间，刘复之同志受到林彪、江青两个反革命集团的残酷迫害，虽被关押，但毫不妥协，进行了针锋相对的斗争。他坚持原则，坚持真理，表现了共产党人的坚定信念和铮铮铁骨。1977 年12 月 6 日，中央任命刘复之为文化部党组成员、副部长，一个月后，又任命他为文化部党组副书记、常务副部长。刘复之和文化部部长黄镇一起，解决文化部疑难问题，平反冤假错案，恢复全国文化战线的正常秩序。在黄镇的支持下，刘复之以快刀斩乱麻的气魄，把大量没有证据、没有结论的案子全部平反。

1979 年 5 月，已在文化部任职的刘复之根据组织安排，兼任全国人大常委会法制委员会负责人，11 月，被任命为法制委员会第一副秘书长。两个月后，中央决定成立中央政法委员会，彭真任书记，刘复之任秘书长。

当时，刑事犯罪活动嚣张，群众恐慌不安。如何发挥中央政法委的作用，完成中央交给的任务，作为秘书长的刘复之对此投入了很大精力。在此后的一段时间里，各地采取扎实措施，社会治安状况有了很大转变。

1982 年，刘复之出任司法部部长、党组书记。4 月 26 日，刘复之主持召开司法部第五次党组会议，讨论形成了司法部的八项任务，同时提出，司法部不再管理法院的机构设置、编制、助理审判员的任免、审判制度、司法统计、装备和经费等工作，这些工作全部移交最高人民法院研究管理。在刘复之任职司法部的几年中，司法部组织机构得到了恢复和加强，队伍建设、法制教育、法制宣传工作也得到了极大发展。刘复之任司法部部长期间，部署筹建了中国政法大学。1982 年，刘复之兼任中国政法大学第一任校长。

林彪、江青两个反革命集团案是新中国成立以来发生的特别重大、特别复杂、危害极其严重的案件。1980 年 3 月 17 日，中央书记处决定，成立"两案"审判指导委员会，下设工作小组作为办事机构，刘复之担任小组召集人之一。刘复之参加了整个审判活动，负责组织、协调和撰写法律文书的工作。在八个多月的工作中，参加预审和审判的人员，严格按照中央指示，依法办案，既贯彻了党中央对特别重大案件的政治领导，又保证了公安、司法机关独立行使职权。

1983 年 6 月，刘复之出任公安部部长。1983 年 7 月 19 日上午，刘复之应约前往北戴河邓小平住处谈话。邓小平要求严厉打击刑事犯罪，态度非常坚决。他说："解决刑事犯罪问题，是长期的斗争，需要从各方面做工作。现在是非常状态，必须依法从重从快集中打击，严才能治住。搞得不痛不痒，绝对不行。我们说加强人民民主专政，这就是人民民主专政。我们说要讲人道主义，保护大多数人的安全，这就是最大的人道主义！严厉打击刑事犯罪活动是一件大快人心的事。"

在谈话结束后的当天，刘复之整理出谈话记录当晚传回北京，报告给中央书记处书记陈丕显同志。7月21日，刘复之在北戴河召开座谈会，会议研究了贯彻落实邓小平指示的具体措施。全国人大常委会委员长彭真接见了与会代表，要求认真贯彻执行邓小平指示，从根本上扭转社会治安工作软弱涣散的被动局面。

在党中央、国务院的正确领导下，公安部会同政法各部门组织开展了为期三年的严厉打击严重刑事犯罪活动的斗争（简称"严打"），领导侦破了"东北二王杀人案"等一批重大案件，并大力采取社会治安综合治理措施，依法从重从快惩治了一批严重危害社会治安的犯罪分子，有力维护了改革开放初期的社会稳定和社会治安秩序。

在公安部工作期间，刘复之主张加强公安工作改革，制定出台《关于加强和改革公安工作的若干问题》，推动实施居民身份证制度，推动中国加入国际刑警组织，防范和打击暴力犯罪和恐怖活动，加强公安业务建设、基层基础建设和队伍建设，着力实现侦查工作的现代化和社会化，为人民公安事业的发展作出了历史性贡献。他在担任公安部部长期间，积极向中央建议组建国家安全部，获得了中央批准，使我国国家安全事业进入了崭新的发展阶段。

★ 心系检察　勇于拓新

作为一名革命家，刘复之一生中大部分时间工作在政法战线。除了法院，其他所有政法领域他几乎都干过一遍。

1988 年，71 岁的刘复之再一次接受了新的任命——最高人民检察院检察长。到最高人民检察院工作后，刘复之给自己立下了"安定团结，稳步前进"八字方针。为尽快熟悉检察工作，他特意聘请了一批有法律专业知识的年轻干部给他上课。

1989 年 8 月，最高人民检察院将经济检察厅改名为贪污贿赂检察厅。名称的改变，意味着打击贪污贿赂犯罪的指向性更加明确。随后，全国各级检察机关经济检察部门的名称随之改变。刘复之说，检察工作应该服从和服务于党的中心工作，为改革开放、经济建设创造良好的环境，而检察机关查办贪污贿赂犯罪，挖出"蛀虫"，就是对经济建设最好、最直接的服务。

刘复之还提出，要严厉打击刑事犯罪，保障社会治安，维护安定团结。1988 年至 1992 年，全国检察机关共受理公安机关移送起诉的犯罪嫌疑人 290 多万人，向人民法院提起公诉 250 多万人。检察机关始终把杀人、抢劫、爆炸、盗抢枪支、持枪作案、强奸、流氓滋扰等严重犯罪，以及各种带有黑社会性质的犯罪集团和团伙列为打击重点，共批捕这类涉嫌严重犯罪的嫌疑人 87 万多人，批捕参与犯罪集团和犯罪团伙的犯罪分子 10 万多人。

在刘复之任期内，他致力于倡议反贪污立法。1989 年 5 月 30 日，刘复之就反贪污贿赂问题给最高人民检察院党组成员写了一封信，提出"要制定一个惩治贪污贿赂的条例"。5 个月后，最高人民检察院分别向中央和全国人大报送了《关于建议将"检察官条例"和"反贪污法"列入人大 1991 年立法计划的报告》。1991 年 6 月，全国人大常委会同意将反贪污贿赂法列入立法规划。1992 年 1 月，中央批准了全国人大常委会的立法规划，并确定最高人民检察院为这部法律的起草单位。7 月 22 日，中央政治局会议通过的《中共中央关于加强政法工作，更好地为改革开放和经济建设服务的意见》，明确要求抓紧制定惩治贪污贿赂法。

后因种种原因，惩治贪污贿赂法没有单独成法，1997年修订并实施的刑法中将贪污贿赂罪单列为分则第八章，使反贪污贿赂斗争有了有力的法律武器。

刘复之任最高人民检察院检察长的5年间，在最高人民检察院设立了政治部，地方各级检察院也相继设立了政治工作机构；创办了中国检察官培训中心，建立了中央检察官学院（后改名为国家检察官学院）；建立新闻发言人制度；成立了中国检察出版社、中国检察理论研究所，创办了《中国检察报》，并请邓小平题写报名，后更名为《检察日报》。

2013年8月25日，刘复之因病在北京逝世，享年96岁。

（史兆琨编写）

参考资料

1. 中国中共党史人物研究会编：《中共党史人物传》（第86卷），中央文献出版社2007年版。

2.《刘复之回忆录》，中央文献出版社2010年版。

3. 郭洪平：《侠骨铁肩担大任——共和国第五任检察长刘复之》，载王松苗主编：《共和国检察人物》，中国检察出版社2009年版。

张思卿

　　张思卿（1932－2022），河南洛阳人，1952年10月加入中国共产党。中华人民共和国最高人民检察院第六任检察长。1993年3月至1998年3月任最高人民检察院检察长、党组书记。曾任湖北省高级人民法院院长、党组书记，湖北省公安厅厅长、党委书记兼武警湖北总队第一政委，中共湖北省委常委兼省委政法委员会书记。中共第十三届中央候补委员，第十四届、第十五届中央委员，第八届全国人大代表，中国人民政治协商会议第九届、第十届全国委员会副主席。

★ 踌躇满志　与检察事业共同起步

1950 年 3 月，18 岁的张思卿调入最高人民检察署中南分署工作。身为一名收发员，他甚至还不是很明白检察署是干什么的，但年轻的心满怀豪迈之情憧憬着美好的共产主义。他满怀热情地投入到新中国巩固人民民主政权和社会改革运动中，其间还曾担任中南土改工作队广西平乐县分队副队长、工作组组长，积极参加了当地的土改工作。1954 年至 1955 年，张思卿调入最高人民检察署东北工作团任副组长、助审员，参与战后日本战犯的审理工作。1955 年 2 月，张思卿调到新设立的长江水上运输检察院担任检察员，负责长江航线相关司法案件的侦查、审判监督等工作。这个同事眼中"为人爽朗大方、口才特别好，文章练达，常得领导赞扬"的年轻人，逐步成长为检察院的骨干力量。1957 年 8 月，检察机关机构改革，长江水上运输检察院被撤，张思卿调到湖北省人民检察院任秘书科科长。

1966 年，张思卿受到"文化大革命"冲击，下放到湖北省"五七"干校劳动。1969 年从"五七"干校调回的张思卿发现，检察机关已被撤销。1969 年至 1973 年，他在湖北省公安机关军管会审批组工作。

1973 年 1 月，张思卿调入湖北省高级人民法院，历任办公室副主任，副院长、党组副书记，院长、党组书记。他始终坚持党的原则，坚持真理，敢于斗争，在揭批、清查"四人帮"在湖北的帮派工作中表现突出。他解放思想，态度坚决，坚持以事实为依据，以法律为准绳，敢于突破"左"的思想束缚，积极推动冤假错案的纠正和改判工作，取得了良好的社会效果。他坚持实事求是，针对在打击刑事犯罪斗争中出现的错误倾向，明确提出要正确处理从重从快和依法办事的关系，有效保证了办案质量。

1983 年至 1985 年，张思卿先后任湖北省公安厅厅长、党委书记兼武警湖北总队第一政委，中共湖北省委常委兼省委政法委员会书记。他深入基层调研，提出"狠抓当前、着眼长远、建设队伍、改善条件、整顿机关"的工作思路，迅速打开工作局面，全省发案率显著下降，很多重大恶性积案得以侦破。他按照干部队伍革命化、年轻化、知识化、专业化的方针推动领导干部调整和交流，队伍面貌焕然一新、专业能力全面提升。他关心干警生活，竭尽全力改善干警工作条件，解决影响干警生活的困难，激发了干警工作的积极性。

★ 挥"四板斧" 劈开重建初期的艰难

1985 年至 1993 年，张思卿同志先后任最高人民检察院副检察长、党组成员，副检察长、党组副书记。由于检察机关在"文化大革命"中受到冲击，张思卿必须协助杨易辰和刘复之两任检察长担负起很多检察职能建设的工作。

提出打击经济犯罪 10 条意见。上任伊始，张思卿用 40 多天时间到安徽、浙江、福建三省数十个县调研打击经济犯罪的情况。他坐车穿越了数千里路程，基本一天一个县，有时甚至是两个县，坚持亲自帮所到县检察院分析经济犯罪案件的具体情况和查办案件少的原因。针对已经发现的问题，他提出打击经济犯罪 10 条意见，随行秘书记录下来后立刻电传报告杨易辰检察长。这 10 条意见得到了中央政法委、最高人民检察院党组的肯定，对打击经济犯罪工作起到了积极推动作用。

开创法纪检察第一个春天。20 世纪 80 年代，我国检察工作中的"法纪检察"对象，基本相当于现在的职务犯罪范畴，当时还未使用"反贪污、反腐败、反渎职"这样的说法，而是使用"经济犯罪"的概念。1986 年 10 月，张思卿组织召开全国法纪检察工作会议。他在会议上强调，办理法纪案件既要严肃又要慎重，确保案件质量，同时，研究制定《关于正确认定和处理玩忽职守罪的若干意见》，为各级检察院办理法纪案件提供政策支持。这次会议之后，全国检察机关迅速行动起来，开创了法纪检察工作新局面，有人称为"法纪检察工作的第一个春天"。

成立举报中心拓展线索来源。20 世纪 80 年代末，群众举报开始成为查处贪污贿赂犯罪的重要线索来源。张思卿分管的工作中很重要的一部分就是举报工作。他高度重视群众举报工作，推动成立检察机关举报中心，推动控告申诉检察工作制度化规范化。经过检察机关举报机构的初步建设，在 20 世纪 80 年代末，全国检察机关办理的经济、法纪案件线索来源中，群众举报占到总数量的 60%，极大改变了检察机关恢复重建初期缺少违法犯罪线索来源的状况，促进了检察工作特别是自侦工作的开展。他主持起草了《关于在检察机关办理要案实行党内请示报告的规定》，对各级检察机关贯彻党的领导原则，坚持正确政治方向，保证依法独立行使检察权发挥了重要作用。

坚守原则抵制"法律变通说"。20 世纪 80 年代末，中国经济进入了改革开放后的第一个高速发展时期，经济建设迅速成为压倒一切的任务。"一切为经济建设保驾护航"的路线政策在一些地方出现了矫枉过正的苗头。在这种大背景下，张思卿分管的法纪、控告申诉等涉及打击经济犯罪的工作陷入非常微妙的境地。一些不利于检察机关办案的舆论和思想倾向出现了，某些省区市领导提出了经济建设大前提下法律要变通的说法，一股不重视打击经济犯罪的风气潜滋暗长。敏锐的政治触感让张思卿意识到，这对于经济建设不但没有好处，还可能将改革开放的成果付之一炬。张思卿及时向当时的检察长刘复之汇报了这种不良倾向，主张对这股风"要及时发现，及时反驳"。在刘复之的支持下，20 世纪 90 年代，张思卿组织人员专门撰写文章，宣传打击经济犯罪是开展经济建设的重要保障，为打击经济犯罪提供了有力舆论支撑。

★ 内外兼修　全面构建检察工作格局

1993年至1998年，张思卿同志任最高人民检察院检察长、党组书记、检察委员会委员。张思卿在就职讲话中表示，他将在过去历届检察长开创的良好局面基础上，忠实地履行宪法赋予的职责，恪尽职守，勤奋工作，求是创新，为检察事业的发展作出贡献。

重视基层调研。张思卿有一句名言："中央的精神和基层的实际，就像吃馒头一样，上牙和下牙要咬合在一起，不然是咬不下来的。"他认为，不了解人民群众的呼声就不能叫"人民检察院"，不研究实际就是脱离实际。上任伊始，他就深入基层就如何深入开展反腐败斗争、狠抓严格执法、进一步强化法律监督进行调研，并在调研中逐渐坚定了自己的工作思路。

提出"严格执法、狠抓办案"的八字方针。坚持以反腐败查办大案要案、打击严重刑事犯罪、执法监督三项工作为重点，认真履行宪法和法律赋予的职责，为推动检察工作发展作出了重要贡献。他高度重视反腐败大要案的查办工作，推动设立最高人民检察院反贪污贿赂总局，明确以查办党政领导机关、行政执法机关、司法机关和经济管理部门（"三机关一部门"）的犯罪案件为重点，集中力量查办了一批有重大影响的领导干部犯罪案件。

狠抓检察队伍规范化建设。"检察长不办案，不如回家喝稀饭""检察长要做理论上的明白人"，张思卿留下的诸多关于队伍建设的名言，对检察人影响深刻甚至延续至今。张思卿以《检察官法》颁布实施为契机，以领导班子建设为重点，通过加强党的建设带动队伍建设，大力开展自身反腐败工作，积极宣传表彰检察先进典型，加快检察人员专业化培训，有力提升了检察队伍整体素质。

完善监所检察制度。1994年12月29日《监狱法》的出台，为张思卿全面推动监所检察工作的开展提供了强有力的法律支撑。1996年10月16日，张思卿在第三次全国监所检察工作会议上，清晰全面地阐释了他对监所工作的看法。他指出，对监管改造机关的执法活动依法进行监督，是检察机关法律监督巩固工作的重要组成部分，也是巩固打击严重刑事犯罪和打击严重经济犯罪的斗争成果的重要手段；监所检察工作开展得好坏，直接关系到惩治犯罪最终能否真正落实，对罪犯的改造能否有效实施。他强调，监所检察执法监督工作要加强，必须狠抓办案，这样才能发现在改造工作中的问题，及时提出并纠正。

履行适应时代发展的公诉职能。张思卿在主政最高人民检察院时期，公诉工作也得到了长足发展。张思卿认为，各级检察机关要积极参加当地党委统一组织的集中打击和专项治理，要认真落实检察环节的各项社会治安综合治理措施，对"严打"斗争中发现的问题和有关部门工作上的漏洞，要运用检察建议，提出整改措施。1996年《刑事诉讼法》的修改，给检察机关审查批捕、审查起诉和出庭公诉工作提出了更高的要求。对此，张思卿要求各级检察机关要强化证据观念，在审查证据、固定证据、准确认定犯罪事实和适用法律方面下功夫。他提出，检察机关要适应刑事案件庭审方式的变化，加强和改进出庭公诉工作，强化公诉职能，提高公诉人在庭审中证明犯罪和抗辩、应变的能力。

1998年3月、2003年3月，张思卿同志分别当选为第九届、第十届全国政协副主席。在此期间，他认真贯彻党的统一战线方针政策，与党外人士广交朋友、合作共事。他深入开展调查研究，围绕落实依法治国方略、农村税费改革、促进中部地区崛起、加快长江经济带建设、黄河沿岸经济社会协调发展等积极建言献策，为推进经济结构调

整、保护生态环境、实现经济社会可持续发展贡献了力量。他担任全国政协书画室主任期间，注重联系和团结广大书画界爱国人士，推动以书画会友、翰墨传情为特色的统战联谊工作，为弘扬中国传统书画艺术、促进海内外文化交流发挥了重要作用。他重视总结人民政协工作的宝贵经验，坚持"团结"和"民主"两大主题，积极推进政治协商、民主监督、参政议政的规范化制度化，为坚持和完善中国共产党领导的多党合作和政治协商制度作出了积极贡献。

2022年6月17日，张思卿因病在北京逝世，享年90岁。

（赵晓敏编写）

参考资料

1. 王松苗主编：《共和国检察人物》，中国检察出版社2009年版。

2. 张思卿同志生平。

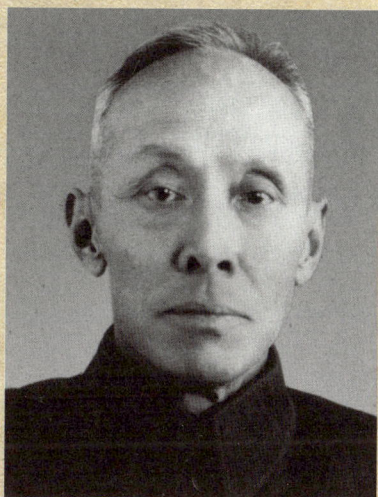

李六如

李六如（1887－1973），湖南平江人，1921年加入中国共产党。1949年10月任最高人民检察署副检察长。曾任中华苏维埃共和国临时中央政府税务局局长、国家银行行长，号称"红色财神"。抗日战争时期，任毛泽东主席秘书长、延安行政学院代院长、中央财政经济部副部长。解放战争时期，历任热河省政府秘书长、中共热河省委常委，东北财经办事处副主任、东北司法部部长、法院院长。新中国成立后，历任中央人民政府政法委员会委员，第二届、第三届全国政协常委。

★ 上下求索　与中国革命历程同频共振

1887 年，李六如出生在湖南省平江县。青年时期受同盟会的思想影响，赴湖北武昌报考陆军学堂，后加入新军。他在新军中积极开展革命活动，创办《商务日报》，为以后发动武昌起义打下了坚实的思想基础。

后李六如赴东京留学，结识了许多因"二次革命"失败而逃亡日本的中国革命党人，如谭政、林伯渠等，他们放弃了督军梦想，不进士官学校而进入明治大学攻读政治经济学，以同盟会会员的身份申请加入了中华革命党。

1918 年秋，李六如秉持实业救国理念，回国在故乡开办织布公司，极力提倡贫民教育，后去长沙教书，以文会友，写了不少关于社会改良的政论文章在《大公报》上连载。由于在平江和长沙的革命活动，李六如成了当时相当知名的进步分子，引起了毛泽东的注意。1921 年冬，经毛泽东、何叔衡介绍，李六如加入中国社会主义青年团，不久转为中国共产党党员。李六如利用湖南省教育会、湖南省平民教育促进会负责人这一公开、合法身份大办工人夜校。在国共合作期间，李六如曾任中国国民党湖南省党部委员，在湘军中积极慎重地开辟党在思想战线的领地。

1927 年，李六如同夏明翰到平江组织秋收武装暴动，以平江、浏阳为中心的湘鄂赣苏区得以创立。1930 年，李六如被调往中央苏区，他利用日本留学专攻经济学的专长，鼎力协助邓子恢、毛泽民创建国家银行，曾任中华苏维埃共和国临时中央政府税务局局长、国家银行行长，成为苏区"红色财神"。

1934 年 10 月红军长征后，李六如被留在中央苏区从事中央政府后方办事处工作，与红军游击队一道，转战在赣南山区打游击。后来，李六如在《吉安日报》获得一个职位，却因被他的学生出卖而被捕，受尽折磨，直到西安事变才被释放。他设法找到八路军办事处，于1937年10月来到延安，被分配到毛泽东主席办公室任秘书长。自国共合作、一致抗日后，陕甘宁边区日益为全国乃至全世界所瞩目，国内外人士频繁来往，大批革命青年和爱国人士涌入延安，李六如作为毛泽东主席办公室秘书长，做了大量接待工作，还编写了《陕甘宁边区实录》《各苏区土地问题》报告等。1940年，李六如再次发挥财经特长，兼任中央财经指导处处长，给毛泽东起草《经济问题与财政问题》等文件。

1945年8月，他前往东北热河担任中共热河省委常委，着力于巩固地方政权，支援前线，转送中央派往东北经过热河的干部。1946年夏，李六如到哈尔滨担任东北财经办事处的副主任，创办了东北财政经济干部学校。1948年10月，李六如被任命为东北司法部部长兼东北人民法院院长。

★ 筚路蓝缕　为新中国检察事业奠基

1949年10月，罗荣桓被任命为最高人民检察署检察长，李六如被任命为最高人民检察署常务副检察长。由于罗荣桓同时任人民革命军事委员会总政治部主任，加上身体不好，经罗荣桓提议，由李六如代行最高人民检察署检察长职务，全面主持最高人民检察署工作。10月22日，最高人民检察署举行第一次检察委员会会议，宣布最高人民检察署成立。

上任伊始，李六如即主持起草了《中央人民政府最高人民检察署试行组织条例》（以下简称《试行组织条例》），这是人民检察制度最早的法律渊源。从组织起草小组到批准试行，仅用两个月的时间，工作效率之高是极为罕见的。

《试行组织条例》试行不到两年，李六如又组织起草了《最高人民检察署暂行组织条例》和《各级地方人民检察署组织通则》。截至1950年年底，最高人民检察署设在全国五大行政区的检察分署已全部建立，并在一些重点专区和市、县建立了人民检察署。

新中国成立后，中央决定废除国民党的"六法全书"，全面启动学习苏联司法制度。李六如对于向苏联学习这件事很重视，也很务实。他多次向专家们虚心讨教，与专家们一起研究列宁关于国家的学说。与此同时，李六如也清楚地看到，在历史渊源、文化背景、国家体制、经济发展程度以及国民素质等基本国情方面，中国与苏联之间存在很大差异。据此，他一再提醒，在学习苏联检察工作成功经验这件事上，正确、有效的做法应当是"借鉴"，而不是"照搬"。为此，李六如以我国的具体国情为基本点，主持制定了一些检察方面的法律法规、工作制度，都是科学借鉴苏联的成功经验形成的，因而符合我国实际情况，便于贯彻执行，收效也比较明显。

检察机关正从上到下抓紧组建、检察业务逐步开展的时候，1951年冬，中央在北京召开了一次全国编制会议，会议决定只保留检察机关的名义，不单独设立机构，属于检察业务的工作一律由公安机关兼办。最高人民检察署党组向毛泽东主席写了报告，用具体事例说明检察机关在镇压反革命、防止和纠正错案以及在保障国家法律正确实施方面的重要性，从健全国家法制的角度考虑，认为检察机关不应该被撤销。毛泽东主席综合各方面的意见，权衡利弊，最终决定保留检察机关，才刹住了这股"取消风"。

李六如组织编写了《检察制度纲要》，这是新中国最早的检察理论著述。这本书认为，苏联检察的主要任务"最重要最广泛的部分，则是在于法律监督"。李六如特别强调对苏联法律要注重"借鉴"而不是"照搬"，在书中阐明为什么苏联检察机关实行垂直领导体制而我国实行双重领导体制，即地方各级人民检察署为同级人民政府的组成部分，在接受上级人民检察署领导的同时，接受同级人民政府的领导。借鉴苏联将一般监督作为检察机关的任务，1954 年《宪法》第 81 条也确认了检察机关的一般监督职能。把检察机关定性为"广义的司法机关"，否定了把检察机关看作纯行政部门，认为检察机关应该隶属于中央人民政府，而不是政务院。《中央人民政府组织法》规定，最高人民检察署在国家机构中处于与政务院、人民革命军事委员会、最高人民法院平行的地位。

1950 年 7 月 26 日至 8 月 11 日，第一届全国司法会议召开，由审判机关、检察机关、公安机关和司法行政机关参加，这也是新中国第一次全国司法工作会议。李六如代表检察机关在会议上作了题为《人民检察机关的任务及工作报告大纲》的报告。

★ 大刀阔斧　打响共和国反腐第一枪

在"三反""五反"运动中，各地检察机关把检察起诉国家工作人员的贪污案件和不法资本家的经济犯罪案件，作为自己的一项重要任务。李六如要求将沈阳市检察署关于全市贪污案件情况的调查分析专题报告通报给全国各级检察署，供各地借鉴和参考。通过一系列卓有成效的工作，检察机关在国家政治生活中的地位更加巩固，成为国家体制中不可缺少的一部分。

检察机关这一时期一项彪炳史册的工作，就是依法查处了妇孺皆知的刘青山、张子善贪污案，这也是共和国首例高官巨贪案。李六如还具体指导办理了当时在全国引起很大震动的天津不法资本家乔明勋案。抗美援朝期间，华北军区后勤部向天津市橡胶同业公会主任委员乔明勋订制军用雨衣 30 万件。发给官兵使用后，发现雨衣质量不合格，有严重漏水现象，影响了部队行军作战。由于乔明勋是当时天津市工商业界的知名人士，又是民主建国会的会员，属于统战对象，因此最高人民检察署致函中央统战部，征求意见。各方面意见统一以后，由天津市人民检察署提起公诉，天津市人民法院依法判处乔明勋有期徒刑 3 年，并没收非法所得。这起案件对于不久后在全国范围内进行的对私人资本主义工商业的社会主义改造，起了积极的推动作用。

1954 年，最高人民检察署更名为最高人民检察院，选举张鼎丞为最高人民检察院检察长，已经 67 岁的李六如卸下工作重担。

这时，李六如开始创作自传体长篇小说——《六十年的变迁》。早在延安时期，他就在酝酿这部小说，他利用工作之余的零星时间，写了三本札记。此后辗转多地工作，情况紧急需要轻装时，都没舍得丢弃札记里的半张纸。1957 年和 1961 年，人民文学出版社出版了《六十年的变迁》第一卷、第二卷。1958 年 3 月，经作家严文井介绍，71 岁的李六如加入了中国作家协会。在撰写第三卷过程中，"文化大革命"爆发，写作被迫中断。

1970 年，林彪、江青两个反革命集团将已经 83 岁的李六如和夫人王美兰软禁于桂林。1973 年 4 月 10 日，时年 86 岁的李六如含冤离世。粉碎"四人帮"后，中共中央为他平反昭雪。2011 年 1 月，李六如故居被湖南省人民政府公布为湖南省文物保护单位。

（晏向华编写）

参考资料

1.凌辉、栗树林、金良超：《李六如与六十年的变迁》，中国检察出版社 2006 年版。

2.孙谦主编：《中国检察制度论纲》，人民出版社 2004 年版。

3.王桂五主编：《中华人民共和国检察制度研究》，中国检察出版社 2008 年版。

4.闵钐编：《中国检察史资料选编》，中国检察出版社 2008 年版。

5. 王桂五：《王桂五论检察》，中国检察出版社 2008 年版。

6. 王松苗主编：《共和国检察人物》，中国检察出版社 2009 年版。

7. 宋韬、胡军、吕亮：《李六如：新中国检察制度的奠基人之一》，载《民主与法制》2021 年第 28 期。

蓝公武

　　蓝公武（1887－1957），江苏吴江人。1911 年毕业于日本东京帝国大学哲学系，1917 年后任《国民公报》社长、《晨报》董事，系北洋政府国会议员、研究系成员。1931 年后积极支持中国共产党的秘密工作。1945 年夏到晋察冀解放区，1948 年任华北人民政府副主席。1949 年 10 月至 1954 年 9 月任最高人民检察署副检察长兼政务院政法委员会委员。1957 年被追认为中国共产党党员。

★ 以刚直和气节闻名的无党派知识分子

蓝公武祖籍广东大埔，父辈迁至江苏吴江，少年时因天资聪颖，被苏州大户张举人家的子弟张东荪选中做了伴读，两人一同考入教会学校，一同去日本留学，一同开展社会活动。1906 年，张东荪、蓝公武共同创办《教育》杂志。在此期间，他对马克思主义有了初步接触，成为较早研究马克思列宁主义和主张民主政治的中国文人。在日本留学期间，经张东荪介绍，蓝公武结识了梁启超，此后一直追随。梁启超归国后，门下曾收有张君劢、黄远庸、蓝公武作为弟子，三弟子常于当时报刊上激扬文字，发爱国和国民启蒙之议，在新闻界名噪一时，时称"中国三少年"。

1911 年年初，蓝公武从日本帝国大学哲学系毕业归国，被《国民公报》聘为记者。袁世凯窃取辛亥革命果实，伺机复辟帝制。蓝公武在看穿了袁世凯复辟的企图后，发表《辟近日复古之谬》等文，同袁世凯大唱反调，成为坚决反对复辟帝制的著名人士。鉴于他在社会上的影响力，蓝公武以进步党代表身份多次当选为北洋政府国会参议院议员。

1916 年，蓝公武追随梁启超参加了讨袁护国战争。旧国会恢复后，梁启超等把进步党改组成宪法研究会（又称"研究系"），蓝公武是重要成员。1917 年 7 月蓝公武接任《国民公报》社长，成为新文化运动的一名成员。1919 年陈独秀被捕，由蓝公武任主笔的《国民公报》发表文章声援陈独秀，引起各方关注。《国民公报》因坚决支持学生运动，在 1919 年 10 月被查封，蓝公武以《晨报》董事等身份撰写文章，继续以文笔书写他对社会的影响力。

1923 年起，蓝公武退出政坛，中止了报人和政论写作生涯，先后在北京大学、中国大学任教。九一八事变后，他开始接受中国共产党抗日反蒋的政治主张，在课堂上痛斥蒋介石的不抵抗政策，极力指责蒋介石出卖了东北国土，在行动上逐渐向共产党靠近。由中共地下党组织的火星读书会以蓝公武家为活动据点，许多青年学生在这里同地下党取得联系，进入解放区敌后战场抗日。

蓝公武的进步言论引起了日本人的注意。1940年夏天的一个早晨，日本宪兵队突然越墙闯进蓝公武的宅院抓人。日本人对他动用了残酷的肉刑，除了拷打之外，还给他灌凉水，把肚子撑得很大，然后再用脚把水踩出来，用烟火烧他的脸，极尽折磨，但这些都没能使其屈膝求饶。

蓝公武被捕释放后，其坚贞不屈的事迹传到了重庆，他的气节在社会上影响极大，在沦陷区和大后方都英名远扬。蒋介石为了给"国大"装点门面，亲手圈定"抗日教授"蓝公武为"国大"代表，可是等他们派要员到北平找蓝公武时，他已于1945年8月奔赴晋察冀边区，后任察哈尔省教育厅厅长。

1948年4月，毛泽东率领中央机关经晋绥到达河北省平山县陈南庄时，曾专门致函蓝公武："三十年前，拜读先生在《晨报》及《国民公报》上的崇论宏议，现闻先生居所距此不远，甚思一晤，借聆教益。"蓝公武去见毛泽东，在陈南庄住了7天。毛泽东和他谈话涉及的范围很广，古今中外，海阔天空，但主要还是新中国的建设问题，毛泽东悉心听取了他的意见。

1948年9月，蓝公武当选为华北人民政府副主席兼民政部部长。华北人民政府是中央人民政府的前身，为全国解放战争的最终胜利提供了强大的后方基地。

★ 刚直不阿的最高人民检察署副检察长

1949年9月，蓝公武以华北地区代表团成员的身份参加了中国人民政治协商会议第一届全体会议。1949年10月19日，蓝公武被任命为最高人民检察署副检察长。10月22日，最高人民检察署检察委员会议第一次会议讨论了建立组织机构和配备干部的问题，确定李六如、蓝公武、罗瑞卿、杨奇清、周新民为《中央人民政府最高人民检察署试行组织条例》起草人，蓝公武是召集人。

1949年10月起至1953年年底的4年间，也就是蓝公武和李六如一起担任最高人民检察署副检察长期间，正是共和国检察机关和检察工作的创建时期。时值多年战争向和平时期过渡之际，百废待举，百业待兴，最高人民检察署更多地担当着组织配备检察机关各级干部、拓展检察各项工作的使命。蓝公武不顾年事已高，不辞辛劳地主持制订了工作计划纲要，参与处理一项又一项工作，参与办理一件又一件重大案件。尤其是在涉及错案冤案，以及纠正袒护践法非为的干部的案件时，蓝公武的严肃认真、不弄清问题决不罢休的执着刚正，更是为最高人民检察署上下所敬服。他总是亲自拟写或修改报告呈送中央，对各地报来的大量文电，都认真批阅。机关起草文件如有不妥，他会亲自去找本人，细心地说明自己的看法。当时最高人民检察署上下都十分敬重这位直爽开朗、高鼻大眼、头发花白的领导。

事实证明，选中蓝公武出任共和国最高人民检察署副检察长，任人非谬。蓝公武在实际工作中，表现出了人民检察官刚直不阿的优秀品质。他不但是中国文人中的硬派，更是中国执法者中的硬派。

1952年，处理王剑朋杀人一案时，蓝公武疾恶如仇，严格执法。王剑朋原是广州市人民政府企业局局长，在"三反"运动中有人揭发他贪污挥霍国家财产、生活作风腐化等问题。在被看管期间，他掐死一名看管人员，并枪杀了检举人李春林，被判处死刑。广州市人民检察署认为王剑朋十几岁参军，为革命出生入死，一再坚持要从轻处置。蓝公武对此非常气愤，亲自写信给中南分署，严厉批评了广州市人民检察署，并催问该案的执行结果。

对假案错案，蓝公武坚持实事求是，以极其严肃认真的态度进行审查，有错必纠。最高人民检察署对山西省临汾县南席村革命烈属张三元一案平反昭雪，就是他主持办理的一个典型案例。窃取村农会主席职务的兵痞流氓张金生，出于私人报复，在土改中将革命烈属、中农积极分子张三元划为地主，捏造材料，诬陷其为地方反共犯罪分子，在开斗争会时将张三元活活打死。中央和山西省两级检察署克服重重阻力，坚持原则，彻查全案，提请法院将张金生改判死刑。

蓝公武严格遵守工作纪律。他少年时代的好友张东荪，在抗美援朝期间被控泄露国家机密。在考虑是否将张东荪逮捕法办时，张东荪通过别人请求蓝公武替他说情，毛泽东也征求蓝公武对这个问题的意见。他说："张东荪是我的朋友，对他问题的处理，我应当回避。"

驻北京解放军中一名师级干部，进城以后思想腐化，喜新厌旧，枪杀自己的妻子。警卫员发现此事后，要揭发他的罪行，也被他开枪打死。最高人民检察署内部的一些干部认为这个师级干部从红军小鬼到参加"三大战役"，身经百战，军功卓著，虽然罪行严重，但应考虑他的历史贡献，从宽处理。但蓝公武等认为此案情节十分恶劣，军功不能成为从轻处罚的理由，应该依法处以死刑。双方争执不下，呈报毛泽东评断，毛泽东亲批："照蓝公武等同志的意见处理。"蓝公武依法处理该案，表明党领导下的司法机关始终继承了为民司法、公正司法的优良传统。

★ 谱写党内外人士和衷共济新篇章

新中国成立后，中国共产党吸收了许多民主党派和无党派爱国人士参加中央和各级地方的政权工作，其中也包括检察机关。当时，最高人民检察署检察委员会 11 名委员中，有 4 名党外人士——蓝公武、周新民、李锡九、何香凝。

　　检察机关初建阶段的许多条例、通则等，都是经过最高人民检察署检察委员会议通过、颁布实施的，许多重大工作部署、指示、指令等，都是经过检察委员会议讨论决定后发出的。检察委员会议所做的工作，也包含着党外人士的贡献。当时署内党内外人士和衷共济，亲密无间。李六如、蓝公武作为当时最高人民检察署仅有的两位副检察长，被大家尊称为"李老""蓝老"。为了工作，蓝公武经常与李六如争得面红耳赤，往往从会议室争到办公室仍不住口，但两人谁也不往心里去，白天争吵之后，晚上又互相串门聊天。两位老人，既是同事，又是诤友，没有任何芥蒂和隔阂，事情一经决定，就分工负责贯彻执行。

　　蓝公武作为一位无党派的民主人士，工作大胆坚定，待人坦诚，心里有什么说什么。最高人民检察署的民主人士有个双周座谈会制度，主要是结合实际进行政治理论学习。有一次，他们对"批评与自我批评"的方针争论得很激烈。有些人不赞成批评，认为这样会伤害人的自尊心。蓝公武不同意这种观点，他说："开展批评为的是革命利益，不是什么个人面子问题。通过批评，改正了错误，就更有面子。"

　　这种秉直品性、人格风范贯穿蓝公武一生，使他早年在沧海横流中做出了向中国共产党无限靠拢的选择，也使他在检察生涯中建立起一位党外人士了不起的功勋。

　　1957 年 9 月 9 日，蓝公武病重处于弥留状态，最后一次表达了加入中国共产党的强烈愿望。9 月 12 日，董必武在公祭蓝公武大会上，代表中共中央宣布追认蓝公武为中国共产党正式党员。

（晏向华编写）

参考资料

1. 胡华主编、中共党史人物研究会编：《中共党史人物传》（第四十一卷），陕西人民出版社 1989 年版。

2. 蓝英年:《先父蓝公武二三事》,载《中华读书报》2004 年 5 月 22 日。

3. 国征、冀平、丁聪:《从梁启超弟子到共和国副检察长》,载《检察日报》1992 年 5 月 29 日、6 月 29 日。

4. 王松苗主编:《共和国检察人物》,中国检察出版社 2009 年版。

高克林

高克林（1907－2001），原名高文敏，陕西华县人，1925年加入中国共产党。1953年9月至1954年9月任最高人民检察署副检察长。曾任中国人民解放军第二十三兵团政治委员、中国人民志愿军第二十三兵团政治委员、中共山西省委书记兼省军区政治委员、最高人民法院副院长等职。中共第八届中央候补委员，第五届全国人大常委会委员。1982年当选为中共中央顾问委员会委员。

★ 不惧枪林弹雨　坚信共产主义必胜

1907 年 3 月 11 日，高克林出生在陕西省华县的一个农民家庭。在西安市成德中学念书时，他成绩优异，尤其是数理化成绩独占鳌头，闻名全校。因为有一位著名的自然科学家叫"富兰克林"，因此同学们送给他一个绰号"高克林"。1924 年年初，未满 17 岁的高克林离开陕西华县老家，毅然投身革命。在血雨腥风的白色恐怖下，为了躲避敌人的追捕，用过多个名字，直到 1936 年到延安后，才将自己的名字正式改为"高克林"，并一直沿用下来。

1926 年西安解围之后，陕西革命形势很快进入高潮，高克林参加中山军事学校的筹建工作。1927 年 3 月 18 日，学校开始招生，学员大部分是青年学生，也有一些工人、农民和革命军人。高克林油印过《布尔什维克十二条》作为政治课的教材之一，还给学员作时事形势报告。到 1928 年五六月，学校已有学员 700 多人，其中共产党员 100 多人。

1928 年 2 月，陕西革命形势已经成熟，陕西省委决定领导工农群众进行武装暴动，地点选在关中腹地渭华地区。1928 年 5 月，高克林主持召开了党委扩大会，讨论了部队参加渭华暴动的目的和意义，决定成立工农革命军及其名称、番号和组成人员等有关重大事项。第二天上午，部队在瓜坡镇附近一个村里召开了军人大会，宣告武装起义，摆脱李虎臣，脱离军阀混战，成立以共产党为领导的工农革命军。战士们群情激昂，举起工农革命军的红旗，摘掉国民党军军帽上的帽徽，激动地高呼："打倒国民党反动派！反对军阀混战！打倒土豪劣绅！建立苏维埃政权！共产党万岁！"宣告起义的同时，作为工农革命军最高权力机构的军事委员会也宣布成立。

因敌众我寡，轰轰烈烈的渭华暴动失败了，秦岭南北，四处腥风血雨；渭河两岸，一片白色恐怖。重病在身的高克林离开了这个洒满战友鲜血的地方，到西安去找陕西省委会合。

为了扩充革命力量、培养党的少数民族工作干部，1941年9月，中央决定成立延安民族学院，由高克林出任副院长主持工作。这是我党历史上第一所培养少数民族干部的高等学府，为革命培养了大批优秀干部。新中国成立后，在内蒙古、西藏、青海、宁夏等地区担任主要领导等职务的骨干力量大多从这里走出。

高克林最后一次参战，是为抗美援朝战争提供后勤保障。1951年8月，中央军委命令第二十三兵团组成中国人民志愿军第二十三兵团；9月，董其武将军和高克林奉命率领志愿军第二十三兵团赴朝参战。12月，第二十三兵团胜利完成了南市、泰川、院里三个机场的抢修任务，受到中央军委和华北军区嘉奖，高克林和兵团有关领导还荣获了朝鲜民主主义人民共和国最高人民议会常任委员会授予的二级自由独立勋章。

在修建中，敌机日夜轰炸，投弹6850多枚，其中定时炸弹1900多枚，造成数百人伤亡。广大指战员发扬革命英雄主义精神，提出"敌人能炸，我们能修""敌人有钢铁，我们有石头"，在敌机轰炸下坚持施工，冒着生命危险，起挖定时炸弹900多枚。有的定时炸弹深埋三四米，起挖炸弹时，有几十个同志献出了生命。战士们掩埋好战友的尸体，以更高的热情忘我施工，用加快工程进度的实际行动为死难烈士报仇。

★ 潜心探索　从外行变成内行

1953年3月，最高人民检察署召开了新中国检察历史上一次重要会议——大区检察长座谈会，在这次会议上，对中央调配强有力的领导人、加强最高人民检察署的领导力量达成了共识。

在大区检察长座谈会上，与会人员普遍反映了工作盲目性很大的问题，彭真风趣地指示："要加强业务学习，选择重点进行典型试验，取得经验，逐步推广。首先在北京市进行试验，即使出点问题由我负责，也没有关系。"那次会议闭幕后，典型试验即在全国各地陆续展开了。高克林后来所确立的干部理论学习内容就是参照了典型试验的重点。

1953 年 8 月 5 日，罗荣桓检察长和李六如副检察长向毛泽东主席致信，建议提请任命高克林为副检察长，主持工作。毛泽东批示："照办。"高克林很快到最高人民检察署视事。1953 年 9 月，中央人民政府委员会第二十八次会议正式任命高克林为最高人民检察署副检察长。10 月 10 日，高克林任最高人民法院、最高人民检察署联合党组副书记、代理书记。

到了最高人民检察署之后，高克林发现很多干部对检察工作的了解程度，与自己的情况很相似，都非常需要学习，以适应检察工作的需要。在高克林的主持下，最高人民检察署处级以上干部组成了中心学习小组，由高克林担任组长。他们采取了个人自学与集体讨论相结合的方式，并依据检察工作主题进行了专题分工。这一段强化学习的经历让他们获益匪浅，成为从外行变成内行的重要转折，直至迅速成长为新中国检察事业的中坚力量。

1954 年 3 月 17 日至 4 月 10 日，最高人民检察署在北京召开了第二届全国检察工作会议，这是新中国检察史上极为重要的一次会议。高克林作了《关于过去检察工作的总结和今后检察工作方针任务的报告》，提出了过渡时期检察工作的总方针，重点谈到了典型试验的问题。会议还审议通过了《第二届全国检察工作会议决议》（以下简称《决议》）。《决议》根据国家在过渡时期的总路线总任务，提出检察工作的方针：根据需要和可能的原则，在国家第一个五年计划的时期内，有计划、有步骤地把全国各级人民检察署的组织和工作系统基本上建立和健全起来；从检察工作方面保障国家的社会主义工业化和对农业、手工业、资本主义工商业社会主义改造的实现，向一切反革命分子及各种危害经济建设、危害社会主义改造、危害国家秩序的违法犯罪分子进行斗争，检察所有国民包括国家工作人员在内的违法犯罪案件，并代表国家向人民法院提起公诉。

《决议》决定在典型试验基础上，全面建立各项检察业务制度。一是要建立重要刑事案件的侦讯及侦讯监督制度。根据当时检察工作的方针任务和主要力量确定检察机关对于刑事案件的侦讯范围，并建立切合实际、简易可行的侦讯程序和侦讯监督程序，使之逐步系统化、正规化。二是要建立审判监督制度，逐步实现由检察人员以国家公诉人的身份出席法庭的审判，支持公诉，监督审判活动是否合法，对违法判决提起抗诉，以及对于确定的判决发现有新事实、新证据者提请再审。三是要建立监所监督制度，通过定期检查和重点抽查的方法，检察监所及犯人劳动改造机关是否存在违法措施及从中发现是否有错押、错放现象。四是要逐步建立一般监督制度，监督政府机关和国家工作人员是否严格遵守法律制度，贯彻执行国家的法律。

1954年6月12日，党中央对高克林同志《关于过去检察工作的总结和今后检察工作方针任务的报告》作出批示，明确指出了典型试验的重要意义。此后，检察工作典型试验在全国范围内全面展开，所试验的业务工作包括一般监督、刑事侦查、侦查监督、审判监督等，除一般监督外，都属于刑事诉讼程序之内。

根据有关数据记载，从1954年4月到1955年1月，全国各级检察机关建立的试点达到157个，直接参加试点的干部1500余人，办理案件1590件。通过典型试验，许多地区已经着手制定各项检察业务的程序和办法。

通过典型试验，检察工作在全国打开局面，检察机关社会影响力迅速提升，检察干部的业务水平和工作能力也得到了显著提高。这些苦心的探索，也为 1954 年宪法和人民检察院组织法的起草制定，以及两部法律通过后全面开展检察工作做了积极准备。

在新中国检察编年史上，起草第一部检察院组织法在 1954 年留下了浓墨重彩的一笔。当时，检察院组织法、法院组织法是在彭真同志领导下同时起草的，高克林、周新民和王桂五等参与起草。

为了解决起草工作的困难，在高克林主持下采取了一些办法：一是和处以上干部的业务学习相结合；二是和政法干校检察班的学习相结合；三是和当时检察工作的典型试验相结合，力求弄通业务，倾听实践第一线的声音。起草小组集体讨论，集思广益，统一思想，把条文写在黑板上逐字逐句精雕细琢。经过 20 次反复修改，终于写出了我国第一部检察院组织法。

★ 离开最高检 干部们纷纷挽留

1954 年第一届全国人大第一次会议召开后，中央决定将最高人民法院常务副院长张苏调全国人大任副秘书长，董必武出任最高人民法院院长。董必武建议将高克林调最高人民法院接替张苏的工作，并得到中央同意。

高克林到最高人民检察院工作一年多来，抓领导干部的业务学习，开展检察工作的典型试验，召开第二次全国检察工作会议，确定检察工作的方针任务，组织和参加检察院组织法的起草等，检察工作很有起色。因此，当得知他要调走的消息后，一些同志当面挽留。

高克林并没有因为被挽留而高兴，反而很生气，以严肃的态度表示坚决服从组织决定。他还引用贺龙的话说："如果我贺龙带的部队只听我的话，不服从其他同志的指挥，那就是我贺龙的党性不强，带坏了部队。"王桂五等同志听了这话，没有再说什么。离开最高人民检察院后，高克林先后在最高人民法院、中共中央西北局任职，为建立、健全新中国审判制度、司法机构，为西北地区的经济建设呕心沥血。

2001年6月18日，高克林因病在北京逝世，享年94岁。

（徐日丹编写）

参考资料

1. 王桂五：《王桂五论检察》，中国检察出版社2008年版。

2. 孙谦主编：《人民检察制度的历史变迁》，中国检察出版社2009年版。

3. 王丽丽：《正直到刻板的老人——原最高人民检察署副检察长高克林》，载王松苗主编：《检察生涯——高检院二十七位卸任副检察长访谈录》（上），中国检察出版社2011年版。

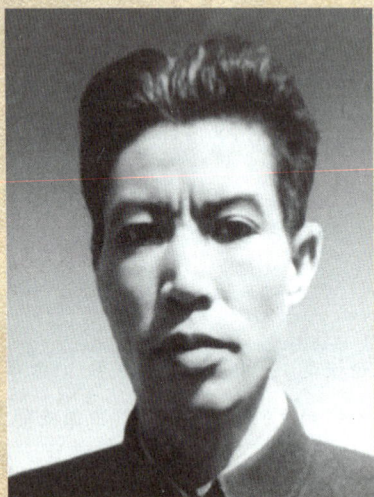

谭政文

谭政文 (1910－1961)，湖南资兴人，1926年参加革命，1927年加入中国共产党。1953年至1961年任最高人民检察院党组成员、副检察长。曾任国家政治保卫局执行部部长，陕甘宁边区政府保安处副处长，中央社会部地方部部长，晋绥分局常委、社会部部长兼晋绥边区政府公安总局局长，中央社会部副部长，北京市委常委兼北京市公安局局长，华南分局常委、社会部部长，广东省公安厅厅长，广州市公安局局长等职。中共七大、八大代表。

★ 毛主席口中的"文武双全"

1910年4月26日，谭政文出生在湖南资兴县一个贫农大家庭里。父亲谭聿怀有文化、通中医，民国初年倡议并带头集资为乡里创办了第一所新学——贝税小学。在父亲的指引下，谭政文16岁便投身革命。1926年，带着父亲送的《孙子兵法》，谭政文到广州报考了国民革命军第二军军官教导团。1927年7月，在中国革命的低潮，谭政文加入了中国共产党。1928年，谭政文参加了湘南起义。除他之外，父亲谭聿怀和两位伯父及弟弟都是红军，其中父亲和两位伯父均在革命中牺牲。

湘南起义后，谭政文随军上井冈山，见证了井冈山会师。后随资兴独立团返湘打游击。二上井冈，参加了井冈山保卫战，22岁的谭政文便当上了团政委。1933年，谭政文在中央军委政治保卫局（国家政治保卫局）受训，结业后留在国家政治保卫局工作，历任预审科科长、侦察科科长、执行部部长。

参加东征后，他给毛主席写信，要求学习深造，毛主席批准他到红大带职旁听学习。1937年抗大成立，谭政文继续在抗大一期一大队学习，未毕业即留任抗大训练部教育干事兼教员，后补发了二期毕业证书。

1940年，谭政文任中共中央社会部地方部部长。后来，中央社会部改组缩编，撤销了地方部，谭政文到中央社会部西北公学三班，即地方保卫干部训练班，协助工作。这期间，谭政文对审讯工作的经验、教训、心得、体会进行了系统的整理和总结，第一次提出了"革命的审讯学"，说明了审讯工作的对象、人犯的种类、人犯的心理和伎俩、审讯工作的战略战术等。谭政文于1942年5月写成并出版了我党第一部《审讯学》，被中央审定为正式教材。

1942 年，谭政文调赴晋绥，任中共中央晋绥分局常委、社会部部长兼晋绥边区政府公安总局局长。抗战胜利后，他在崞县抵制和纠正"左"倾错误的一系列做法，受到了极大的打压。他顶着巨大的政治压力，于 1948 年年初对崞县土改工作特别是纠"左"的经验进行了认真总结。1948 年 3 月 12 日，毛主席亲临晋绥看到这份报告，高度评价了崞县的土改经验，批示《人民日报》全文刊发谭政文的报告。随后有了毛主席 4 月 1 日在晋绥干部会议上的讲话和 4 月 2 日对《晋绥日报》编辑人员的谈话，不仅全面肯定和推广了崞县的经验，还为老解放区乃至下一步全国解放后广大新解放区的土改运动指明了方向。

1948 年，谭政文出任中央社会部副部长，主要精力几乎都投入开办"接管大城市公安集训"的训练班上。训练班与中央社会部隔河相望，设在西黄坨。谭政文与报到的新学员交谈时，诙谐地说："你们是黄坨警校第一期，好比黄埔军校第一期，很重要噢！"于是，很多学员就称训练班为"黄坨警校"，自称或互称"黄坨一期"。

1949 年 2 月 2 日上午 10 时，以谭政文为首的军管会正式接管北平市旧警局。谭政文与"黄坨一期"在动荡的北平成功行使了社会治安和城市管理的职能，肩负了保卫党中央的重任，保证了开国大典的顺利召开。11 月 15 日，谭政文任广东省公安厅厅长、广州市公安局局长，协助叶剑英开辟公安工作和情报工作在祖国南大门的前哨阵地。其间，他一手抓治安，一手抓肃反，开展了声势浩大的禁赌、禁毒、禁娼斗争，涤荡旧社会留下来的污泥浊水，被毛主席誉为"文武双全"。

★ 一线指挥审理日本战犯

1953 年下半年，基于集中处理日本战犯专项工作的需要，中央主管这项工作的周恩来总理推荐谭政文调最高人民检察署工作，负责该专项工作一线指挥。

1953 年 12 月 3 日，最高人民检察署党组小组向中央政法委员会党组干事会报告，建议调谭政文任副检察长。12 月 9 日，中央政法委员会党组干部同意并向中央报告。1954 年 6 月 22 日，中央人民政府委员会第三十二次会议任命谭政文为最高人民检察署副检察长。

自 1954 年 2 月起，谭政文从全国各地调集了 300 多名司法干部，组成"侦处日本战犯工作团"。他亲自动员，在北京真武庙进行有关方针政策、法律程序、侦查审讯和调查取证等业务的短期集训。一个多月后，便在掌握和熟悉历史资料的基础上，采取"争取下层，瓦解中层，动摇上层，孤立打击少数特别反动、顽固、狡猾的战犯"的策略，对在押的 1062 名日本战犯开展了个别讯问与认罪检举相结合的大规模侦查。

1954 年 3 月 7 日，谭政文带领工作团一行 200 余人移驻抚顺，与抚顺战犯管理所 200 多名管教工作人员会合后，在工作团统一领导下开始了侦讯、管教日本战犯与伪满汉奸的工作。同时，先后派出 6 批干部，分赴 12 个省、区取得了大量直接和间接的有力罪证。除在日伪残留档案、书报材料中查到有关证据 4000 余件外，还收集到控诉书、鉴定书和部分物证 2.67 万余件。经过短短一年半的时间，便完成了对 1000 多名日本战犯的全部侦查工作，使他们在中国革命人道主义的感召下，在如山的铁证面前，认罪服法，创造了国际司法史上的奇迹。

1955 年年底至 1956 年 6 月，检、法、司（包括军事检察院和军事法院）合署办公，各方司法专家会聚北京卧佛寺，由谭政文牵总，依据"下层从宽，上层从严；多数从宽，少数从严；认罪从宽，抗拒从严"的政策和司法原则，起草起诉书、公诉词、辩护词和判决书等各类法律文书。大家在统一对敌的原则下，分工负责，相互制约，共同准备，密切配合。后来，检察、审判、辩护三方又分别进一步核实材料、修改加工各自的文件。最后，由彭真指导对这些文件逐字逐句推敲修改，使所有起诉的罪行起码都有两个以上的证据。

审判从 1956 年 6 月开始，至 8 月结束。其间，谭政文三下抚顺、沈阳，一下太原，工作细致到连特别法庭的具体设置都要亲自过问。在审判庭的楼上，专门为谭政文布置了一间办公室，电话直通法庭上的审判长和首席检察员，使他能够根据现场的情况和变化，坐镇指挥审判顺利进行，开创了我国对审判进行现场录音的首例。

对 45 名职位高、罪恶大，或职位虽低但罪行严重、情节恶劣的主要战犯，分成四案，由最高人民检察院提起公诉，最高人民法院特别军事法庭进行审理，根据罪行轻重和悔罪表现，分别判处 8 年到 20 年不等有期徒刑。对其余 1000 多名次要的或悔罪较好的战犯，则由最高人民检察院分三批免予起诉，宽大释放。

谭政文领导的严正而宽大的审判，对日本战犯产生了极大的震慑力和感召力。审判中，被判刑的战犯对起诉书指控的罪行供认不讳，沉痛忏悔。不少人痛哭流涕地向法庭或证人谢罪，还有的跪地磕头，要求判自己死刑。这些放下屠刀的"新人"，一回国就发表了揭露日本帝国主义罪行、号召反对战争保卫和平的《告日本人民书》，并成立了"中国归还者联合会"。很多人四处现身说法，教育自己的同胞要世世代代与中国人民友好下去。

★ 打造检察工作条例雏形

1954 年 11 月至 12 月召开全国各省、市、自治区检察长会议，谭政文适时地提出了加速检察制度建设、全面开展检察工作的方针，全力以赴地投入检察工作条例及实施细则等文件的起草工作中。

从罗荣桓担任检察长的最高人民检察署成立开始，这项检察工作的基础建设就从未中断过。谭政文在以往的基础上，进一步调查研究，集思广益，结合工作实践反复推敲这些文件。例如检察院要不要承担

"一般监督"职能、检察机构要不要实行"垂直领导""独立行使检察权"独立到什么程度等，都是引起过激烈争论的问题。

当年根据地、解放区非常缺乏这方面经验，而国民党的"六法全书"以及西方资本主义国家的那一套又与革命政权是完全不同的体系，苏联的检察系统和检察工作自然成为我国的重要借鉴。那时，参考苏联检察工作模式，确定了检察机关对直接受理的刑事案件要进行侦查，决定批捕、起诉、免予起诉或不予起诉，对刑事案件提起公诉、支持公诉等。经过反复研究、讨论，逐渐明确独立行使检察权的检察机关，应对国家机关实行行政监督，对国家机关工作人员和公民实行法纪监督，对公安机关实行侦查监督，对法院实行审判监督，对司法机关和监所、劳教等实行执行监督。谭政文主张，在执法过程中切忌以感情代政策，也不能以政策代法律，尤其不能习惯于用运动来取代依法办案。检察系统在国家的法制建设中，权力大，责任重，影响广泛，体现在工作条例及实施细则等实际运作层面的文件制定之中，谭政文深知所挑担子的分量，不敢有丝毫懈怠和大意。上靠最高人民检察院党组的领导和支持，下靠各厅、各处的集体智慧，终于形成了检察工作条例的雏形。但在1957年反右派和1959年"反右倾"的特殊年代里，检察条例一直没有被推行。

1961年12月12日，谭政文因肺癌在北京逝世，享年51岁。

（唐姗姗编写）

参考资料

1. 刘涌：《谭政文：接管北平第一人》，载《人民公安》2010年第6期。
2. 谭政文之子谭斌手稿《关于谭政文的情况》。
3. 谭政文妻子姜鹏手稿《我和谭政文》。

梁国斌

梁国斌（1910－1980），福建长汀人，1927年参加革命，1929年加入中国共产党。1954年11月至1958年6月任最高人民检察院党组副书记、副检察长。1965年7月任中共上海市委书记处书记、上海市副市长等职。1979年2月任上海市第七届人大常委会副主任，4月任中共上海市委顾问。

★ 投身革命　赤胆忠心写传奇

1910 年 2 月，梁国斌出生在福建省长汀县城关一户泥瓦匠的家里。梁国斌 11 岁时，父亲病故，弟妹年幼，家里靠母亲砍柴换米为生。次年，12 岁的梁国斌子承父业当起了泥瓦匠，成为家里主要收入来源。

1927 年，八一南昌起义军南下，途经长汀，镇压土豪恶吏，宣传土地革命。17 岁的梁国斌受到革命思想的感召，参加贫民夜校学习，并认识了地下共产党员马炳章、毛如山，在他们的带领下，发动青工、店员起来与资本家作斗争。同年，梁国斌经马炳章、毛如山介绍，参加了中国共产主义青年团。1929 年冬，梁国斌光荣加入中国共产党。1930 年，梁国斌先后担任长汀县苏维埃政府分配房屋财产委员会主任、工农检察部部长、特派员兼工人赤卫军政委。

1932 年 3 月，福建省苏维埃政府在长汀建立，梁国斌被调到省保卫局任侦察科科长，并当选为中共福建省监察委员会委员。后被派去清流县任保卫局局长。

1935 年 10 月，在宁化、清流的一次反"围剿"战争中，因弹尽粮绝，梁国斌和他的战友们与国民党军队进行了近身肉搏，梁国斌被数个敌人拦腰抱住，被俘逮捕。梁国斌在被俘人员中发现了一个熟悉的身影——罗化成（曾任福建省军区司令员），二人趁着敌人放松警惕逃脱。为了保存干部，党组织委派梁友三和另一位同志护送他们，经南昌绕道上海乘船去香港。

1937 年，内地的抗日救亡运动如火如荼地开展起来。7 月，党组织根据他们二人的请求，决定让他们回到内地，分派到福建龙岩张鼎丞、邓子恢、谭震林的部队（后来的新四军第二支队）工作。梁国斌被任命为新四军闽西南一、二支队驻龙岩办事处主任。

1946 年，蒋介石向解放区发动进攻后，梁国斌奉命主持华东局社会部工作。梁国斌十分关心同志。一次，他不顾脚底丹毒发作，带领机关警卫战士和秘书，挤在一辆刚刚缴获的美制吉普车上，去渤海地区检查工作。中途汽车抛锚，他们只好改骑牲口，梁国斌发炎的脚越肿越大。当行至离黄河渡口还有一天路程时，一位兵站干部提出要派车送他。但梁国斌说"部队在大规模地运动，过往伤员和军需运输任务都很繁重"，拒绝了照顾。

★ 共同缔造第一个检察"黄金时期"

1954 年 11 月，为期半个月的全国检察业务工作会议在北京召开。会上，时任检察长张鼎丞提出，当务之急是集中精力，抓好检察机关的组织建设，迅速把各级检察机关建立起来，调配干部，把对刑事案件的批捕、起诉这项中心任务全面担负起来。1954 年 11 月 8 日，第一届全国人大常委会第二次会议任命梁国斌为最高人民检察院副检察长。1954 年年底，中组部同意成立最高人民检察院党组——以张鼎丞为党组书记、梁国斌为副书记，党组其他成员为谭政文、刘惠之、王桂五、李甫山、王立中。

作为党组副书记、"副班长"，协助张鼎丞检察长，敦促各地建立检察机关，是梁国斌 1955 年的工作重点之一。梁国斌等最高人民检察院党组成员，在张鼎丞检察长的领导下，迅速推动了各级检察机关的建立。1955 年年底，全国各级检察机关已基本建立起来，对于检察机关的部分职权，如审查批捕、审查起诉，已经全部负担起来。

梁国斌的重要工作内容之一，还包括肃反。在他看来，办理肃反案件，更要注重证据、区分情节，让事实说话。

1955 年 11 月 26 日，在最高人民检察院召开的全国各省、自治区、直辖市检察长会议上，梁国斌作了题为《关于镇压反革命斗争中检察工作情况和今后工作意见》的报告。会议认为，各级检察机关在深入开展肃清反革命分子的斗争中，应当把审查起诉工作全部负担起来，并且要继续加强和改进审查批准逮捕人犯的工作。

肃反工作中，检察机关及检察人员对侦查、审判、刑罚执行的监督，改正了一些错误。1957年1月，梁国斌在全国省、市、自治区检察长会议上作了《关于1956年检察工作的主要情况和1957年检察工作的意见的报告》。报告中提到，1956年各级检察院会同公安、法院等有关部门，全面开展了检查清理案件的工作，具体成效主要包括：检查发现了一些冤案和错案，其中大部分已分别作了处理，有的正在进行处理，判刑过重的也依法改判；检查了监狱、看守所和劳改队的工作，纠正了监狱管理和劳改生产方面若干不合理制度，以及虐待人犯的现象，贯彻了"改造第一、生产第二"的方针和革命人道主义的原则；检查处理了一些刑满后被强迫留场（厂）人员以及加刑不当的案件，清理了一批老弱病残犯。

与此同时，检察机关还处理了新中国成立以来久押未决的案犯，以及过去在镇压反革命运动中被判处长期劳改等刑期未确定的案件；检查纠正了1955年肃反工作中有些地方未完全依照法律程序办案的错误，提高了干部的法制观念，完善了工作制度。

梁国斌在一次针对公诉工作的会议上发言表示，在承担公诉方面"要注重质量"，案件出庭支持公诉"不能流于形式"。对于有的地方反映的"接到法院出庭通知后，时间仓促、准备不足"，他提出要加强与法院的联系。在谈到有的检察员出席公开审判有畏难情绪时，他指出："这是不必要的，只要案件搞得正确，就没有什么可怕的。"他还进一步指出，有的检察员在法庭上对待辩护人的态度不太正确，有的检察员对辩护人的发言都进行驳斥，甚至形成了"非要压倒辩护人不可"的情绪，"影响很不好，影响了国家公诉人的严肃性，今后要注意改进"。

他对公、检、法三机关之间的"分工负责、互相制约"赞赏有加，在总结 1956 年检察工作主要情况时表示，各项检察工作的发展，特别是审查批准逮捕人犯工作和审查起诉工作的发展，加强了检察机关同司法各部门之间分工负责、互相制约的制度。

1956 年至 1957 年上半年，被称为中国检察制度发展史上的第一个"黄金时期"。截至 1957 年 6 月，全国检察干部达到 4.6 万人，最高人民检察院机关干部达 300 多人。这也是梁国斌的"黄金检察时期"，他尽心竭力地为新中国的检察事业而奋斗。

梁国斌协助张鼎丞推动了日本战犯的公诉和免予起诉工作。1956 年 5 月至 8 月，最高人民检察院根据对在押的 1062 名日本战犯的侦讯结果，分别向最高人民法院特别军事法庭提起公诉或者作出免予起诉的宽大处理。我国独创的免予起诉制度，在日本战犯的处理中发挥了巨大作用，表现出了对日本战犯宽大处理的思想方针，在国内外产生了良好影响。1956 年 6 月 22 日，第一届全国人大代表、前远东国际军事法庭法官、我国国际法专家梅汝璈接受新华社记者采访时表示："这种宽大的处理，是中国人民伟大胸襟和高度人道主义精神的表现。这种史无前例的事情，只有胜利了的中国人民才有气魄做得出来。"1957 年 1 月，梁国斌在全国检察长会议上表示："这一工作在政治上和法律上都是做得成功的，收到了良好的效果。"

1958 年 2 月 12 日，梁国斌被任命为公安部副部长、党组成员。梁国斌担任公安部副部长期间，还兼任中共中央监察委员会驻公安部监察组组长，他在纪检工作上倾注了很多心血。1965 年，梁国斌调任上海市委书记处书记、上海市副市长，分管政法工作。

"文化大革命"期间，梁国斌受到"四人帮"的残酷迫害。1976 年，粉碎江青反革命集团后，中共中央为梁国斌彻底平反，恢复名誉。1979 年 2 月，梁国斌出任上海市第七届人大常委会副主任。同年 4 月，梁国斌任中共上海市委顾问。

1980 年 3 月 5 日，梁国斌因病在上海逝世，享年 70 岁。

（谷芳卿编写）

参考资料

1. 王桂五主编：《中华人民共和国检察制度研究》，法律出版社 1991 年版。

2. 何勤华主编：《检察制度史》，中国检察出版社 2009 年版。

3. 林世钰：《一蓑烟雨任平生——共和国第二任检察长张鼎丞》，载王松苗主编：《共和国检察人物》，中国检察出版社 2009 年版。

4. 闵钐、薛伟宏编著：《共和国检察历史片断》，中国检察出版社 2009 年版。

5. 林道生、王凌青、叶在钧：《深切悼念我们的好领导梁国斌同志》，载《解放日报》1980 年 3 月 29 日。

6. 中共中央党史研究室：《中国共产党历史（第二卷·1949—1978）》（上册），中共党史出版社 2011 年版。

7. 高洪海主编：《检察老照片》，中国检察出版社 2009 年版。

8. 叶青、黄一超主编：《中国检察制度研究》，上海社会科学院出版社 2003 年版。

李士英

　　李士英（1912－2001），河南内黄人，1929年加入中国共产党。1949年10月任最高人民检察署检察委员会委员。1955年8月至1960年12月及1978年12月至1983年9月，两任最高人民检察院副检察长。1983年任最高人民检察院顾问、咨询委员会主任。曾任华东公安部部长，山东省人民政府副主席、省委副书记，中共江苏省委书记处书记、副省长，中央纪委常委，国家安全部特约顾问，中共七大、八大代表，第三届、第六届全国人大代表。

★ 锄奸反特　死里逃生

1912 年 12 月 21 日，李士英出生于河北省濮阳县（今属河南省内黄县）井店镇一个贫苦农民家庭。1927 年四一二反革命政变后，全国处于一片白色恐怖之中，李士英在井店镇加入农民协会，参加反对苛捐杂税和地主压迫剥削的斗争，并加入中国共产主义青年团，两年后加入中国共产党，担任中共清丰县委青年委员，兼任共青团清丰县委书记。

1927 年 11 月，中国共产党历史上第一个政治保卫部门"中央特科"在上海成立，下设四个科，李士英任行动科一个行动小组组长，负责惩办叛徒和内奸工作。1931 年 4 月，他奉命到天津，在河北省委常委兼军委秘书薄一波带领下赶赴北平，协助中共河北省委执行锄奸任务，先后处决两名叛徒，出色完成了任务。

不久，中共中央政治局候补委员、中央特科负责人之一顾顺章在武汉被捕后叛变，供出其所知的一切中共机密，并献出 3 天内将上海中共中央机关一网打尽的毒计。我党打入中统内部的党员、担任国民党特务头子徐恩曾机要秘书的钱壮飞及时获取了这一绝密情报，并抢在特务动手前通知党中央机关和周恩来等党中央主要领导转移。中央随即决定由在处理该事件中起了重要作用的陈云（此前任江苏省委常委兼组织部部长）担任中央特科的总负责人。

为更好地开展工作，陈云要求中央特科成员都以某一公开的社会职业作掩护，他则开了一家印刷所，以"老板"身份作掩护，带领"学徒工"李士英开展工作。这个用以掩护中央特科人员的印刷所，从来没有被敌人破坏过。但是，1932 年李士英在带队执行处决叛徒曹清澄的任务中不幸被捕，被国民党法院判处死刑。淞沪会战期间，急需大批民工修建战壕工事，运送武器弹药。在上海第二特区监狱服刑的李士英和部分年轻犯人被紧急调去当民工，在军官和士兵的带押下参与军备运输。机警的李士英趁机逃脱，几经周折，在党组织的帮助下于 1937 年 11 月到达延安。

★ 矢志东归　烽火公安

到延安后，李士英先后在中央敌区工作委员会、陕北公学分校政治部做保卫工作，1939 年转到中央社会部工作，当年 9 月接受护送周恩来前往苏联治伤的任务，完成任务后接受组织安排进入共产国际在莫斯科开办的中国党校学习。

1941 年 6 月 22 日，纳粹德国向苏联发动了全面进攻，苏联全境告危，设在莫斯科的共产国际党校停办，李士英与李天佑穿越沙漠地带，历尽艰辛于 1944 年 3 月 28 日返回延安。

日本投降后，李士英率领报务员带电台到蒙古人民共和国，出色完成了中央交给的任务，回国后历任中央华中局社会部副部长，苏皖边区政府公安总局副局长、局长。1946 年 6 月，蒋介石发动全面内战，9 月淮阴保卫战开始，李士英率领警卫营和一部分公安干警，日夜坚守在前沿阵地，直到 12 月 23 日北撤山东。之后华中分局并入华东局，他被任命为华东社会部副部长。

1948 年 4 月，山东昌潍地区解放，改为潍坊特别市，成立昌潍特区保安司令部，李士英任司令员兼政委。他积极组织开展对敌斗争和清剿匪特工作，肃清了该地区反动派的残余势力，随后被任命为山东省公安总局局长。

1949 年 6 月 2 日，李士英被任命为上海市人民政府公安局局长，次年 3 月任华东军政委员会公安部部长。在全国范围内开展镇压反革命运动中，他组织公安政法干警广泛发动群众，深入打击反革命破坏活动，清除反革命残余势力。由于措施得当，华东地区的镇压反革命运动始终将镇压目标对准罪恶昭彰、人民极端痛恨的匪首、惯匪、恶霸、特务、反动会道门头子及国民党军政官员中坚定的反革命分子，打击对象十分明确，没有发生大的偏差和错误。

1951 年 12 月，李士英调任华东公安部副部长兼山东省公安厅厅长。尽管职务由高变低，但他毫无怨言，在新的工作岗位上同样尽职尽责。

★ 心系检察　矢志不渝

1955 年 8 月，李士英转任最高人民检察院副检察长，分管侦查、劳改检察等工作。

1954 年人民检察院组织法规定，检察院对国家机关的命令、决议、规定实行一般监督。当时，最高人民检察院干部意见不统一，最高人民检察院党组责成李士英研究此事。他查阅资料并调研后提出，一般监督的范围太宽，无所不包，无法实施，中国不一定照搬苏联的做法，应根据中国国情确定检察机关的法律监督范围。后来，最高人民检察院党组采纳了李士英的意见。1979 年制定的人民检察院组织法取消了检察院对国家机关实行监督的规定，使有中国特色检察制度的研究工作迈出了重要一步。

为把科学技术成就运用到侦查工作中，及时、准确地破案，分管侦查工作的李士英要求各省、自治区、直辖市检察院根据实际情况，有计划、有步骤地进行侦查技术建设。在他和最高人民检察院侦查部门的指导下，1955 年天津市检察机关成功办理一起重大事故案。

对于分管的劳改检察工作，李士英也有独特见解。他认为劳改检察要着眼于怎样把犯人改造得更好，使犯人的重新犯罪率更低。1958

年，有人提出"3年彻底消灭反革命、消灭一切犯罪"的口号，到1960年要达到20个"无"，即无特务、无反革命、无会道门、无盗窃、无贪污和无治安事故等。李士英认为这些口号太"左"，坚决抵制，在"反右倾"斗争中受到不公正对待，但他矢志不渝，始终将党的利益放在第一位。

"文化大革命"期间，李士英受到林彪、江青两个反革命集团残酷迫害，1968年年初更遭到点名诬陷，被押回北京长期监禁。1978年党的十一届三中全会后，中央彻底为李士英平反。

粉碎"四人帮"后，李士英被任命为最高人民检察院副检察长、中共中央纪律检查委员会常委。重新走上工作岗位，他全身心投入恢复重建在"文化大革命"中被撤销的最高人民检察院，参与审查林彪、江青两个反革命集团案。

党的十一届三中全会以后，党中央提出加强社会主义民主与法制建设。李士英多次在检察系统的会议上谈到这个问题，他认为，为适应社会主义现代化建设的需要，必须进一步发扬社会主义民主，健全社会主义法制。

1983年1月12日，已任最高人民检察院常务副检察长的李士英出席全国刑事检察工作座谈会，着重讲了检察机关如何开创新局面的问题。他指出，要把提高工作效率、提高办案质量、取得最大的社会效果，作为检察工作的出发点。

1983年退居二线后，李士英先后担任最高人民检察院顾问、咨询委员会主任，虽年过七旬，仍努力探索如何在党的领导下，从中国实情出发，建设完善有中国特色的检察制度。

1989年5月，担任最高人民检察院咨询委员会主任的李士英带队到江苏、山东，就检察机关对民事审判实施法律监督试点情况进行调研。调研组走访后得出结论：检察机关参与民诉监督符合公、检、法在办案过程中相互制约、相互配合的原则，不仅于法有据，且完全必要，而且也是健全社会主义法制的一个重要方面。这为相关立法和检察机关开展民事诉讼监督工作提供了依据。

多年来，李士英一直十分关心并大力支持最高人民检察院培训中心和检察官学院的筹建工作。1987年，他得知最高人民检察院筹建检察官学院在办学地点上遇到困难，便亲自出面协助，解决了这一难题，落实了办学场所。1998年秋，最高人民检察院党组决定组织力量编写一套检察干部培训教材，他欣然出任编委会顾问，并积极出谋划策。

2001年8月15日，李士英因病在北京逝世，享年89岁。病危时，他对子女说："我清清白白来，也清清白白走。"刘复之撰写纪念文章，称赞他是中国共产党早期的保卫工作者，是隐蔽战线的开拓者之一。

（史兆琨编写）

参考资料

1.《政法老战士李士英》编辑委员会：《政法老战士李士英》，中国检察出版社1995年版。

2. 刘复之：《忠勇卫党　风骨千秋》，载《人民日报》2002年8月13日。

3. 国家安全部政治部编：《无名丰碑》。

4. 李士英主编：《当代中国的检察制度》，中国社会科学出版社1988年版。

黄火星（画像）

黄火星（1909－1971），江西乐安人，1930年参加中国工农红军，1931年加入中国共产党。1955年任最高人民检察院党组成员、副检察长兼军事检察院检察长。曾参加土地革命战争、抗日战争、解放战争。曾任江苏军区党委第一书记、第二政治委员，中国人民解放军总直属队政治部主任。1955年被授予中将军衔，荣获二级八一勋章、一级独立自由勋章、一级解放勋章。

★ 走上革命道路

1909 年 7 月 11 日，黄火星出生在河南一个贫苦家庭，原姓陈。军阀混战和连年天灾，7 岁那年，一家无以为生，父母带着他和他的弟弟从河南逃难至江西景德镇。后因母亲亡故，无钱安葬，父亲忍痛将他卖给当地黄姓瓷商，取名黄火生。父亲将母亲安葬后，便带着弟弟逃难他乡，不知下落。在那个中华民族多灾多难的时代，他连自己具体的出生地和原名都不知道。

1926 年养父病故后，家道败落，加之物价飞涨，生活日益艰辛，悲苦的身世，艰难的世道，幻想的破灭，使黄火星渐渐萌生了反抗思想。

1925 年，黄火星在自家瓷厂当学徒时，参加了由瓷工学徒组织的"聚英社"新班。1929 年年初，在党组织的帮助下，"聚英社"新班改为"学徒联合会"。黄火星与共产党员余金德等结为好友，在他们的直接教育和启发下，黄火星开始认识到，穷人要改变自己的命运，必须团结起来进行斗争，打倒地主资本家，推翻反动统治。

1930 年 3 月，红军第三次进入景德镇，觉悟了的工农群众，几天内就有 3000 多人报名参加红军。黄火星加入浮梁游击大队，担任宣传员兼司务长。同年 11 月，在余金德等介绍下加入中国共产主义青年团，改名为黄火星。

1931 年，经组织批准，黄火星如愿以偿进入赣东北特区葛源军政学校学习，实现了他参加红军后的第一个人生愿望。在校期间，黄火星聆听了方志敏、邵式平、薛子正等同志的报告和讲课，学习了马克思主义的理论和军事知识，思想觉悟和军事素质都有了很大的提高。经该校教育长薛子正等同志介绍，黄火星于 1931 年 4 月转为中国共产党党员。

黄火星从军政学校毕业后，被分配到弋阳第四游击大队任政委。1933 年 1 月，黄火星所在的红十军改编为红十一军，黄火星被任命为三十三师九十五团政委。为了配合中央红军粉碎国民党第四次"围剿"，红十一军首战光泽，继而折回金溪打击敌三十六师。黄火星在每次战斗中总是身先士卒，勇猛杀敌，被人称为"猛子政委"。

1934 年 7 月，上杭、永定、龙岩地区形势日益恶化。黄火星接任福建军区第一军分区（上杭、永定、龙岩）政委兼代英县独立营政委。当时已是第五次反"围剿"的末期，杭永岩苏区已逐渐变为游击区，环境十分恶劣。黄火星根据省委和军区指示，部署开展游击战争。在那段异常艰苦的日子里，黄火星和游击队员长期隐蔽在深山密林中，以山岩洞穴为房，野菜竹笋当粮，还要时常与"清剿"的敌人战斗、周旋，忍受着难以想象的困苦。

★ 亲历皖南事变

1938 年 1 月，新四军军部在南昌成立。坚持了三年艰苦卓绝游击战争的闽西南 2000 多名游击健儿，正式改编为"国民革命军新编第四军第二支队"，黄火星被任命为二支队委员、三团团长。1938 年 3 月 1 日，二支队由龙岩白土出发，开始了从闽西到皖南的千里大转战。7 月 6 日，黄火星率部在安徽当涂与芜湖之间，击毁敌寇军用火车一列，全歼十余名押运军用品的日军，缴获大批军用物资。8 月 17 日，又组织三团狠狠打击了盘踞当地为非作歹的伪匪朱永祥和川军余宗臣部，毙敌 100 余人，击伤 247 人，将余宗臣部驱逐出小丹阳。

黄火星对干部战士既严格要求，又体贴入微。一次，战士李德安患了重感冒，身体虚弱，卧床不起，黄火星不仅经常到床前嘘寒问暖，还硬把自己仅有的 4 块银元给李德安买营养品，直到李德安最后收下 2

块为止。因为黄火星和干部战士相处得十分融洽，三团的干部战士都亲切地称他为"黄老奶奶"。

1941年1月，驻皖南新四军9000余人在军长叶挺、副军长项英的率领下，分别从泾县云岭等地出发，奉命北移。国民党反动派却调集7个师8万余人对新四军北移部队进行围歼，一手制造了震惊中外的皖南事变。战斗中，黄火星不幸大腿负伤。突围中，黄火星胜利突破14道封锁线，在地下党和人民群众的帮助下，于18日晚到达江北安徽省无为县。历经七天七夜的浴血奋战，黄火星腿上的伤口感染严重，肿得如小水桶一样粗，腿中的弹片直到新中国成立后才取出。

皖南事变后，中央军委发布了重建新四军军部的命令，皖南突围部队与江北分散活动的几支部队会合，组建新四军第七师，黄火星任七师十九旅五十五团政委。1945年6月，黄火星在华中党校学习结业后，调任七师十九旅政委，旅长为林维先。8月日寇投降前后，黄火星、林维先率领十九旅配合兄弟部队在皖江地区进行了全面反攻。十多天内，他们拔掉了许多敌伪重要据点，解放了皖江地区大片的土地，终于迎来了抗日战争的最后胜利。

★ 参加渡江战役

1946年6月，蒋介石悍然发动全面内战。在淮北战场上，敌人从7月中旬开始沿陇海路东犯。黄火星、林维先率部先后参加了山东野战军发起的朝阳集、泗县和宿北战役。1947年1月，山东、华中野战军合编为华东野战军，同时将七师拆编到其他部队，十九旅与二师的五旅整编为华东野战军第七纵队，黄火星任政治部主任。

对于七师的拆编，有些同志一时想不通，直接找黄火星发牢骚："我们七师为什么要被拆散？为什么你只担任政治部主任？"黄火星耐心地加以解释，做深入细致的思想政治工作。他列举了红军多次改编的事例教育大家，指出部队整编是经常的现象，是战争和革命的需要。对于个人的职务，他明确表示："这应当服从革命工作的需要，共产党的干部就是要能高能低、能升能降。"正是因为黄火星的顾全大局和积极协助，以支持纵队领导工作的实际行动，教育和感染着干部、战士们，才使部队能够团结一致共同完成各项战斗任务。

淮海战役结束后，第七纵队整编为第二十五军，成钧任军长，黄火星任政委。整编后，黄火星、成钧率部南下，进抵长江北岸巢湖、无为一带，投入紧张的渡江准备工作。第三野战军决定二十五军在和县西凉山渡江。这一带是黄火星曾经战斗多年的地区，他对这里的地形了如指掌。黄火星积极地向上级建议："该处渡江江面宽，对面又是沼泽地，渡江后部队展开困难，应改为无为油坊嘴渡江。"上级采纳了这一重要建议，这也是黄火星为胜利完成渡江任务作出的重要贡献。

★ 为军事检察机关创建贡献力量

1955 年 5 月，黄火星奉调进京，负责筹建军事检察院。1955 年 11 月 10 日，第一届全国人大常委会第二十三次会议批准任命黄火星为最高人民检察院副检察长兼军事检察院检察长。

建立军事检察院，在我军历史上和新中国检察史上都是第一次。对黄火星来说，没有任何现成的经验可以借鉴，一切都要从零开始，面临的困难可想而知。从人员调配，到制定各项政策、规定，黄火星都要亲自抓、具体抓。他不怕辛苦、迎难而上，每天随身携带一个鼓鼓囊囊的公文包，里面装着各种文件、业务学习资料和笔记本，随看随记，边干边学。为了提高检察干部的业务水平，他亲自主持制订业务学习计划，组织编写、印发学习资料，使检察干部的法律知识、政策水平和业务能力迅速得到提高。

军事检察院建立初期，从体制到工作程序都是照搬苏联。黄火星经过认真研究后指出："党对军队的绝对领导是我军的优良传统，军事检察工作也不能例外，必须接受党委和政治机关的领导，决不能搞'垂直领导'，要从我们的实际情况出发。要学习人家的先进经验，但不能全盘照搬，既要依法办案，加强法律监督，又要接受党的领导，以保证坚定正确的政治方向。"

在检察工作中，黄火星坚持实事求是的原则，严格区分两类不同性质的矛盾。1956年，为了搞好肃反甄别定案工作，他亲自到部队检查指导，一再要求参加这一工作的干部要严格掌握"以事实为根据，以法律为准绳"的原则，认真审查材料，核实证据，防止错漏现象发生。他反复强调："中央对肃反工作的方针、政策很明确，叫作'有反必肃，有错必纠'，能不能做到这一点，不仅是个水平高低的问题，而且是个党性问题"；"检察工作人命关天，又重要又复杂，作为一个检察干部，一定要坚持原则，秉公执法，学习《十五贯》中的况钟，不做过于执"。他对每个案件的处理都十分慎重，做到重调查、重证据、重事实，不枉不纵。

1957年，全国开展反右派斗争。黄火星坚持一切从实际出发，在他的领导下，整个军事检察院没有一个人被打成右派，抵制了扩大化错误。他反复教育大家必须分清两类不同性质的矛盾，不能用感情代替政策，混淆敌我界限和是非界限。他的这种坚持原则、实事求是的精神是难能可贵的。

1960年12月，黄火星兼任中国人民解放军总直属队政治部主任。此时，由于最高人民检察院检察长张鼎丞身体欠佳，组织上决定由黄火星主持最高人民检察院的日常工作。他身兼数职，工作更加繁忙，常常是忙了这头忙那头，有时还要参加中央政法小组的会议，晚上回家经常工作学习到深夜一两点钟。由于劳累过度，他的糖尿病越来越

严重，医生多次劝他住院治疗，他一直以工作忙推托，最后病倒了才去住了几天院。

1965年8月，组织上批准黄火星退出现役，免去兼任的军事检察院检察长职务，以便让他集中精力负责最高人民检察院的工作。

"文化大革命"中，最高人民检察院被撤销。身患严重糖尿病的黄火星和最高人民检察院机关干部一起，被下放到湖北沙洋"五七"干校劳动。直到1970年春，他的病情越来越严重，不得不回京治疗，后被确诊为结肠癌晚期。1971年4月下旬，黄火星病情急剧恶化。在生命垂危之际，他仍把自己置之度外，仍然想着如何加强人民检察工作，如何健全我国的民主与法制。4月27日，黄火星因病在北京逝世，享年62岁。

周恩来总理对黄火星同志一生的评价是："黄火星同志一贯忠于毛主席，忠于党，为革命事业作出了贡献。"

（解放军军事检察院检察官管理办公室编写）

参考资料

1. 王松苗主编：《检察生涯》，中国检察出版社2011年版。

2. 中国中共党史人物研究会编：《中共党史人物传》（第33卷），中国人民大学出版社2017年版。

3. 最高人民检察院编：《人民检察史——纪念检察机关恢复重建40周年》，中国检察出版社2018年版。

4. 最高人民检察院编：《百年党史中的检察档案》，中国检察出版社2021年版。

周 兴

周兴（1905－1975），原名刘旧邦，1925年曾改名刘维新，江西永丰人。1926年加入中国共产党。1958年1月至1960年11月任最高人民检察院党组副书记、常务副检察长。新民主主义革命时期，曾任江西省苏维埃政府秘书长，红一军团保卫局副局长，西北政治保卫局局长、西北局社会部部长，中央军委干部团任特派员，陕甘宁边区政府保安处处长、保安司令部副司令。新中国成立后，历任南京市公安局局长，西南军政委员会公安部部长，公安部副部长，中共山东省委书记处书记、中共云南省委第一书记等职。中共第九届、第十届中央委员。

★ 革命熔炉铸就忠诚卫士

1905 年 8 月，周兴出生在江西省永丰县恩江镇的一个小手工业者家庭，原名刘旧邦。1919 年夏天，周兴从永丰县高等小学毕业。五四运动爆发，周兴积极响应。后来，周兴参加了"恩江学会"，阅读了《共产主义 ABC》《共产党宣言》《新青年》《向导》《唯物史观》等进步书刊，改名"刘维新"。为避免连累家人，又改名为"周兴"。1925 年，周兴加入中国社会主义青年团，第二年转为中国共产党党员。1927 年 3 月 7 日，永丰县城发生了国民党右派围攻、吊打、拘捕共产党员和左派人士的"三七事变"，周兴被抓。后来，迫于群众压力，国民党右派势力将周兴等无罪释放。

1927 年 6 月，周兴在南昌找到袁振亚，留在朱德领导的教导团三营当兵。8 月 5 日，革命军从南昌撤退。周兴根据党组织安排，返回折桂山区，开展游击斗争。周兴被任命为中共折桂区特支委员兼游击队负责人之一。

1930 年 10 月 7 日，江西省苏维埃政府诞生，设立了江西省肃反委员会，专门从事公安保卫工作。周兴被调到江西省苏维埃政府工作，担任侦察部部长、执行部部长，后又担任秘书长。

1934 年 10 月，周兴随红一军团从江西出发，踏上了二万五千里长征的征途。到任不久，周兴即被任命为红一军团保卫局副局长。

1934 年年底，周兴被调到中央军委干部团任特派员，主要负责保卫党中央、中央军委领导的安全，抓俘虏、审俘虏，为部队行军打仗收集"情报"，同时还要保护好几"老"，即董必武、徐特立、谢觉哉等。

1935 年 1 月 7 日，红一军团攻占遵义城。召开遵义会议期间，周兴奉命担任会议外围的警卫工作，连续击退土匪的三次进犯，保障了遵义会议成功召开。

从皎平渡强渡金沙江时，周兴派人去打探敌情时得知，皎平渡两岸敌人兵力空虚，没有正规部队驻守，只有少量伪警察和地主武装设卡。5月初，红军从皎平渡抢渡金沙江，迅速拔掉了河对岸伪警察防守的哨卡，仅七天七夜使红军主力安全渡过了金沙江。

★ 竭力保护党中央安全

红军到达陕北后，周兴从部队转到地方，担任西北政治保卫局侦察部部长、代理局局长、局长和中共中央西北局社会部部长等职。由于保安处占据了延安古城的"半壁江山"，周恩来戏称周兴为"周半城"。

1937年5月，在中国共产党陕甘宁边区第一次代表大会上，周兴被选为中共陕甘宁边区委员会执委。1937年4月，周恩来从延安去往西安谈判，中途遭土匪突然袭击。周兴组织几个县的武装联剿，派人化装侦察，打入土匪内部获取情报。不到一个月，就消灭了这股土匪。随后，又消灭了46股土匪，全边区秩序迅速好转。

1939年年初，在陕甘宁边区第一届参议会上，周兴被选为陕甘宁边区政府委员，并在之后的委员会上被任命为边区政府保安处处长、边区保安司令部副司令。

1939年9月，国民党军统在陕西汉中开办了"汉训班"，培训的大批特务都被派往陕甘宁边区进行潜伏。为了摸清"汉训班"底细，周兴于1941年10月指派保安处侦察科科长布鲁去庆阳县与吴南山等人接头。数天后，保安处抓捕了潜伏在延安的军统特务32人，他们分别打入了从中央到地方的50多个单位。将他们拘捕后，对其中31人进行了成功的教育转化。边区其他县也先后抓捕24人，其中多数人投诚，后来成了坚定的革命者。

为驱赶伪政权，周兴派出多人乔装成"中央社记者团"赴各县视察，把中统方面的情况摸了个一清二楚。至1941年春，设在陕甘宁边区内部的国民党顽固派的所有公开机构均被驱逐，结束了双重政权的局面，巩固了人民政权。

★ 创造性开展政法工作

1949年，南京解放。蒋介石撤退前布置了潜伏破坏，国民党各特务系统在南京地区留下的特务人员有3300多人。1949年2月，中共中央点名周兴任南京市第一任公安局局长，开展肃特斗争。与敌特斗争，是周兴的老本行。南京公安局一开始就把肃特作为工作重点，通过各种渠道，公安部门掌握了敌特大量情况，随后发出布告，勒令一切特务组织立即解散，其人员立即停止活动、自首登记。1个月间，就有246名特务自首，还提供了几百条线索。

南京刚刚解放，不法商人趁机收购黄金白银，压低人民币币值，破坏金融秩序。面对新情况，周兴部署了"银币之战"，突击封闭非法银元交易所、整顿68家银楼等举措使南京的经济秩序迅速稳定。户口大登记，游民大收容，鸦片馆、妓院大取缔……一连串漂亮的行动使南京城很快出现从未有过的社会安定、人民乐业的局面，谁也不敢怀疑共产党接管大城市的能力了。

不久，周兴出任西南军政委员会公安部部长。到1953年年底，镇压反革命运动胜利结束，共打击反革命分子80万余名，破获潜伏特务、间谍案件569起。在周兴的领导下，西南地区从上到下建立了人民公安保卫体系。

1954年8月，周兴调任公安部副部长，分管全国的治安、劳改工作。1957年，在公安部党组领导下，周兴具体负责组织起草《治安管理处罚条例》的工作，前后修改十几稿。后提交全国人大常委会审议通过，在全国颁布施行。

1958 年 1 月，周兴调任最高人民检察院常务副检察长。一上任，他就检察机关如何"保卫党的中心工作"进行了大量调查研究，制定了检察系统调查研究工作的一些文件。

1958 年 9 月 14 日，中央政法工作会议后，周兴到河南等地调查研究，其调查报告被最高人民检察院以文件的形式下发全国各级检察机关。周兴一直强调"办案质量"，他在全国检察长会议上强调，抓办案问题，主要是解决怎样才能把案子办得更好、更正确的问题。

★ 兢兢业业为一方百姓谋安康

1961 年，中央安排周兴担任山东省委书记处书记，分管农业。正遇上山东连降暴雨，周兴视察灾情，在沿河淤塞最严重的几个地段，作出"爆炸排洪"决策，洪水迅速被排除。

1965 年年初，周兴从山东调到云南，任中共云南省委书记处常务书记、云南省省长。1968 年后，周兴任云南省革命委员会第一副主任。

1971 年夏，周兴被任命为中共云南省委第一书记、昆明军区政委和云南省军区第一政委。周兴在云南省工作期间，经常深入基层、深入群众进行调查研究，和群众保持密切联系。全省 128 个县，他去过 112 个，每个县去过 2 至 3 个基层单位。终年积雪的高黎贡山，火一样热的西双版纳丛林，云雾缭绕的昭通地区，以及错综复杂的中越、中老、中缅边境，都留下了他的足迹。

1975 年 10 月 3 日，周兴因肝癌在北京逝世，享年 70 岁。

（郭荣荣编写）

参考资料

1. 杨玉英主编:《怀念周兴》,群众出版社 1999 年版。

2. 刘云翔等:《我们的周兴是保卫人民的》,载《党史文苑》2008 年第 5 期。

3. 宋任穷、刘复之:《深切悼念周兴同志》,载《人民日报》1992 年 4 月 12 日。

张 苏

张苏（1901－1988），曾用名张若增、张更生，河北蔚县人，1927年加入中国共产党。1962年9月至1966年8月任最高人民检察院党组副书记、副检察长。1978年5月至1982年5月任最高人民检察院党组成员、副检察长。抗日战争时期，先后担任晋察冀边区行政委员会委员、行政公署主任等职。解放战争时期，任察哈尔省人民政府主席、北岳行政公署主任。新中国成立后，再任察哈尔省政府主席，后担任华北行政委员会副主席、最高人民法院副院长、全国人大常委会副秘书长等职。第一届全国政协委员、第五届全国政协常委，在中共八届二次全会上补选为候补中央委员。1984年当选为中共中央顾问委员会委员。

★ 流动的革命者和教育家

　　1901 年 10 月 20 日，张苏出生于河北省蔚县南洗冀村。在接受了家庭式私塾教育之后，张苏先后在蔚县西合营第二高小和宣化十六中学读书。1923 年 8 月，张苏考入国立北京师范大学。在这里，张苏开始接触到马克思主义理论。1927 年 1 月，他加入中国共产主义青年团。大革命失败后，张苏并没有为形势变化而低沉，反而更加坚定了对无产阶级革命和共产主义事业的信念，先后担任团支部干事、书记。1927 年 9 月，张苏加入了中国共产党。

　　从国立北京师范大学毕业后，张苏到北平三中任教，以教员的身份作为掩护，从事地下革命工作。在北平三中当教员期间，张苏先后担任共青团北京市委委员、宣传部长。共青团北京市委遭到破坏后，张苏也遭到了通缉，后经北平三中校长冒死相助，才脱离了虎口，避难于宣武门观音寺公寓里。1928 年 6 月，根据党的指示，他秘密潜出北平，转移到陕北榆林中学任教。

　　1928 年年底，由于敬仰张苏的才学和品德，蔚县一些开明绅士和教育界人士，联名上书国民党察哈尔省教育厅，举聘张苏回蔚县任教育局局长，试图通过整饬教育扭转社会败局，拯救民生。张苏接到聘书后，征得党组织的同意，接受了聘请，于 1929 年 1 月，从陕北榆林回到蔚县，担任了国民党蔚县教育局局长之职。

　　张苏同志任蔚县教育局局长期间，积极传播马克思主义理论，为在蔚县建立中共党组织奠定了思想基础，为察南地区党组织的创建和发展作出了重要贡献。此后几年间，张苏辗转于浙江、河北、河南、福建、北平、陕西等地，以教员身份为掩护，开展革命工作。他每到一地，都能培养出一批进步教师和学生，使他们最终走上革命道路，成为名副其实的革命"播种机"。其间，他也曾直接为抗日军队或进步组织工作。有人称他为"流动的革命者和教育家"。

★ 走向新中国

1937年3月，张苏受党的派遣，到西安担任国民党陕西省政府秘书之职。通过杨虎城亲信、陕西省政府秘书长杜斌丞的关系，从事西安红军办事处与西北军的联络工作。9月，张苏奉党的指示离开西安，随周恩来、聂荣臻、徐向前等乘坐一列专车秘密到太原。后随八路军一一五师奔波在抗日一线，积极投入动员抗日和开辟抗日根据地以及民主政权的建设工作。

1938年春到1943年春，张苏担任晋察冀边区行政委员会委员兼实业处处长，主管晋察冀边区的经济建设工作。张苏从晋察冀边区的实际情况出发，做了许多扎扎实实的组织领导工作，卓有成效地发展了边区各项建设事业，为边区抗战提供了有力保障。

抗日战争胜利后，中共察哈尔省委员会成立。1945年11月，张苏任察哈尔省委委员、察哈尔省政府主席。他为察哈尔省的民主政权建设做了大量工作，并领导全省人民进行土地改革运动，摧毁封建剥削制度，同时恢复生产，支援解放战争。

1947年11月，晋察冀边区行政委员会根据当时的战争形势，决定撤销冀晋行署和察哈尔省，建立北岳区，张苏任北岳区党委委员、行署主任兼财经办事处主任。1949年1月，察哈尔省重建，张苏任中共察哈尔省委常委、察哈尔省政府主席，兼财经委员会主任。面对战后满目疮痍的察哈尔省，一切都得从零开始。他带领全省军民、广大干部和人民群众，满怀信心地投入重建家园的工作，迅速恢复了经济秩序。

★ 全心投入法制建设

新中国成立后，张苏先后担任中共华北局常委、华北行政委员会副主席等职。1954年第一届全国人大第一次会议召开，制定了宪法和一些重要法律，我国民主和法制建设进入新阶段，政法战线需要大量干部。从1954年到1962年，张苏先后担任最高人民法院副院长、全国人大法案委员会主任委员（第一届至第五届全国人大，设有法案委员会）、全国人大常委会委员、副秘书长、办公厅主任、机关党组书记。

1962年9月，张苏调任最高人民检察院副检察长、党组副书记。张苏在这一时期的检察工作中，着重抓贯彻中共中央和毛泽东同志关于"矛盾不上交，依靠群众力量，加强人民民主专政"的指示。张苏强调，办案要搞好调查研究。1962年12月8日，他在北京市第六次检察工作会议上指出："敌情、社情为何不能去请教呢？这样可以把案子办好一些，少犯一些错误。不能讲我们的案子已经办得很好了，办过的案子要认真进行检查，发现有错误，要及时纠正。"

1964年1月14日，中共中央发出了《关于依靠群众力量，加强人民民主专政，把绝大多数四类分子改造成为新人的指示》。随后，张苏就在全国各省、自治区、直辖市检察长会议上作了《充分依靠群众力量，做好人民检察工作》的讲话，提出依靠群众处理案件的方法。

针对坐在机关里办案子的现象，张苏提出了批评，强调要深入实际、深入群众，走出机关，到群众中去办案。张苏还特别强调被告人的权利保护问题，这在当时是难能可贵的。随后，在最高人民检察院的统一安排下，张苏具体负责组织部署各地进行典型试验，总结试点经验。各级检察机关经过试点，培训了干部，积累了经验，制定了办法。到1964年下半年，依靠群众处理案件的工作已经普遍推开。

"文化大革命"期间，张苏被隔离审查，后被遣送到湖北"劳动改造"。"文化大革命"结束后，党中央为张苏彻底平反。检察机关恢复重建后，张苏继续担任最高人民检察院副检察长。此时，他已77岁高龄，但工作热情仍不减当年，积极投入检察机关重建工作。

张苏恢复工作后做的第一件事，便是接待来信来访，为冤假错案平反。当时，最高人民检察院党组决定集中力量狠抓人民来信来访工作，并且确定：集中最高人民检察院的大部分干部力量投入这项工作，由张苏副检察长统一领导；检察长、副检察长等领导同志亲自接待人民来访，由最高人民检察院领导同志带队深入各地处理重大典型案件。受领这一重要任务后，张苏首先向全体检察干部作了动员，指出贯彻中央指示、平反冤假错案的重大意义，强调工作中要立场坚定，旗帜鲜明。他提出对信访的处理意见要明确具体，不能模棱两可、软弱无力，不能不负责任地照抄照转。张苏多次亲自接待人民来访，处理信访案件。在张苏领导下，检察机关的信访工作卓有成效，平反了大量冤假错案。

1979年11月，中共中央召开了全国整顿城市治安工作会议，提出整顿社会治安的方针政策，决定对杀人、放火、抢劫、强奸和其他严重破坏社会治安秩序的犯罪分子实行依法从重从快惩处的方针，予以严厉打击。

遵照中央的方针政策，检察机关发挥职能作用，积极投入了打击刑事犯罪的斗争。1980年6月，张苏主持召开了全国刑事检察工作会议。针对如何正确理解和掌握依法从重从快的方针，张苏在会上作了精准阐述："如何运用法律？第一是根据情节，情节不同，轻重应该有所不同。犯罪的情节千差万别，有的情节要重判，有的情节要轻判。第二是根据形势，形势不同，轻重应该有所不同。在情况紧急，形势严重的时候，就要从重，应该从重。依法从重从快的前提是依法办事。从重，是在刑法规定的量刑幅度内从重量刑；从快，是在刑事诉讼法规定的办案时限内从快办案。而不是离开法律任意加重，草率从事。"会议之后，各级检察机关迅速贯彻执行，为社会治安形势好转作出了贡献。

1988年7月22日，张苏因病在北京逝世，享年87岁。

（邱春艳编写）

参考资料

1. 李士英主编：《当代中国的检察制度》，中国社会科学出版社1988年版。

2. 聂荣臻：《聂荣臻回忆录》，解放军出版社1984年版。

3. 《张苏的故事》，蔚县党史办公室1989年编印。

4. 耿飚：《耿飚回忆录》，解放军出版社1991年版。

喻 屏

喻屏（1905－1995），原名郭祝三，河南内黄人，1927年加入中国共产党。1978年5月任最高人民检察院党组副书记、副检察长，在林彪、江青两个反革命集团案的审理工作中出任特别检察厅副厅长。曾任中共中央东北局组织部副部长、中共辽宁省委副书记、东北局候补书记兼中共中央东北局组织部部长等职。第二届、第三届全国人大代表，第五届全国政协常委。

★ 在血与火的革命斗争中成长

1905 年农历七月，喻屏出生在河北省濮阳县井店镇（今属河南省内黄县）一个贫苦的农民家庭。13 岁那年，喻屏被父母送到井店镇南街的玉皇庙小学学习，经过 6 年多的勤奋苦读，喻屏从濮阳县师范讲习所毕业，在老师的推荐下，回到玉皇庙小学担任教员。

眼界初开的喻屏不安于这种教书生活。1924 年 10 月，喻屏离开学校，在一个远方亲戚的介绍下，进入吴佩孚的部队当"司书"。不到半年的时间里，喻屏目睹了军阀部队巧取豪夺、欺压百姓的种种恶劣行径，让他产生了懊悔和苦闷。1925 年 2 月的一次战斗中，喻屏所在部队被击溃，他又回到玉皇庙小学继续教书的生活。在同学、朋友的帮助下，他开始阅读《新青年》等刊物，逐步接受进步思想的启蒙。

1926 年 7 月，国民革命军从广州出师北伐。这一年的暑假期间，喻屏与河北大名第七师范的同学接触密切，进一步接受了革命思想，并加入国民党左派，积极参与发动群众、斗争土豪劣绅的运动。

1927 年夏天，武汉发生了七一五反革命事变，轰轰烈烈的大革命失败了。这时，喻屏在大名师范读书，已经加入中国共产党、到武汉农民运动讲习所学习的刘大风回来了。刘大风向另外两位共产党员赵化南、李大山传达了上级党组织决定在沙区建党的指示，三人当即决定退出国民党，成立中共濮阳县委，并开始在直南沙区建党。1927 年秋，中共濮阳县委在赵化南家举行第一批党员入党大会。就在这次大会上，喻屏退出了国民党，由赵化南和李大山介绍，加入中国共产党，成为直南沙区建党的第一批党员。

1933 年 10 月 28 日，由于叛徒出卖，负责中共河北临时省委刻写、油印党的秘密文件的喻屏和汪淑敏（纪云，根据组织安排和喻屏装扮成夫妻）被捕。入狱期间，喻屏把敌人的监狱当作锻炼自己的学校，虽然经历各种折磨，但保持了革命气节。1937 年 9 月，经党中央南京代表团出面营救，喻屏重新获得自由。

1938 年 1 月下旬，喻屏调到武汉中共中央长江局工作。6 月初，喻屏到安徽省委工作，负责组建中共岳西中心县委。1938 年 9 月，为加强抗日根据地建设，中共中央中原局决定成立中共盐阜区党委，喻屏任民运部部长（后改任组织部部长）。在根据地建设中，喻屏不仅带领民运队积极发动农民进行借粮、减租减息，同时还注意发现积极分子，为盐阜根据地培养了一大批干部，展示了领导水平和组织才能。

1945 年 8 月 15 日，日本宣布无条件投降。受中共中央指派，喻屏随华中干部队日夜兼程，奔赴东北，先后任中共通鲁工作委员会书记、中共吉江省委组织部部长、中共四地委书记兼军分区政委。其后至全国解放前，喻屏先后担任中共辽吉省委后方工作委员会书记、嫩江省委分委会书记、嫩江省委副书记、辽西省委副书记。新中国成立后到"文化大革命"前，喻屏一直在东北工作。

★ 投身最高人民检察院恢复重建工作

1978 年 5 月上旬，中共中央决定，喻屏任最高人民检察院副检察长、党组副书记。喻屏接到通知后，立即投身到最高人民检察院的重建工作中。

工作伊始，喻屏把主要精力投入到选调干部、筹建最高人民检察院组织机构中。经黄火青同意，他把时任辽宁省委组织部副部长的杨子谦调到最高人民检察院，与他一起负责调配干部工作。

当时，最高人民检察院面临的首要问题就是拨乱反正，为受到不公正待遇的原最高人民检察院老干部落实政策，以便他们重回最高人民检察院工作。喻屏和杨子谦一起，不断往来于中组部，根据党的实事求是原则，经过切实的调查核实，首先把那些遭受林彪、"四人帮"迫害的原最高人民检察院的领导骨干调回来，并陆续恢复他们的领导职务。接着，喻屏他们又多次到中组部商洽，从中直机关和一些省、市慎重选调了一部分优秀干部，特别是选调了一批年轻的、具有较高学历的优秀同志，陆续充实到最高人民检察院机关中来。

1978年9月下旬，黄火青生病住院。喻屏根据黄火青提出的工作安排，于9月21日、22日、24日、27日，接连主持召开最高人民检察院党组会议和院务会议，讨论最高人民检察院的组织机构设置、工作任务、编制和加强政治思想工作等问题。在讨论加强政治思想工作时，喻屏提出："最高人民检察院是重建单位，政治思想工作要打好基础，从开始建立机关，就要树立好的思想作风和工作作风。"喻屏还提出："要适应新的形势，必须加强学习，调查研究，开阔眼界，不能光靠老经验，更不能就事论事。"在统一思想后，喻屏还提议，要分别到各地进行调查研究。

1978年10月上旬，喻屏离开北京，到四川、湖北、河南三省进行调研，了解各省检察院的恢复重建情况以及存在的实际问题。每到一地，喻屏首先听取省检察院的工作汇报，然后便召开各种类型的座谈会，对到会人员给予鼓励并提出工作要求。他还直接到省属市、县看望基层检察院的同志，同他们座谈，回答他们提出的问题。

1979年2月19日至4月29日，喻屏接连主持、参加最高人民检察院党组会议和院务会议，分别听取最高人民检察院干部赴山东、山西、湖南等省调查情况的汇报，直接听取了山东省人民检察院、天津市人民检察院、北京市人民检察院的工作汇报。

当时，有的省市检察院在人员编制、办公用房、交通工具等方面遇到很多实际困难，工作条件很艰苦。4月29日，在讨论这些问题时，喻屏提出："要继续抓紧检察院的组建工作，目前浙江省的编制只有1956

年的 40%，其他省还有一人院、二人院、三人院，这怎么能开展工作？"
他明确提出，要帮助这些地方的检察院解决编制、房子等问题。各级检
察院的编制要高于 1956 年，因为人口增多了，案子多，任务重。

★ 参与"两案"审理

1979 年 7 月，中央成立"两案"审理领导小组，由胡耀邦任组长。
最高人民检察院除了黄火青、李士英参加领导小组工作，还从最高人
民检察院机关和部分省市检察院抽调了 23 名检察干部，参加"两案"
审理领导小组办公室工作。1979 年 10 月，陈云主持召开中央纪律检查
委员会会议，正式认定林彪、江青两个反革命集团触犯了中华人民共
和国法律，并决定党内审查基本结束，将"两案"移交司法机关处理。

此时，喻屏尚未参与"两案"的审理工作。但是到了 1980 年年初，
李士英因病住进了北京医院。于是，最高人民检察院党组决定由喻屏
接替李士英的工作。1980 年 1 月，喻屏开始把主要精力转向"两案"
审理准备工作。

1980 年 3 月 22 日、24 日，喻屏接连参加会议，讨论对江青、张春桥、
姚文元、王洪文的预审工作。会后，喻屏召集最高人民检察院参加
"两案"审理领导小组办公室的检察人员座谈，了解对江青、张春桥、
姚文元、王洪文进行预审的准备工作情况。随后，喻屏遵照中央决定，
率领最高人民检察院的检察人员住进秦城监狱，提前介入公安部对江
青集团案的侦查预审工作。

随着夜以继日地查证，江青、张春桥、姚文元、王洪文等的罪证，
一桩桩、一件件被预审人员查出，并被认定为可供定罪的确实证据。7
月 9 日，最高人民检察院根据公安部的提请，作出批准逮捕林彪、江青
两个反革命集团主犯陈伯达的决定。7 月 14 日，中国人民解放军军事

检察院根据人民解放军总政治部保卫部的提请，作出批准逮捕林彪、江青两个反革命集团主犯黄永胜、吴法宪、李作鹏、邱会作、江腾蛟的决定。

1980年8月是审讯、取证最为紧张的时刻。喻屏一面听取审讯情况汇报，分析罪犯的思想动态，一面参与讨论起诉书的草拟工作，研究确认罪证的取舍。

9月22日，公安部对林彪、江青两个反革命集团案侦查终结，并将起诉书，连同案卷材料、证据，一并移送最高人民检察院。

9月29日，第五届全国人大常委会第十六次会议通过《关于成立最高人民检察院特别检察厅和最高人民法院特别法庭检察、审判林彪、江青反革命集团案主犯的决定》。任命黄火青为特别检察厅厅长，喻屏和人民解放军总政治部副主任史进前为副厅长，并任命21名检察员。

特别检察厅成立后，喻屏担负起对江青反革命集团5名主犯审查起诉的组织领导工作。他组织检察员分别讯问被告人，核对犯罪事实、情节有无出入，听取其否定或减轻罪行的辩解。

11月2日，最高人民检察院检察委员会通过特别检察厅拟制的起诉书。5日，最高人民检察院特别检察厅将起诉书移送最高人民法院特别法庭，对"两案"10名主犯提起公诉。20日15时，一场举世瞩目的"特别审判"在北京正义路公安部礼堂拉开大幕。

1981年1月25日，最高人民法院特别法庭开庭，对林彪、江青两个反革命集团案10名主犯进行公开宣判，标志着这场"特别审判"落下帷幕。

4月1日，喻屏签发了《关于审判江青反革命集团检察工作的总结》，圆满完成了历史赋予他的特殊使命。

1995年5月29日，喻屏因病在北京逝世，享年90岁。

（梁伟男编写）

参考资料

1. 高振河：《喻屏传——一位老共产党员的人生历程》，中共党史出版社 2005 年版。

2. 图们、肖思科：《震惊世界的 77 天——林彪、江青反革命集团受审实录》，中共中央党校出版社 1994 年版。

3. 李士英主编：《当代中国的检察制度》，中国社会科学出版社 1998 年版。

4. 闵钐编：《中国检察史资料选编》，中国检察出版社 2008 年版。

5. 王松苗主编：《检察生涯》，中国检察出版社 2011 年版。

王甫

王甫（1907－2006），原名王福轩，山东牟平人，1933年加入中国共产党。1978年10月任最高人民检察院副检察长，后任最高人民检察院常务副检察长、党组副书记。曾任中共中央西北局书记处书记，中共中央组织部副部长，北京市整党工作联络组组长，中国延安精神研究会副会长。中共八大代表，第五届全国政协常务，第六届全国人大常委会委员。

★ 四次入狱　革命熔炉淬炼坚强党性

1907 年 2 月 5 日，王甫生于山东省牟平县水道镇南台村一个农民家庭。王甫虽出身寒门，但从小聪明好学，12 岁就能帮村里大人写书信，大人们都称他为"小秀才"。

青年时代的王甫考入烟台牟平师范学校。在校读书期间，他大量阅读《新青年》《每周评论》《建设》《国民》《俄国革命史》《资本论入门》等进步杂志和书籍，尤其酷爱陈独秀、胡适、鲁迅、契诃夫等的作品。这些书籍报刊和作品，让王甫迅速接触到新文化新思潮，促使他期望找到一条通向光明的道路。

王甫和同学组建小学教育研究会，利用研究会举办暑期补习班，自行编写教材，使牟平的进步青年在补习班里既学习了文化，又接触了时事政治，讨论国家大事，受到新思想的教育。这在当年牟平县教育界影响很大。

从牟平师范学校毕业后，王甫到牟平县水道镇南台村小学任教员，他的宿舍又变成了当地进步青年的聚会地点。一次次针对时事的争论和抨击，让这群热血青年鼓荡起革命的无限热情，革命的种子在他们心里扎下了根。

1928 年 12 月，王甫参加了牟平县南乡农民自发反抗苛捐杂税的起义斗争，掀起反压迫反剥削的怒潮。但由于斗争缺少正确的组织领导，最终以失败告终。21 岁的王甫被反动军阀逮捕入狱。一年后，在朋友的营救下获释。这次起义虽然失败，却启发了牟平人民的觉悟，为后来党组织在牟平县的建立和开展革命斗争打下了基础。

王甫出狱后，加入了中国共产党领导的中国革命互济会。1933 年 6 月，经中共地下党员刘经三介绍，王甫加入中国共产党，后任中共牟海特支组织委员。8月，王甫化名王心一，来到牟海边区，以中共牟海特支为基础，在海阳县夏村镇（现乳山市）成立了中共牟海县委，并任书记。11月，中共牟海县委因组织纪念"苏联十月革命节"活动被国民党当局发现，王甫再次入狱。

1934年1月，王甫被营救出狱以后，任牟平县互济会党团书记。其间，他积极宣传中国工农红军在江西井冈山三次反"围剿"的胜利，筹资救援其他被捕同志。2月，接中共胶东特委指示，王甫到牟平城区开辟党的工作。3月，他在牟平县养马岛洪口小学以教学为掩护，与地下党员陈耀亭等一起，在牟平城区成立读书会和教育研究会，联络、团结进步知识分子、学生，先后介绍进步青年辛冠五、陈耀亭等加入中国共产党。王甫和其他革命者一起，播撒革命火种，秘密发展党员，建立党的组织，在牟海边区20多个村庄，发展了党员三四十名。5月，王甫遵照胶东特委指示，建立中共牟（平）福（山）边区委，王甫任书记，负责东起昆嵛山后、西至烟台市区和福山县东部地区党的工作。

1935年，王甫参与了一一·四武装暴动，但由于敌强我弱，实力悬殊，暴动以失败告终。在国民党反动派的疯狂"清剿"中，王甫又一次被"捕共队"逮捕，受到严刑拷打，他的左胫骨被活活压断，但王甫咬紧牙关，宁死不屈。七七事变后，王甫经党组织营救出狱，与胶东特委接上关系，在蓬、黄、掖一带继续开辟抗日根据地，任八路军蓬黄战区指挥部军法处处长。

1938年8月后，王甫先后任北海行政督察专员公署视察员，胶东行署联合办事处秘书长、民政处处长。1942年调中共中央山东分局党校学习，1943年进延安中央党校二部学习。1945年抗战胜利后，调中共中央组织部，先后任组织干事、行政处长。1947年，随中共中央工委撤离延安，到河北省建屏县任县委副书记，参加土改整党工作，任中央土改整党工作团副团长。

1949年北平解放后，王甫任北平市委副秘书长。1950年，王甫调回中共中央组织部，历任处长、副部长。1960 年，调任中共中央西北局书记处候补书记、书记等职。王甫在"文化大革命"期间受到迫害，被关押 10 年，1977 年被平反并恢复工作，到中央党校学习。

革命熔炉淬炼出王甫坚强的党性，他把原则性看得极重，从不随波逐流，不人云亦云，绝不做违背自己良心的事。

★ 勇挑法律重担　彻查历史冤案

1978 年 10 月，王甫任最高人民检察院副检察长，后任常务副检察长、党组副书记。王甫与党组其他同志一起，积极投身检察机关恢复重建工作。他勇挑重担，妥善处理了数起长期遗留下来的历史案件，落实党的政策，树立了检察机关忠于事实和法律、公正履行法律监督职能的良好形象。其中，最著名的是查办了震惊全国的邱县假"国民党"大冤案。

该历史冤案牵扯 3 万多人，河北邱县在"文化大革命"前的 6 任县委书记、7 任县长全部被认定为"国民党"，历届县委、县政府均被诬蔑为"黑县委""黑势力""国民党党部""蓝衣社""暴乱集团"等。1978 年 11 月 5 日，中央派出工作组，由时任最高人民检察院副检察长王甫任组长，对邱县案进行重新调查。

为了掌握真实案情，王甫带队三赴河北，历时 5 个月，调查走访各级干部和受害者家属等 180 余人。问题查清后，1979 年 3 月 16 日至 30 日，李先念、余秋里、胡耀邦、王任重、宋任穷五位中央领导听取了汇报，并形成《河北会议纪要》，明确指出："邱县抓'国民党'案是当时赵玉春等少数几个人积极追随林彪、'四人帮'进行篡党夺权的阴谋活动……制造了一起大假案、大冤案……省委的三号文件，把邱县抓'国民党'案定为清队扩大化的错误，是不符合实际情况的，是不对的，对主要责任者的处理也是偏轻的，应予以改正。省委认识迟，改正晚是有责任的。"1982年1月15日，河北省革委作出决定，撤销三号文件。

★ 老骥伏枥　成立延安精神研究会

王甫从领导岗位上退下来以后，曾用一个月的时间考察了辽东半岛十个市县（区），发现了不少问题。他以信件的方式向时任最高人民检察院检察长刘复之作了汇报，为完善我国检察制度提供了许多重要意见和建议。

1989年春的一天，王甫和李鉴、田方、高兴海等几个老同志聚会，回忆起当年在延安的经历感慨万千，觉得现在最缺的就是延安精神，一致认为有必要在北京成立一个中国延安精神研究会。

王甫年纪最长，责无旁贷地领着大家一起筹备，从研究会人选的邀请到《中国延安精神研究会章程（草案）》《成立中国延安精神研究会倡议书》两个文稿的起草和修改，王甫都全程参与。王甫负责联系并开展了许多活动，先后与首钢、《人民日报》理论部、中央党校经济学教研部、全总工运研究会、中国劳动学会、光明日报社、工人日报社等单位联合举办了多次研讨会。同时，还组织一些在延安生活过的会员，到所联系的中小学讲革命故事，与大学生座谈。研究会出版了一批研究与宣传延安精神的书籍，组织记者到延安参观访问，支持学生到延安进行考察，拍摄了电视片《走自己的路》。除此之外，研究会还筹办了以传播优良传统、讴歌中华文明、弘扬延安精神和锤炼四有新人为办刊宗旨的《中华魂》等，产生了积极的社会影响。

王甫一生恪守党的规矩，不许家人给组织多添一点麻烦，从未利用自己的职权为子孙们谋利益。2006年，王甫因病在北京逝世，享年99岁。

（邰筐编写）

参考资料

1.《杨尚昆回忆录》，中央文献出版社 2007 年版。

2.《马文瑞回忆录》，陕西人民出版社 2012 年版。

3. 最高人民检察院办公厅文件：《王甫同志给刘检察长的一封信》。

4. 王松苗主编：《检察生涯——高检院二十七位卸任副检察长访谈录》，中国检察出版社 2011 年版。

陈养山

　　陈养山（1906－1991），浙江上虞人，1925年加入中国共产党。1978年12月任最高人民检察院副检察长，1982年5月任最高人民检察院顾问、咨询委员会委员。1928年后在上海从事中央保卫工作。延安时期，先后任中共中央社会部地方工作科科长兼干部训练班主任、中央党校支部书记。1945年后历任中共晋绥分局调查局局长、晋绥边区公安总局局长、中共西北局委员。新中国成立后，曾任上海市公安局副局长，中共南京市委常委、南京市公安局局长兼检察署检察长，华北公安局局长，司法部副部长等职。中共七大、八大代表，第四届、第五届全国人大代表，第五届全国政协常委。

★ 情报和保卫工作的重要创建者

1906 年 10 月 7 日，陈养山出生在浙江省上虞县普通农民家庭。1919 年 6 月，因为家境贫寒，陈养山到汉口当店员谋生。受到五四运动影响，他积极参加反对帝国主义、封建主义的革命活动，组织进步青年读书会，学习、传播马克思主义。1924 年 10 月，他加入了中国社会主义青年团，1925 年 1 月转为中国共产党党员。1925 年 4 月底，陈养山只身来到上海青年团中央工作，开始了革命生涯。

在上海，陈养山和同事们设法通过往来于广州、上海、香港的轮船上的海员工会会员，秘密将大批书报带到上海，再由上海交通局转发全国各地。1926 年春，陈养山被党组织指派参与领导上海闸北印刷工人举行大罢工。同年，受中央军委秘书长王一飞委托将 3 枚炸弹送到武汉。1926 年冬，陈养山被调往浙江宁波国民党浙江省党部做统战工作，1927 年 3 月调到杭州组建党的组织机构。

1927 年，陈养山被调到中央特科情报科，获得了大量的重要情报，并营救过我党一些重要领导人，如任弼时、关向应、彭湃等，还清除了一批对党危害极大的叛徒。陈养山到中央特科工作后，公开身份是上海《申报》记者，多次在险遭逮捕的紧急关头化险为夷。他和其他同志一起出生入死，获得了许多有重要价值的政治、军事、经济情报，受到党中央负责同志的称赞。

1927 年 11 月，贺龙辗转来到上海，掩护贺龙的重任落在了陈养山的肩上。陈养山从寻找隐蔽地点到安排食宿和联络工作，全部事情都处理得非常出色，保证了贺龙在上海的绝对安全。其后，贺龙回湘西组织武装，党中央再次把掩护贺龙的任务交给了陈养山，他将贺龙护送到洪湖地区。1931 年，陈养山辗转从天津到达上海继续在中央特科做情报工作。

1935 年 12 月，陈养山与陈昌、陈克寒"三陈"利用"新四川通讯社"在重庆大张旗鼓地开展活动。陈养山说，这个"新四川通讯社"是由重庆行辕情报处出钱，广泛利用国民党中央党政军机关及地方军阀各派势力，用以联络各方社会人士，团结新闻界、文化界的进步人士，收集大量情报和进行统一战线工作，有极端复杂的政治背景的合法活动，谁能怀疑它是共产党的情报机关呢。除了通讯社的工作外，"三陈"还秘密领导和参加当地的抗日救亡活动，如重庆声援成都人民反对日本设立领事馆的斗争、支援绥远人民的抗日斗争等。

1936 年 9 月间，陈养山到达西安参与联络西北军的工作后，很快被调到西安情报站，专门负责开展情报和统战工作，在很短时间内就建立了良好基础。

1945 年，陈养山到晋绥边区担任中共中央晋绥分局调查局局长，又回到了情报战线。他令几近瘫痪的调查局重新焕发生机，在敌占区还新建了一批情报站，并开辟了通往北平、天津等大城市的秘密交通线，按照中央情报部门指示，收集了大量的敌伪战报。

1945 年，抗日战争结束。陈养山及时调整情报工作的方向，采取多种措施瓦解敌军。1948 年，解放战争进入战略反攻阶段，陈养山组织编写了国民党党、政、军、警、宪系统资料和城防工事图，印发给我党政军指挥机关参考，受到了彭德怀、习仲勋的称赞。

1949 年 3 月，陈养山到延安担任中共中央西北局委员、社会部部长兼陕甘宁边区公安厅厅长，在建立和巩固革命政权的斗争中取得了显著成绩。

从 1924 年起，陈养山几乎没离开过情报保卫工作，却始终没有被敌人发现，因此享有隐蔽战线的"福将"之誉。

★ 检察机关恢复重建的重要参与者

1978 年 4 月，最高人民检察院恢复重建，陈养山担任顾问。1978 年 12 月 23 日，陈养山被任命为最高人民检察院副检察长、党组成员。

作为检察战线上的"一名新兵"，陈养山开始以最快的速度熟悉检察业务。他不顾 72 岁高龄，认真学习毛泽东等中央领导同志有关政法工作的指示，学习有关法律知识，了解世界各国的检察制度情况，研究分析我国检察制度的历史发展和特点。陈养山上任伊始，就到上海、江苏、浙江、北京等地调研，认真听取工作汇报，调查研究新情况、新问题。陈养山在最短的时间内熟悉了检察工作，对于如何加强检察工作也有了深切的体会。在检察院的地位与作用问题上，陈养山清晰地认识到："要摸索出一套具有中国特色的社会主义检察工作，需要一个时间，在这种情况下，检察院要做好工作不容易。有时，检察院做了大量工作，但社会上不了解，工作中的成就也不明显。所以，检察院可有可无的思想就有了市场。现在看来，检察院在打击刑事犯罪方面的主要工作有两个：一是审查批捕，二是提起公诉。公检法就像是一个车间的三道工序，缺一不可。检察院是中间环节，它的作用在于准确打击罪犯，减少和防止差错。"

陈养山从历史和现实两方面回应，给正在重建中的检察队伍不少信心和鼓励。但同时，他是清醒的，他深知经过十年的工作停顿，检察机关恢复重建，何其难也！从全国看，检察院的牌子很大，但实际权威不够，应该做的还没有完全承担起来，法定权威与实际权威中间有很大差距。因此，检察机关必须努力在工作中负起责任，树立权威，确确实实地发挥更好作用，为国家作出贡献。

他满怀热情地协助时任最高人民检察院检察长的黄火青着手检察

机关组织建设和检察业务开展。下基层调查研究、指导工作，常常一连半个多月不休息。黄火青非常关心陈养山的身体，告诉他要注意劳逸结合，别把自己搞得太疲劳，而陈养山往往一笑了之。

陈养山提出的一些指导思想和方法，直到现今都还有借鉴的意义。1979 年 12 月，他在北京通县（今通州区）、昌平县（今昌平区）调研，在座谈会上，他提出了几点意见和建议："第一，一般说，县检察院，特别是远郊农业县，案件比城区少，检察干部配备可以少些，大体配到占人口比例的万分之一左右，经过一段实践再把编制确定下来。第二，由于检察院新的干部多，业务不熟，一个简单的案件，有时也办不好，耽误了批捕和结案的时间。按现有水平，办案质量不是很高，而且在法定时间内很多完不成，这个问题很值得注意。第三，出庭支持公诉很薄弱，既无经验，又缺乏法律知识，写公诉书笑话、纰漏百出，出庭胆怯，怕出丑。这方面必须强调领导带头出庭，取得经验，突破这个薄弱环节，才能担负公开审判的任务。第四，基层院在业务建设方面略差于省、市、分院，应该强调基层建设，要求各省市分院加强对基层院的检查督促和具体指导。第五，鉴于检察干部新手多，业务不熟，应大力开展法律和检察业务学习活动，要切实结合办案实践，迅速提高业务能力，提高效率。各级领导要以身作则，作学习的模范、实干的模范，要亲自办案，有条件的要多出庭。"

通过人民群众来信和各地检察院的简报，陈养山发现各地所办的各种名目的"学习班"实际上成了变相拘押乃至刑讯逼供等违法行为的场所。对于刑讯逼供，陈养山态度鲜明，他在上海调研时说："叶剑英在五届人大会上做修改宪法情况说明时指出：鉴于同各种违法乱纪行为作斗争的极大重要性，宪法草案规定设置人民检察院。这就指明了当前检察机关要同违法乱纪行为开展坚决的斗争。现在有的同志还在搞逼供，检察干部对这种现象要依法严肃处理。"在最高人民检察院党组的努力下，各级检察机关采取坚决措施，协助停止各种类型的"学习班"。

当年，陈养山分管监所检察工作。监所检察工作一开始就困难重重，这来源于当时的一个思想误区：检察干部到监管场所是"多管闲事""手伸长了"，监所工作的好坏与检察机关无关或关系不大。这样的认识，多多少少影响了监所检察干警们的情绪，监所检察工作始终难以打开局面。他强调，在具体工作中，发现体罚、打骂和虐待等违法现象，要依法向主管部门提出纠正，严重犯罪的还要依法追究刑事责任。在历次谈话中，陈养山都表示这些意见是一些"不成熟"的想法，供大家讨论。然而，至今这些言论与建议依然适用。

检察机关恢复重建后，鉴于法律监督工作的重要性和严肃性，时代向检察干部的素质提出了更高要求。但当时队伍的专业化方面仍存在很多不足，尽管各地党委积极为检察院调配了大批干部，但很多人并不懂法律和检察工作。"司法人才培养"的话题，陈养山走到哪儿，说到哪儿。他还专门在《人才》杂志上撰文，呼吁大力加强对司法人才的培养，并提出一些举措。培训成了当务之急，他分析说，现在的培训机构只有中央政法干校以及少数省办的政法干校，远远不能适应现实需要。"各地要多举办各种形式的学习班，普遍学习刑法、刑事诉讼法等法律，检察院还要有计划地安排师傅带徒弟，从实践中学，增长才干。"陈养山还提出，"在调整大专院校机构时，应增设和扩大政法学院。同时创设函授、电视政法学校，广开培养门路"，此外，还要组织法学界、司法界的专家学者带研究生、编教材、办刊物，成立各种形式的学会、研究会等。

★ 清廉简朴的家风传承

在同事的印象中，陈养山严于律己，廉洁奉公，识大体顾大局，清心寡欲，从不占国家和别人的便宜。机关或朋友送来礼物，他都坚持付清价款，否则概不接受。中央配给他的专用车，除工作需要外，从不滥用，更不许家属子女使用。担任最高人民检察院副检察长后，组织上按规定标准分配给他六间一套的房子，他不要；配置给他的家具，他也不要。直到去世，他一直住着三间一套的房子，家中的家具都是自己从商店购置的，除了一台 14 寸电视和一台单开门的冰箱外，并无其他值钱的东西。

他不仅生活简朴，还坚持原则，不徇私情。他从不利用自己的地位和社会关系为家属子女谋取方便，更不允许家属子女利用他的社会关系谋取各种方便。他给子女留下遗训："第一，听领导同志的话，服从分配，专心工作。第二，工作中应和同志们商量，不固执己见。第三，做事应绝对负责，不能应付，完成任务。第四，不对任何人吵嘴、骂人，更不能打人。第五，不能看不起或随便讨论别人、讥笑别人。第六，看到别人的优点就向他学。第七，看到别人的缺点，反省自己。第八，严格执行工作规章制度，决不能违反。第九，严格遵守纪律，不能到家吃烟喝酒。第十，不要管别人的事，但要把自己管好。第十一，气量要大，不同别人比能力高低和争论。第十二，处理家务要商量着办，不自作主张。第十三，今后家庭必须和睦，互相爱护。"

陈养山在《我的一生》中自评："我只是做了一个共产党员应该做的事。"平淡却字字千钧。1991 年 2 月，陈养山因病在北京逝世，享年 84 岁。

（戴佳编写）

参考资料

1.《纪念陈养山文集》编辑组编：《纪念陈养山文集》，中国检察出版社 1992 年版。

2. 高洪海主编：《检察老照片》，中国检察出版社 2009 年版。

3. 穆欣:《隐蔽战线的"福将"——陈养山》,载《党史文汇》2002 年第 2 期。

4. 陈养山在江苏省第十一次检察工作会议上的讲话,1979 年 4 月 8 日。

5. 陈养山在上海市检察工作会议上的讲话,1979 年 4 月 9 日。

6. 陈养山关于通县和昌平县检察院情况的汇报,1980 年 1 月 22 日。

7. 陈养山在全国省市区检察长会议上的讲话,1981 年 10 月 10 日。

8. 陈养山在三厅整党学习讨论会上的发言,1984 年 2 月 29 日。

9. 林海:《陈养山红色传奇》,载《新民晚报》2006 年 10 月 29 日。

10. 吴晓杰:《龙潭虎穴铸传奇——最高人民检察院原副检察长陈养山》,载王松苗主编:《检察生涯——高检院二十七位卸任副检察长访谈录》(上),中国检察出版社 2011 年版。

郗占元

郗占元（1913－2001），河北晋县人，1929 年加入中国共产党。1979 年 9 月至 1982 年 5 月任最高人民检察院党组成员、副检察长，兼经济检察厅厅长。曾任陕甘宁边区总工会秘书长、陕甘宁边区抗日救国联合会秘书长、热河省工会主任等职。新中国成立后，任东北人民政府劳动部党组书记、副部长，东北总工会副主席，全国总工会书记处书记、党组成员，劳动部党组成员、副部长，国家编制委员会委员等职。第二届、第三届全国人大代表，第二届全国政协委员。

★ 参与新中国劳动法制建设

1926 年秋天，13 岁的郜占元离开农村，考上了正定省立第八师范学校。青年时期的郜占元接受了革命新思想影响，开始参加学生运动。1929 年 7 月，郜占元加入中国共产党。入党后，郜占元随即参加党的地下工作，负责推动晋县各基层党组织恢复工作和活动。1930 年，郜占元任中共晋县县委宣传兼青年委员，1932 年年初，以教师身份为掩护，继续开展党的工作，后被捕。经营救获释后，1938 年至 1940 年，郜占元任陕甘宁边区关中分区工会主任兼抗敌后援会秘书长。1940 年后，任陕甘宁边区总工会秘书长，1943 年起兼任陕甘宁边区抗日救国联合会秘书长和解放区工会联合会筹备会办公室主任。在延安期间，郜占元主笔起草和修改了《陕甘宁边区劳动保护条例草案》《边区工厂工会章程准则》等重要文件。

1948 年 8 月，郜占元赴哈尔滨参加由解放区工人代表和部分国统区工人代表参加的第六次全国劳动大会。大会决定恢复中华全国总工会，并任命郜占元为中华全国总工会劳动保险部副部长。同年秋，东北行政委员会决定成立东北劳动总局，郜占元任秘书长，后兼任东北工会劳动保险部部长。在李立三的领导下，郜占元参加试行劳动保险制度的准备工作，负责起草了《劳动保险条例》和实施细则。经过反复修改，1949 年春提出草案，先在东北试行，1950 年在全国推广实行。这为我国建立和健全劳动保险制度奠定了基础。

1950 年夏，已经担任东北人民政府劳动部副部长、党组书记、东北总工会副主席的郜占元，在学习考察苏联企业管理经验的基础上，狠抓工资整顿，在东北各厂矿实行八级工资制、计件制及奖励制度。与此同时，他还狠抓健全职工劳动保障制度等工作。1953 年 4 月，郗占元当选为中华全国总工会第七届执行委员会委员、主席团委员。同年秋，调任中华全国总工会劳动保险部部长。1957年，当选为中华全国总工会第八届执行委员会委员、主席团委员，任中华全国总工会书记处书记、党组成员。

1961年年初，郗占元调任劳动部副部长、党组成员，兼任国家编制委员会委员，主管劳动计划等工作。他精心组织，会同有关部门提出了安置政策和实施办法，代中央起草和颁发了《关于精简职工若干问题的决定》等文件，推动了这项工作顺利推进。同时，他下大力加强劳动计划管理，主持修订和发布了《关于劳动计划工作的有关规定草案》等文件，为纠正劳动计划管理上存在的问题、恢复国民经济，作出了重要贡献。

★ 与经济检察结下不解之缘

1978年6月1日，最高人民检察院恢复重建。1979年9月13日，第五届全国人大第十一次会议任命郗占元为最高人民检察院副检察长。同年11月14日至12月11日，郗占元来到辽宁，了解检察院实施"两法"准备工作情况，同时，了解有关开展经济检察工作的问题。近一个月时间，郗占元的脚步遍及辽宁各地，收获颇丰。

当时，最高人民检察院经济检察厅刚刚成立，郗占元兼任厅长，经济检察厅起初分工并不具体，主要设立了两个组：一个是工业组，另一个是农业组，分别负责各领域的经济检察工作。一系列贪污犯罪案件的办理，使经济检察工作逐步站稳了脚跟。

1980年7月29日，郗占元受邀在中央政法干校第十七期检察班上发表了题为《关于经济检察工作》的讲话，系统阐释了经济检察的一系列问题，详细论述了经济检察工作的重要意义。

1980年到1981年年初，司法机关依法办理了林彪、江青两个反革命集团案。郗占元作为最高人民检察院检察委员会成员，参加了林彪、江青两个反革命集团十名主犯起诉书的讨论和制定工作，并向最高人民法院提起了公诉。

除此之外，1980 年到 1982 年，郗占元和最高人民检察院经济检察厅的同志主导查办或指导了多起严重经济犯罪案件。3 年间，由检察机关立案的严重经济犯罪案件共 57470 件，挽回了大量经济损失。

1979 年 11 月 23 日，吉林通化矿务局松树镇煤矿二号井 506 采矿区发生重大瓦斯爆炸事故，死亡 52 人、伤 12 人，造成经济损失 5.8 万元。两天后，石油部海洋石油勘探局"渤海二号"钻井船在渤海湾迁移井位的拖航作业途中翻沉，72 人遇难，直接经济损失高达 3700 万元。接连发生的两起特大安全生产事故，对于刚刚诞生的经济检察工作可谓是重大考验。郗占元作为最高人民检察院主管副检察长和经济检察厅厅长，指导了上述两个案件的办理。

经过几年的磨砺，郗占元深深感到，做好经济检察工作，必须"坚持党的领导""工作中要刚正不阿""坚持以事实为依据，以法律为准绳，以对国家、对人民负责的态度""勤奋积极，谨慎细心，谨防失误"。

起初，经济检察工作的受案范围大体包括：国家工作人员破坏社会主义经济秩序和违反其他经济法规的案件，以及经济部门（实行劳保条例的工交、财贸和物资部门）职工的贪污渎职案件。在"打击破坏社会主义经济的犯罪行为"的基础上，经济检察具体什么能管，什么不能管，各地做法并不统一。

郗占元及时澄清了一些"迷雾"，他说："搞经济检察，管经济活动中的违法犯罪。危害破坏国家经济的情况，有种种不同。由于不能抗拒或者不能预见的原因造成的损害，不认为是犯罪，不要我们管。由于人为的原因造成的危害和破坏，也有几种情况：有的是由于搞经济建设没有经验、领导失误，好人办错事，造成重大损失，对此，必须接受教训，引以为戒，刑法上有规定的，应追究刑事责任。有的反革命分子或阶级敌人的破坏，这类破坏事故，由公安部门管，他们去侦破。对于大量的经济犯罪行为，给经济造成了严重危害，都要追究刑事责任。危害和破坏经济的违法行为，轻重、情节也有所不同。经济检察只限于违反经济法规，需要追究刑事责任的案件。"

关于经济检察管辖范围，有些地方反映管得宽了，也有人说死抠八条，别的重大经济犯罪不管就不对，还有一种情况是看起来危害相当严重，可能要追究刑事责任，办的结果又不追究刑事责任了。郗占元认为，只要有力量，就应该去管。检察工作的作用和效果，不能只从办案本身来看，有的案子不大，影响很大，这就对经济建设起了好作用；有的事情发生在经济领域，社会危害很严重，但没有人管，只要我们有力量，管一下，解决了问题，也推动了经济管理、促进了经济立法，这也是为经济建设发挥了有益作用。

在 20 世纪 80 年代初，郗占元提出："一般情况下，事件发生了，往往是党的纪律检查部门、行政管理部门、劳动部门等有关单位去进行调查。有些重大事件，可能要追究法律责任的，检察院应该尽可能参加调查。即使不需立案，对了解经济事故也有好处。"

经济检察和法纪检察的分工一直是一个复杂的问题。在郗占元的主持下，提出了法纪检察与经济检察办案工作内部分工的意见，经最高人民检察院党组研究决定在全国试行。

困扰经济检察工作开展的因素，就这样被一个个排除了。

★ 在"顾问""咨询委员"岗位上继续履职奉献

1982 年 5 月 4 日，在第五届全国人大常委会第二十三次会议上，69 岁的郗占元被免去最高人民检察院副检察长职务。随后，根据这次会议通过的《关于设置最高人民法院顾问、最高人民检察院顾问的决议》，郜占元被任命为最高人民检察院顾问。此后，他又担任最高人民检察院咨询委员会委员。

郜占元的脚步并未因为卸任领导岗位而停歇。在"顾问""咨询委员"的岗位上，他依然不辞辛劳，拖着病体走访调研，为检察事业贡献力量。

1984年，郜占元调研的脚步遍及江苏、辽宁、陕西。同时，他还将注意力放在了对国民经济状况和社会主义制度下商品经济理论的研究上。

1989年1月27日到2月23日，郜占元在江西省南昌市、吉安市、赣州市及赣县、兴国县、信丰县等地，对打击经济犯罪和举报工作进行了深入调查。在江西的调研刚结束4天，郜占元又赶往广东，着重对打击经济犯罪和举报工作情况进行了20多天调研。调研结束5个月之后，广东省人民检察院反贪污受贿工作局揭幕挂牌。这是新中国第一个反贪污贿赂工作局，从此开启了新中国反贪污贿赂工作的新篇章。

郜占元关心检察工作，兢兢业业，踏踏实实，不辞劳苦，不计代价。郜占元说："对革命事业，我始终是有一分热，发一分光。"

2001年5月26日，郜占元因病逝世，享年88岁。他用自己的实际行动践行着检察人的使命和品格，得到了这样的身后评价：光明磊落，严于律己，清正廉洁，不谋私利，疾恶如仇，对腐败现象和不正之风深恶痛绝。

（单鸽编写）

参考资料

1. 李士英主编：《当代中国的检察制度》，中国社会科学出版社1988年版。

2. 国家劳动总局劳动保护局、劳动保护科学研究所编：《渤海二号事故专辑（内部发行）》，劳动出版社1980年版。

3. 最高人民检察院档案室相关资料。

4. 宋识径:《与经济检察结缘——最高人民检察院原副检察长郁占元》,载王松苗主编:《检察生涯——高检院二十七位卸任副检察长访谈录》(上),中国检察出版社2011年版。

关山复

关山复（1915－2010），曾用名关恩吉，吉林伊通人，1935年参加革命，1936年加入中国共产党。1978年任最高人民检察院党组成员、秘书长，1980年2月任最高人民检察院副检察长，后任最高人民检察院顾问、咨询委员会委员。曾任中共北平北区区委书记兼东北大学党支部书记、武安县委书记、晋冀豫区委副秘书长。新中国成立后，历任中共中央东北局统战部副部长，东北行政委员会委员、民委主任，中共吉林省委书记处书记，中共中央东北局委员、宣传部部长，中国科学院哲学社会科学部党组书记兼副主任，全国人大民族委员会委员等职。中共七大、八大代表，第一届、第二届、第三届、第五届、第六届、第七届全国人大代表。

★ 革命生涯中坚守信念不动摇

1915年6月，关山复出生于吉林省伊通满族自治县新家乡后柳树河子的一个满族家庭。少年时就读于伊通县二旗小学，后求学沈阳。他在沈阳中学读书时酷爱文学，阅读了不少革命文学作品。九一八事变后，关山复流亡北平，逐渐从读左翼文学书刊转为读新型社会科学书刊，革命思想逐渐形成。

1933年秋，关山复考入已迁入北平的东北大学，被分到外国文学系俄文组，后改为边疆政治系。当时，关山复所在班级学生大多接受了共产主义思想，倾向革命。1935年，关山复投身革命，加入中华民族武装自卫会，并作为学生领袖参加了一二·九北平学生抗日救亡运动。

1936年2月初，关山复加入中国共产主义青年团，同年转为共产党员，任中共北平北区区委书记，兼任东北大学党支部书记。

1937年夏末，关山复从北平东北大学毕业，受党的指派，和几个同学来到河北省武安县开展敌后抗日工作。关山复任中共武安县委书记，开展了一系列革命活动，取得了不错的成效。

1937年11月，日寇侵占太原，关山复被调往晋冀豫区党委任副秘书长。1939年冬，关山复在晋冀豫区党代表大会上当选为中国共产党第七次全国代表大会代表。1942年，关山复同各地方七大代表们一道进入延安中央党校学习，参加整风运动。

1945年8月15日，日本投降。关山复随东北干部团到东北开展革命工作。1947年12月，关山复调任吉林省政府任民政厅厅长。

新中国成立以后，党中央在东北成立了中共中央东北局以及东北人民政府。1950年夏，关山复担任东北人民政府办公厅政法处处长，负责联系、协调政府各政法部门的工作，包括审阅各部委上报文件，提出处理意见。

1951 年 3 月，关山复被调往东北局统一战线工作部任副秘书长。1953 年春，关山复被任命为东北局统战部副部长。1954 年，中央宣布关山复任吉林省委副书记，不久改称为书记处书记。1960 年冬，党中央决定重设各中央局，关山复被任命为东北局宣传部部长。

1964 年秋，关山复被调往北京，任中国科学院哲学社会科学部党组书记、学部副主任。

"文化大革命"期间，关山复被污蔑为反党反社会主义的黑帮分子，经常遭到批斗。在巨大的精神压力下，关山复始终坚持实事求是的态度，没有迫于各方压力污蔑任何一位同志。

★ 检察岁月中高瞻远瞩促发展

1978 年，被平反的关山复按照中央安排，担任最高人民检察院党组成员、秘书长。此时，最高人民检察院刚刚重建，困难重重，任务繁重。关山复到任后，很快将自己主管的工作开展得有声有色。已逾花甲之年的他，不顾奔波辛劳，多次带队到各地调研，搞试点，检查指导工作，及时总结经验，为最高人民检察院许多工作的开展提供了第一手参考资料。

1979 年年初，关山复带着一位助手去了贵州、四川、云南调研。关山复在贵州、四川参加了两个省的检察工作会议，作了简短的讲话。他在讲话中着重讲了恢复和重建检察院的重要性和必要性，同时指出了检察工作由于刚刚开始恢复，面临着许多困难。他鼓励检察干部要知难而上，迅速开展工作。

关山复每到一地，除了听取汇报、参加省检察院组织召开的会议以外，更多的是深入基层了解检察工作面临的实际困难和问题，及时指导解决，不能解决的，他都会写出调研报告，提出解决方案。

回到北京后，关山复就调研中所遇到的主要问题在最高人民检察院第十八次院务会议上作了汇报。这些在调研中总结出来的问题，为最高人民检察院此后制定相关规定和工作方案提供了有益的参考。

1980年2月12日，第五届全国人大常委会第十三次会议任命关山复为最高人民检察院副检察长、检察委员会委员。此时，关山复已65岁，但他丝毫没有懈怠，满怀激情地投入工作。关山复主管信访工作，在他的主持下，最高人民检察院的信访工作有了较大发展。

此时，由于"文化大革命"刚结束不久，尽快平反冤假错案是广大群众特别是受害者的迫切要求。最高人民检察院收到了大量人民来信，接待了许多人民来访，来信来访者纷纷申诉他们的冤屈，要求检察机关予以平反。关山复落实党中央"有错必纠"的方针，按照最高人民检察院的部署，继续抓紧抓好平反冤假错案工作。他提出，各级检察机关要认真对待社会各界的来信来访，积极参加平反和纠正冤假错案的工作，经过调查核实，凡属冤案，予以昭雪；凡属假案，予以平反；凡属错案，予以纠正。除了指导具体的信访工作以外，关山复还非常注重总结经验教训，尤其注重从制度层面去思考信访工作的定位。

1981年6月，全国检察机关信访工作会议召开。关山复在讲话中，首先肯定了检察机关重建以来信访工作取得的成绩："广大信访干部克服重重困难，平反昭雪了大批冤假错案，惩办了严重违法犯罪分子，对巩固社会安定团结的政治局面作出了贡献。"还特别提出在信访工作中要加强党的领导："党的领导和独立行使检察权是完全一致的，不是互相矛盾的。检察机关的信访工作与整个检察机关一样，必须依靠党的领导才能把工作做好。对于信访工作中出现的倾向性问题和重大疑难案件，要及时上报党委，取得党委的支持。有些信访案件情况复杂，涉及面广，应提倡在党委的统一领导下，与党的纪律检查委员会等有关部门共同组织力量，联合办案。"

鉴于检察机关是法律监督机关，受理的来信来访大多涉及刑事控告、申诉这一特点，同时根据各地的反映和要求，关山复提出了一个对检察机关信访机构设置的改革主张："根据信访工作的性质和业务管辖范围，许多同志在会议期间提出，检察机关的信访机构改称控告申诉检察厅（处、科）为宜，我是同意这个意见的。我个人认为改称控告申诉检察厅（处、科）是名副其实的，有利于明确信访工作的性质，有利于调动广大信访干部的积极性，有利于加强信访机构的组织建设。"

由于受当时条件限制，关山复关于检察机关信访机构改称控告申诉检察厅（处、科）的主张未能立即实行，但事实证明，他的主张是符合检察机关信访工作定位的，也是适应形势发展的。1987年4月11日，在他退休后的第五年，他的这一主张终于变成现实：检察机关的信访机构改名为控告申诉检察厅（处、科），主要受理公民向检察机关提出的有关刑事案件方面的控告和申诉。

1982年5月，关山复任期届满，从最高人民检察院副检察长的岗位上退了下来，先后担任最高人民检察院顾问、咨询委员会委员，继续关心和支持检察工作，积极为检察事业的发展建言献策。

2010年6月15日，关山复因病在北京逝世，享年95岁。

（邱春艳编写）

参考资料

关山复：《风云瞬息》，辽宁大学出版社1994年版。

江 文

　　江文（1918－2015），原名江兰波，湖北仙桃人，1937年加入中国共产党。新民主主义革命时期，历任安徽抗日动员委员会第一工作团团长、皖江含巢县委副书记兼独立营政治委员、含巢县委书记兼县行政办事处主任、新四军第七师六十三团副政治委员、华野第十三纵队一一五团政治委员等职。新中国成立后，先后任华东局组织部秘书科科长、党群干部管理处处长，最高人民检察院副厅长、厅长，冶金部钢铁研究院党委第一书记，北京计量科学研究院党委书记等职。1980年重回最高人民检察院担任江青反革命集团案起诉组组长。1981年9月至1986年1月任最高人民检察院党组成员、副检察长、检察委员会委员。

★ 洪湖赤子

1918 年 11 月，江文出生于洪湖岸边的湖北沔阳县（今仙桃市）。伯父江炳灵带领江文离开了世代耕种的土地到城里读书，但对江文进步思想的形成和后来逐步走向革命道路产生过重要影响的人却是他的三哥。三哥江男俊是二伯父家的大儿子，读书刻苦，在兄弟姐妹中功课最好，在上海大学念书。江文佩服三哥，不仅因为三哥学习好，还因为他虽参加学生运动被捕过，但仍不屈不挠投身革命工作。

江文初中的时候，发生了九一八事变，当时全国人民抗日高潮迭起。1935 年 12 月 9 日，发生了著名的一二·九爱国学生运动。刚初中毕业的江文，和许多学生一样，有着朴素的爱国思想和进步民主思想的萌芽。他怀着满腔热情参加了一二·九爱国学生运动，游行示威，喊口号，张贴标语，到公共场所人多的地方进行演讲。但火热的学生运动遭到反动派残酷打压，正在江文苦闷彷徨的时候，三哥江男俊从上海回到武汉秘密串联，不断给江文灌输进步的革命思想。

1936 年江文考上了高中，三哥在离开武汉时，带江文来到他们的联络点"生活书店"，见到一个姓顾的"书店经理"，顾经理拿出一本《政治经济学》递到江文手里。他用了几个晚上把书读了一遍，第一次读到"无产阶级""资产阶级""剩余价值"等一些从未听说过的名词。后来，江文又从伯父江炳灵那里得到一本《列宁主义问题》，这本书连同此前的《政治经济学》，成了江文无产阶级世界观形成的启蒙读本。

江文第二次来到"生活书店"，顾经理拿出一些印刷品给他。江文迫不及待地看了一眼，只见页眉下方有四个黑体大字："八一宣言"。顾经理兴奋而又小声地告诉他，红军经过二万五千里长征，已经到达了陕北。顾经理让他把这些传单偷偷地散发出去，并嘱咐千万别让人知道。在学校秘密散发传单之后，江文和同学陈约珥熟络起来。一天，陈约珥来找江文，约他后天去参加由"青年救国团"主持举行的追悼鲁迅先生大会，并告诉他会上要进行一系列的爱国活动。

1936年秋，江文参加了共产党的外围组织——武汉"秘密学联"。次年10月，经陈约珥介绍，江文加入中国共产党。和江文一起入党的有胡克实、王国桢和胥博一，主持他们入党仪式的是中共湖北省委青年部部长杨学成。

1937年寒假，江文到了中共长江局，见到了中国共产党的早期领导人董必武、王明，还有秦邦宪、吴克坚等。从此，江文全身心地投入了共产党公开的或地下的活动。

1938年10月，江文调任安徽省动员委员会第一工作团团长。1940年，江文所在的游击队提升为独立连，江文任和含独立连连长。在一次反扫荡中，江文被子弹击中右前额。1943年1月，江文任和含县委副书记，含巢县委副书记、书记等职。

★ 特别公诉"两案"公诉人

20世纪80年代初，对林彪、江青两个反革命集团的特别审判，令世人瞩目。特别检察厅在寻找出庭公诉江青的人的时候，出现了推荐政法机关之外的候选人的情况，那个被推荐的公诉人就是江文。江文当时不在政法系统工作，而是北京计量科学研究院的党委书记。

江文其实是"老高检"，早在1959年，江文作为最高人民检察院第一检察厅厅长，出庭公诉杨虎一案时就给人留下了深刻印象。杨虎是个极其复杂的人物，他的身份是国民党淞沪警备区司令，一方面和蒋介石、蒋经国父子保持亲密关系，另一方面又和日本帝国主义勾结。他熟识东条英机，在绸布上给当时的日本外相重光葵写的贺信，企图通过一个日本女人藏在鞋底带到日本，结果被查获。1959 年 9 月 15 日，江文代表最高人民检察院对勾结国民党特务机关和日本军国主义分子、危害我国人民民主专政的反革命犯杨虎、邹尧、李策明、许镜明、田敬如等，向最高人民法院提起公诉。庭审结束，时任最高人民检察院副检察长的谭政文对江文在法庭上的表现给予了很高评价，认为公诉很成功。从此，江文的敏捷思维和超常辩才、对法律条文的娴熟运用以及对被告人心理的准确揣摩，被广为称誉。

鉴于江文在出庭公诉杨虎反革命案中的出色表现，20 多年后他又被选任为公诉江青工作小组组长。在"重证据，重调查研究、不轻信口供"的办案原则指导下，他带领工作组在预审、侦查阶段，查阅案卷 1700 余卷，取得原始书证、物证近 3000 件，在法庭上公诉江青的出色表现为人称道。

★ 两袖清风

1986 年年初，江文离休之前，环顾自己的办公室，如释重负而又意味深长地轻轻自语："我是两袖清风而来，两袖清风而去！"

江文说，人只要没有名利思想，什么都能放得下。这话说起来容易，但做到却很难。

江文离休后，没有接受任何兼职，没有任何名誉类的头衔。他按照自己的理解和认识，做了两件事。第一件事，他提出把自己的工作证换掉。他的工作证上职务一栏是"副检察长"，他认为自己不是副检察长了，应该改成"离休干部"，客观、诚恳而真实。第二件事，江文把配给他的汽车退给了机关。江文认为，汽车是用来工作的，离休了，不工作了，就应该把工作用车交回机关。

江文 18 岁离开故乡，到安徽金寨县动员委员会当干事，很快就走上抗日前线，从此就再也没有回过故乡。离开家乡50年，离休了才安排第一次回老家。探家主要是看望母亲，"文化大革命"开始母亲离开北京后就再也没见过面。

江文1955年到最高人民检察院出任人事厅副厅长，此前在上海华东局也从事过组织人事工作，但他没有为一个亲属安排过工作。江文的5个孩子离开学校找工作，都是组织分配或自谋职业。江文兄弟多，光侄辈儿、甥辈儿就有十多人，没有一人沾过他的光。

作为最高人民检察院的厅长、副检察长，找江文申冤诉苦的人不在少数，他都按照正常程序处理问题，家人也不例外。一次，他的侄女从湖北来到北京，替丈夫申诉冤情。他让侄女直接去位于东交民巷的最高人民检察院来访处反映情况，后来按属地管辖的原则，又告诉侄女到湖北省人民检察院去申诉。

江文的"不近人情"逐渐让他"门庭冷落车马稀"。但是，他的一身正气、两袖清风，诠释了一名检察官的优秀品质。

2015年1月10日，江文因病在北京逝世，享年97岁。

（秦树业编写）

参考资料

1. 马克昌主编：《特别辩护：为林彪、江青反革命集团案主犯辩护纪实》，中国长安出版社2007年版。

2. 镡德山主编：《中国大审判：公审林彪、江青反革命集团十名主犯图文纪实》，吕相友摄影、编文，中央文献出版社、辽宁人民出版社2006年版。

冯锦汶

冯锦汶（1924－2018），江苏苏州人，1940年参加革命，1941年加入中国共产党。1980年8月起，先后担任最高人民检察院刑事检察厅副厅长、厅长；1982年5月至1991年9月，担任最高人民检察院党组成员、副检察长、检察委员会委员。解放战争时期，曾任山东省武工队政治指导员、华北局社会部机要秘书等职。新中国成立后，先后任福州市公安局侦察科副科长、公安局局长，福州市副市长、市委书记处书记、市委副书记等职。第七届、第八届全国政协委员。

★ 烽火连天的峥嵘岁月

1924 年 11 月，冯锦汶出生于上海一个贫苦家庭。七八岁时，冯锦汶的父亲给他找了一家救济性质的学校上学，后来老师推荐他到上海市国立新民小学念四年级。

1937 年，抗日战争全面爆发，冯锦汶刚刚 12 岁，由于战争的混乱和生活的困难，他无法继续学业，去面馆当了学徒。做了两年学徒工后，冯锦汶开始上夜校。在夜校，他遇到了改变其人生轨迹的中共地下党员钱敏君老师。

1940 年，国家的形势已经大乱。9 月，在钱敏君引荐下，冯锦汶提交了志愿参军的材料；12 月下旬，冯锦汶来到华中抗大五分校报到。1941 年 3 月 4 日，冯锦汶在抗大经二位同学介绍参加了中国共产党。5 月，冯锦汶参加了新四军军部军法处第二期保训班。结业后，冯锦汶留军法处二科工作，二科的任务是军法监察。也就是从此时起，冯锦汶的一生都与政法工作结下了不解之缘。

1946 年，冯锦汶去山东工作，后任山东省武工队指导员，带队在临沂郯城坚持敌后游击斗争，后又亲身经历了潍县解放。在这段时间里，他对恢复城市秩序、维持社会治安有了全面而切身的认识体会。

1949 年 7 月，冯锦汶奉命带干部南下，到苏州向十兵团保卫部报到，随部队进驻福建，一待就是 30 余年。9 月 3 日，福州市公安局成立，有着坚强党性和丰富反特经验的冯锦汶任社会处社会科科长，主要负责对国民党特务的调查研究和侦查破案的紧张工作。

经过几次对敌特的有力打击后，社会秩序日趋稳定，为抗美援朝、全面开展土地改革和镇压反革命运动打下了坚实的基础。这一时期福州全市共破获敌特案件 12 起，逮捕人犯 130 余名，缴获 6 部潜伏电台及一批枪支弹药，为保卫新生的人民政权作出了巨大的贡献。

"文化大革命"爆发后，冯锦汶受到残酷迫害。他回到工作岗位后，在负责处理一些案件时，坚决抵制住造反派的威胁，坚持"既不放过一个反革命，也不冤枉一个好人"。尽管屡受冲击，冯锦汶对党忠诚的信念始终没有变。

★ 开启政法生涯新历程

1978 年下半年，冯锦汶去中央党校学习。次年 3 月，冯锦汶回到福建，任福建省委政法委员会办公室主任。

1980 年 8 月，冯锦汶接受组织安排到最高人民检察院报到，从此开始了新的人生历程。初入最高人民检察院，冯锦汶任刑事检察厅副厅长。尽管做了大半辈子的政法工作，有着丰富的政法工作经验，冯锦汶仍然不敢掉以轻心，面对恢复重建的检察机关，他知道自己肩上的担子有多重。恰逢刑法、刑事诉讼法开始施行，冯锦汶找来法条，仔细地研读，甚至手抄了一部《中国刑法》讲义。

在这一段时期，最高人民检察院的工作主要是受理大量的检察申诉案件，冯锦汶所在的第一检察厅同时做了大量的审查批捕工作。

党的十一届三中全会后，随着全党工作重心的转移，我国的经济建设和各项工作都取得了很大成绩，政治、经济形势越来越好，但当时很多地方的社会治安形势相当严峻，群众缺乏安全感。冯锦汶认识到，要及时打击犯罪分子的嚣张气焰，必须确定从重从快的方针，刑事检察工作尤其要全面开展，除了做好审查批捕、起诉和提高出庭水平外，还要开展侦查监督和审判监督。

1981 年 3 月 26 日，上海市检察院认为上海市高级人民法院判决杀死妻女的翁贵祥死刑缓期两年执行一案判刑不当，应改为立即执行，向最高人民检察院提请抗诉。最高人民检察院院领导要求冯锦汶负责审查。冯锦汶到上海市检察院审查了全部档案，认为上海市检察院的意见是正确的，决定向最高人民法院提出抗诉，法院采纳了抗诉意见，于 5 月 16 日改判被告人翁贵祥死刑立即执行。这是检察机关恢复重建后，依照法律程序，首次由最高人民检察院提出抗诉的案件，是检察机关行使审判监督权的一个重要案例。

1981 年 9 月，冯锦汶任刑事检察厅厅长。1982 年 5 月 4 日，第五届全国人大常委会第二十三次会议决定，任命冯锦汶为最高人民检察院副检察长。

这一时期，冯锦汶主管的刑事检察工作仍然面临严峻的考验。他提出，刑事检察工作对于保障公民的人身权利、民主权利和其他合法权利，负有特殊的责任。在当时一片要求"重典治国"的呼声中，冯锦汶发出尊重被告人权利的声音，是相当清醒而富有前瞻性的。

20 世纪 80 年代初，全国开展声势浩大的"严打"运动。冯锦汶作为主管刑事检察的副检察长，本着实事求是的态度，以敏锐的目光和丰富的经验看到了"严打"斗争中可能存在的混淆罪与非罪、一味从重从快不顾法律事实等问题。他强调，打击刑事犯罪要"稳、准、狠"，"准"是关键，"狠"是打击严重刑事犯罪嚣张气焰的需要。只讲"狠"，不讲"准"，就会产生失误和偏差；反之，只讲"准"，不讲"狠"，就会出现打击不力。

从 1983 年 8 月到 1986 年，在整个"严打"斗争的三个战役中，各级检察机关审查批捕的各种刑事犯罪分子 170 多万人，向审判机关提起公诉 160 多万人，给犯罪分子以沉重的打击，有力地遏制了各类刑事犯罪活动，为社会治安的好转作出了很大贡献。而冯锦汶在整个"严打"斗争中一直分管刑事检察厅的业务工作，"严打"斗争的胜利自然凝聚着冯锦汶的功劳与汗水。

★ 载入历史的坚毅面容

1989 年 8 月 15 日,最高人民法院、最高人民检察院举行新闻发布会,发出《关于贪污、受贿、投机倒把等犯罪分子必须在限期内自首坦白的通告》(以下简称《通告》)。时任最高人民检察院副检察长的冯锦汶在新闻发布会上宣布《通告》内容。《通告》发布后,受到各级党委、人大和政府的大力支持和广泛宣传,得到人民群众热烈拥护,迅速形成了一个反贪污贿赂斗争的高潮。据统计,在《通告》规定的两个半月内,群众举报贪污贿赂等经济犯罪线索 133765 件,有 36000 多名贪污贿赂犯罪分子到检察机关投案自首。

这次《通告》的发布,是我国又一次大张旗鼓的反贪污贿赂斗争,是发动群众和依靠群众反贪污贿赂的成功实践。而冯锦汶在《通告》新闻发布会上严肃的面容、铿锵有力的声音,也随着《通告》一起,被载入历史的永恒记忆。

从 1982 年 5 月到 1991 年 9 月,冯锦汶担任了近 10 年的副检察长,除了分管刑事检察厅之外,还分管监所检察厅和铁路运输检察厅。当时监所检察工作被看作"可有可无"。1982 年的全国劳教检察工作座谈会上,冯锦汶指出,监所检察工作是整个检察工作的重要组成部分,是国家法律赋予检察机关的一项职责,对于维护国家法律的严肃性、维护社会治安,具有十分重要的意义,是非做不可的一项重要工作。1987 年 3 月在召开第二次全国监所检察工作会议时,监所检察的状况已经大为改观,形势越来越好。与监所检察相似,在 20 世纪 80 年代初,铁路运输检察也经历了一个从无到有、从初创到成熟的过程。

冯锦汶在政法战线整整工作了 51 年,在 74 岁高龄时,他手写了一部 8 万多字的《社会治安问题》讲课提纲，条分缕析，观点深刻，字迹工整。检察，已经成为冯锦汶人生中不可或缺的一部分。

2018 年 2 月 5 日，冯锦汶因病在北京逝世，享年 93 岁。

（闫晶晶编写）

参考资料

1. 孙谦主编：《人民检察制度的历史变迁》，中国检察出版社 2009 年版。

2. 王松苗主编：《共和国检察人物》，中国检察出版社 2009 年版。

3. 肖扬：《反贪报告》，法律出版社 2009 年版。

4. 郑键：《青山远望岁月稠——最高人民检察院原副检察长冯锦汶》，载王松苗主编：《检察生涯——高检院二十七位卸任副检察长访谈录》（下），中国检察出版社 2011 年版。

张灿明

张灿明 (1914 — 2010)，原名张端经，四川达县人，1938 年加入中国共产党。1983 年 7 月至 1985 年 9 月任最高人民检察院党组副书记、副检察长、检察委员会委员。新民主主义革命时期，曾任中共舒城县委军事部长、新四军江北游击纵队大队教导员、淮北军区独立五团政治委员、中共泗宿县委书记、江淮区委二地委书记兼军分区政治委员等职。新中国成立后，曾任中共蚌埠市委书记、军管会主任、警备司令部政治委员，华东局工业部副部长兼华东军政委员会劳动部党组书记、副部长，全国总工会华东办事处党组书记、副主任，外交部领事司司长、副部长等职。第六届全国人大代表。

★ 既讲原则又灵活

张灿明早在四川省达县乡村师范读书时，就参加了当地一名教师组织的学生运动。毕业后在老家小学任教，一面教书，一面开展革命宣传工作，激发群众的爱国抗日热情。

1936 年年底，西安事变的消息传来，张灿明和他的青年伙伴准备投笔从戎。1937 年冬，他们从达县出发，辗转到了延安。经过在抗日军政大学的半年学习，张灿明和同学们走上抗日前线。1938 年秋，张灿明从延安经武汉到达大别山中，在淮北一带开始革命战斗。为方便工作，他把名字由"张端经"改为了"张灿明"。

1943 年，淮北区开展整风运动，张灿明担任淮北区党委整风轮训队学委会党委书记。在整风中，张灿明坚持认为，整风审干不是"整人"，而是要提高思想觉悟、改变作风。当时参加抗战的广西学生军，有的后来投奔共产党，有人就怀疑这些人有"托派"问题，需要弄清楚。整风轮训队经过认真审查，相信其本人的交代，排除了"托派"怀疑，对每个人作出了实事求是的结论，避免了"工作过火"的错误。

1955 年年初，张灿明调至外交部工作，担任领事司司长，踏上外交之路。在 30 年的外交工作中，他出使锡兰（后改名斯里兰卡）、蒙古、北也门和芬兰，不辱使命。1979 年，他被任命为外交部副部长，参加外事活动更加频繁。1982 年春，邓小平同志点名让张灿明负责组织一个班子，研究解决收回香港及外交谈判的一揽子问题，拟订出一个切实可行的方案，作为邓小平同志与即将访华的英国首相撒切尔夫人商谈收回香港的方案。张灿明做了大量严谨细致的准备工作，他组织专门小组提出的方案既立场鲜明、政策性强而又不失灵活，为中央正确决策、做好对英谈判提供了重要参考。

★ 拨乱反正作风实

1983 年 7 月，中央安排张灿明担任最高人民检察院党组副书记、副检察长。上任伊始，拨乱反正工作恰在进行，张灿明再次投入对"人"的工作中，亲自指示为一些冤假错案平反，尽快恢复有关人员的名誉。

当时，辽宁某基层检察院检察长曾在拨乱反正工作中和张灿明"较过劲"。该县一名妇女向最高人民检察院写信反映自己被错打成反动组织成员，请求给予平反。张灿明收到这封来信后很重视，批示要求当地检察院查清事实处理。不久，张灿明恰好到该地出差，在谈到对这名妇女的平反问题时，那位检察长很不服气，认为他们曾办理很多起这类案件，都是这么办的，不应该给这个妇女平反，并表示请张灿明参加该院检委会会议，听听检委会其他委员的看法。当时，张灿明严肃地表示，该院还没有领会中央拨乱反正工作的精神，他不参加该院检委会会议，只要求该院党组认真学习中央关于做好拨乱反正工作的文件，透彻领会中央精神。在张灿明离开后，这位检察长通过召集大家认真学习有关文件，终于弄通了思想，并为这名妇女进行了平反。而后，这位检察长又决定，对该院办理的类似案件进行重新梳理，纠正了办理的错案，给一批人予以平反。

在数十年工作生活中，除了外交，张灿明接触最多的就是组织工作。党的十二届二中全会通过关于整党的决定后，张灿明在最高人民检察院主持了这项工作，开展了党员重新登记。

★ 勤于学习重调研

张灿明到最高人民检察院后，由于对法律知识不是很熟悉，所以就安排了法律基础扎实的呼延凌泰担任他的秘书。

第一次见面，张灿明就让呼延凌泰把"法律"一词的概念整理出来，要看一看。呼延凌泰把当时一些法学教材里关于法律的概念抄写了两页，其中有"法律体现统治阶级的意志，是阶级专政的工具之一"之类的表述。张灿明看了以后，问呼延凌泰，法的概念能不能用现代文明用语改变一下表述。显然，他感到，"阶级专政"之类的表述不利于群众对法律概念的接受和法律工作的开展。

在呼延凌泰眼里，张灿明开明、开放，对问题往往能从比较宏观的角度进行把握。1983 年 8 月 3 日在全国省、自治区、直辖市检察长座谈会上，张灿明说自己"接触工作不久，没有发言权""讲一点外行话"，但是他对政法各部门之间工作配合与制约等有关司法工作问题提出了如今看来仍颇有价值的观点："要在工作中不犯错误或少犯错误，或者不犯大的错误，就要互相配合好、协作好，这是基本的、主要的……但也要注意制约的问题。这就要求我们在执行这个原则过程中，保持冷静的头脑，实事求是。不是取消互相制约，而是要正确认识和正确地运用它。据我的理解，如果说制约的话，那么，一是看是否贯彻执行中央的方针政策，特别是各个方面是否坚决地正确地执行了。二是看在执行中是否有漏案，大的案件该起诉的没有起诉，该杀的没有杀。三是看有没有判错的。所谓判错，就是该杀的没有杀，不该杀的而杀了，案件的基本事实弄错了……坚决打击与教育改造，两者是相辅相成的，在任何时候都是互相结合的，只是不同时期重点有所不同而已。"

注重调查研究是张灿明一贯的风格。他认为："我们的一切工作都要从客观实际出发，不从实际出发，一切工作都做不好。毛主席说过，没有调查就没有发言权……马克思主义者认识世界，是为了改造世界。我们搞调查研究，不单单是了解情况，还要研究问题，提出解决问题的办法，不仅解决眼前的现实问题，还要通过调查研究，对尚未发生的一些问题要有预见性，这样才能起到指导工作解决问题的良好效果。"对检察调研工作，他还特别强调："调查研究工作是检察机关履行法律监督职能不可缺少的重要组成部分，是开展各项检察业务工作的前提和基础。我们要不断提高对这项工作的认识，切切实实地加强起来。"张灿明重视到基层认真调研。1984 年，他到北京有关单位进行调研，发现经济犯罪案件增长很快，当即提出，应当在"严打"之后将检察工作的重点转到惩治经济犯罪上。

1985 年 7 月 29 日，张灿明在全国检察机关调查研究工作会议上强调了调研工作的重要性。他指出："我们一定要看到调查研究工作，对我们检察机关的现实工作是有很重要的意义的，这项工作是我们确定政策、解决问题、开展工作的基础。"他还针对性地指出，有的单位和有些同志对此还存在不正确的认识："有的认为'调查研究工作是领导机关的事，基层院搞不搞调研工作没有多大关系'，有的说'基层院是管办案的，不用搞调研工作'，还有的说'搞调研是研究部门的事，业务部门管好办案就行了'。这些认识都是不对的，至少是把调查研究工作的范围看窄了。"

长期积劳成疾，张灿明感觉到身体大不如前，遂向组织提出离职休养。1986 年 9 月，最高人民检察院党组同意张灿明离职休养。2010 年 7 月 29 日，张灿明因病在北京逝世，享年 96 岁。

（刘金林编写）

参考资料

1. 陈国衡主编：《巴山走出的外交官》，四川人民出版社 2001 年版。
2. 肖玮：《一段难忘的历史》，载《检察日报》1998 年 10 月 1 日。
3. 石京学：《忆张灿明同志二三事》，载《检察日报》2010 年 10 月 8 日。

肖　扬

　　肖扬（1938－2019），广东河源人，1962年参加工作，1966年5月加入中国共产党。1990年至1993年任最高人民检察院副检察长、党组副书记、检察委员会委员。曾任广东省曲江县委宣传干事、曲江县委办公室副主任，韶关市武江区委书记、清远地委副书记。1983年至1990年，历任广东省人民检察院副检察长、党组副书记，广东省人民检察院党组书记、检察长。1993年后，先后任司法部部长、党组书记，最高人民法院院长、党组书记、首席大法官。中共第十五届、第十六届中央委员。

★ 磨砺和积淀

1938 年 8 月，肖扬出生在广东省河源县南湖乡亨头村一个贫苦农家。由于家境贫寒，肖家几代人没有读过书。到了肖扬懂事的时候，父母便用砍柴换来的钱供他读私塾。新中国成立后，肖扬到南湖中心小学念"新学"，并以优异成绩考上了广东惠阳高级中学。高中毕业，肖扬报考了中国人民大学法律系，并最终如愿以偿。

在中国人民大学，肖扬度过了人生最为宝贵的青春岁月。这段大学时光对肖扬的人生产生了重大影响，肖扬后来回忆说："我在中国人民大学接受了比较系统的法学专业教育，培育了我很深的法律信仰。理论联系实践是中国人民大学教学的重要指导思想，是培养学生实践能力的重要内容。不唯学术而学术，不唯理论而理论，面向社会，面向实践，面向群众，聚焦现实，学以致用，这就培养了我热爱人民和全心全意为人民服务的精神，这对我后来从事政法工作和党务工作，是一个必备的基本素质，也是我能顺利完成各项任务的一个基本功。"

大学四年，肖扬不仅打下了坚实的政治理论和法学理论基础，更是立下了要为祖国繁荣富强奉献青春和聪明才智的坚定信念。

1962 年，肖扬从中国人民大学毕业，被分配到新疆维吾尔自治区政法干部管理学校做了一名教师。因为惦念家中的奶奶和父母三位老人的生活，肖扬后来回到广东，来到地处粤北山区、条件非常艰苦的曲江县，在县公安局一干就是 8 年。肖扬不仅参加正常巡逻、警卫、破案等工作，还撰写各种汇报材料，常常忙到深夜。他的文采和实干精神受到县委重视，被列为重点培养干部。

1975 年，在"农业学大寨"的热潮中，肖扬担任了曲江县龙归公社党委书记兼革委会主任。他说："我当了六年的书记，这是我从中国人民大学毕业之后读的又一所大学——社会大学。如果说四年大学校园生活奠定了我的法治理想，和农民兄弟直接打交道的六年则让我充分懂得国情和民生。"经过几年时间的努力，肖扬领导的龙归公社被评为全国农业先进单位，受到国务院表彰。谈到工作经验，肖扬坦率地说："我没什么秘诀，核心是一要求实，二要创新。求实是工作之本，创新是工作之路。"

1981年，组织上调肖扬担任韶关市武江区委书记。这一段经历，又加深了他对城市工作的认识。1983年，肖扬就任清远地委副书记。这期间多个工作岗位的转换和实践，使他具备了谋略大局的眼光，锻炼了他荣辱不惊的心理素质，培养了他对不同岗位的适应能力以及和不同类型的人合作的胸怀。

★ 解放思想　敢为人先

1983年7月，经历了磨砺和积淀后的肖扬重新回到政法战线，担任广东省人民检察院副检察长、党组副书记。1986年5月，第九届广东省人民代表大会选举肖扬为广东省人民检察院检察长。这一年，他48岁。

肖扬上任之际，正是改革开放之初。广东地处改革开放最前沿，领风气之先。广东的检察工作怎样和广东的实际、改革开放的实际结合起来，怎样在这片改革开放的试验田里大胆探索，敢为天下先，这是肖扬在考虑的。处于改革开放的争议声中，肖扬说："改革是一场真正的革命，既然是革命就难免有一定风险。现在大力提倡的敢闯敢试精神，从一定意义上说，就是要敢冒风险。在风险的挑战面前，有的人怕'枪打出头鸟'而明哲保身，有的人则不计较个人得失，毅然前行，敢于承担风险，即使个人损失了什么，也是失得其所！"

　　后来有人形容肖扬在广东的工作："思想解放，敢为人先，局面大开。"时任最高人民检察院检察长的刘复之也说过："好几件新鲜事都出在广东。"建立沟通检察机关与香港廉政公署（回归前）的绿色通道，1987年成立广东省人民检察院个案协查办公室；针对人民群众反映强烈的贪污贿赂问题，于1988年3月在深圳率先建立全国首个经济罪案举报中心；在最高人民检察院和广东省委的领导和支持下，于1989年8月率先在广东省人民检察院成立全国第一个反贪局，创立了集举报、侦查、预防于一体的反贪污贿赂专门机构；在检察院首次实行侦查、批捕起诉分开的"双重制约制度"，改革和完善检察机关的内部监督机制。这些"新鲜事"都得到了中央和最高人民检察院的高度重视和肯定，后来都在全国范围内予以推广。

　　肖扬从"归队"后就逐渐开始思考恢复重建后的检察机关的地位和作用问题。他首先认为，作为国家专门法律监督机关的检察机关，恢复重建后的核心问题就是树立法律监督的权威。他进一步强调，树立法律监督的权威，要落实在具体检察业务中。

　　肖扬始终强调，检察工作要为经济建设大局服务，为改革开放护航，检察机关在执法中要解放思想、更新观念。

　　1983年，在当时"严打"背景下，肖扬提出对严重刑事犯罪依法从重从快，但也要注意在处理时"宽严相济"的观点。

　　1990年10月，肖扬接到了赴京担任最高人民检察院副检察长的通知。同年12月28日，第七届全国人大常委会第十七次会议通过任命肖扬为最高人民检察院副检察长、检察委员会委员的决定。在最高人民检察院，肖扬更加领略了决策层对大局的思考和把握。

　　当时，打击经济犯罪是检察机关的第一位任务。最高人民检察院党组经过认真研究，向中央提出了《关于检察机关把反贪污贿赂列为打击经济犯罪重点的报告》。肖扬顺着调整工作重点的思路，一如既往地加强贪污贿赂查处工作，继续强化反贪局"集举报、侦查、预防于一身"的整体功能，强调"要破除条件有限、无所作为的思想，勇于创新，勇于探索，努力建立有检察特点的反贪体制"。

1992年冬，肖扬在全国检察长会议上作了总结讲话。他指出，打击犯罪和改革开放、发展经济两者是统一的有机整体，贯彻"两手抓"要处理好以下几个关系：一是打击与服务。坚决而准确地打击犯罪是检察机关对经济建设最重要、最直接的服务。二是坚决与慎重。"一要坚决，二要慎重，务必搞准"，是惩治贪污贿赂犯罪的一条重要原则。坚决惩治贪污贿赂犯罪这一点不能有丝毫的含糊。坚决和慎重，最终要落到"准"字上。三是数量和质量。处理这个关系，关键是要实事求是，依法办案，把注意力放在查办大案要案、提高案件质量、扩大办案效果上来。四是大案与小案。要坚决处理大要案，依法妥善处理小案。

"说到底就是用小平同志的'三个有利于'来指导执法。"在论述政策在指导执法中的作用时，肖扬强调，党中央、国务院为加快改革开放和建立社会主义市场经济制定的一系列政策，必须认真执行，当前及今后的各项工作都必须以此为指导。发挥政策的指导作用与依法办事是一致的。用政策来指导执法，可以弥补立法的某些滞后现象，使执法活动紧跟时代的发展，更符合客观实际。

★ 亲历依法治国基本方略提出

1993年3月29日下午，第八届全国人民代表大会第一次会议举行全体会议，决定肖扬为司法部部长。我国第一部律师法、监狱法以及中国特色法律援助制度的诞生，肖扬都是亲历者、见证者、推动者。

2007年，为纪念依法治国基本方略提出十周年，肖扬在《求是》杂志发表文章，回顾依法治国基本方略提出、形成和发展的过程。他说："1993 年 3 月至 1998 年 3 月，我担任司法部部长，亲身经历和见证了依法治国基本方略提出的过程。依法治国基本方略的提出还得从中央举办法制讲座说起。"

1996 年 2 月 8 日下午，在中南海举行第三次法制讲座，题为《关于依法治国、建设社会主义法治国家的理论和实践问题》。肖扬在回顾文章中说，这是一次非同寻常的法制讲座，因为正是在这一次讲座的总结讲话中，江泽民同志提出了依法治国基本方略，并对依法治国的重大意义进行了全面深刻的阐述。"这一讲话为依法治国基本方略的确立奠定了坚实的思想理论基础。"

一个多月后，第八届全国人大第四次会议把"依法治国，建设社会主义法制国家"作为一条基本方针，写入《国民经济和社会发展"九五"计划和 2010 年远景目标纲要》。1997 年 9 月，"依法治国，建设社会主义法治国家"写入了党的十五大报告。1999 年 3 月，第九届全国人大第二次会议把"依法治国，建设社会主义法治国家"这一基本治国方略正式写入了宪法修正案。

肖扬特别提到，法制讲座后公开报道中的"社会主义法制国家"，在十五大报告中变成了"社会主义法治国家"。肖扬说："'制'和'治'看起来只是一字之差，其实是一次重大的观念变革，表明中国不仅要加强法律制度建设，而且要从治国方式上根本抛弃'人治'传统。"

1998 年 3 月和 2003 年 3 月，在第九届全国人大第一次会议、第十届全国人大第一次会议上，肖扬两次当选为最高人民法院院长。媒体惯用"十年改革路"来对应肖扬"两任十年"的最高人民法院院长任期。肖扬也曾用过这样一段话来概括自己在法院十年的工作：明确了一个指导方针——公正司法、一心为民；确立了一个宗旨——司法为民；抓住了一个主题——公正与效率；办了四件大事——以审判工作为核心、以基层建设为基础、以法院改革为动力、以队伍建设为保障。

法治和改革，是肖扬人生的两条路轨。2019 年 4 月 19 日，肖扬因病在北京逝世，享年 81 岁。

（王地编写）

参考资料

1. 肖扬：《反贪报告》，法律出版社 2009 年版。

2. 张耕：《中国法律援助制度诞生的前前后后》，中国方正出版社 1998 年版。

3. 彭伟祥、钟越：《中国首席大法官肖扬》，载《党风廉政月刊》2000 年第 3 期。

4. 肖扬：《人大法律人的家国情怀》，载中国人民大学法学院网站。

5. 肖扬主编：《贿赂犯罪研究》，法律出版社 1994 年版。

王文元

　　王文元（1931－2014），湖北黄陂人。九三学社成员。1992年3月至1998年4月任最高人民检察院副检察长、检察委员会委员。1958年至1988年，历任辽宁大学经济系助教、讲师、副教授、教授、教研室主任、系主任、经济学院院长，沈阳市政协副秘书长。1988年后任辽宁省副省长，九三学社中央副主席。1997年至2002年任九三学社中央常务副主席、名誉副主席，中国和平统一促进会会长、名誉会长等职。1998年3月当选为第九届全国政协副主席。

★ 从大学教授到政府领导

1931 年，王文元出生在河南省漯河市。父亲经商，对他要求非常严格，王文元从小在父亲"玩人丧德、玩物丧志"的教育警示和严厉管束下成长。后来，父亲双目失明，家中失去了生活来源。王文元担起了养家重担，来到原华中钢铁公司做财务工作。在这里，他以过人的勤奋、踏实、聪慧，很快脱颖而出，22 岁时被公司选派到东北会计统计专门学校（东北财经大学的前身）学习。

1956 年，王文元毕业后留校。1956 年至 1988 年，先后在东北财经学院、辽宁大学执教，曾任辽宁大学经济学院院长等职。他长期从事经济方面的研究，学术造诣较深，著书立说数百万言，在我国财务与会计学科建设发展中作出了许多开拓性的工作和有重大价值的贡献。

1988 年，王文元任辽宁省副省长，九三学社中央副主席。从学者到政府官员，王文元坦言不知道该怎样做官，但他心中有一个坚定的信念：尽自己所能踏踏实实为人民群众做点事。

在担任九三学社中央和地方组织领导职务期间，王文元继承和发扬与中国共产党亲密合作的优良传统，始终不渝坚持中国共产党领导的多党合作和政治协商制度，在重要关头立场坚定、旗帜鲜明，政治上自觉与中国共产党保持一致，为统一战线和多党合作事业作出了积极贡献。在他直接组织参与的几年里，九三学社关于保护环境、水资源、国土资源等方面的提案受到极大关注和重视。

任副省长期间，王文元分管的文化、教育、体育、卫生、计划生育等领域的工作做得风生水起。他很重视树立为人民服务的公仆意识，总是轻车简从下基层，足迹遍及全省每个市县。有一次，王文元到法库县实地调研，回程路上发生车祸，右臂粉碎性骨折。肇事的司机得知他撞的是个副省长时怎么也不信："副省长出来怎么会没有警车开道？你别吓唬我了。"被送回沈阳治疗的王文元特意叮嘱："要依法办事，不能因为撞的是我就加重处罚。"肇事司机听说后非常感动，说："有这样的官是咱老百姓的福气呀！"

★ 第一位民主党派身份的最高检副检察长

1992年2月24日，时任最高人民检察院检察长刘复之签发提请全国人大常委会审议王文元任职的报告。1992年3月，王文元出任最高人民检察院副检察长，成为检察机关恢复重建后第一位民主党派身份的副检察长。

任职伊始，王文元以新兵自居。他很诚恳地说了这样一番话："我在大学搞了30多年的经济学教学和研究工作，搞经济学的人都懂得法律，又当了4年多副省长，也接触了不少法律问题。所以，对于法律我还是懂的，但是毕竟不曾专门从事过这方面的工作。如今我61岁了，出任检察官，能不能把工作做好，心里没底。"但在他的心中"勤人面前无难事"，"做不好、不做好"的情况是不允许发生的。

这是王文元到任后一年多的工作记录：

1992年5月20日至6月21日，王文元一行四人深入四川、湖北两省的基层检察机关和监管场所视察。

1992年7月9日下午，监所检察厅领导召开民主生活会，王文元针对监所厅的工作强调：保障正确执法，文明管理，教育改造犯人，任重而道远。

1992年7月15日，王文元考察秦城监狱。

1992年7月下旬至8月下旬，在黑龙江、辽宁出席有关会议前后到哈尔滨、大庆、黑河等地调研。视察了6个监狱、劳改支队、2个劳动教养院、7 个市县的看守所。

1993 年 5 月 24 日至 31 日，到北京、天津调研，视察看守所、监狱、劳改农场等。

......

初到最高人民检察院的新岗位，王文元除阅读了大量的相关资料，对他分管的监所检察厅、干部教育局、中央检察官管理学院（国家检察官学院前身）、中国高级检察官教育基金会、中国检察出版社等方面的工作有了一个比较清晰的认识外，还基本上隔一两周就要出一次差，短的两三天，长的要一个月，马不停蹄地下基层调研，熟悉情况。很多监狱坐落在荒僻偏远的地方，为了摸清第一手资料，王文元深入监狱、看守所，调查研究，写出了一系列的调研文章和报告。

他的学术习惯和特长也是让他在自己新的工作岗位上能立即进入角色并如鱼得水的主要原因。在最高人民检察院任职期间，王文元充分运用自己在金融和经济法方面的特长和社会影响，向最高人民检察院党组建言献策，积极参与决策和有关法律的制定执行，指导查办重大经济案件。同时，他主编了一系列法学和经济案件分析方面的专著，为加强检察工作发挥了重要作用。作为一名党外高级领导干部，王文元还多次参与中央统战部组织的考察和调研活动。

★ 监所检察　三年大变样

为更好地监督惩治侵犯罪犯人权问题，检察院实行了驻所检察制度，即派检察人员进驻监狱、看守所和劳动教养单位，对司法干警的执法情况进行监督。王文元任职期间，主抓这项工作。

到任两个月后，王文元赴四川和湖北两省进行调研。他们一行历时 33 天辗转成都、雅安、凉山、乐山、自贡 11 个分州市院，行程

4000 多千米，每天工作十余个小时，可以想象这个六旬老人工作起来是何等的"疯狂"。

川鄂之行让王文元收获颇丰。一方面，他为地方检察机关的工作成绩感到高兴；另一方面，他又看到了一些当时监所检察及派驻检察机构所存在的问题。王文元将问题总结为三个"难"：第一，干部难到位。普遍存在抽调监所检察干部从事其他业务等工作的情况。第二，问题难解决。交通工具、技术装备缺乏，办公用房、住房条件差，同工不同酬、补助费无保障、家属子女就业难、驻所检察人员待遇远未达到劳改劳教干警的水平等四个具体"硬件"困难长期得不到解决，制约了派驻检察工作发展。第三，体制难理顺。比如湖北省三个派出检察院，均为省院派出机构，业务上分别由荆州检察院分院和襄樊市（今襄阳市）检察院代管，行使基层检察院职权；而人员编制均属劳改干警编制，其干部的行政管理、调配晋级由劳改单位决定，法律职务则由劳改单位提请检察机关向省人大常委会报批，经费由劳改单位负担。这样使派驻检察机构开展执法监督有顾虑，在查办劳改干警犯罪案件遇到干扰时难以独立行使检察权。于是，他将自己的所见所闻所思写成了厚厚的调查报告呈报最高人民检察院党组。报告受到了极大的重视，监所检察工作改革与发展的脚步开始加快。

为了抓好监所检察工作，王文元反复强调：要进一步提高对监所检察工作重要性的认识，不能忽视抓监管改造场所发生的贪污、贿赂案件；不能忽视对监狱里罪犯再犯罪以及牢头狱霸的打击；严肃查办监管干警"侵权"、渎职犯罪案件，不能忽视对判决、裁定执行和监管改造机关的执法活动是否公正合法的监督。

在实际工作中，王文元要求明确监所检察的办案范围：直接受理侦查监狱、看守所、劳动教养场所中发生的贪污贿赂、"侵权"渎职的犯罪案件；对罪犯在服刑期间又犯罪案件和劳教人员在劳教期间的犯罪案件进行批捕、起诉；对罪犯、劳教人员及其家属向检察机关提出的申诉案件进行复查；对人民法院错误的减刑、假释裁定提出抗诉；办理上级检察机关和领导交办的案件以及其他需要监所检察查办的案件。有了工作方向，监所检察的工作在稳步提高。

1989年11月，中共中央召开十三届四中全会，作出了《关于进一步治理整顿和深化改革的决定》。1992年1月30日，最高人民检察院召开党组扩大会议传达邓小平同志视察南方时的重要谈话。在党中央的正确方针指引下，全国检察机关不断增强为经济建设大局服务的观念，不断探索为经济建设服务的新途径、新方法。1992年7月，最高人民检察院召开检察工作为经济建设服务座谈会。这让以经济研究为长项的王文元十分兴奋，他审时度势，首次提出监所检察工作为经济建设大局服务的理念，查办了一批发生在监管场所的经济犯罪大案要案。他认为，为经济建设保驾护航的服务思想不仅应在反贪等部门叫得响，在监所检察也不例外。

1994年4月6日，四川省旺苍（劳改支队）煤铁厂石洞沟煤矿干警（收货员）李锦祥等利用职务之便，贪污4.8万余元。王文元对这个案件的批示显示了他对监所检察为经济建设服务的信心："在查办经济犯罪工作中，人们往往认为监所这一块地小水浅无大鱼。这种看法并不符合实际情况，还是要按我们的既定方针加大办案力度，使犯罪分子不能逍遥法外。"

1993年到1995年，各地派驻检察纠正看守所和监狱、劳教场所违法收押、无证关押、体罚虐待以及违反规定为罪犯减刑、假释、保外就医，为劳教人员减期、提前释放、所外执行、所外就医等各种违法情况136267件次。查办监管场所发生的干警职务犯罪案件2429件，其中贪污、受贿案752件，体罚虐待被监管人案273件，私放罪犯案131件。

★ 文明执法　维护犯人合法权益

秦城监狱有"中国第一监狱"之称，是我国关押高级别要犯的地方。王文元在这里认真听取了监狱管理人员的汇报后，巡视了监区劳改大队，发现了监狱存在的实际问题：未决犯人超期羁押时间太长，不符合依法办案要求，有的已关押了3年多仍未结案，被告人意见大，不利于教育管理；监区设备年久失修，远不适合现代化要求；监狱地处郊区，交通不便，监所附近没有干警家属生活基地，干警待遇较低，部分干部工作不够安心。

王文元在这次的调研报告中，强调要依法管理和文明管理。这份报告，引起了中央领导同志的高度重视，问题很快得到了解决。

在一次监所检察厅的民主生活会上，王文元强调："犯人也是公民，是犯了罪的公民。劳教人员不是罪犯，是犯了轻微罪行的或特别严重错误没构成犯罪，不够判刑的公民，限制了劳教人员哪些权利，剥夺了劳教人员哪些权利，剥夺了犯人哪些权利，他们还有哪些权利，要搞清楚。未被剥夺和限制的合法权益，必须维护、尊重，实行革命的人道主义，对于执法干警容易在哪些环节违法，违法的原因是什么，根据国家法律怎么纠正，都要清楚。"

他建议监狱在这几方面进行探索：一是要真正处理好改造与生产的关系，要加强犯人的政治学习、文化学习和技术教育，为他们今后回归社会创造条件；二是犯人的配偶来探监时，允许在规定的时间内同居，这样既体现了人道主义精神，也有利于维系犯人的家庭；三是一些经济效益比较好的监狱，可以根据犯人劳动的成果，适当提出一些钱来，除将其中一部分发给犯人零用外，其余的寄存起来，出狱时一次付给，以利犯人刑满释放后安家谋生……

1993 年 11 月 28 日，王文元收到中山市一名邮政职工的来信，反映其弟所在的劳改场所西安监狱严重违反劳改监规，强迫犯人超强度劳动并且经常殴打因劳动强度太大而无法完成劳动定额的犯人。王文元看完信后心情沉重，他在信上批示："劳动是改造罪犯的重要手段，但不得进行超强度劳动和超时劳动。对犯人同样要注重生命安全和劳动保护。"之后他紧盯这件事，直到事情圆满解决，相关责任人受到处罚。

最高人民检察院监所厅的人后来回忆说："王检这人特认真，对所有写给他的群众来信，都是亲自拆阅，批给有关部门办理。"

★ 教育培训　得心应手

对抓好检察队伍的教育培训，教授出身的王文元非常重视，始终紧抓不放。

他认为，社会主义市场经济建设发展很快，国家的民主法治建设要跟上，检察干部的素质亟待提高，首先，要把好进人关，把考试和考核很好地结合起来；其次，要加强在职干部的培训。在王文元的直接关心下，中央检察官管理学院 1994 年起开始举办大专学历教育。到 1995 年年底，大专以上层次的检察人员已占全系统人员总数的 73.4%。

为了保证现有检察官达到检察官法提出的学历要求，最高人民检察院在全国范围内举办了大面积适应性培训，到 1996 年 7 月，全国约有 3 万人通过学习达到了检察官法的有关要求。与此同时，一个按照统一领导、统一规划、分级管理、分级培训的原则，由中央检察官管理学院、省级院培训中心、分州市院培训中心构成的检察教育培训体系已初步形成规模。

1998 年 3 月，王文元当选第九届全国政协副主席，4 月从最高人民检察院副检察长的岗位上卸任。2014年6月16日，王文元因病在北京逝世，享年83岁。

（刘亭亭编写）

参考资料

1. 季晓磊、张翼南：《王文元：笑看人生风雨》，载《人民日报（海外版）》2005年2月25日，第2版。

2. 裴高才：《布衣高官王文元》，载《党史纵横》2016年第6期。

3.《王文元同志生平》，载《人民日报》2014年6月23日，第4版。

4. 赵雯：《不负春天的嘱托——最高人民检察院原副检察长王文元》，载王松苗主编：《检察生涯——高检院二十七位卸任副检察长访谈录》（下），中国检察出版社2011年版。

5. 最高人民检察院档案室相关资料。

周新民

周新民（1897－1979），原名周骏，别名振飞，安徽庐江人，1926年加入中国共产党。著名法学家、社会活动家。1949年10月任最高人民检察署秘书长。曾任中国人民政治协商会议全国筹备委员会委员兼副秘书长，并出席第一届全国政协会议。新中国成立后，历任中央人民政府办公厅副主任、辽宁省沈阳市副市长、中国社会科学院法学研究所副所长，民盟中央常委兼文教科技委员会第一副主任、组织部部长，第一届、第二届全国人大代表和全国人大法案委员会委员，第二届、第三届、第四届、第五届全国政协委员。

★ 当面痛斥蒋介石，被全国通缉

　　1897 年 3 月 14 日，周新民出生于安徽省庐江县大化乡陡岗脚下的小山村。1911 年辛亥革命爆发，周新民从在省城安庆法政学堂学习的叔父那里得到辛亥革命的相关信息，萌发了民族民主革命思想。1919 年，他考入安徽省立法政专门学校。五四运动期间，周新民积极投身反帝反封建的爱国学生运动，组织参加了安庆市学生声援集会和驱逐反动校长活动。1921 年 4 月，他出席安庆市社会主义青年团成立大会。6 月 2 日，安庆市学生和进步人士抗议反动军阀削减教育经费，遭到血腥镇压，酿成震惊全国的"六二惨案"。周新民组织学生奋起抗争，后在改组的安徽学生联合会当选为副会长。8 月，又参与组织领导了驱逐省长李兆珍的斗争。是年，加入中国国民党。

　　1922 年冬，周新民与舒传贤、储应时等前往日本东京明治大学攻读法学专业。1923 年春，因参加留日学生为收回旅大而进行的示威游行，被日本警察逮捕。1924 年冬，从日本回国后，任安徽省立法政专门学校民法教员兼学监，同时担任国民党（左派）安庆市党部常委委员。国民党"二大"以后，曾任安徽省党务执监委员会候补执委兼书记长，积极执行"联俄、联共、扶助农工"三大政策，为安徽大革命运动作出了积极贡献。

　　1926 年 9 月，周新民在上海经高语罕、朱蕴山介绍加入中国共产党。1927 年 3 月 20 日，北伐军收复安庆后，蒋介石由九江抵达安庆，在震惊中外的四一二反革命政变前夕，策划安庆三二三反革命事件。周新民作为国民党安徽省党务执监委员会书记长，出席了 22 日晚安庆各界欢迎蒋介石的宴会。蒋介石在即席讲话中散布同北洋军阀妥协的反动言论，周新民看穿了蒋介石露出的"狐狸尾巴"，在上台致答词的时候当面予以痛斥，明确指出："合作是有限的，我们不能与流氓、政客同流合污，国民革命对外要打倒列强，对内要铲除军阀，我们决不能与军阀妥协。"他的发言一结束，全场掌声雷动。蒋介石听后非常愤怒，但毕竟是在大庭广众之下，也不好发作，只得怒气冲冲地拂袖离去。事后，周新民遭到蒋介石在全国通缉，在其他同志和友人的帮助下，他以教授身份为掩护，转入从事地下工作，先后在河北训政学院、上海政法学院、复旦大学、云南大学等知名院校任教，为国家培养了大批优秀法律人才，可谓桃李满天下。

★ 领导和推动民盟事业发展

抗日战争时期，全国20多个省份先后成立抗日救国会。周新民是抗日救国会的发起人之一。1936年1月，周新民参加上海救国联合会，和沈钧儒等筹建全国各界救国联合会，在国民党统治的心脏地区，高举起抗日救国的旗帜，宣传和坚持抗日主张，极大鼓舞了全国人民的斗志。1937年，抗日战争全面爆发，周新民遵照董必武指示，回到安徽大别山区开展抗日工作，与李宗仁等加强合作，积极联络朱蕴山、章乃器等著名爱国人士筹建第五战区安徽省民众总动员委员会。周新民与张劲夫等利用动委会开办干部训练班，培养革命青年，开展抗日宣传，为党组织的发展和新四军部队输送了大批革命干部。

皖南事变后，安徽省政府主席李品仙大肆捕杀中共党员和进步青年，周新民奉董必武指示，以筹办经济委员会名义，回到安徽传达中央精神，动员组织尚未撤退的党员和进步青年尽快转移到新四军抗日根据地工作，减少不必要的牺牲。1942年，周新民去重庆加入中国民主政团同盟。1943年，奉周恩来、董必武之命，他到昆明筹建中国民主政团同盟组织，争取和团结知识分子，并在云南大学任民法教授。

他先后介绍吴晗等加入该组织，建立起民主政团同盟云南省支部，又与楚图南、李公朴、闻一多等在昆明建立西南文献研究室，广泛团结爱国民主力量，为抗日民主运动做了大量卓有成效的宣传和组织工作。1944年10月，中国民主政团同盟改名为中国民主同盟，周新民当选为中央委员。1945年，民盟第一次代表大会在重庆召开，他坚决反对国民党当局分裂、倒退政策，坚定维护国家和人民利益。1946年7月，李公朴、闻一多在昆明惨遭国民党特务杀害，举国震惊。国民党反动当局制造各种谣言，企图掩盖事实真相。周新民和梁漱溟冒着生命危险，排除特务的干扰破坏，亲自到昆明实地调查取证，写出翔实调查报告，以民盟总部名义将惨案真相公之于世，揭露了国民党反动派破坏和平民主运动的卑劣行径。

1946年11月，国民党当局宣布召开"国民大会"。在民盟历史转折的重要关头，周新民作为民盟副秘书长实际担负秘书长工作，和张澜等民盟领导人与中共中央在政治上保持高度一致，严正拒绝参加虚伪的所谓"国民大会"。国共和谈破裂后，国民党疯狂发动内战，更加残酷镇压民主进步力量，中国民主同盟总部被迫解散。1947年，周新民根据党的指示，辗转到香港协助沈钧儒等恢复民盟总部工作。1948年1月，民盟一届三中全会在香港召开，通过宣言和政治报告，鲜明提出坚持和中国共产党紧密合作，推翻国民党独裁政府，实现民主、和平、独立、统一的新中国等政治主张。同年5月，中共中央发出召开政治协商会议，成立民主联合政府的"五一"号召，周新民与沈钧儒、章伯钧等民主党派负责人和无党派人士联名响应，并致电毛泽东主席表示坚决拥护。1949年，北平和平解放后，周新民随民盟总部从香港迁到北平，积极参加新政协筹备工作，并代表民盟出席了人民政协第一次全体会议。周新民作为中国民主同盟杰出的组织者和开拓者，用自己革命战斗的一生，巩固发展中国共产党领导下的爱国统一战线，写下了人生精彩篇章。

★ 参与起草新中国检察制度第一部单行法规

　　周新民不仅是我党统一战线政策坚定和出色的执行者，还是一位学识渊博、成果丰硕的法学家。早在 1932 年 9 月，他就发表了《民法债编通则新论》，以后又陆续发表《民法概论》《亲属继承》《物权》《民事诉讼法》《婚姻法讲话》等 10 多部法律专著，此外，他对国际公法和比较宪法、法制史等领域也都颇有研究。1949 年 10 月，中央人民政府委员会决定成立最高人民检察署，在时任 11 位检察委员会议委员（不含检察长、副检察长）中，周新民既有深厚的法学造诣，也是唯一一位以民盟成员和共产党员的双重身份成为检察委员会议委员的，并担任了最高人民检察署秘书长。10 月 22 日，最高人民检察署在中南海勤政殿召开第一次检察委员会议，罗荣桓检察长主持会议提出，最高人民检察署当务之急是要制定组织大纲，从速建立机构，展开工作。会议决定推举以蓝公武为召集人，成立包括李六如、周新民在内的 5 人起草小组。受领任务后，周新民全力以赴投入这项开拓性、奠基性工作，和起草小组其他成员真诚而默契地合作，不到 2 个月时间就完成起草工作并报毛泽东主席批准试行。这部名为《中央人民政府最高人民检察署试行组织条例》的新中国首个检察制度单行法规，对检察机关领导体制、最高人民检察署的职权、内部组织体系、机构设置、工作制度等作出规定，为新中国检察事业扬帆起航奠定了基础。

　　1954 年 9 月，根据毛泽东主席的提议，后经第一届全国人民代表大会第一次会议审议通过了《中华人民共和国人民检察院组织法》，"人民检察署"正式更名为"人民检察院"登上历史舞台。宪法和人民检察院组织法的颁布实施，从法律上对检察机关一些关键性的基本问题都作了明确，但新中国检察机关成立只有短短 5 年历史，针对"一般人对它还比较生疏，对它是什么机关？负什么任务？常常有人问到"的情况，周新民发表了题为《人民检察院的性质和任务》的署名文章，在对比资产阶级国家检察机关性质的基础上，深刻指出"人民民主国家的检察机关是人民民主专政的武器""站在广大人民群众即工人阶级的立场，向一切卖国贼、反革命分子、破坏和盗窃公共财产分子及其他违法行为作斗争"；强调人民检察院和监察机关、公安机关、审判机关虽然职责有所不同，但"四个机关都是各自运用不同的职权，来保卫人民民主制度，保护国家和公民的权利，不仅应有合理分工，而且应有相互配合和相互制约"；在阐述人民检察院的任务时，通过深入分析苏联和各人民民主国家检察署的任务，明确提出"保护我们国家的政治制度、经济制度和公民的权力，就成为政法机关特别是检察机关的基本任务"。这些思想观点，从理论和实践的结合上，帮助人们进一步深刻认识理解了检察机关的职能作用，对新中国刚刚起步的人民检察事业发展具有重要指导意义。

1979 年 10 月 31 日，周新民因病在北京逝世，享年 82 岁。

（肖康宁编写）

参考资料

1. 黄伟：《周新民在民盟转折的关头》，载《百年潮》2004 年第 8 期。

2. 闵钐、薛宏伟：《共和国检察历史片断》，中国检察出版社 2009 年版。

3. 周新民：《人民检察院的性质和任务》。

王桂五

　　王桂五（1918－1995），又名王香山，河南巩县人，1938年加入中国共产党。新中国成立后，任最高人民检察署副秘书长、办公厅主任等，系1954年第一届全国人大任命的八名最高人民检察院检察员之一。1978年至1982年任最高人民检察院研究室主任、检察委员会委员。抗日战争时期，曾任中共巩县县委书记、巩县抗日民主政府县长等职。解放战争时期，任中国人民解放军六十一军保卫部部长。中国当代著名法学家，人民检察理论主要奠基人。

★ 文武兼备的共产主义战士

1918年9月18日，王桂五出生于河南省巩县北侯村。幼时读私塾，1931年考入巩县中学。16岁时考入开封省立第一师范，在求学期间思想进步，秘密阅读大量的进步书刊，接受了党的主张和信念。1938年2月，王桂五加入了中国共产党。入党后，王桂五和其他同志充分利用教师的合法身份，在进步教师、青年学生、校工及青年农民、退学在家的知识青年中积极开展抗日救亡活动，动员建立抗日民族统一战线和开展敌后游击战争，努力提高中国共产党在民众中的威望，使巩县党组织不断得到发展。

1938年夏，王桂五成为巩县党的负责人后，先后发展了一批社会青年、职员、校工、长工、农民等加入党的组织，到1938年年底，全县中共党员总数达到30多人，为中共巩县县委的建立奠定了可靠基础。1939年1月，王桂五任中共巩县县委首任书记。1940年起，他负责巩县、偃师、登封三县党的工作。1941年7月，他到达延安，先后在中央党校、行政学院学习。

1944年11月，他参加开辟豫西敌后抗日根据地。他组建抗日独立团，参加保卫根据地的各项战斗，抗击日寇和国民党反动势力。1945年9月后，王桂五随军南下，先后任中原军区第一纵队第一旅工作队队长、华东野战军独立师卫生部政委、晋冀鲁豫第十三纵队保卫部副部长、第六十一军保卫部部长。他先后转战华东、华北，参加过淮海、莱芜、孟良崮、太原、临汾等战役。

★ 参与新中国检察制度初创

1951年，最高人民检察署党组成立，这标志着我国检察制度的建设进入了新的时期。王桂五是第一届党组成员之一，先后任研究室副主任、主任，第一处副处长、处长，办公厅主任、副秘书长。他在回忆录中写道："1950年年初，高检署建立不久，由部队调来一批转业干部，我是其中的一个。我们这些干部多是在战斗部队做军事工作或政治工作，是拿枪杆子的。现在到了高检这样的大机关，要从事法律工作，并且还要动笔，是一个重大的转折，也是一个考验。"

当时，最高人民检察署从一些大学调来了不少法律系的学生，都是懂法律的。在王桂五看来，自己作为领导如果不懂法律，工作就无法胜任，水平就难以服人。"既然来了，就得接受考验，所以我下决心努力学习法律。"王桂五始终如一、极端刻苦的学习精神，给所有与他共事过、生活过的人留下了深刻印象。

在家里，王桂五总是单独住一间面积最小、条件最差的房间，他的藤椅总是背向着房门，终日坐在那里，伏案工作。王桂五的睡眠不大好，只要醒来，就马上坐到写字台前，读书工作。常常是前一秒钟还躺在床上，后一秒钟已经开始工作了。王桂五的儿子王秋生的内心对父亲始终满怀敬重之情。

在新中国检察机关的初创阶段，参与起草人民检察院组织法是王桂五所做的最为重要的工作之一。经过20次反复修改，终于写出了这部组织法草案。人民检察院组织法获得全国人大全体会议通过后，人民代表大会制度下"一府两院"的国家机构体制得以正式形成。

王桂五在检察制度的理论研究方面渐渐崭露头角。1955年，他在《政法研究》上发表了《人民检察制度的优越性》和《关于人民检察院的职权和组织原则》两篇文章。一个并非科班出身的领导干部，用5年时间，就达到了在高层次学术期刊上发表论文的水平。

1951年，苏联将1062名日本战犯移交中国。处理日本战犯工作非比寻常，王桂五会同公安部同志前往哈尔滨道外监狱了解战犯情况。1954年，最高人民检察院组成处理日本战犯工作团，王桂五给团里的干部讲国际法，使大家进一步认识到了侵略者释放毒气、虐杀战俘以及使用细菌武器都是违反国际公约、犯下战争罪的典型行为。

鉴于王桂五在处理日本战犯问题上积累了经验，当1954年10月初日本新闻记者团前往抚顺日本战犯管理所访问时，最高人民检察院又派他前去部署。到抚顺后，王桂五向战犯管理所传达了周恩来总理的指示和最高人民检察院的意见，他们迅速贯彻落实，让日本记者参观了监狱、食堂、图书馆、卫生所、运动场，并得体地回答了他们的问题。记者很满意，对中国的革命人道主义特别称道。

处理日本战犯扩大了检察工作的影响，这对于初创阶段的人民检察制度来说属意外收获。对此，王桂五感到很欣慰，他开始意识到扩大宣传的重要性。

★ 研究一般监督"痴心不改"

1959年"庐山会议"后，戴着一顶右倾的帽子，王桂五被下放青海工作。到了青海后，省委在检查省委常委、主管政法工作的副省长薛克明的错误时，发现在他主持起草的文件、报告和讲话中，有500余条是违反中央的政策、法令的，其中非常典型的是薛克明对中央提出的"少杀长判"政策的解释。"这正是我所需要的，可以说明一般监督必要性的材料，检查纠正这一类问题正是国家赋予检察机关监督职权的意义所在。"王桂五在回忆录中写道："得到这个材料后，我根据批判我时涉及的问题以及我认为需澄清的问题，写了《对检察工作的若干意见》，共计 10 个问题，寄给了毛主席、周总理、刘少奇同志、彭真同志和张鼎丞检察长。在这个意见中，我反映了薛克明的 500 条，并据此提出了应该开展一般监督工作的意见。"很快，对王桂五的处分被撤销了。

"文化大革命"时期，一般监督的观点不断地受到批判，王桂五的个人命运也因此一次次跌入深渊。但他从不改变自己的主张，从未中断对于检察机关一般监督职能的研究工作。

离休后的王桂五，看到各级检察机关开展的"检察建议"活动中有涉及当年一般监督工作的内容，兴奋极了："对国家行政活动和社会公共活动的合法性实行监督，这就是一般监督工作的实质。"他又开始写文章，澄清当年批判一般监督的理由，呼吁坚持正确的主张，譬如把检察机关的法律监督权和行政机关的决定权区别开来，检察机关有权对各种行政违法行为实行监督，但无权加以改变，行政机关具有广泛的行政决定权，但必须接受法律监督。在这样的普遍认同之下，他主张恢复和改革一般监督工作，结合新的形势，提出了详尽的新建议。

★ 发出"政法战线也要冲破禁区"第一声

经过"文化大革命"，包括高级干部在内的党的许多干部对社会主义法制、对检察工作，都完成了一个再认识的过程。

1978 年 11 月 7 日，《人民日报》刊发王桂五的署名文章《政法战线也要冲破禁区》。文章不仅列举了"禁区"的所在，而且大胆指出"有的人早就在政法战线上设置了禁区"，从而把冲破禁区的斗争引向了更深的层次。这一篇文章，发出了政法战线拨乱反正第一声，标志着政法系统拨乱反正的开始。

"这篇文章之所以在当时起到了冲锋号的作用，正是由于桂五同志出于一片丹心，认定政法战线要彻底拨乱反正，必须正本清源。这在当时'左'的思想桎梏远未打碎的形势下，需要多么大的勇气。"这篇文章长久而深刻地留在了张永恩等同时期老干部的心中，因为他讲出了他们共同的心声，他们钦佩王桂五的胆识和勇气。

多年磨难，并没有磨掉王桂五的锐气。不唯上、不唯书、只唯实，在回忆录中王桂五坦露了当时的心理："检察工作直接关系着人民民主专政的巩固和人民生命财产的安全。不负责任、放弃职守，或者武断专横、滥用职权，都是失职渎职的行为，是不能被允许的。在行使检察权的过程中，不管遇到什么困难，都应当坚持原则，履行职责。"

王桂五重新回到最高人民检察院工作岗位后，立即参加了我国第二部人民检察院组织法的起草工作。起草工作自 1978 年冬开始，历时半年。1979 年 9 月 5 日，第五届全国人大第二次会议通过了这部法律。此后，自我加压、时不我待的责任感敦促王桂五撰写了一系列理论文章，在法学专业期刊、《人民日报》等高端媒体上频频发表，其中包括《检察制度与人民民主》《学习列宁关于检察监督工作的论述》《试论刑事犯罪与阶级斗争》《我国社会主义民主的新发展和发展民主的正确途径》等。这些文章，在理论上澄清困惑，在思想上鼓励法学界坚定信心、团结起来。而且，在那个"人心向法"的年代，这也是献给公众的普法"大餐"。

离休之后，王桂五依旧关心我国检察制度的建设，风骨遒劲，不减当年，历届最高人民检察院领导都非常尊重他的意见。

1982 年，王桂五的《人民检察制度概论》出版，该书阐述了检察制度的一些基本问题，分析了新中国成立后检察工作"三起三落"的经验教训，成为检察制度理论的奠基之作。1992 年，他的第二本文集《敬业求是集》出版。在这本书中，可以看到王桂五对于人民检察制度研究的足迹。新中国成立后，他对我国人民检察制度的历史及人民检察院的性质和任务、设置和组织原则、职权和行使职权的程序、工作路线和工作原则等进行了精辟论述；在刑法、刑事诉讼法颁布后，他对如何正确执行"两法"进行了研究；在打击严重刑事犯罪的斗争中，他对依法从重从快的方针做过精当的论述；在制定民事诉讼法、行政诉讼法的过程中，他就"两法"中的检察监督进行了论述；在推进我国检察制度的改革中，他又全面地探讨和论证了改革的方案。

王桂五生前出版的个人专著只有两部，但主编、审读、修改过的书籍却足以"等身"。与此同时，他积极推进检察学科建设，力推将其从诉讼法学等学科中分离出来。在有生之年看到检察学科的迅速发展，让王桂五倍感欣慰。

王桂五为新中国人民检察制度的建立殚精竭虑，为检察理论的发展辛勤耕耘。1995 年 12 月 20 日，王桂五因病在北京逝世，享年 77 岁。

（徐日丹编写）

参考资料

1. 王桂五：《王桂五论检察》，中国检察出版社 2008 年版。

2. 朱孝清：《检察理论研究 30 年的回顾和展望》，载《检察日报》2008 年 8 月 28 日。

3. 王丽丽：《千磨万击还坚韧——人民检察理论主要奠基人王桂五》，载王松苗主编：《共和国检察人物》，中国检察出版社 2009 年版。

李甫山

　　李甫山（1911－2001），陕西延长人，1927年加入中国共产党。1950年9月任甘肃省人民检察署检察长，侦讯日本战犯工作中担任最高人民检察院首席检察员。曾任陕甘宁边区保安处办公室主任，中共甘肃省委委员，甘肃省人民政府委员兼公安厅厅长，最高人民检察署办公厅主任，最高人民检察院第二检察厅厅长，山西省人民检察院党组副书记、副检察长。

★ 走出苦难　踏上革命征程

1911 年 9 月 3 日，李甫山出生在陕西省延长县交口镇南河村的一个贫苦农家。按族中辈分排序取名为李耀信，但因其父亲生平崇敬明清时思想家、医学家傅山先生，希望儿子长大后能像傅山先生那样悬壶济世、治病救人，便为其更名为李甫山。

5 岁时，李甫山的父亲罹患重病，临终前嘱托母亲一定要让儿子上学堂读书。李甫山的母亲善理家务，又巧于纺纱织布，带着三个幼子节衣缩食勉强度日。直至 1923 年，母亲遵照父亲遗言把 12 岁的李甫山送进了私塾读书。经过两年的勤奋苦读，李甫山考入延长县第一高小。学习期间，他大量阅读《新青年》等进步书刊，不断接受新思想的熏陶。1927 年 2 月加入中国共产党，成为中共延长县第一党支部副宣传委员。在党支部的领导下，李甫山组织师生深入各区、乡宣传革命道理，发展农民党员，组建农民协会，开展农运活动。白色恐怖笼罩全国，为了壮大党员队伍，建立各乡村党支部，1928 年年初，"一高"毕业的李甫山受党组织指派回到交口镇小学，以小学教员身份作掩护继续开展党的工作，一年内发展党员近 50 名，为延长县培养了大批革命力量。在随后的六年里，李甫山先后担任交口镇党支部书记、中共延水县委秘书等职务，相继组织开展了延长县"万人抗粮"、解救被捕同志、捣毁民团巢穴等革命斗争，展现了卓越的领导水平和组织才能。

★ 在红色熔炉中淬炼成长

1935 年 10 月，中央红军长征胜利后，中央决定恢复中央党校，以培训急需的领导干部。1935 年年底，经延水县委和陕北省委推荐，李甫山调中央党校工作。其间，李甫山除了负责教务处的日常工作和教学工作外，还兼任中央党校教务处主任董必武先生的秘书。经过在中央党校这座红色大熔炉一年多的锤炼，李甫山的理论水平和工作能力有了长足进步，特别是董老的言传身教，重塑了李甫山一生坚定信仰、坚守原则，不唯上、不畏难、只唯实的价值观和人生观。

1936年冬，李甫山调任中华苏维埃共和国中央政府西北政治保卫局秘书和支部书记，开展肃清匪患，打击汉奸、特务和反动地主豪绅的斗争。七七事变后，中华苏维埃共和国中央政府西北政治保卫局改称为陕甘宁边区保安处，李甫山任陕甘宁边区保安处巡视员，并赴庆环分区担任中共庆环特委常委兼特委社会部部长、庆环专署保安科科长。其间，他带队剿灭了在当地大肆破坏革命政权、为患一时的赵老五匪帮；侦破了军统安插在延安各机关及部队的47名汉训班特务案等14起特务案；粉碎了国民党特务企图在军队进犯延安时，配合军事行动实施暗杀、爆炸破坏的阴谋；甄别纠正了白焕林叛徒案等一批冤错案，保护了革命同志。

★ 驰骋在大西北剿匪前线

解放战争持续向西推进，1949年7月12日，中央西北局组建兰州军事管制委员会，接管甘肃地方行政工作，指定李甫山担任军管会委员，负责组建军管会公安处。

1949年8月26日，兰州解放的当天，军管会公安处入驻兰州，立即着手接管旧军警机构，登记解散反动党团组织，开展镇压反革命运动、恢复秩序、肃清敌特、打击匪患等工作。此后四年里，李甫山先后担任中共甘肃省委委员、甘肃省委社会部部长，甘肃省人民政府委员会委员、公安厅厅长，甘肃省人民检察署检察长，中国人民解放军兰州卫戍司令部副司令员，甘肃公安总队政治委员、党委书记等职，亲自指挥军管会公安处干部、战士先后侦破了军统宋念祖潜伏组、中统"武装工作队"和阎锡山的"国防部西北侦察队"等潜伏特务案，抓捕数十名潜伏特务，缴获大批电台、武器；打掉了十余起组织地下武装阴谋暴乱的反革命分子，严惩了一批作恶多端、血债累累的历史反革命和民愤极大的现行反革命首恶分子，包括杀害毛泽民烈士的凶手张思信、张光前等；破获100多起"一贯道、无极道复辟活动案"，惩办了大批道首骨干分子，取缔了各类"会道门"等反动组织；侦破了天主教兰州总主教濮登博和平凉主教高金鉴为首的两起帝国主义间谍案，取缔了反革命宗教秘密组织，推动了宗教革新运动的深入发展；配合部队剿灭了盘踞在甘、青、川三省交界牧区，袭击人民解放军、杀害进藏干部、滋扰当地百姓的马步芳残匪1500余人，有力地维护了新生的人民政权。

★ 转战于没有硝烟的战场

1953年秋，李甫山调任最高人民检察署党组委员、办公厅主任。1953年11月，根据国际形势的发展变化，党中央考虑拟处理在押的日本战犯。随后，周恩来总理召见了最高人民检察署和公安部负责人，就侦讯处理在押日本战犯进行了具体部署，责成最高人民检察署负责此项工作，公安部人力支援。当时，关押在抚顺战犯管理所的日本战犯和汉奸共有1109名，包括伪满洲国皇帝爱新觉罗·溥仪以及总理大臣等；关押在太原战犯管理所的日本战犯有140名。为推动侦讯工作顺利进行，最高人民检察署党组决定从公安、检察、大专院校、涉外单位借调侦讯员、翻译等工作人员200多人，组成专门机构——最高人民检察署东北工作团，负责侦讯日本战犯和伪满汉奸，李甫山任工作团主任。经过集中学习培训后，1954年3月7日，东北工作团一行200余人移驻抚顺开展工作。

这是新中国成立以来办理的首起大规模外籍犯案件。在押日本战犯个个都犯有战争罪，但具体罪行又各有不同，有在军事上搞烧杀抢掠的、有在经济上搞物资掠夺的、有使用生化武器残害中国人民的、有操纵伪满政权镇压屠杀东北百姓的……根据这一情况，李甫山多次组织召开团委工作会议，认真分析讨论日本战犯现状特点，针对在押战犯人数众多、类型复杂、罪行相异、职别不等的特点，决定采用"分化瓦解、各个击破"的工作策略：对军队尉级以下的官兵和行政委任职以下的官吏，鉴于罪行较轻，采取以教育为主的方法，启发和引导他们自觉认罪悔罪；对军队佐（校）级以上军官和伪满洲荐任职以上的官吏，由于其罪行严重，进行重点侦讯。

1954年3月17日，东北工作团召开"认罪检举动员大会"，正式拉开了侦讯工作的帷幕。伪满洲国皇帝爱新觉罗·溥仪和伪国务院总务厅次长古海忠之，是在押伪满汉奸和日本战犯中最有影响力的人物，李甫山亲自审讯二人。东北工作团与战犯反复交锋，威之以法、喻之以理。最终，溥仪亲笔写下了翔实的认罪材料；古海忠之进行了公开认罪，并告诫其他战犯"罪责是不可推卸的，国际法规定'凡是在侵略战争期间犯有各种罪行的人，被侵略国家都有权自行处理任何战争犯罪分子'，我在中国犯下严重罪行，我向中国人民真诚地谢罪"。

经过七个多月夜以继日地奋战，1954年10月底，东北工作团基本完成了侦讯战犯的内查外调工作，共收集到控诉书、证词、鉴定书、照片以及日伪档案快报等证据28000余件，使战犯们的主要罪行都有了确凿的证据证实。之后，侦讯工作便转入复核审查阶段，为审判战犯做起诉准备。1956年，党中央决定由最高人民法院组成特别军事法庭审判日本战犯。最高人民检察院经过审慎研究，并报请中央批准后，决定对45名罪大恶极的日本战犯，依据所犯罪行性质不同分作四案提起公诉，即武部六藏、古海忠之等 28 人案，铃木启久 8 人案，城野宏 8 人案，富永顺太郎案。鉴于武部六藏、古海忠之 28 人案涉案人员多、案情特别复杂，故将此案定为第一案放在最后审理。李甫山全程参与了第一案起诉书的起草制作，形成了四百多页、几十万字的起诉书初稿，在中央领导的直接指导下，起诉书初稿几经压缩修改，最终形成了十几万字的送审稿，周恩来总理连夜对送审稿进行审阅修订，并指示请我国著名语言学家、北大教授吕叔湘在文字上进行把关。

1956 年 7 月 1 日至 25 日，特别军事法庭在沈阳公开审理了武部六藏、古海忠之等 28 名战犯案，李甫山作为东北工作团主任，担任最高人民检察院首席检察员出庭支持公诉。经过 25 天的漫长审理，罪恶累累的 28 名战犯终于得到了正义的审判，并当庭向中国人民忏悔认罪。最终，特别军事法庭分别判处 28 名被告 12—20 年不等的有期徒刑。

侦讯处理在押日本战犯，是一件具有重要政治意义和国际影响的大事件。1956 年 8 月 25 日，随着最后一批战犯被免诉释放，标志着李甫山领导的东北工作团全体干部历时两年六个月，克服重重困难，终于圆满完成了最高人民检察院党组交办的这一历史重任，并得到了毛泽东主席的嘉许。侦讯工作中探索积累的工作方法，也为我国检察工作规范发展提供了大量宝贵经验。

1958 年 4 月 25 日，李甫山被错划为右派，下放至黑龙江北大荒劳动。摘掉右派分子帽子后，1961 年 3 月被分配到山西太原工作，先后任太原化工学院办公室秘书、化工系办公室主任。"文化大革命"期间，李甫山受到残酷迫害，1979 年被平反后，调任山西省人民检察院党组副书记、副检察长。1983 年 2 月离休。

2001 年 6 月 28 日，李甫山因病在太原逝世，享年 89 岁。

（赵向明编写）

参考资料

1. 甘肃省地方史志编纂委员会编:《甘肃省志·公安志》,甘肃文化出版社 1995 年版。

2. 李甫山:《九十年的沧桑——李甫山的一生(1911—2001)》,2005 年由 李甫山子女自费印制,未公开发行。

井助国

井助国（1917－1988），陕西子长人，1935年10月参加革命，同年12月加入中国共产党。1954年9月任最高人民检察院检察员、劳改监督厅副厅长，审判日本战犯东北工作团副主任，太原特别军事法庭首席检察员。1959年4月任青海省人民检察院副检察长，1960年8月任青海省人民检察院检察长。1974年后，历任陕西省公安局副局长、陕西省人民检察院副检察长。

★ 从结拜闹革命到成立瓦窑堡互济会

1917 年 4 月，井助国出生在陕西省子长县瓦窑堡城内一个贫农家庭。目睹当时社会种种黑暗后，井助国从对现实不满转向同情革命、支持革命。1934 年年初，井助国和闫志耀、郝振廉、贾俊儒等 13 人在城宫寺结拜，愿把青春献给革命事业。不久后，井助国结识了从榆林监狱释放回到瓦窑堡镇的李宗贵，并很快成了志同道合的同志。当了解到井助国等 13 人结拜闹革命后，李宗贵批评道："革命不是你们这个革法，要秘密，要有个组织。"于是，李宗贵提出在瓦窑堡镇成立互济会。1934 年 4 月，井助国、侯仰桓、李宗贵、郝振中在李宗贵家开会，正式成立互济会，确定了互济会的基本任务、保密制度、组织纪律，井助国任互济会小组长。一年时间里，互济会广泛团结同情、支持革命的同志，在城内外散发革命传单、标语，输送青年去苏区，成员发展到 20 余人。同时，互济会还为驻扎在王家沟的红一团侦察敌情，组建城市武装游击小组，瓦窑堡镇周围的村庄，一到晚上就成了红军的天下，甚至有时白天也可以为红军游击队提供帮助。

互济会在瓦窑堡城内开展的革命活动，引来了敌人的"围剿"。1935 年 4 月，井助国被敌人逮捕。面对敌人的严刑拷打，井助国意志坚定，坚决不出卖同志。后经家人、朋友的积极营救，终于于农历四月上旬被保释出狱。井助国出狱后没几天，李少棠部在吴家坪等地连打败仗，防线收缩到瓦窑堡镇内，并在城内进行了大逮捕。互济会的骨干井助国、郝振廉等均被捕，关押在伪县政府看守所。李少棠部败退瓦窑堡的当天下午，井助国通过种种迹象判断出敌人要逃跑，就趁敌人不备逃了出来，为进城的红军游击队当向导。

随后，瓦窑堡成立红色苏维埃政府，井助国当选为军事部部长。

中央红军经历二万五千里长征胜利到达陕北后,井助国带着40副担架、20多驮物资到甘泉县慰问红军。返回瓦窑堡后,井助国就报名参了军。1935年12月,井助国加入中国共产党。

革命战争时期,井助国先后担任了红三十军二六四团秘书长,西北保卫局、陕甘宁边区保安处预审员、看守所所长、情报科副科长,晋绥边区吕梁行署公安处预审科长,汾阳县社会部部长、公安局局长,太原市公安七分局局长等职。

★ 对日本战犯的正义审判

新中国成立后,井助国历任绥远省劳改局局长、公安厅副厅长,内蒙古自治区公安部副部长等职。1953年11月,中央决定审判日本战犯,并由最高人民检察署侦诉。最高人民检察署接受这一任务后,调井助国参与这项工作,任最高人民检察署东北工作团(审理日本战犯的专门机构)副主任,并兼任第三侦讯室主任,负责抚顺战犯管理所的工作和对战犯中尉官以下700余人的起诉工作。

当时,这些日本战犯普遍受到了军国主义洗脑,态度十分嚣张。有的战犯说:"我们根本不是败在了中国人手里,是美国利用两颗原子弹把我们打败的,你们没有权利来审判我们。"有的战犯说:"我们是帮助满洲国建设的,像钢铁厂和抚顺露天煤矿,不就是我们建设的吗?所以这不是侵略,是来建设的,何罪之有,谈何认罪?"日军陆军中将、五十九师团师团长藤田茂甚至在监号里还要每天早上面向东方遥拜天皇。

针对这些战犯的心理,井助国加强了政策引导、时事教育和揭露日本军国主义侵华罪行的教育。最高人民检察署副检察长谭政文在一次对战犯的讲话中,发动尉官级别战犯揭发批判日本军国主义首脑的罪恶以及上级军官的罪行。此举取得了很大成效,在战犯中掀起了一个面对面揭发批判活动的高潮，严厉打击了一批冥顽不化的战犯的嚣张气焰，揭露了他们的拖延伎俩，促使其真正低头认罪。藤田茂在审讯时向井助国表示，下级士官面对面揭露上级长官罪行，"简直是皇军历史上史无前例的"，他愿意如实交代罪行。

1955 年，井助国去太原战犯管理所负责太原在押的日本战犯的审理工作。由于战犯中很多人都有警特身份，调查难度很大，化名富永德治、富永顺的富永顺太郎就是其中的典型。侵华战争期间，富永顺太郎任华北交通株式会社课长，从事间谍工作 30 多年，有丰富的反侦查经验。山西省人民检察院干部王石林负责审讯富永顺太郎，与其周旋多日，都没有取得实质性进展。时任太原工作组组长的井助国了解情况后，立即帮助他们调整审讯策略，从批判其暧昧思想入手，消除他的侥幸心理，最终获得了富永顺太郎的证词。

1956 年 6 月，特别军事法庭在太原审判羁押在太原战犯管理所的 140 名日本战犯，井助国以国家公诉人身份出庭公诉了包括依附阎锡山的日本战犯城野宏（被俘时少将军衔）在内的一批战犯。由于教育工作开展得非常好，这些战犯不仅没有一个提出过否认其罪行的言论，还在法庭上主动供认办案人员没有掌握的罪行。法庭宣判后，这些战犯当庭向法庭审判长、检察员、律师以及受害者、证人、旁听群众磕头谢罪，虔诚地向中国人民请求宽恕，并纷纷表示感激新中国的宽大政策。经过特别军事法庭的庭审，分别判处罪行较重的富永顺太郎、城野宏等 9 名战犯有期徒刑 8—20 年，其中城野宏等 7 名战犯因有余刑而被送往抚顺战犯管理所继续改造。

战犯城野宏的妻子城野凌子是大学助教，从日本启程来我国探望前，有一家报社曾给她出"主意"，授意她到中国后，一口咬定城野宏不是战犯只是战俘，还许诺她如果照做的话，就给她一笔巨款。城野凌子到太原后，井助国不仅允许她和城野宏会面，还把预审室腾出来，安排他们住在一起。其间，城野宏对妻子坦诚地说明他就是战犯，还向妻子讲述了他所犯下的罪行。城野凌子得知真相后，明确表示自己的丈夫城野宏不是战俘而是战犯，在中国犯下严重罪行，并立即对曾向她约稿的日本某报社表示，文章可以写，但要如实反映情况，绝不允许报社按其"需要"改动一个字。此后，她还在我国的广播电台发表讲话，明确承认城野宏是战犯并在中国犯有严重罪行，同时感谢中国政府的宽大处理和给予城野宏的人道主义待遇。

★ 为西北地区检察事业奉献终身

1959 年 4 月，井助国任青海省人民检察院副检察长，翌年 8 月，任青海省检察院检察长，直至 1963 年 5 月。这一时期，青海局部地区发生了反革命武装叛乱，在井助国的领导下，青海省各级检察机关为适应当时形势需要，坚决投入平息反革命武装叛乱之中，迅速批捕、起诉了一批策划组织反革命武装叛乱的上层人物和骨干分子，1960 年、1961 年审查起诉各类罪犯 13000 余名，有力地打击了反革命嚣张气焰。

1958 年开始，受"左"的错误思想严重干扰和法律虚无主义影响，检察机关法律监督职能受到严重削弱，正常办案程序受到破坏。1961 年至 1963 年第一季度，井助国主持开展了"纠正'左'的错误"的工作，批捕工作中的扩大化错误得到全面有效纠正。

1974 年以后，井助国调任陕西省公安局副局长、陕西省人民检察院副检察长。1982 年 10 月离休。

1988 年 10 月，井助国因病逝世，享年 71 岁。

（李辉编写）

参考资料

1. 井助国：《瓦窑堡市互济会的前前后后》，载《延安文学》2018 年第 6 期。

2. 魏建国：《不战而屈人之兵：鲜为人知的瓦窑堡谈判》，载《炎黄春秋》2018 年第 11 期。

3. 高洪海：《共和国首批检察员 31 人》，载《人民检察》2009 年第 19 期。

4. 陈弘：《亲历新中国审判日本战犯》，载《档案春秋》2015 年第 9 期。

5. 井助国子女整理：《井助国：我参与了审判日本战犯》，载《人民政协报》2018 年 5 月 30 日。

6. 青海省地方志编纂委员会：《青海省志·检察志（1986—2005）》，青海人民出版社 2021 年版。

张复海

张复海 (1916－2011)，江西于都人，1930 年参加革命，1932 年 2 月参加中国工农红军，1933 年 2 月加入中国共产党。1950 年 2 月任最高人民检察署副厅长，是新中国成立后的第一批检察员。1962 年 6 月、1979 年 12 月先后任广西壮族自治区人民检察院副检察长、检察长。曾任广西壮族自治区高级人民法院院长、广西壮族自治区党委政法领导小组副组长、广西壮族自治区党委政法委副书记、最高人民检察院咨询委员等。

★ 血火洗礼革命志

1916 年 9 月，张复海出生于江西于都一个贫困的佃农家庭，全家靠租种地主的土地谋生。1929 年，张复海参加了农民协会。工农红军的到来，点燃了他浓烈的革命热情。1930 年，张复海当上儿童团团长，加入了中国共产主义青年团。他曾迫切地去参加红军，因年龄小被劝退，1932 年终于如愿以偿地加入工农红军。1933 年，年仅 17 岁的张复海加入中国共产党，他把自己的理想与中国革命紧紧地连在一起。

1934 年，第五次反"围剿"失败，刚刚年满 18 岁的张复海跟随部队踏上了漫漫长征路。长征时，张复海在红一军团一师政治部宣传队做宣传员，宣传队分组下团，张复海任组长随一团前进。宣传组总是处在前卫线上，与先遣队走在部队前头。

1935 年 5 月，面对敌军围追堵截，红军被迫进入金沙江与大渡河之间极其危险的山谷地带。在进退两难的关头，红军最好的办法就是强渡大渡河。军委将此关系红军数万人生命的重任委以红一团，命令红一团先头开拔，闯开一条生路。红一团接到任务后，连日以最快速度赶路，行军 120 里夜袭敌人。红一团很快占领了北渡大渡河的必经之地——南岸小市镇安顺场。大渡河河面宽两三百米，水急、浪高、漩涡多，既不可凫水，也无法打桩搭浮桥，唯一可行的只有船渡。他们迅速击溃了河南岸的敌人，占领了渡口，夺获了船只，取得了渡河的主要条件。张复海所在宣传组成功地动员了当地船夫帮助红军撑船抢渡大渡河，同时也做好了战斗中的宣传鼓动工作。

张复海坚守宣传组岗位，伫立在南岸之上目睹了这一悲壮场面。当拥挤着十七勇士、满载着红军扭转劣势希望的小船箭一般冲向大渡河时，张复海的心也被悬在了船上。他带领的宣传组使命，被十七勇士视死如归的气概唤起。眼见小船渡到河中，头部受伤仍扎着纱布的张复海忘了伤痛，带领宣传组高喊起来："敌人动摇了，快冲上去啊！"滔滔浪声，也掩盖不住这威壮之声。小船临近北岸，他们又高喊："敌人跑了，快追啊！快追啊……"此时，一团十几个连的吹号手，齐刷刷地吹起冲锋号，冲天的号角声把前后将士牵在一条线上。十七勇士充满斗志，齐声怒吼，在南岸火力的掩护下，冲上北岸，与敌人对攻。敌人闻风丧胆，十七勇士勇夺北岸渡口，强渡大渡河宣告成功。一团强渡胜利，有力地配合了左翼红四团抢占泸定桥，大渡河天险变成了通途，红军主力顺利渡河，走出绝境，走向了另一条充满生机之路。

张复海走完了二万五千里长征全程。八万多大军的中央红军在1935年10月到达陕北时，只剩下六七千人了。作为中国革命珍贵的一颗种子，张复海深知革命的艰辛，而革命到底的信念也根植心中。

1935年11月初，红一军团到达陕北甘泉地区的下寺湾一带同红十五军团会师。当天黄昏，红一方面军指战员刚到达下寺湾，毛泽东主席就发表讲话，首先问大家："同志们，脚痛不痛？"大家齐声回答："不痛！"毛主席说："不痛是假的！"大家都笑了起来。毛主席接着说："痛是痛。因为大家能吃苦忍痛，所以走过来了。万里长征以敌人失败、我们胜利而宣告结束了。长征是宣言书，长征是宣传队，长征是播种机……"张复海时任红一军团无线电台党支部书记，他听后十分激动，深受鼓舞。长征胜利后的几十年来，他一直牢记毛主席的话，努力做好工作。

1937年，抗日战争全面爆发，红军改编为八路军，张复海留在抗大学习，后留校工作，给学生们讲政治讲军事，为抗日战争培养人才。1939年至1943年，张复海调到中央北方分局警卫大队任教导员，负责中央北方分局首长和分局机关的警卫工作。

★ 矢志不移检察情

1949 年冬，在西北宁夏的十九兵团六十五军，已是师级指挥员的张复海接到一纸命令，容不得半点儿迟疑，立刻进京，到最高人民检察署报到。1950 年 2 月，34 岁的张复海担任了最高人民检察署副厅长，成为新中国第一批国家检察员。此后的 12 年，他一直在最高人民检察署（院）从事检察工作，直至 1962 年调至广西工作。

1953 年，最高人民检察署针对专业干部需要学习、渴望学习的情况，在时任常务副检察长高克林的主持下，最高人民检察署处级以上干部组成了中心学习小组，分配给张复海的学习专题是"审判监督工作研究"。张复海潜心学习研究，在《法学研究》上发表了《人民检察院的审判监督工作》《怎样制作起诉书》等文章。

1962 年 6 月至 11 月，张复海任广西壮族自治区人民检察院副检察长，1969 年 11 月任广西壮族自治区革委会直属政工小组组长。1972 年 2 月任广西壮族自治区革委会保卫组副组长兼广西壮族自治区高级人民法院副院长，负责广西全区各级人民法院恢复重建工作。1973 年 8 月任广西壮族自治区高级人民法院院长、党组书记。1979 年 5 月任广西壮族自治区党委政法领导小组副组长、广西壮族自治区党委政法委副书记。

检察机关恢复重建后，经过拨乱反正，肯定了检察机关的法律监督职能作用。1979 年 12 月 21 日至 26 日，广西壮族自治区第五届人民代表大会第二次会议召开，会议选举张复海为广西壮族自治区人民检察院检察长。1980 年起，检察机关按照刑事案件管辖范围办理经济犯罪案件。在广西壮族自治区各级检察院机构新、业务生、人员少、任务重的情况下，张复海采取边调查边办案的方法，领导广西检察机关，在办理贪污案中，把调查、立案、侦查、决定逮捕、起诉、出庭公诉工作一抓到底。

1980年全面实施刑法和刑事诉讼法，广西同时在全自治区范围内开展整顿城市社会治安、打击刑事犯罪活动。在张复海的领导下，全自治区检察机关对公安机关移送审查起诉的案件，严格依照实体法和程序法的规定，认真审阅案件，讯问被告人，核实证据，全面查清犯罪事实，张复海对部分疑难复杂重大的案件亲自查证，分清罪责，防错防漏，在"准"字上下功夫，保证办案质量。

1983年，张复海从广西壮族自治区人民检察院检察长的位置退了下来，又担任了最高人民检察院咨询委员，1985年离休。在检察机关发展、波折、撤销和重建各个阶段，张复海始终以战争年代的热情投入检察事业，魂系检察工作数十载，矢志不移依法办事，为新中国检察事业、为广西检察工作，鞠躬尽瘁。

★ 艰苦朴素树风范

从红军长征到抗日战争、解放战争，经受了战场血与火的洗礼，数次与死神擦肩而过的张复海对人生有着特别的豁达态度。张复海眼中，没有贫富贵贱，没有等级差异，他能够迅速和群众打成一片。在广西工作的二十多年里，张复海与广西人民结下了深厚情谊，赢得了广大干部群众的尊敬和爱戴。

不管在哪个位置，张复海始终如一地保持着艰苦朴素的革命传统，从不利用职权给自己或家人谋取任何利益。张复海离休后，最常用的交通工具就是他那辆小三轮车，去哪里都不派车派司机。他经常去各个单位和学校讲课，但从不要讲课费。有一次，有个单位请张复海去上课，给了200块钱，张复海实在推辞不掉，拿回来交给老干部处负责同志，要求给老干部活动中心添置用品。

张复海十分关心年轻一代成长成才，坚持对年轻同志进行革命传统教育，带出了许多优秀青年干部。他常说，"我更愿意给活着的人说说战争，说说和平的来之不易"。无论是哪个单位或学校请他去讲课，他有时间都会去。

张复海离休后喜欢出去"转转"，他说要替那些牺牲了的战友们看看今天的和平，为祖国日新月异的变化和现在的富裕生活感到欣慰。他希望子子孙孙都要记住历史，珍惜今天。1996 年 10 月 22 日，张复海作为老红军代表，出席了中共中央、中央军委在人民大会堂举行的纪念红军长征胜利 60 周年大会。

2011 年 1 月 12 日，张复海因病在南宁逝世，享年 95 岁。

（刘瑞玲编写）

参考资料

1. 李秋洪主编：《广西年鉴》，广西年鉴社 2011 年版。

2. 广西壮族自治区地方志编纂委员会编：《广西通志·检察志》，广西人民出版社 1996 年版。

3. 傅耿主编：《广西检察志资料》，广西壮族自治区人民检察院院史志编辑室 1990 年印发（内部资料）。

4. 崔佐钧、罗文军：《我与长征有缘》，载《检察日报》2006 年 10 月 21 日，第 4 版。

5. 张复海：《人民检察院的审判监督工作》，载《法学研究》1955 年第 2 期。

6. 张复海：《怎样制作起诉书》，载《法学研究》1956 年第 3 期。

杨奇清

杨奇清（1911－1978），原名杨淑清，湖南平江人，1929年加入中国共产党，1930年5月加入中国工农红军。1949年10月任最高人民检察署检察委员会议委员；1952年任最高人民检察署中南分署检察长。曾任解放军总政治部保卫部部长、中央人民政府政务院公安部副部长、政务院政治法律委员会委员，中南军政委员会政治法律委员会副主任兼公安部部长，中共中央中南局常务委员，国务院公安部副部长、中央保密委员会委员。第三届、第四届、第五届全国政协常务委员。1985年被追认为革命烈士。

★红色岁月锻造忠诚品格

1911 年 11 月 6 日，杨奇清出生在湖南平江县嘉义镇一个贫苦农民家庭。1926 年，平江农民运动蓬勃兴起，杨奇清的父亲杨益德和叔父、堂叔都相继加入了中国共产党。在革命形势和父辈的影响下，杨奇清走上了革命道路，担任过小交通员，给党组织送信送情报；担任过郑源儿童团团长，扛着红缨枪，抓土豪、斗劣绅。

1928 年，17 岁的杨奇清参加了青年义勇队。在平江起义时，他报名参加了敢死队，率先攻入县城，前后主动为黄公略起义与平江起义担当向导，如此勇气让彭德怀刮目相看。1929 年，经童干周等介绍，杨奇清加入了中国共产主义青年团，同年转为中国共产党党员。1930 年 4 月，彭德怀率红五军重返平江，经中共地方组织介绍，杨奇清参加了红五军。随后在红三军团第一师政治部宣传队任宣传员，参加攻打长沙的战斗。1932 年在反"围剿"战斗中负伤后，他先后任总卫生处组织科科长、红三军团政治保卫局执行部部长，参加了二万五千里长征。因出色的侦察与反侦察能力，他被任命为红十五军团保卫局局长、红军西方野战军总政治部保卫部部长、红军前敌总指挥部保卫部部长，专门负责共产党军队内部的锄奸反奸工作。其间，他坚决执行党的正确路线，按照毛主席的战略部署，深入调查研究，实事求是地纠正了许多冤假错案。

杨奇清先后任八路军总政治部保卫部部长、八路军野战政治部锄奸部部长、中共中央北方局社会部部长，长期负责八路军政治保卫工作。在风谲云诡的政治斗争中，杨奇清一直坚定心中的信念，坚决探索事实真相。当叛徒和内奸出现在革命队伍中时，杨奇清总是能够在很短的时间内将他们揪出来，保护党组织的安全，对加强部队保卫工作建设、纯洁部队、开展反敌特斗争、巩固抗日根据地作出了重大贡献。1942 年年底，日军开展所谓"强化治安"运动。他周密防范，打击日、伪的秘密"维持会"，侦破了妄图暗害八路军总部的阴谋，保卫了首脑机关的安全。解放战争时期，杨奇清任晋冀鲁豫军区第四纵队副政委、晋冀鲁豫中央局常务委员兼社会部部长。1948年后，任中共中央华北局社会部副部长兼华北人民政府副部长，参加领导华北解放区的政治保卫工作。

★ 革命战火淬炼检察特质

在革命和战斗生涯中，杨奇清胸怀大度、正直无私，胆识过人、有勇有谋，坚持实事求是，不被众语所惑、外表所迷，独立思考、思维缜密，重视证据、科学断案，直接领导和参与了许多大要案的破获工作，屡立奇功，被称为"一代神探"，不仅体现了出色的人格魅力，更突显了独特的检察特质。

1932年8月，杨奇清任红三军团保卫局执行科科长。在"左"倾机会主义路线的指导下，肃反工作也同样实行了一套错误的路线。杨奇清在实际工作中察觉出这条错误的肃反路线的严重危害，坚持实事求是，反对没有证据乱抓人，接受正反两方面的教训，特别注重调查研究。在审讯前，发现案子的证据不足，或是案情有假，总是不辞劳苦，反复查对，直至查清为止。在审讯时，从不搞刑讯逼供。他敢于为受冤屈的同志复查，公正地给他们澄清事实真相。1937年抗日战争全面爆发，杨奇清任八路军野战政治部锄奸部部长。在锄奸运动中，杨奇清十分注意区别首要与胁从、自觉与被骗、坚决分子与动摇分子的界限，根据实际情形做出恰如其分的处理。前者从重，后者从轻，并注意争取后者，使之回心向善。他注意查实证据，不用刑讯，严防诬陷，肃清真正的敌人。

抗日战争时期，杨奇清在太行工作期间，还查清了山西辽县（今左权县）一起下毒案件的真相。当年，左权县公安局破获一起投毒未遂案。左权县民兵自卫队副队长莫三航检举八路军总部炊事员高二根是日伪派来的特务，日伪已向高二根下达向八路军首长们下毒的命令。公安局和锄奸部三科都判定"执行死刑"，看起来高二根的死已经是板上钉钉，但杨奇清却嗅到了不同的味道。经杨奇清深入调查发现，莫三航才是真正的特务。此人了解高二根的往事，以此来要挟、教唆高二根去毒害首长，只是高二根坚决不肯。因此莫三航就想要将高二根除去，然后换上自己心腹去做炊事员，从而达成下毒的目的。幸好杨奇清这双"火眼金睛"看穿了高二根死刑材料上的许多疑点并派人将案件重新调查清楚，识破了莫三航的阴谋。

1944 年 3 月，杨奇清任中共中央北方局社会部部长。遵照党中央、毛主席的指示，他从延安回到太行山，在邓小平、滕代远的领导下，对太行地区整风中的审干案件进行认真的甄别，坚持没有证据一律不准乱抓人，对每一个案件都仔细地查看，重证据，敢于提出疑问，倾听受处理人申诉，和工作人员研究探讨，作出实事求是的结论，很快平反了错案，纠正了扩大化错误。1946 年，杨奇清任晋冀鲁豫中央局社会部部长。当时山西省安泽县与地区公安局的负责同志在复查一起案件，这起案件把全县绝大多数的干部和小学教员打成了"三青团"。大量材料证明这是一起假案，但公安局一些同志看法有分歧，认识不统一。正在左右为难的时候，杨奇清来到该地，听了有关情况的汇报后，指出："安泽是个老根据地，哪有这么多'三青团'？你们复查要实事求是，一定要把事实搞清楚，不要捕风捉影、偏听偏信。"在他的帮助下，安泽县这一假案得到了彻底平反。

★ 新硎初发尽显本色担当

1949 年 10 月 1 日，中华人民共和国成立，开辟了中国历史的新纪元，揭开了人民检察事业的新篇章。新中国成立同一天，中央人民政府任命罗荣桓为最高人民检察署检察长。10月19日，最高人民检察署成立。杨奇清等11人就任新中国最高人民检察署第一届检察委员会议委员。检察署的工作是全新的工作，要求尽快制定检察署组织大纲，从速建立机构，开展检察工作。杨奇清迅即投身其中，参与讨论最高人民检察署的组织机构和干部配备问题，参与最高人民检察署的办公地选址。杨奇清等5人组成的检察署组织大纲起草小组根据《中央人民政府组织法》的有关规定，以列宁关于社会主义检察制度理论为指导，结合中国实际情况和实践经验，很快对新中国检察机关的职权范围、领导体制、最高人民检察署内设机构等问题，初步拟制相应规定，起草了《中央人民政府最高人民检察署试行组织条例（草案）》。1949年11月，经最高人民检察署检察委员会议第二次会议讨论通过，于同年12月20日经中央人民政府毛泽东主席批准试行。这是新中国关于检察制度的第一个单行法规。从组织起草到条例批准试行，仅用了两个月时间，为新中国检察事业这座巍巍大厦打下了第一块基石。新中国人民检察署从组织上、制度上完成了历史性奠基。

1952年，杨奇清任最高人民检察署中南分署检察长。他根据中南地区的实际情况，按照最高人民检察署关于建立机构与开展工作的部署，积极落实重点建立、逐步发展的方针，把首要工作和主要精力放在了辖区各级检察机构的建立上，加紧建立机构，充实人员。截至1953年年底，中南分署各级检察机构初步建立，总结了宝贵经验，也取得了初步成效。同时，按照中央和最高人民检察署要求，杨奇清积极投入镇压反革命及"三反""五反"等运动中，调动各级检察机构配合有关部门打击反动势力和惩治贪污、盗窃等重大违法犯罪活动。在他的直接指挥下，积极有效地开展了对敌斗争，成功地获得了敌人内部的重要特情，迅速抓捕歼灭敌特分子，打破敌特机关建立所谓"敌后游击队"的企图，有力地打击了特务间谍的破坏活动。

1954年6月，大行政区撤销后，杨奇清调往公安部任党组副书记、副部长。党和国家领导人的每一次重要出行都是由他保卫，几乎所有大案都是在他的领导下侦破，如保卫毛泽东访问苏联、保卫周恩来参加亚非会议、侦破伪造周恩来批示诈骗中国人民银行案、制定毛泽东畅游长江的保卫方案等。他还先后当选为第三届、第四届、第五届全国政协常务委员。1968 年 3 月，杨奇清被诬陷入狱，他嘱咐亲人：要坚信毛主席、坚信我们的党。

1978 年 11 月 24 日，杨奇清逝世，享年 67 岁。邓小平对杨奇清担当奉献的一生给予了高度评价："杨奇清同志的一生，是革命的一生、战斗的一生。"

（赵婧琦编写）

参考资料

1. 刘星宜：《杨奇清传》，群众出版社 2006 年版。

2. 中国中共党史人物研究会编：《中共党史人物传》（第 46 卷），中国人民大学出版社 2017 年版。

3. 张馨文编：《抗日烽火中的"神探"杨奇清》，载《党史文汇》2017 年第 12 期。

4. 吴志菲编著：《杨奇清："神探"的惊天动地与默默奉献》（上、下），载《党史纵览》2012 年第 6 期、第 7 期。

5. 吴志菲编著：《杨奇清经历的四大保卫工作》，载《党史文汇》2012 年第 6 期。

6. 张昆明编：《杨奇清破获三大奇案，被誉为中国公安历史上"一代神探"》，载《百年潮》2019 年第 2 期。

7. 刘志成编：《检察委员会决策历程考》，载《国家检察官学院学报》2010 年第 1 期。

8. 余玮编：《"精神导师"杨奇清》，载《中华儿女》2016 年第 3 期。

许建国

许建国（1903－1977），本名杜理卿，湖北黄陂人，1922年加入中国社会主义青年团，同年转为中国共产党党员。1949年10月任中央政法委员会委员、最高人民检察署检察委员会议委员。1950年9月任天津市人民检察署首任检察长，1952年9月任上海市人民检察署检察长。井冈山革命根据地时期和红军长征期间，曾任红八军团、红三军团政治保卫分局局长。延安时期，历任红一军团政治保卫局局长、中共中央保卫委员会委员、中央社会部保卫部部长、中央社会部副部长。解放战争时期，任中共晋察冀中央局和中共中央华北局常委、社会部部长，华北人民政府公安部部长。新中国成立后，历任中共天津市委常委、天津市副市长兼公安局局长、华东军政委员会公安部部长，中共上海市委常委、书记处书记、副市长兼公安局局长，公安部副部长，中华人民共和国驻罗马尼亚、阿尔巴尼亚大使等职。

★ 从安源煤矿开启传奇革命生涯

1903 年 9 月，许建国出生于湖北省黄陂县南阳乡一个普通的农民家庭。1916 年年初因不堪忍受地主欺凌，年仅 13 岁的许建国来到江西安源煤矿当学徒。安源煤矿是中国革命星星之火的一颗重要火种。党的一大后，毛泽东、李立三、刘少奇等来到安源煤矿宣传革命思想，组织开展工人运动。许建国进入刘少奇主办的职工夜校学习文化，开始接受革命教育。自 1922 年起，许建国先后参加了中国共产党领导的三次安源煤矿大罢工，在工人运动的烈火中经受了锻炼和考验，并于 1922 年春加入中国共产党。

1927 年，蒋介石发动四一二反革命政变，许建国在转移途中与党组织失去联系。在白色恐怖笼罩下，许建国只身前往长沙、武汉等地寻找党组织，因叛徒出卖，于 1929 年 7 月在武汉被捕，关押在长沙陆军监狱。在狱中，他联系到了狱中的党组织，并与狱中同志一起与敌人作斗争。1930 年 7 月，红三军团攻克长沙，许建国被解救并加入了红军。在红三军团，许建国历任一师三团参谋长、代理团长，红三军团一师特派员，红三军团政治保卫分局局长等职。1934 年 8 月任红八军团政治保卫分局局长。长征期间，许建国被调往中央军委政治保卫局，负责保卫中央的老同志，任收容队副队长。在艰难困苦的漫漫长征路上，董必武、徐特立、谢觉哉等老同志就是在他悉心护卫下安全到达遵义的。

1935 年 4 月，许建国调任红三军团政治保卫分局局长。同年 6 月，红一、红四方面军在川北懋功地区会师后，中共中央政治局先后在两河口、沙窝和毛儿盖召开会议，讨论红军战略问题，批评张国焘的错误主张。许建国奉红三军团代政委李富春的命令，带领一个手枪队负责会议警卫，圆满完成了保卫中共中央、中央军委和毛泽东安全的光荣任务。

红军到达延安后，1936年2月，许建国调任红一军团政治保卫局局长，随红一军团渡黄河东征。东征结束后，许建国到中国人民抗日红军大学学习，并担任中共红大一科党支部书记。1936年12月12日，发生了震惊中外的西安事变，16日许建国作为中共代表团的工作人员，跟随周恩来前往西安。为了便于工作，周恩来给他改名叫杜智文，并安排他担任张学良警卫团的秘书长兼军警督察处上校科长。在当时极端复杂的政治局面下，许建国以高度的警觉保卫着周恩来等领导的安全，并协助东北军在清查特务间谍、维护社会治安、稳定掌控部队等方面做了大量工作，圆满完成了保卫中共代表团安全的使命。

★ 情报保卫战线卓越的领导者

1938年，许建国任中共中央保卫委员会委员、中央社会部保卫部部长。在中央社会部保卫部指导下，陕甘宁边区政府破获了一批国民党特务间谍案件，有力保卫了抗日根据地和中央领导安全。1938年10月，在中共中央扩大的六届六中全会上，许建国作了题为《关于部队、地方、白区的保卫工作和情报工作》的发言。

解放战争时期，许建国历任中共晋察冀中央局委员和中共中央华北局社会部部长、华北人民政府公安部部长等职。他遵照中央指示，根据国内形势和敌情变化，在加强解放区公安保卫工作的同时，采取多种形式，以大中城市为重点，派遣大量地下情报人员，组建系统的情报网络，在敌人内部埋下红色种子，获取许多重要情报，为解放战争的胜利提供了支持。

1948年秋，国民党军企图偷袭石家庄和中共中央所在地平山县西柏坡。我内线情报人员及时掌握了敌军作战命令，但因电台发生故障，情报无法送出。为保卫中共中央的安全，地下交通员将敌军作战命令原文背熟，日夜兼程将情报送达解放区。许建国立即将这一重要情报向聂荣臻司令员作了报告，聂荣臻火速命令部队昼夜奔袭几百里，迅速构筑起迎击敌军的防线。与此同时，毛泽东亲自撰写新闻稿，由新华广播电台播出，揭露敌人企图偷袭的阴谋，从而延缓和挫败了敌军行动。事后，聂荣臻盛赞我们的情报组织"抵得上十万兵马"。

★ 天津市人民检察署首任检察长

1949 年 1 月 15 日天津解放，许建国出任中共天津市委常委、天津市副市长兼公安局局长。天津战役刚结束，他带领接管人员进入市区，按照预定计划接管国民党警察和司法机关，迅速搜捕战犯、特务，恢复社会秩序，有力捍卫了新生的人民政权，促进了生产的恢复和发展，保障了人民生命财产安全。在工作中，许建国一再强调，公安保卫工作要在党的绝对领导下，把专门工作和群众路线相结合，在对敌斗争中做到"不左不右，不错不漏，及时合法，搞深搞透"。1949 年 10 月 22 日，最高人民检察署检察委员会议第一次会议召开，罗荣桓检察长宣布最高人民检察署成立。许建国作为最高人民检察署检察委员会议的委员，见证了最高人民检察署成立的庄严时刻，并参与《中央人民政府最高人民检察署暂行组织条例》《各级地方人民检察署通则》制定等基础性工作，为新中国人民检察制度的建立打下了基石。1950 年 9 月，天津市人民检察署成立，许建国兼任首任检察长。许建国在检察署成立会议上指出，检察工作中必须贯彻群众路线的工作方法、群众路线的工作作风和群众路线的工作方式，他强调人民检察署成立之后的工作是配合当前的政治任务，着重于检察反动分子事件，检察违法乱纪侵犯人权事件，检察损害公共财产和经济建设等事件，检察贪污事件。在担任天津市人民检察署检察长期间，许建国一方面着力加强组建机关，另一方面带领检察干部迅速投入镇压反革命运动，以及相继开展的"三反""五反"运动中，为保卫新生政权、保障经济建设、维护社会秩序提供了坚强保障。

许建国长期从事情报保卫工作，曾经参与指挥办理了许多堪称经典的案件，在政法战线传为佳话。他在担任天津市人民检察署检察长期间领导办理的乔铭勋诈欺案曾在全国引起极大震动，被称为新中国"五反"第一案。1950年10月，抗美援朝战争爆发，为保障朝鲜前线志愿军的需要，华北军区后勤部紧急向天津市橡胶同业公会订购了30万件军用雨衣。天津震中橡胶厂副经理乔铭勋作为橡胶同业公会主任委员在接受订货时故意抬高成本，骗取国家财产80亿元（旧币），还勾结东昌橡胶厂副经理李炳甲挪用货款、粗制滥造、偷工减料，延期交货，贻误军需，给前线志愿军的作战带来不利影响。天津市人民检察署在接到最高人民检察署转来的案件线索后，在最高人民检察署的有力支持下，果断查办此案，于1951年4月16日，以检察长许建国、副检察长安汝涛的名义对乔铭勋、李炳甲提起公诉。经天津市人民法院公开审理，乔、李两犯对所犯罪行供认不讳，最终以乔铭勋犯诈欺罪判处其有期徒刑三年，以李炳甲犯诈欺罪判处其有期徒刑一年。鉴于此案的典型意义，政务院人民监察委员会于1951年12月12日就天津、青岛、北京发生的军用雨衣订货事件专门发出通报，以警醒社会和国家公职人员。当日，《人民日报》也就该案的办理专门发表社论。由于乔铭勋是天津工商界的知名人士，又是民主建国会会员，该案在办理中受到中央高层关注，最高人民检察署李六如副检察长带领办案人员向中央华北局书记刘澜涛、中国人民解放军代总参谋长聂荣臻、政务院财经委员会副主任李富春作了汇报，得到他们的支持。周恩来总理看到有关材料后，函告最高人民检察署："对于起诉书完全同意，并请严予审究。"这个案件开启了新中国"五反"斗争的先河。

1952 年 1 月起，许建国先后任华东军政委员会公安部部长，中共上海市委常委、上海市副市长兼公安局局长和上海市人民检察署检察长，上海市委书记处书记，公安部副部长等职。1958 年，经国务院副总理兼外交部部长陈毅推荐、毛泽东点将，许建国先后出任中国驻罗马尼亚和阿尔巴尼亚大使。在"文化大革命"中，许建国遭到残酷迫害，1977 年 10 月 4 日病逝，享年 74 岁。

1980 年 3 月，中共中央宣布为许建国同志平反昭雪。1980 年 3 月 17 日，外交部、公安部联合召开许建国同志追悼大会，缅怀这位忠诚的共产主义战士、情报保卫工作的卓越领导者、优秀的外交战士，缅怀他为党和人民作出的杰出贡献。

（于新民编写）

参考资料

1.《许建国纪念文集》，中国人民公安大学出版社 2003 年版。

2. 中国中共党史人物研究会编:《中共党史人物传》(第 49 卷)，中国人民大学出版社 2017 年版。

3. 孙谦主编:《人民检察制度的历史变迁》，中国检察出版社 2009 年版。

4. 王桂五:《王桂五论检察》，中国检察出版社 2008 年版。

5.《人民日报》1951 年 12 月 12 日，1980 年 3 月 18 日。

6.《天津日报》1950 年 9 月 12 日，1951 年 12 月 13 日。

7.《中国共产党组织史资料汇编——领导机构沿革和成员名录》，1983 年 5 月。

汪金祥

　　汪金祥（1907－1983），江西弋阳人，1928年11月加入中国共产党。1949年任最高人民检察署检察委员会议委员，1950年任东北人民政府公安部部长兼最高人民检察署东北分署检察长。曾任东北公安军司令员及政治委员，中共中央东北局常务委员、东北行政委员会副主席兼政法委员会主任及东北公安局局长，公安部副部长兼中央监察委员会驻公安部监察组组长，公安部顾问等职。中共七大、八大代表，第一届全国政协代表，第四届、第五届全国政协常务委员。

★ 坚定走上革命道路

1907 年 3 月 16 日，汪金祥出生在江西省弋阳县曹溪乡店上村。1928 年年初，汪金祥参加了方志敏、黄道、邵式平等发动的"弋横暴动"，并于同年 11 月加入了中国共产党。1929 年 11 月，汪金祥任弋阳县苏维埃政府主席团委员兼土地部部长，1930 年 5 月改任弋阳县军事部部长，后任弋阳县苏维埃政府主席、中共弋阳县委常委。1931 年冬，他被选为赣东北省苏维埃政府执行委员，任赣东北省政府内务部部长兼赣东北省法院院长。其间，汪金祥忠实履行法院院长职责，深入基层，改变了乡里乱捕、乱杀犯人的状况，规定了逮捕犯人和处决犯人的权限一律由县政府执行。针对几千年来封建婚姻制度弊端，汪金祥规定了离婚案件处理标准。

汪金祥很早就开始从事政治保卫工作，也是我党隐蔽战线的杰出领导人之一。1932 年春，他出任赣东北省苏维埃政府第一副主席，不久兼任省政治保卫局局长。1933 年 3 月，任中共赣东北省委组织部部长。同年秋，赣东北省改为闽浙赣省，他仍任省苏维埃政府第一副主席。1934 年 1 月，他被选为中华苏维埃共和国中央政府执行委员，后调任中共福建省委常务委员兼福建省苏维埃政府副主席，不久兼任福建省政治保卫局局长；8 月，调任中央苏区政府国家政治保卫局侦察部部长。长征后，汪金祥奉命留在江西赣粤边区坚持游击斗争，任中共中央苏区分局委员、常务委员兼中央苏区政治保卫分局局长。

★ 延安岁月学以致用

1937 年，汪金祥到达延安，进入中共中央党校学习，此后，任中共中央社会部第二室副主任、中央社会部第二部（敌区工作）部长、中央社会部办公室主任等职，长期从事对日伪的情报侦察工作。在这期间，他系统学习了马克思列宁主义理论和保卫工作业务，在保卫中央机关和首长的安全上，在指导各根据地开展锄奸保卫工作上，作出了积极贡献。汪金祥注重调查研究，实事求是，分清敌我，防止和纠正错误倾向。1942年整风运动中，他和陈龙一起，对康生以"抢救失足者"为名大搞肃反扩大化的错误，进行了抵制，并甄别了数百名被错误审查的同志，使毛泽东同志制定的肃反审干九条方针得到了积极贯彻。1945年4月，他作为华中代表团成员，参加了中国共产党第七次全国代表大会。

★ 白山黑水开创新局

1945年8月，汪金祥率南方干部第一大队奔赴赣东、湘西一带，恢复建立闽浙赣根据地。后接中央命令率领干部出关开辟东北根据地的公安保卫工作，1945年11月到达沈阳，兼任沈阳市委锄奸委员会主任。当时，东北三省刚从日寇铁蹄下解放出来，满目疮痍。到达东北后，汪金祥任中共中央东北局委员、东北局社会部部长、东北民主联军保卫部部长、东北公安总处处长、东北人民政府公安部部长等职。面对严峻复杂的形势，他和陈龙、邹大鹏等同志一起，在党中央和东北局的正确领导下，组织了坚强的公安队伍，依靠广大人民群众，披荆斩棘，打开局面，基本肃清了猖狂一时的公开的和隐蔽的敌人，有力地配合了人民解放战争。特别是在辽沈战役中，汪金祥领导的情报部门对决战的胜利作出了重要贡献。同时，在组织群众和建设队伍，清匪反霸、锄奸反特、瓦解敌军，保卫和恢复发展经济，以及城市管理和各项公安业务建设上，汪金祥呕心沥血，朝思夜虑，为创建巩固的东北解放区，为开创东北地区的公安保卫工作，为建立巩固的东北根据地创下了卓越功绩。

★ 忠诚保卫人民政权

新中国成立后，针对敌人破坏活动，汪金祥根据当时实际，详尽分析了土匪、恶霸、特务、反动党团骨干和反动封建会道门五个方面的活动情况和动向，提出了贯彻党中央镇压反革命运动的指示，在东北地区落实镇压运动的具体实施方案。大规模的镇压反革命运动，比较彻底地肃清了中央指示中确定的反革命分子，进一步巩固和加强了人民政权，保卫了抗美援朝战争的后方安全，保卫了经济建设。1949年12月至1950年2月，毛泽东赴苏联与斯大林谈判，根据公安部"关于不惜一切代价要保证毛主席绝对安全"的指示精神，汪金祥亲自制定东北线路警卫工作计划，亲临一线对东北1800千米铁路沿线的警戒保卫工作进行了布置检查，冒着零下40摄氏度严寒日夜坚守、及时排除敌特破坏，出色地完成了保卫毛主席安全的重大政治任务。抗美援朝期间，他不辞辛劳，在开展镇压反革命运动的同时，加强隐蔽战线斗争，严密防范和打击国民党特务的渗透破坏活动，同时大力加强同美帝间谍特务的斗争，对保证前线的胜利和后方的安全作出了积极贡献。

汪金祥前后在东北工作近十年，为东北的情报、肃特、镇压反革命、保卫、建立健全各级公安机关等工作作出了重要历史贡献。无论是进行粉碎暴乱、侦破要案、社会镇反、内部肃反，还是开展保卫经济建设、治安管理、社会改造等，他都十分注重调查研究。党中央和东北局制定关于东北地区公安保卫工作的正确方针和成功指挥侦破一些重大案件，都和扎实深入调查研究分不开。汪金祥同志还十分注意执行和运用党的政策，在粉碎反革命暴乱、改造日本战犯、镇压反革命、肃反运动中，他都坚持贯彻"镇压与宽大相结合""坦白从宽、抗拒从严、立功受奖"等方针，充分发挥政策威力，既稳、准、狠打击了敌人，又争取、改造、教育了大多数，很多做法至今仍有很高的参考借鉴价值。

★ 投身检察事业

1949 年 10 月 19 日，中央人民政府委员会第三次会议任命汪金祥等 11 人为最高人民检察署检察委员会议委员。基于新中国成立初期大行政区划的布局，作为最高人民检察署派出机构的最高人民检察署五大分署于 1950 年 3 月至 9 月间陆续建立。1950 年 5 月，最高人民检察署东北分署成立，8 月汪金祥兼任检察长。

为保卫新生的人民政权，肃清一切反革命分子，处于创建阶段的检察机关本着"边建边干"的精神，及时防止和纠正错案及偏差，全力以赴地投入镇压反革命运动中，起到了积极的配合作用。但当时五大行政区检察分署检察长均为兼职，大行政区检察分署编制少，地方建立检察署进展不够理想，人们对检察机关性质、地位、作用不甚了解，加之经验缺乏、人员不足、业务生疏等因素，筹建中的东北区各级检察署受到挫折。从全国范围看，1951 年检察机关正经历第一次取消风，检察署建设放慢了步伐。1952 年，吉林省公安厅与吉林省人民检察署合署办公，实际上是公安机关兼办检察工作，吉林省、市、县检察署的干部大体被调光，东北各级检察署工作受到削弱。

1954 年 8 月，党中央决定撤销各中央和各大行政区，东北局和东北公安部随之撤销。汪金祥奉调回京，任公安部党组成员、副部长。他在公安部工作期间，长期分管经济保卫和铁路、交通公安保卫工作，积极协助公安部部长罗瑞卿加强对敌斗争和各项公安建设，坚持深入基层调查研究，总结推广典型经验，明确打击对象和政策界限，有力推动了全国公安工作的顺利发展。"文化大革命"时期，汪金祥蒙冤入狱，1974 年在毛主席和周总理的关怀下，获释出狱。粉碎"四人帮"后，中央决定为汪金祥平反昭雪。1977 年 7 月，汪金祥被任命为公安部顾问，并被选为第五届全国政协常委。1982 年年初，汪金祥又响应党中央关于老干部离休退休的号召，辞去全国政协常委和公安部顾问的职务。

1983 年 1 月 16 日，汪金祥在北京逝世，享年 76 岁。

（刘允中编写）

参考资料

1. 闵钐、薛伟宏编著：《共和国检察历史片段》，中国检察出版社 2009 年版。

2. 汪涛：《赤胆忠魂：回忆我的父亲汪金祥》，群众出版社 2016 年版。

3. 孙谦主编：《人民检察制度的历史变迁》，中国检察出版社 2014 年版。

4. 最高人民检察院编：《人民检察史：纪念检察机关恢复重建 40 周年》，中国检察出版社 2018 年版。

5. 何立波：《屡建奇功的东北公安部部长汪金祥》，载《党史纵横》2009 年第 6 期。

6. 杨之槐：《鹰击长空——汪金祥在初进沈阳的日子里》，载《人民公安》1999 年第 7 期。

冯基平

冯基平 (1911－1983)，原名冯玉书，别名冯乃革，辽宁法库人，1931 年加入中国共产党。1953 年 6 月至 1955 年 4 月任北京市人民检察署（院）检察长。曾任中共辽宁省辽阳县委书记、抗日义勇军第四路军救国会代表兼秘书处处长、决死四纵队二〇三旅十九团团长等职。新中国成立后，曾任北京市公安局副局长、局长，最高人民检察署检察委员会议委员，北京市人民检察署副检察长，北京市副市长，中共北京市委书记处书记，陕西省委常务书记，国务院副秘书长等职。

★ 弃笔从戎踏上革命道路

1911 年 6 月 1 日，冯基平出生在辽宁省法库县大屯村的一户农民家庭。他酷爱读书，但由于家境贫寒，从小学到大学的读书费用，均靠其五叔资助。童年时期的冯基平在冯氏家族的私塾馆接受启蒙教育，1917 年考入法库县立第二高小读书。他不仅记忆力强，而且善于独立思考，遇到问题有自己的见解。1924 年，冯基平考入法库县平治中学读书，学校教师大都是进步青年，传播新思想、新知识，在他们的影响下，冯基平渐渐萌生了救国救民的愿望。1927 年他转入奉天中学读书，后考入奉天省立第一高级中学（原奉天中学堂）。

在奉天中学读书时期是冯基平走向革命道路的一个非常重要转折，他逐步认清，只有中国共产党才是中国解放的希望。由此，他毅然决定去北平寻找中国共产党。

冯基平只身到北平后，一边温习功课，一边联系学校就读。通过认识的东北同学，结识了许多新的青年朋友。随后，他与同乡同学边学习边备考。课余时间，他们还经常到北平中国大学，结识了中共地下党员白乙化、董弼臣、葛瑞冥等，并一起讨论时局、研究功课。不久，冯基平参加党的外围组织活动，并于 1930 年考入北平中国大学经济系。读书期间，他经常利用课余时间阅读进步书籍，并接受了进步组织和中共地下工作者的影响和教育。在组织熏陶下，1931 年 5 月，冯基平在北平加入中国共产主义青年团，同年 9 月转为中国共产党党员。

九一八事变后，日本占领东北三省，流亡北平的东北爱国进步人士在社会各界支持下，成立东北民众抗日救国会，冯基平任常委。冯基平怀着"国耻家仇不能忘"的满腔热血，在党的领导下积极组织爱国青年和广大群众开展抗日救亡活动。1931 年冬，冯基平受中共北平市委派遣，带领部分救国会会员深入平绥沿线进行抗日救国宣传，联络抗日武装。11月，东北抗日义勇军第四路军（耿继周部队）成立后，冯基平作为该部队秘书处处长，积极投入抗日斗争，历任中共辽阳县委书记、中共北平市委军委东北炮八旅旅委书记。

★ 初心不改的硬汉子

1932年夏，冯基平赴北平请示工作，因叛徒出卖被国民党宪兵逮捕，关入北平草岚子监狱。冯基平在狱中每天戴着七斤重的铁链受尽折磨，加之狱内糟糕的伙食，他的健康每况愈下。即便这样，他仍在狱中党支部的带领下，学习马克思列宁主义理论，与难友们一起同敌人展开反审查、反虐待的绝食斗争，表现出了共产党员坚贞无畏的英雄气概。彭真同志评价他为"一条硬汉子"。

1936年，冯基平被党组织营救出狱。草岚子监狱的斗争洗礼为他日后长期革命斗争奠定了坚实的基础，他曾说："草岚子监狱是我的第一所党校。"

不久，抗日战争全面爆发，冯基平投身其中，以中共山西公开工作委员会领导成员和牺牲救国同盟会省委常委的身份开展工作。他正确地执行统一战线政策，坚持独立自主的原则，出色完成了宣传群众、发动群众的任务。在此期间先后担任同蒲铁路、正太铁路工委书记，中共太原市委常委。

七七事变后，冯基平以山西国民军官教导九团政治部主任和牺牲救国同盟会临县中心区书记的身份开展工作。随后历任决死四纵队十二总队政治部主任、决死队随营四分校副主任、决死四纵队二〇三旅十九团团长。1940年8月，冯基平率领部队参加百团大战。由于过度操劳，冯基平的身体受到严重损伤。部队党委经过多次研究，决定让他离开战场赴延安养病。1942 年 10 月，党组织调冯基平到延安中共中央党校学习，结业后任晋绥边区调查局交通科科长。

从抗日战争到解放战争这段时间里，冯基平在山西这块土地上，开展了发动群众抗击日本帝国主义和粉碎阎锡山阴谋的斗争；在隐蔽战线上，他在北平、天津、石家庄三大城市广泛开展情报工作。这些工作使他的组织能力和领导能力得到了锻炼和提升。冯基平随后历任八路军总参谋部四局三科科长、绥蒙保安处副处长、晋绥边区驻晋察冀边区办事处政委、晋绥公安局平津工作站站长、中央社会部直属工作站站长。

1948 年北平市公安局成立后，冯基平任二处处长，组织破获了国民党特务吴雷远假借民主党派名义，组织"中国民主促进会华北分会"的阴谋暴力案，美国间谍李安东、山口隆一妄图炮击天安门案等一批严重危害国家安全和人民生命财产安全的重大案件。

★ 为首都检察事业奠定基础

新中国成立后，百废待兴，百业待举。北京市公安局第一任局长谭政文奉命南下，公安部部长罗瑞卿兼任北京市公安局局长，38 岁的冯基平任副局长，同时任最高人民检察署检察委员会议委员，1950 年 5 月兼任北京市人民检察署副检察长。

从 1950 年 11 月起，按照中共中央《关于镇压反革命活动的指示》，北京开始了轰轰烈烈的镇压反革命运动。为了保证首都的净化和安定，冯基平作为副检察长对北京市人民检察署提起公诉的国民党特务组织"河北省人民自卫军"反革命活动案出庭支持公诉，将反革命的气焰狠狠打了下去。

随着人民检察一系列制度的完善，检察工作全面开展，检察职能作用逐步显现。1950 年 12 月 10 日，北京市被确定为建立检察署的试点单位。为筹备建立北京市人民检察署，冯基平从市公安局内七分局抽调干部 10 人，办公地址设在东城区东交民巷 23 号。1951 年 1 月 3 日，北京市人民检察署正式成立。

1952 年 8 月，北京市政府召开第 126 次行政会议，此次会议主要就对思想改造、组织整顿、司法制度和工作方法的改革计划进行讨论，并决定成立司法改革委员会，冯基平任副主任。截至同年 9 月中旬，共调查处理了拖延、错判及干部作风不好、处理草率等案件 57 件，大力整治机关作风顽疾。

1953 年 6 月 5 日，北京市政府第 161 次行政会议决定：提请任命冯基平兼任北京市人民检察署检察长。10 月 12 日，冯基平作为检察长参加最高人民检察署召开的华北三省二市检察长座谈会。会议着重解决了当前检察工作的方针任务、思想方法、工作方法等问题。10 月 19 日，苏联专家鲁涅夫到访北京市人民检察署，介绍莫斯科市检察署的组织机构及工作内容，并归纳为 7 类 36 个方面作为建议。根据建议，冯基平在实践探索中不断推进各项检察工作。11 月，根据最高人民检察署和北京市委领导的指示，北京市人民检察署被确定为全国大城市检察工作试点单位，并将取得的经验推广全国。

为了加强检察机关组织与业务建设，1954 年 5 月，冯基平主持召开第一次北京市检察工作会议。这次会议总结了北京市人民检察署成立后的检察工作，制定并试行了有关检察业务制度。

1954 年 12 月 2 日，北京市人民检察署更名为北京市人民检察院，并确定不再列入北京市政府机构序列。"署"与"院"的一字之差，体现了党中央对检察机关的高度重视。为不断完善和发展各项检察工作，冯基平作为检察长带领北京市人民检察院开始有计划有步骤地筹建各区检察机构。1955 年 1 月，最高人民检察院批复同意成立北京市宣武区、石景山区和丰台区人民检察院，北京市检察机关的机构设置更趋完备。

1955 年 4 月，冯基平卸任北京市人民检察院检察长职务，之后他历任北京市人民政府政治法律委员会副主任、北京市副市长、中共北京市委常委、市委外事工作小组组长、北京市农委书记、中古友好协会副会长等职。1964 年调任中共陕西省委常务书记。虽然离开了检察岗位，冯基平仍然十分关心和重视首都检察机关的发展，他对检察工作的探索和完善，为首都检察工作的发展明确了方向，奠定了坚实基础，作出了重要贡献。

"文化大革命"中，冯基平受到迫害。粉碎林彪、江青两个反革命集团后，中共中央为冯基平作出平反决定，恢复了名誉，高度评价了冯基平的工作。

1979 年 1 月，冯基平任中共中央调查部党委副书记、副部长。1979 年 5 月任国务院副秘书长，1981 年 4 月任中共北京市委书记兼市政法委员会书记，同年 11 月当选第五届全国人民代表大会代表。1982 年作为党的十二大代表出席了第十二次全国代表大会，当选为中共中央顾问委员会委员。

1983 年 9 月 29 日，冯基平因病逝世，享年 72 岁。

（冯骥编写）

参考资料

1.《北京检察年鉴》编辑委员会编纂:《北京检察年鉴 1996—1997》，附录"冯基平生平"。

2. 北京市检察院史志办编纂:《北京检察大事记 1949—1986》。

3. 北京市地方志编纂委员会编:《北京志·政法卷·检察志》，北京出版社 2006 年版。

4. 刘光人、赵益民、于行前主编:《京都公安局长——冯基平传》，群众出版社 2011 年版。

郭步岳

郭步岳（1911－2000），陕西子洲人，1928年加入中国共产党。1955年4月至1966年5月任北京市人民检察院检察长。新中国成立前，曾任中共陕西省靖边县委书记、陕甘宁边区延属专区保安处处长、陕甘宁边区靖绥联防军政治部保卫部部长等职。新中国成立后，历任最高人民检察署西北分署副检察长、北京市人民检察院检察长、北京市高级人民法院院长、中共北京市委政法部部长、北京市政协副主席等职。

★ 接受进步启蒙红心向党

1911 年 3 月 12 日，郭步岳出生于陕西省子洲县驼耳巷乡庙河岇村的一户农民家庭。1927 年，作为郭姓大家庭读书的第一人，上了 3 年小学的郭步岳，从庙河岇村小学来到 40 多里外的苗家坪小学就读。苗家坪小学位于街北银锭山上，是米脂知县骆仁于光绪十四年（1888 年）开设的，1927 年改为完全小学。1926 年冬，中共苗家坪小学党团支部成立，成为子洲县境内最早建立中共党团组织的学校之一。郭步岳到新学校就读后，很快就被学校新的教学方法和宣传思想所吸引，马克思、革命、共产党这些第一次听到的词都让他感到十分新鲜。他过去认为穷人就是穷人，天生就是穷人的命，从来都没有想过为什么，更没有想过要改变。在听了老师们讲的道理后，他内心豁然开朗，才知道命运是可以改变的，只要跟着共产党，早晚有一天会过上好日子。

在学生俱乐部的组织下，几乎每个礼拜天，郭步岳都会同其他学生一起下乡，做宣传鼓动工作，发动群众反对苛捐杂税，反对土豪劣绅与地主恶霸。他们几个学生编成一个组，一个组分管几个到十几个村庄，用演讲、说服、对比等方式启发农民觉悟，提高农民认识。很快他们就在各村建立了农民协会等组织，郭步岳也在其中得到了很好的锻炼，宣传演讲得到了大家一致认可。几个月后，郭步岳萌发了加入党组织的念头，他将自己的想法向党组织作了汇报。不久之后，支部书记田庆丰、团区委书记田庆昌分别找他谈话，两位书记告诉他，共产党的目的是解放全人类，实现共产主义，要达到这一目标需要经过长期的奋斗，甚至还需要流血牺牲，因此要有充分的思想准备。共青团是共产党的预备队，入团和入党一样，要随时准备为革命事业奉献一切。

听了两位书记的话，郭步岳进一步坚定了加入党组织、参加革命的信念，学习更加刻苦，工作更加认真。1927年9月1日，在学校后山的一个土窑洞里，郭步岳在团区委书记田庆昌的带领下，举起紧握的右手宣誓，加入了中国共产主义青年团。不久，郭步岳担任共青团区委组织委员兼党团区委的秘密交通员。在下乡宣传的同时，他利用自己农村孩子的身份，多次机智勇敢地完成了上级交给他在苗家坪区委与绥德县委、绥德县委与团委之间传递文件的任务。1928年1月，就读于苗家坪高级小学的郭步岳正式转为中共党员，实现了自己的夙愿。从此，不论学习还是工作，他总是以一名共产党员的标准严格要求自己，多次受到组织和领导的表扬，得到同志们的一致认可。当年秋天，郭步岳转到米脂县三民二中读书，开始了新的学习和革命工作。他边学习边进步，迅速成长为一名优秀的共产党员和骨干力量，先后担任中共陕西省秀延县十二区区委组织委员、中共陕西省靖边县委书记、陕甘宁边区靖绥联防军政治部保卫部部长等职，为新中国的成立和解放事业作出重大贡献。

★ 奋斗在政法战线上的常青树

新中国成立后，郭步岳长期从事政法工作，为检察机关建设、人民政权巩固、首都安全稳定贡献了重要力量。1955年4月，第一届全国人民代表大会常务委员会第九次会议通过，批准任命郭步岳为北京市人民检察院检察长。为加强党对检察事业的坚强领导，4月下旬，北京市委批准北京市人民检察院成立党组，郭步岳为党组书记。郭步岳在这个岗位上一干就是11年，他带领北京市检察机关很好地履行了检察职能，坚决打击了反革命和破坏社会主义建设等犯罪行为，巩固了人民政权。

1955 年 5 月，郭步岳主持召开北京市第二次检察工作会议，这是他担任检察长后主持召开的第一次全市检察工作会议。他在会议上作了报告，领导部署全市检察机关在 1955 年积极地、有计划有步骤地全面担负起《人民检察院组织法》所规定的任务，全面担负起审查批捕和起诉工作等任务，会同公安、法院等机关，及时有效地镇压反革命分子，打击各类刑事犯罪分子，保护人民民主权利，从检察工作方面保障了全市社会主义革命和建设任务的顺利完成。

1958 年 3 月，北京市委第一书记彭真对全市政法机关作出指示，要求"北京市的社会治安和政治情况，一定要搞得像玻璃板、水晶石，像镜子一样了如指掌"。在郭步岳统筹指挥下，北京市人民检察院向沈阳、上海、天津、广州、武汉、重庆、西安等大行政区检察院发出竞赛书。北京市人民检察院的竞赛口号是"以一个主义（马克思列宁主义），开展五比（比先进、比干劲、比钻劲、比效率、比作风），扫清五气（官气、暮气、阔气、骄气、娇气），猛击两个坏主义（官僚主义、教条主义特权思想），树立三个好风气（朝气、实事求是调查研究的风气和谦虚谨慎、批评与自我批评的风气）"，鲜明提出了全市检察机关的奋斗目标：在党委统一领导下，与各兄弟机关齐心协力，苦战猛干三年，把首都的各种犯罪分子打扫干净，把首都搞得像"玻璃板、水晶石"一样纯洁透亮。

1961 年 11 月，根据最高人民检察院关于在当前工作中贯彻从严精神的指示，郭步岳带领全市检察机关积极参加城乡社会主义教育运动和整治社会治安秩序中心工作，运用检察职能，配合公安、法院，打击各种犯罪分子的破坏活动，在斗争中坚决贯彻从严的精神，做好批捕、起诉、出庭工作。他作为检察长，率先垂范积极贯彻上级指示精神，当年 12 月，出席在中山公园音乐堂召开的由各界代表 3500 余人参加的宣判大会，在会上代表国家检察机关讲话，向人民群众展示了检察机关坚决打击犯罪分子的坚定决心。

北京市人民检察院恢复重建后，已担任中共北京市委政法部部长的郭步岳仍十分关心和重视北京市检察机关的发展。1979 年 6 月，北京市人民检察院在顺义召开北京市第七次检察工作会议，这是粉碎"四人帮"后，检察机关恢复重建以来召开的第一次全市检察工作会议，时任市委政法部部长郭步岳出席会议，并就如何搞好检察工作等问题作了讲话，为首都检察机关发展持续给予指导关怀。

★ 永葆艰苦朴素的革命本色

郭步岳身为党的高级领导干部，生活却十分简朴，对子女的要求也很严格，经常教育他们为党和人民多做工作，不要追求物质上的享受。这种艰苦朴素的作风不仅体现在他的生活中，也体现在工作中。

郭步岳曾在市、区检察院全体干部会议上提出要求，全体干部要"克勤克俭，吃苦耐劳，爱护公物，认真执行党的增产节约方针。检察院是代表国家利益的、人民利益的，精简节约要从一点一滴做起。为国家节约每一分钱，为社会主义建设服务"。

1981 年，郭步岳时任北京市政协副主席。"文化大革命"刚刚结束，北京市很多文物古迹遭到破坏，保存状况十分堪忧。为了摸清古文物的保存状况，北京市政协成立文物保护调查组，郭步岳作为带队领导全程参与调查。前后近一个月时间里，调查组在北京市东奔西跑，年逾七十的郭步岳本可以乘专车，但他从未单独乘车，每次都和大家同乘一辆面包车出行。调查期间，由于行程紧张，没时间集体就餐，大家只能自带午饭。郭步岳也和其他同志一样，自己备好午饭，跟大家一起吃，并且他的午饭十分普通，从来没有搞过特殊。

2000 年 7 月 28 日，郭步岳在北京因病逝世，享年 89 岁。

（陈洪钊编写）

参考资料

1. 北京市检察院史志办编纂:《北京检察大事记 1949—1986》。

2. 北京市地方志编纂委员会编:《北京志·政法卷·检察志》,北京出版社 2006 年版。

3.《郭步岳小学入党》,载子洲在线,http://zizhouzx.com/news/?914.html,2022 年 4 月 19 日访问。

4. 赵书:《跟着政协搞文物调查》,载北京观察,www.bjzx.gov.cn/zxqk/bjgc/bjgc201904/twh201904/201904/t20190412_19224.html,2022 年 4 月 19 日访问。

孙光瑞

孙光瑞（1910－2012），河北平乡人，1935年10月参加革命，同时加入中国共产党。1951年3月，任河北省人民检察署检察长、党组书记。同年11月，受命查办刘青山、张子善案件。1952年2月，任河北省高级人民法院院长、党组书记。粉碎"四人帮"后，任河北省人民检察院副检察长、党组副书记。1979年9月后任河北省人民检察院代检察长、检察长、党组书记。

★ 投身革命　矢志不渝

1935年，25岁的孙光瑞投身革命事业，加入了中国共产党。在土地革命战争、抗日战争和解放战争时期，他始终战斗在华北冀南地区，杀日军、锄汉奸、灭土匪、打顽敌、建政权，不畏艰险，出生入死，积极组织和动员广大群众开展对敌斗争。他曾参加著名的冀南农民暴动，担任红军游击队副队长。后历任中共平乡县工作委员会委员兼一区区委书记、县委军委委员兼巡事团团长，冀南二地委委员兼平乡县委书记，冀南二地委委员兼尧山县委书记，冀南二地委（四地委）委员兼平乡县委书记。1941年，在抗日战争最艰苦的时候，他带领平乡县的抗日干部，与日本侵略者、汉奸、叛徒开展了殊死斗争。解放战争时期，孙光瑞先后任冀南四地委委员、民运部长，南宫地委社会部部长兼专区公安局局长，南宫地委常委、专署专员，邢台地委常委、专署专员。

1951年3月，中央人民政府政务院总理周恩来同志签发任命书，任命孙光瑞为河北省人民检察署检察长。自此，孙光瑞始终工作在河北政法战线，并担任重要领导职务。新中国成立初期，他团结司法干警，发动和依靠广大群众，深入实际，调查研究，不畏艰辛，排除万难，坚决及时地镇压反革命残余势力。在河北省委、省政府的领导下，他正确贯彻党的司法工作方针，为迅速稳定河北的社会治安、巩固新生人民政权发挥了重要作用。此后，他先后长期工作在河北检察机关和审判机关，为保卫社会主义事业、加强司法队伍建设作出了新的贡献。

无论是在对敌斗争中接受生死考验的严峻时刻，还是在"反右扩大化""文化大革命"中受到错误处理的动乱年代，孙光瑞始终坚信党，坚信群众，用自己的行动践行着一名共产党员的庄严誓言。近五十年的革命生涯，他始终服从党的决定，坚持原则，顾全大局，淡泊名利。无论在职时，还是离休后，他光明磊落，实事求是，严于律己，宽以待人，不摆老资格，没有官架子。与他共过事的老同志和相处过的群众，对他忠于党、忠于国家、忠于人民，鞠躬尽瘁，置生死于度外的高尚品质和刚毅秉性，莫不交口赞誉。

★ 反腐先锋　攻坚克难

1951年3月，孙光瑞出任河北省人民检察署检察长。这一年，孙光瑞带领新成立的检察署工作人员积极参与了镇压反革命运动，并就运动中执行政策存在的问题向省委提交报告，引起省委、省政府的重视。在1951年全国范围开展的反贪污、反浪费、反官僚主义的"三反"运动和1952年在全国大中城市开展的反行贿、反偷税漏税、反盗骗国家财产、反偷工减料、反盗窃国家经济情报的"五反"运动中，孙光瑞根据第一届全国司法会议精神，把检察起诉国家机关工作人员的贪污案件和不法资本家的经济犯罪案件，作为河北省检察机关的一项重要任务来抓，取得显著成效。

1951年11月2日，在河北省第三次党代会上，时任天津行署副专员的李克才、赵克揭发了天津地委书记刘青山、天津行署专员张子善的重大贪污事实，引起党中央高度关注。12月15日，河北省委、省政府决定，孙光瑞等5人为处理刘青山、张子善重大贪污案委员会委员，负责处理这一重大贪污案。孙光瑞任其中一组的组长，负责检查刘青山、张子善在天津办事处的账目。随着调查工作不断深入，发现刘青山、张子善的问题非常严重，省委决定在省检察署成立专案侦讯办公室，由孙光瑞负责。专案侦讯办公室很快查明了刘青山、张子善重大贪污事实。此案从揭发到处理完毕，只用了两个月零二十天，办案速度之快、质量之高是少见的。此案的查处，在全国引起了强烈震动和巨大反响，彰显了我们党坚定反腐无禁区的鲜明态度。

1982年，时任河北省人民检察院检察长、党组书记的孙光瑞到秦皇岛市人民检察院调研，该院检察长向他汇报了省外贸驻秦皇岛办事处仓库的板栗大量霉烂、经济损失巨大、有关责任人涉嫌渎职的情况。孙光瑞当即派人将有关材料送给省委、省政府审查。省领导批示由省检察院查清此案，依法处理有关责任人。在查处过程中，有关责任人一方面派人到板栗产地去开假证明，宣称板栗在产地就已经变质，并向省长汇报假情况；另一方面订立攻守同盟，企图逃避罪责。针对这种情况，办案检察人员深入迁西、抚宁两县，找到出售板栗的农户逐一核实情况，当地农民向检察人员揭发了省外贸驻秦皇岛办事处有关人员造假证明的事实。检察机关查证属实，依法批准逮捕了相关的渎职犯罪嫌疑人，并提起公诉。

此案一波三折。秦皇岛市中级人民法院开庭审理此案时，省外贸驻秦皇岛办事处个别领导又组织人员开着汽车、打着标语上街游行，高呼"某某无罪"的口号。同时，又把假材料送到中央有关部门，试图把水搅浑，使案子不了了之。省委政法委为慎重处理此案，专门召开会议。会上，有人为犯罪嫌疑人评功摆好，认为犯罪嫌疑人功大于过。还有人说："这个案子得妥善处理，两边都是群众。"孙光瑞态度坚决地说："我们不是哪一边的群众，我们是检察院，我们要的是依法办案！"

最终，法院依法对犯罪嫌疑人作出有罪判决。有关领导对孙光瑞敢于坚持原则、秉公执法的凛然正气高度赞扬，原来对渎职犯罪认识不清的领导同志也针对在处理此案中的不恰当表态向孙光瑞作了自我批评。

★ 拨乱反正　忠诚履职

"文化大革命"中，我国的社会主义法制受到严重破坏，检察机关被取消。1978 年 6 月 12 日，中共河北省委根据中央指示，决定恢复重建河北省人民检察院，7 月 1 日正式挂牌办公。1978 年 10 月，孙光瑞任河北省人民检察院副检察长、党组副书记。1979 年 9 月 27 日，任河北省人民检察院代理检察长、党组书记。1980 年 2 月 6 日，孙光瑞被选为河北省人民检察院检察长，此时的孙光瑞已是 71 岁高龄。

检察机关恢复重建的头两年，孙光瑞重点抓了三项工作。重点抓机构重建和选调配备干部。1978 年年底，建立了石家庄、廊坊、承德、张家口、邢台、邯郸、沧州、衡水、保定、唐山 10 个地区检察分院和石家庄、唐山两个市检察院以及 156 个基层检察院，全省检察人员达到 1626 人。重点抓落实政策，平反冤假错案。1978 年 12 月 16 日至 27 日，孙光瑞参加了全国第七次检察工作会议。在回省传达会议精神的大会上，孙光瑞强调，全省各级检察机关要紧紧围绕经济建设这个中心开展检察工作，尽快平反冤假错案，以保障经济建设的顺利进行。其间，原河北省人民检察署的一批被错误打成"反革命"、右派的老干部重新回到省检察院工作。孙光瑞坚持"边建边干，以干促建"的工作思路，重点抓刑事检察和信访工作，以此促进法纪、经济、劳改劳教检察业务的开展。从 1979 年开始，全省各级检察机关开始受理和查办经济犯罪案件，当年共办理各类经济案件 72 件，发挥了检察机关在维护正常的社会主义经济秩序和惩治腐败方面的重要作用，受到广大人民群众的热烈欢迎。

1980 年，孙光瑞提出"检察长办案"和"检察长包案"的工作思路，河北省人民检察院及时总结并推广了"三定"（定案件、定质量、定时间）和"实行分片包干，坚持办案岗位责任制"的办案方法，实践中取得了非常好的效果，查办经济犯罪案件工作取得突破性进展，当年全省各级检察机关共立案 625 件，审结 559 件，其中不少是大案要案，收到良好社会反响。

孙光瑞在任职期间曾两次发表谈话，促使全省 379 名犯罪分子投案自首。1982 年，党中央决定开展一场打击经济领域中严重犯罪活动的斗争。孙光瑞根据河北省委统一部署，要求全省各级检察机关开展广泛宣传《关于严惩严重破坏经济的罪犯的决定》活动，通过回答《河北日报》记者提出的关于打击经济犯罪的有关问题，详细阐述了检察机关打击经济犯罪的决心和相关政策，在社会上产生很大影响，起到了震慑经济犯罪分子的作用，促使一批涉嫌经济犯罪人员走坦白从宽之路，纷纷向检察机关投案自首。但仍有一些经济犯罪人员存有侥幸心理，没有在规定的时间自首。这些人认为规定的时间已经过去，再到检察机关自首，恐怕也得不到从宽处理，因此犹豫不定。针对这种情况，孙光瑞再次通过《河北日报》发表谈话，重申党和政府的一贯政策，明确 5 月 1 日以后凡属主动投案自首的经济犯罪人员，也可得到较宽大处理，以敦促这些人消除疑虑，投案自首，争取宽大处理。据统计，全国人大常委会《关于严惩严重破坏经济的罪犯的决定》一经向社会广泛宣传后，河北省辖范围内投案自首的经济犯罪人员达到 379 人。孙光瑞要求全省各级检察机关在查办经济案件时，注意及时向党委汇报，遇到重大案件、疑难案件及有分歧的案件，及时向党委和上级反映，以求正确处理；对于党委交办的重大案件，及时组织力量查处，自觉地把检察机关打击经济犯罪的斗争置于党的领导之下，体现了一名老共产党员坚定的政治立场和很强的政治意识。

1983 年 12 月，孙光瑞退休。1989 年 2 月 22 日，河北省委第三届第二百九十五次常委会会议决定：经征得本人同意，同意孙光瑞为河北省法学会名誉会长。1992 年 9 月 26 日，河北省人民检察院隆重召开大会，为孙光瑞等长期从事检察工作的老同志颁发检察荣誉证书和奖章。

2012 年 5 月 5 日，孙光瑞因病在天津逝世，享年 102 岁。

（王绍华　毕雪梅编写）

参考资料

1. 河北省人民检察院检察志编辑办公室编：《河北省检察志（1907—1990）》，1996 年版。

2. 河北省地方志编纂委员会编：《河北省志·检察志》，中国书籍出版社 1996 年版。

3. 河北省人民检察院组织编写：《孙光瑞同志革命回忆录》，2001 年，未公开发行。

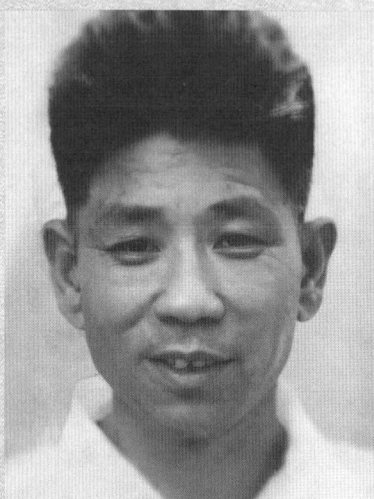

陆治国

　　陆治国（1910－1993），原名陆边奎，河北安平人，青少年
时期受大革命影响，参加进步学生活动，1925年加入中国共产党。
1950年任河北省人民检察署第一任检察长。曾任中共保属特委委
员、石家庄特委书记、晋察冀军区保卫部副科长、中共冀中区委社
会部部长、冀中行署公安局局长等职。新中国成立后，曾任中共
河北省委社会部副部长，河北省委政法委副主任，河北省公安厅厅
长，河北省高级人民法院院长，中共河北省委常委、纪委第二书
记，河北省第四届、第五届政协副主席。

★ 革命斗争中淬炼成长

1910 年 8 月 19 日，陆治国出生于河北省安平县程油子乡南两和程村（现南二合村）一个普通农民家庭。地处冀中平原东部的河北省安平县，具有光荣的革命历史。1923 年 8 月，中国共产党第一个农村党支部在安平县台城村诞生，开创了农村党组织建设的先河，对中国农村尤其是冀中地区的革命斗争产生了巨大影响。陆治国从这个时候开始接受共产主义思想熏陶。1925 年，小学毕业的陆治国到博野县同仁高小读书，并在张凤老师介绍下加入了中国共产党，此时他刚满 15 岁。入党后，陆治国积极参与进步学生组织的学潮运动，在青年学生中传播马克思主义，发展党员，组织开展反抗国民党反动统治的斗争，把党的工作开展得有声有色。

1930 年 9 月至 1933 年 10 月，陆治国在白色恐怖日益加剧的情况下坚持革命斗争，历任共青团顺直省保属特委书记、中共石门中心市委委员、共青团石门市委书记、共青团直中特委书记。1933 年 10 月任中共保属特委委员、深（县）武（强）饶（阳）中心县委书记，1936 年下半年任中共保西特委书记。陆治国曾组织领导正定第七中学和省立第八师范学校的学潮、灵寿暴动以及赞皇反盐店斗争，为团结教育进步青年，恢复和发展党组织，做了大量组织发动工作。抗日战争全面爆发后，按照党的指示，在滹沱河沿岸组织抗日武装，担任晋察冀第三分区第十大队二营政委、教导员，率部同日军进行了顽强斗争。1938 年 12 月到延安中央保卫部接受训练，1939 年 4 月任晋察冀军区锄奸部侦察队队长、特派员、保卫部副科长，深入敌后发动群众，开展锄奸反霸斗争，为巩固敌后抗日民主政权，粉碎日、伪军的封锁和"扫荡"作出重要贡献。1941 年到中国人民抗日军政大学第二分校学习，1943 年到中共中央党校学习，任第十支部书记、校部秘书处秘书，1944 年调中央城工部从事交通工作，1945 年 4 月至 6 月作为晋察冀代表团成员光荣出席了中国共产党第七次全国代表大会。

1946 年 2 月陆治国任中共冀中区委党校校长。1947 年 3 月至 1948 年 7 月任晋察冀边区行政委员会冀中行署公安局副局长。1948 年 7 月至 1949 年 7 月任中共冀中区委社会部部长、公安局局长、区委常委，领导冀中区的治安保卫工作，开展对敌斗争，组织清匪反霸，打击敌特的破坏活动。其间，就献县张庄天主教堂国际间谍案提起公诉，揭露了尚建劲（法国人）、潘汝霖（法国人）等 10 人勾结蒋匪军、危害解放区的犯罪事实。晋察冀边区高等法院冀中分院依法审理后，将尚建劲、潘汝霖等 4 名案犯驱逐出中国。

★ 河北省人民检察署第一任检察长

新中国成立后，陆治国被任命为河北省公安厅副厅长，面对百废待兴的国家，他满怀激情和期盼投入新中国的建设中。1950 年，河北省人民检察署成立，陆治国兼任检察长，成为河北省人民检察署第一任检察长。

时年 40 岁的陆治国，面对一个初建的机关，没有参考，没有模式。他针对检察机关初建，检察人员法律知识匮乏的实际，带头组织全体干部学习讨论，正确把握党在新时期的方针政策，努力发挥检察机关的职能作用。1951 年 2 月，中央人民政府颁布了《中华人民共和国惩治反革命条例》，在党中央的坚强领导下，处于创建阶段的检察机关本着"边建边干"的精神，全力以赴投入镇压反革命运动中。在此期间，陆治国要求河北省人民检察署对群众检举揭发的线索要认真查实，慎之又慎处理，强调打得稳、打得准、打得狠，既不放过一个反革命分子，也不冤枉一个好人。

1951 年 3 月，陆治国任河北省公安厅厅长、中共河北省委委员。1954 年 11 月，河北省委再次把检察长的重任交给了陆治国。在担任检察长期间，陆治国先后多次组织开展全省检察干部培训班，提高了检察人员的政治素质和业务能力，使各级检察院组织建设和队伍建设有了很大发展，为全省检察工作的顺利开展奠定了坚实基础。

陆治国注重联系实际，勇于创新。根据最高人民检察署指示要求，在河北省的重点地区积极开展典型试验工作，短时间内取得了比较全面系统的经验，适应了宪法颁布后法制建设的需要。总结的典型试验经验做法被最高人民检察署转发推广。

1955 年 1 月 4 日，河北省人民检察署更名为河北省人民检察院，检察工作全面展开。陆治国提出公安、检察、法院等部门必须紧密配合，严格执行国家法律，对于一切进行破坏活动，应当逮捕的反革命分子和其他犯罪分子，必须坚决予以逮捕，依法严惩。他领导检察机关有计划地开展了侦查监督、审判监督、劳改监督等法律监督工作，实行同公安、法院分工负责、互相制约的工作制度。通过开展侦查监督和审判监督工作，发现和纠正了一些公安人员和审判人员在侦查审判活动中违反法律程序的行为和审判不当的案件：1956 年 3 月就易县人民法院判处杨某某无期徒刑一案，向河北省保定地区中级人民法院发出检察建议书，4 月 20 日杨某某被释放；就无极县人民法院以特务杀人罪判处刘某某无期徒刑一案，向河北省高级人民法院发出建议撤销原判的建议书，5 月 26 日，河北省高级人民法院改判被告人免予刑事处分予以释放。

1957 年 2 月，陆治国和其他省委领导在河北保定受到全国人大常务委员会委员长刘少奇同志接见，刘少奇提出法治建设的三道防线问题。3 月 1 日，陆治国组织召开分院检察长会议，传达了刘少奇同志对检察工作的指示，总结了肃反运动和 1956 年检察工作，作出本年工作部署。陆治国经常进工厂、入乡村，了解基层情况，为群众讲解政治形势，宣传法律知识，教育广大人民群众必须时刻提高政治警惕性。4月，刘少奇从南方视察回京经过石家庄时，陆治国等同志随车向刘少奇汇报，得到充分肯定。

在十几年的检察工作中，陆治国认真执行党的政策，严格区分和正确处理两类不同性质的矛盾，耐心教育和挽救干部，严厉打击贪污腐化和反革命破坏活动，为纯洁党的组织、医治战争创伤，迅速恢复和发展河北省经济建设作出了突出贡献。

★ 一心为公　清正廉洁

陆治国工作中兢兢业业、严格公正，生活中艰苦朴素、廉洁自律，从不因为领导身份搞特殊。他常说，要牢固树立全心全意为人民服务的思想，特别是领导干部要敢于抵制不正之风，正人要先正己。

陆治国家庭负担很重，还抚养着烈士安玉林的两个女儿，共4位老人、9个孩子。组织上觉得他生活负担过重，在一次单位分东西的时候多给他分了一些，他知道后狠狠批评了家人，并向院党组作出了深刻检查。

在陆治国家的会客厅内，一张黄中发乌的办公桌，三对简易沙发，一用就是20多年。去过陆治国家的人都想不到这个副省级领导家中陈设如此简陋。他和妻子郝书斋养成了艰苦朴素、勤俭节约的习惯，他的旧衣服只要能穿就不买新衣裳，日常穿着像个农民。他有一件出国时自己制作的衣服，十几年一直穿着。有一次省里在八一礼堂开会，陆治国到得早了一点就走到主席台坐下来，服务员一看他那身朴素打扮就说："这是领导坐的地方，你下去。"他什么都没说，笑呵呵地走下了主席台。其他领导同志到会场后赶紧招呼他上主席台就座，服务员一时不知所措。这个故事一直被传为佳话。

陆治国哥哥的儿子因私自刨集体树木被依法刑事拘留，家里人找到他说："你当这么大的官，得给县里公安局、法院说句话。"陆治国说："你们要相信地方党组织和公检法，他们会依法处理，这事我不能管。"后他的侄儿被依法判刑。

陆治国在"文化大革命"中遭受迫害，但在逆境中他始终对党忠贞不渝，设法保护了一批老干部。由于陆治国的原因，家人在"文化大革命"中被牵连，上学和参军都受到限制。后来孙子们找到陆治国，希望安排个工作。陆治国却说："有能耐就自己好好学习，考大学，没能耐就回家拿锄种地吧，我安排一个自家人，别人就会安排 10 个。""我是执法者，带头违反纪律，我还怎么能执好法呢？"他从未利用职权为一个亲人安排过工作，陆治国的儿女，有的在农村务农，有的在工厂做普通工人，都过着普通百姓的生活。

陆治国对党忠诚、司法为民、清正廉洁的高尚品格，赢得了人民群众和检察干警的广泛赞誉。1989 年 2 月 22 日，河北省委第三届第二百九十五次常委会会议决定：经征得本人同意，省委同意陆治国为省法学会名誉会长。1992 年 9 月 26 日，河北省人民检察院隆重召开大会，为陆治国等长期从事检察工作的老同志颁发检察荣誉证书和奖章。

1993 年 3 月，陆治国因病逝世，享年 82 岁。遵照他的遗嘱，家人把他的骨灰撒在滹沱河里，让他永远伴随这条充满革命火种的河，流淌在冀中平原，流淌在他曾经战斗和工作过的土地上。

（王绍华　刘伟　毕雪梅编写）

参考资料

1. 河北省人民检察院检察志编辑办公室编：《河北省检察志（1907—1990）》，1996 年版。

2.《河北省志》，中国书籍出版社 1996 年版。

程谷梁

程谷梁（1906—1955），原名奎栋，后改谷梁，山西阳泉郊区下荫营村人，1937年2月参加革命，5月加入中国共产党。1950年5月兼任山西省人民检察署检察长。曾任山西省太原市公安局局长、山西省财经委员会副主任兼任山西省政府工业厅厅长、中共山西省委常委、山西省公安厅厅长、山西省政府财经分党组副组长等职。中共七大候补代表。

★ 追求进步思想　投身革命大熔炉

1906 年，程谷梁出生于山西省阳泉市下荫营村，自幼勤学苦读学业优异，1931 年至 1934 年就读于山西省立法学院（后改为山西大学法学院）经济系。在校期间，正值日军加紧侵略华北之际，程谷梁参加了中华民族解放先锋队，投身轰轰烈烈的抗日救亡运动。他精心研读科学社会主义理论和马克思主义哲学等进步书刊，主编平定县留省学生会会刊《新平定》，向本县知识界发行，宣传抗日救国和唯物主义思想，反对国民党政府"先安内后攘外"的卖国投降政策，批判封建落后思想，针砭时弊。程谷梁在政治上站得高，看得远，常教育青年同学说："挽救民族危亡，只能寄希望于共产党。"在他的影响下，平定县在太原读书的许多青年学生走上了革命道路。

1936 年毕业后，程谷梁供职欧亚航空公司，并负责中华民族解放先锋队山西省队部的工作。1937 年 5 月，程谷梁加入中国共产党，10 月受组织委派到山西汾城开展工作。遵照中共北方局指示，程谷梁到任之初，即积极从事开办训练班、发动群众、选拔骨干、建立组织等工作，先后兴办教师训练班、自卫队骨干训练班、农民积极分子训练班，在此基础上创建汾城第一支抗日武装即汾城抗日自卫队，1938 年 2 月任中共汾城县委书记。1938 年春，上级指示汾城抗日自卫队队长张汉丞、政治部主任程谷梁，以该县自卫队为基础，联合襄陵、吉县、新绛、河津、乡宁和稷山六县自卫队，组成一支新军。阎锡山同意了这一申请，并拨给这支部队"政治保卫第二支队"的番号。1938 年 10 月间，山西政治保卫第二支队正式成立，郝玉玺任支队长，程谷梁任政治部组织科科长、支队党的负责人。支队党的工作直属区党委领导，政工人员全部由中共党员担任，军事干部绝大多数也是中共党员和倾向革命的进步人士。在郝玉玺、张汉丞、程谷梁等的指挥下，经过一年多的敌后转战，政治保卫第二支队由 2000 多人发展到 2700 余人，步枪 2000 支、冲锋枪 200 支、轻机枪 30 余支，成为晋西南敌后战场上一支重要抗日武装。1939 年 3 月，阎锡山加紧对山西新军的改编和渗透工作，政治保卫第二支队被改编为"山西新军二一三旅"，程谷梁任政治部主任。当时部队没有政委编制，由政治部主任履行政治委员的职责，是部队的主要领导人，负责党的工作。二一三旅改编后，在程谷梁等部队领导同志的坚强领导下，巧妙化解了阎锡山安排特派员向部队的渗透，部队党的工作得到持续巩固和加强，中共党员发展到 300 余人，每个战斗连都建立了党组织，二一三旅成为中国共产党领导下的抗日力量。

★ 危急时刻挺身而出　谱写不朽功绩

山西新军是抗日战争时期由中国共产党倡议创建并实际领导的，隶属第二战区国民党晋绥军建制的一支特殊形式的人民抗日武装。1939 年 3 月秋林会议后，为了加强对山西新军的控制，阎锡山以集训的名义，分批从新军中抽调干部到他的老巢秋林集训。1939 年 12 月至 1940 年 3 月，国民党反动派掀起了全面抗战以来的第一次反共高潮。阎锡山倒行逆施，撕下了一致抗日的伪装，几乎动用了全部晋绥军（旧军）进攻山西新军，镇压与新军一体的牺牲救国同盟会，制造了"十二月事变"（晋西事变）。阎锡山先将二一三旅旅长郝玉玺诱捕杀害，随后抽调 11 个团的兵力包围了二一三旅五十七团、五十九团和旅直属机关。在这生死存亡的时刻，正在秋林集训的程谷梁，冲破重重阻挠返回旅部，果断率领该旅五十七团和五十九团突围。在程谷梁的正确指挥下，经过一天一夜的激烈战斗，五十七团和五十九团冲破阎军的围追堵截到达盘道村，1940 年 1 月 1 日东渡汾河，转战数百里，胜利到达太岳抗日根据地与决死一纵队会合。"十二月事变"后，新军各部重新整编为 20 余个团，分别纳入晋东南和晋西北的八路军序列，决死一纵队归一二九师指挥。

1940 年春，程谷梁任决死一纵队政治部组织部部长。1941 年太岳行署成立，程谷梁被任命为太岳行署建设处处长。同年，程谷梁赴延安中央党校学习，任支部书记。1945 年 4 月至 6 月作为晋冀鲁豫代表团成员参加中共七大。解放战争时期，程谷梁重返太岳区工作，历任太岳行署经济局副局长、中共太岳区党委社会部部长、中共太岳区党委委员、太岳行署公安局局长，1948 年调任太行行署公安处处长，参加了解放太原战役。1948 年 12 月任太原市政府公安局代局长，中共太原市委委员、社会部部长。太原市军事管制委员会对山西旧机构进行接管与改制，颁布了《太原市军事管制委员会特别法庭暂行办法（草案）》，规定太原市军事管制委员会特别法庭检察处设首席检察官 1 人，由太原市公安接管组组长程谷梁兼任首席检察官。1949 年 2 月，程谷梁任太原市公安局局长，抱病坚持工作，侦办了影响全国的戴炳南、仵德厚反革命案，为肃清暗藏的敌特分子、稳定太原市社会治安，作出了较大贡献。1949 年 9 月 1 日，程谷梁被任命为中共山西省委委员、常委、山西省人民政府委员、山西省公安厅厅长。后转入经济战线工作，任山西省财经委员会副主任、山西省工业厅厅长等职。

★ 励精图治　开创山西检察事业

1950 年 5 月 1 日，山西省人民检察署正式成立，地址在太原市上官巷二号，与山西省公安厅合署办公。1950 年 6 月 28 日，中央人民政府委员会第八次会议批准任命程谷梁为山西省人民检察署检察长。山西省人民政府面向全省下发检字第一号令，要求各地有计划、有重点地着手建立市、县、工矿区人民检察署。检察长或副检察长暂由公安局局长兼任，并设干事一人，专门负责检察工作。程谷梁立即着手推进全省检察机关的组建工作，到1951年8月，全省各市、县、工矿区已基本建立起检察署，检察工作组织架构初步形成，山西省人民检察署也拥有了13名专职干部及工作人员，其中副检察长2名、检察员4名、助理检察员5名、工作人员2名，迈出了山西检察从无到有的第一步。

程谷梁担任山西省人民检察署检察长期间，按照最高人民检察署部署，将镇压反革命作为工作重点，与公安、法院配合，集中打击反革命分子，仅半年时间，就审理了重大反革命案件百余件。1951年9月，山西省人民检察署发现一件正在办理的杀人案件疑点甚多，但检察署提出的"刀下留人，查清事实"的意见，当地政府很不理解。面对无端指责和意见"一边倒"的压力，程谷梁彻夜难眠。当地政府急于惩治凶手、安定民心的心情可以理解，但这样疑点重重的案件判决了无法让人信服，程谷梁随即决定由副检察长金长庚带队，山西省人民检察署直接介入对该案进行全面审查。经查发现，1951年1月19日，赵城县四区区委书记靳书田枪杀妻子，伪造杀人现场，嫁祸于他人。在山西省人民检察署的努力下，纠正错捕8人，其中5人被判处死刑。这一冤案的翻案，受到了最高人民检察署的表扬。

1951年11月，山西省第一次检察工作会议召开，全省各分、市、县检察署负责人出席会议。会议总结了贯彻执行中央关于镇压反革命运动方针政策和办理刑事、民事案件、公务人员贪污、侵犯人权、破坏国家经济建设等案件的情况。12月5日，山西省人民检察署对临汾县一区南席村烈属张三元被兵痞流氓张金生等陷害致死一案进行了调查。查清真相后，由中央政法组西北组和最高人民检察署、最高人民法院于1952年10月14日对张金生判处死刑。1952年6月26日，遵照中共中央、中央人民政府指示，刚组建不久的山西省人民检察署会

同有关单位成立了"调查日本战争犯罪分子罪行联合办公室",并从
7月先后接收了由解放军华北军区培训团、公安部、华北行政委员会公
安局等单位解送来的136名日本战犯,开启了历时4年的日本战犯侦
讯工作。

　　1952年10月10日,中央人民政府政务院第一百五十四次政务会
议通过,免去程谷梁兼任检察长的职务。

　　1955年4月10日,程谷梁积劳成疾,病逝于太原,享年49岁。
为表彰程谷梁对人民解放事业和山西人民政权的巩固所作出的重要贡
献,经国务院批准追认他为革命烈士,安葬于太原市双塔烈士陵园。

（赵君编写）

参考资料

　　1. 中共山西省委党史研究院、山西省地方志研究院编:《山西省志（人物
志）》,中华书局2018年版。

　　2. 陈霈、孟宏儒主编,阳泉市地方志编纂委员会编:《阳泉市志》,当代中国
出版社1982年版。

　　3. 许家泽主编、山西检察志编纂委员会编:《山西检察大事记（1943—1989）》,
山西省新闻出版局1991年版。

张如岗

张如岗（1909－1991），陕西佳县人，1927年4月加入中国共产党。1950年3月至1953年8月任绥远省人民检察署检察长，1955年4月至1966年5月任内蒙古自治区人民检察院检察长。第二次国内革命战争时期任绥德县游击支队政委。抗日战争时期，历任中共绥德特委干事、绥德专区侦察科科长等职。解放战争时期，历任怀仁县公安局局长、县委书记，绥蒙公安局局长等职。新中国成立后，历任绥远省公安厅厅长、公安纵队党委书记，内蒙古自治区公安部第一副部长，内蒙古自治区政法领导小组组长，内蒙古自治区第五届人大常委会副主任等职。

★ 追求真理　走上革命道路

陕西省佳县是一片神奇的土地，歌曲《东方红》在这里诞生，党的许多优秀干部从这里走出，张如岗就是其中之一。1909 年 10 月 18日，张如岗出生于陕西省佳县木头峪王宁家山村的一户贫苦农民家庭，为了改变家族目不识丁的面貌，祖父倾全家之力供张如岗去私塾读书。经过自己的不懈努力，张如岗顺利考入店头镇高等学堂。在读高小期间，学校校长和教员向学生们宣传革命思想和中国共产党的主张，张如岗深受启发，学习之余，认真阅读了马克思、列宁的文章，开始接受共产主义思想。1925 年，学校成立学生自治会，建立了党的组织，张如岗被推选为学生自治会副主席，他积极组织同学们传阅《新青年》《每周评论》等刊物，广泛宣传革命思想。张如岗逐渐认识到半殖民地半封建社会的腐朽没落，认识到只有推翻旧制度，人民才能翻身得解放。在他的带领下，学生们积极参加学生运动。1926 年下半年，经党组织派遣，张如岗回到家乡宣传革命思想，受到群众的欢迎和支持。

1927 年 4 月 5 日，张如岗在中共佳县县委负责人杜嗣尧、高锡爵的介绍下加入中国共产党。4 月 12 日，以蒋介石为代表的国民党右派在上海发动反革命政变，7 月，国民党汪精卫集团也叛变革命，大革命完全失败。各地共产党人遭到残酷逮捕杀害，党的组织受到严重冲击，张如岗在紧要关头不顾个人安危，通知其他党员躲避敌人追杀，保护了许多同志。1928 年年初，张如岗回到家乡发动群众，以小学教员的身份为掩护继续开展联络工作、物色培养革命积极分子，壮大革命力量。

1933 年，中共陕北特委在佳县召开会议，决定组建工农武装力量，开展游击斗争，进行土地革命，创建革命根据地。1934 年年初，张如岗贯彻会议精神，依靠贫农，团结中农，广泛宣传党的政策，把土地分给农民，使农民在经济上翻身，政治上解放。7月，佳县成立工农红军陕北第六支队，张如岗加入红军。在反"围剿"斗争中，张如岗表现出出色的战术水平，带领队伍多次粉碎国民党"围剿"部队的封锁。国民党第86师师长井岳秀曾悬赏1000块大洋通缉张如岗。

抗日战争全面爆发后，党组织派张如岗回到佳县任县委执行委员、锄奸部长，负责掌握国民党县党部、政府和警察局的情况，打击破坏抗日统一战线的活动，并负责对当地共产党、共青团组织的思想政治教育工作，保证抗日工作顺利进行。1939年10月，张如岗到绥德县特委任干事，在实行"三三制"和民主政权建设中，他在当地建立了一整套治安管理办法，建立户籍管理制度，清除妓院、烟馆等非法活动场所，打击刑事犯罪，使社会形势日益安定，人民安居乐业。

1945年抗日战争胜利后，张如岗到绥晋公安总局工作，先后任绥晋公安训练大队大队长兼党总支书记、怀仁县委常委兼公安局局长。解放战争期间，绥蒙公安局派人参加了察绥战役，张如岗带领公安人员开展剿匪行动，迅速恢复了社会治安，建立了人民民主政权。1949年6月14日，绥蒙政府更名为绥远省人民政府，绥蒙公安局更名为绥远省公安厅，张如岗为首任厅长。他带领公安战线的同志一手抓解放区，一手抓敌占区，全面清理国民党特务分子的破坏和阻挠，牢牢把握局势的走向。新中国成立后，国民党残余分子不甘心失败，千方百计破坏新政权和人民群众的安定生活，派遣特务暗杀领导干部和在"九一九"起义中的有功人员，更有甚者拉起队伍和人民政权对抗，张如岗组织公安力量配合剿匪部队将其彻底消灭。仅1950年，公安机关配合解放军歼灭叛匪3000余人，破获各类特务组织30多个，逮捕特务骨干660多人，缴获特务电台41部，使新政权得以巩固，人民生产生活得到了保障。

★ 从 0 到 1　为内蒙古检察事业打下坚实基础

中华人民共和国成立后，中国共产党在领导全国各族人民建设新中国的同时，创建了新中国检察制度。内蒙古按照最高人民检察署制定的《各级人民检察署试行组织通则草案》要求，从 1950 年开始创建人民检察机关，绥远省人民检察署应运而生，张如岗被任命为绥远省检察署检察长。

因后来中央实行"蒙绥合并"，1950 年至 1953 年是内蒙古自治区人民检察事业的创建时期。张如岗带领检察干警们艰苦创业，实现了内蒙古检察事业从 0 到 1 的突破，为内蒙古检察工作打下了坚实基础。这一时期的首要任务是建立机构，配备干部。张如岗在工作开展中遵照中国共产党在少数民族地区实行"慎重稳进"的政权建设方针，坚持一面建设机构、一面培养干部、一面开展工作，以自上而下、积极稳妥的步骤，建立各级人民检察署。

这一时期，在张如岗的带领下，绥远省检察机关围绕党在国民经济恢复时期的各项中心任务开展检察工作，依据党的方针政策和国家法律，积极配合公安、法院开展"三反""五反"和司法改革等运动，对罪大恶极的土匪、恶霸、敌特、反革命集团骨干分子，破坏民族团结的重大犯罪分子，贪污盗窃、投机倒把等犯罪分子及时开展立案侦查、审查起诉等工作。张如岗十分重视信访工作，他把接待群众控告检举与设立意见箱、建立人民检察通讯员制度结合起来，探索开展监所巡回检察以及其他一般监督工作。他始终把工作重点放在侦查起诉重大典型案件上，依法严厉打击反革命分子和破坏经济建设的犯罪分子，为巩固新生人民政权、加强民族团结做出了不懈努力。

蒙绥合并后，两署合并成立了内蒙古自治区人民检察署，1954 年改称内蒙古自治区人民检察院。1955年，张如岗担任内蒙古自治区人民检察院检察长，这一时期是内蒙古检察事业蓬勃发展的时期。张如岗经常深入基层，不辞辛劳，为检察机关的机构建立、队伍建设、人才培养作出了重要贡献。到1955年年底，全区各级人民检察院由原来的28个发展到90个，检察人员由208名发展到482名，全区各级检察院的侦查监督、审判监督、劳改监督、一般监督等业务活动全面展开。这一时期，内蒙古自治区人民检察院先后召开了4次全区检察工作会议、6次专业会议，对内蒙古自治区司法体制的建立和发展起到了积极推动作用。

1958年"大跃进"活动中，从中央到地方刮起了一股对检察机关的"取消风"。全区有55个人民检察院与公安、法院合并，为数不多的检察人员被调离。在办案方面，推行"一长代三长""一员顶三员"的做法，检察机关的法律监督职能实际被取消。针对上述问题，张如岗受内蒙古自治区党委委派，带领调研小组到昭乌达盟、哲里木盟等地进行调查了解。基层同志普遍认为公检法合署办公职责不分、任务不明，不符合社会主义法治建设的需要。张如岗根据基层反映情况将调研报告送呈内蒙古自治区党委第一书记乌兰夫。乌兰夫收阅报告后，召集有关部门参加会议，决定立即恢复公检法各自职权，人民检察院独立行使检察职能，各项检察业务得以逐步恢复和发展。

★ 乐观清廉　涵养共产党员良好家风

1966年"文化大革命"开始后，全国掀起了"砸烂公检法"的风浪，检察工作遭到严重冲击，检察机关被取消。其间，张如岗受到批判和斗争。逆境中，张如岗始终保持着革命的乐观主义精神，同反党集团进行了坚贞不屈的斗争。1976年粉碎"四人帮"后，张如岗政治上得到平反，在党中央和乌兰夫的关怀下，重新走上工作岗位，先后担任内蒙古自治区革命委员会顾问、政法领导小组组长、第五届人大常委会副主任等职务。

在这些重要工作岗位上，张如岗一切从党和人民的利益出发，坚定贯彻执行党的方针路线，大公无私、两袖清风，从不以权谋私。他的夫人刘素梅1942年参加革命以来一直在公安、检察系统工作，业务熟练，直到离休还只是科级干部，他的子女也都在各自岗位上踏实工作，展现和传承了一名优秀共产党员的良好家风。

1984年，张如岗离职休养。1991年8月因病逝世，享年82岁。

（张星远编写）

参考资料

1. 张如岗：《陕晋蒙忆事》，远方出版社1996年版。

2. 邢宝玉主编：《内蒙古自治区志·检察志》，内蒙古人民出版社2008年版。

3. 王明编：《初心如磐 意志如钢——纪念内蒙古公安战线重要创始人张如岗同志诞辰110周年》，载《内蒙古日报》2019年10月16日，第4版。

4. 内蒙古区情网—内蒙古自治区人大人物简介。

阮 途

　　阮途（1913－1997），原名阮祉泰，安徽铜陵人，1937年11月参加革命，1938年3月加入中国共产党。1950年5月至1952年4月任辽西省人民检察署检察长，1954年9月至1958年11月任辽宁省人民检察署（院）检察长、党组书记。曾任中共辽西省委委员，辽西省公安厅厅长、党组书记，东北行政委员会委员、政法委员会秘书长，中共辽宁省委委员，中共旅大（后改为大连市）市委常委、旅大市革委会副主任，大连市人大常委会副主任等职。

★ 弃笔从戎　投身革命队伍

1913 年 12 月，阮途出生于安徽省铜陵县河榀村一个知识分子之家，父亲阮恺慈是本乡小有名气的饱学之士。1932 年，阮途在上海求学期间结识了为民主而斗争的邹韬奋，在其影响下萌发了参加革命的愿望。1935 年 2 月，阮途因掩护校友被国民党以"赤色分子""共产党员"的身份追捕，被迫逃离上海。1937 年 11 月，阮途经邹韬奋指点找到国民革命军第八路军驻陕办事处，正式参加八路军。1938 年 3 月，阮途加入中国共产党。同年 7 月，阮途被分配到抗日军政大学分校六大队政治处，任民运干事、代理特派员。1938 年 12 月，阮途由六大队调到政治部锄奸科任科员，1939 年 10 月晋升为政治部锄奸科副科长、科级特派员。1940 年 12 月，阮途被调到山东纵队政治部锄奸科任科员、副科长。1944 年 1 月，山东军区公安局与政治部锄奸科合署办公，阮途继续留在锄奸科担任科长，负责敌后大城市侦察工作。阮途在极其艰苦的条件下，积极组织武装斗争，开展减租减息运动和惩治汉奸、敌后派遣等工作，为中华民族抗日救国斗争作出了贡献。

★ 转业地方　组建检察机关

1945 年 10 月，阮途受组织委派到东北工作，任东北南满军区政治部保卫部副部长。1949 年 3 月任辽西省公安厅厅长、党组书记、中共辽西省委委员。

1950 年 5 月，辽西省人民检察署在锦州成立，时任辽西省公安厅厅长的阮途兼任检察长。阮途虽身兼两职，工作任务繁重，但并未顾此失彼。阮途上任之初，就着手搭建检察署的领导班子，配备专职干部。他先后与部分市、县（区）的组织部门协商协调，根据辽西地区组建检察机关的时间和业务开展情况，有计划有步骤地调配充实了一批检察干部。到 1951 年 5 月，辽西省人民检察署的专职干部由 4 名增至 13 名，同年 9 月在辽西省所管辖的锦州市、山海关市、开原县、四平市、锦西县（现葫芦岛市）、阜新市相继成立基层人民检察署。

1950 年 10 月，全国展开大规模群众性的镇压反革命运动。阮途担任辽西省镇压反革命运动领导小组组长，对办理反革命案件提出了明确要求：各级检察长要参加同级审核委员会，严格把住案件质量关；严格审批程序，遇有意见不一致的案件务必谨慎处理；各级检察长必须深入反革命案件多、难以定性案件多的地区，防止错捕、错定案件的发生。在此期间，辽西省检察机关共纠正了 168 件错案。

1953 年 1 月，阮途调任东北行政委员会委员、政法委员会秘书长。1954 年 9 月，阮途任中共辽宁省委委员、辽宁省人民检察署（院）检察长。阮途在各市、县检察机关建立、健全工作仍面临诸多困难的情况下，深入各市县，奔走于各地组织部门，认真选拔适合检察工作的人才，帮助各地建立检察机关。经过他的不懈努力，全省有 17 个县建立检察机关，为推动辽宁检察业务的开展奠定了良好基础。

1955 年 4 月，阮途在辽宁省第一次检察工作会议上提出："审查批捕必须坚持与侦查人员见面，减少文来文往；与证人见面，解决供证之间的矛盾；与被告见面，防止侦查人员违法行为；与公安预审人员见面，避免遗漏同案犯和错捕现象出现。"这次会议极大地提高了全省检察机关的办案质量，有效地发挥了检察机关的侦查监督职能作用。

1955 年 9 月，根据中央和辽宁省委的统一部署，辽宁省检察机关开展了集中搜捕反革命犯罪分子的统一行动。阮途带领辽宁省检察干部深入沈阳、大连、鞍山、抚顺、本溪等十余个城市，组织、指导基层院的搜捕工作。阮途提出，检察院在审批案件时，要认真贯彻"稳、准、狠"的工作方针，严格采取公安机关报捕、检察院审查、市委审批委员会批准的方法进行。遇有公安、检察两机关意见不统一的案件，要报请上级检察院审查批准。阮途强调，对于反革命案件，要把历史罪恶大、反动职务高、有血债的与历史罪恶不大、反动职务不高、无具体罪恶的人区别开；把坚持反动立场、拒不坦白交代的与已被管制、安分守己、无现行破坏活动的人区别开；把进行破坏活动并已造成后果的与责任心不强、工作不慎造成责任事故的区别开。这一要求不仅提高了办案质量，也防止和减少了冤错案件的发生。

1956 年 7 月，中央召开各省、自治区、直辖市公检法主要领导工作会议。会后按照"有反必肃，有错必纠"的原则，辽宁省公检法在辽宁省委主持下成立了肃反纠错"三人领导小组"，阮途代表辽宁省委任"三人领导小组"组长，辽宁省检察机关抽调三分之一的骨干，参加党委领导下的甄别定案工作。阮途要求各级甄别定案组成员要坚持实事求是的原则，敢于承担责任，检讨错误，诚恳地向蒙受冤屈的群众赔礼道歉，做好善后处理和安抚工作。

1957 年 4 月，中共辽宁省委召开各市（地）委政法部部长、公安局局长、检察长、法院院长和民政局局长会议，分析社会治安形势，提出整顿社会治安措施。会议决定 4 月至 9 月在全省 10 个市（地）开展一次以教育为主的打击刑事犯罪活动。会议期间，阮途向参加会议的 10 个市（地）检察长提出：一要把这次打击刑事犯罪活动作为中心工作来抓，实事求是，该捕的捕，对于过去工作中出现的错漏案件，要找出原因及时纠正；二要把依法办事和商量办事有机地结合起来，按政策、法律办事的原则不能动摇，对不该捕的案件要以理服人，坚持原则，讲究方式；三要在执行政策上灵活一些，把原则性与灵活性结合起来。会后，辽宁省人民检察院组织力量，由阮途带队对沈阳市审查批捕工作进行了重点检查，纠正了一批错捕、漏捕案件，并总结了工作中的经验教训。1957 年 6 月，阮途又以辽宁省人民检察院党组名义向中共辽宁省委报送了《关于贯彻"五长"会议精神 召开检察工作座谈会的情况报告》，并制定了《关于逮捕刑事犯罪分子的政策界限及若干处理原则暂行规定》。1957 年 6 月 15 日，中共辽宁省委将上述规定批转全省实施，强调贯彻执行惩办与教育相结合的方针，坚持打击少数，争取教育多数的原则，对罪恶严重的要犯、惯犯应依法严惩。此规定切实维护了宪法和法律的尊严，严厉打击了犯罪活动，保护了国家和人民群众利益。

★ 历经坎坷　对党矢志不渝

1957 年 10 月，"左"的思潮冲击中国大地，辽宁检察工作也受到严重冲击。1959 年 12 月，阮途被错划成右派，"文化大革命"期间又遭受迫害。长期的不公正待遇，20 多年的劳动改造，并没有改变他对中国共产党的忠诚，阮途表现出了一名共产党员坚定的革命立场和优秀的政治品质。1978 年恢复党籍和名誉后，阮途在中央组织部征求安排工作意见时明确表态："对职务没有什么要求，希望不给党组织增添麻烦。"

1980 年 8 月，在旅大市第八届人民代表大会第二次会议上，阮途被选为市人大常委会委员、副主任。重返工作岗位，他以极大的革命热情投身到工作之中。特别是担任大连市第八届人大常委会副主任期间，阮途奋发进取，尽职尽责，严格依法办事，为坚持和完善人民代表大会制度，加强社会主义民主法制建设，加强人大及其常委会的工作和建设贡献了力量。

阮途在半个多世纪的革命生涯中，始终不渝地忠于党，忠于人民，忠于共产主义事业，在重大历史关头经受住了严峻考验，虽然一生坎坷，但却始终坚定地站在党和人民的立场上，表现出一名共产党员的坦荡襟怀和刚直不阿、光明磊落的浩然正气。

阮途1982年6月离休,1997年2月18日,因病于大连逝世,享年84岁。

(闫晓东编写)

参考资料

1. 辽宁省地方志编纂委员会办公室主编:《辽宁省志·检察志》,辽宁科学技术出版社1999年版。

2. 中共辽宁省委党史研究室、辽宁省中共党史人物研究会主编:《辽宁党史人物传·阮途》(第11卷)(作者姜岫海、袁福全),辽宁人民出版社2006年版。

于　克

　　于克（1913－2004），吉林长春人，1932年1月加入中国共产党。1950年至1954年历任吉林省人民检察署检察长、最高人民检察署东北分署副检察长。抗日战争时期，曾任中共胶东区党委社会部部长、公安局局长、东北工作委员会书记。解放战争时期，曾任吉黑纵队独立团政委，吉林省委首任社会部部长、长春特别市首任公安局局长、吉林省社会部部长兼公安厅厅长等职。新中国成立后，曾任吉林省人民政府副主席、吉林省公安厅厅长、黑龙江省人民政府副主席、吉林省委副书记、吉林省省长、吉林省委书记、吉林省人大常委会主任。中共八大、十二大、十三大、十五大代表，第五届、第六届全国人大代表，第一届全国政协第二次会议特邀代表。

★ 为民族独立和解放冲锋陷阵

1913 年 8 月 3 日，于克出生在吉林省长春县于家油坊。1929 年 9 月，于克来到吉林省立二师读书。1929 年，共产党员楚图南来到省立二师担任国文教员，于克被楚图南讲课中流露的革命激情所吸引，接受了革命熏陶。

1932 年 1 月，在曹国安、孙肃先的介绍下，于克加入中国共产党。1935 年，于克参加了一二·九运动和一二·一六运动，深入农村开展抗日救亡宣传，足迹遍及平汉路沿途的河北省的良乡、涿州、安次等地。

1936 年 4 月，受中共东北特支、北平市委、北平学联党组织调派，于克前往在西安的东北军工作。1941 年 2 月初，于克被组织派到山东，任胶东区党委社会部部长，对外名义上是胶东区公安局局长。于克在胶东与人民群众并肩战斗，度过了抗战中的艰苦岁月，粉碎了敌人的"铁壁合围""拉网式扫荡""清剿"，保卫和巩固了胶东抗日根据地。

1945 年 10 月 18 日，于克重返故土长春。1946 年 7 月 11 日，吉辽省委改为吉林省委，于克任吉林省委社会部部长。此后，他在隐蔽战线上同国民党特务展开了激烈斗争。

1948 年 10 月 19 日，在长春宣告解放当日，于克带领一批公安干部立即入城，迅速接管了国民党占据的长春市各级警察机关。于克被中共长春特别市委任命为长春特别市首任公安局局长。任职期间，他领导全市公安机关深入开展锄奸反特斗争，为巩固新生的人民民主政权、保障全市人民的生活安定做了大量工作。

1949 年 5 月，于克任吉林省委委员、省委社会部部长兼吉林省公安厅厅长。1950 年 4 月，于克任吉林省人民政府副主席兼吉林省公安厅厅长，兼任吉林省人民检察署检察长。

1950年2月，在于克领导下，长春市公安局破获了中统长春区匪特组织于志洋案。于志洋为中统长春区第三分区小组长，纠集发展特务10多人组成潜伏组，企图谋害党和国家领导人。1950年2月28日，中共中央主席、中央人民政府主席毛泽东，中央人民政府政务院总理周恩来以及政务院副总理郭沫若等一行从苏联访问回国，拟由哈尔滨抵达长春。于志洋与混入铁路内部的特务分子刘金鹏密谋，在毛泽东等领导人回国后途经的中长铁路四平路段，采取投放炸药、拔掉路钉、在道岔中放石头等办法，妄图制造颠覆列车事件。吉林公安机关及时发现这一重大敌情，于克指示长春市公安局运用一切侦查手段侦破此案，并领导公安机关组织实施了特级警卫方案，于2月26日一举将于志洋等特务集团19人抓捕归案，保证了中央领导人的绝对安全。

1950年9月，在于克等吉林省公安厅领导的统一指导下，吉林市、九台县、德惠县公安局协同作战，历经半年深入侦查，破获了"敌后游击大队"案。

★ 为东北人民检察事业打下基石

于克是吉林省政法战线的奠基人之一，对政法工作倾注了毕生精力。1950年5月至12月，于克在兼任吉林省人民检察署检察长期间，正值吉林检察机关初建时期，他采取重点建设和逐步发展的方针。1950年，吉林省人民检察署初建，机构还不健全，全署仅有8人（到年末增至16人）。于克带领检察署干警，积极探索吉林省检察事业发展道路，参与镇压反革命运动，有序推进各项检察工作，仅用了几个月时间就在长春、吉林、延吉、榆树、怀德、德惠、永吉、九台等市、县建立了检察署。

据统计，在于克担任吉林省人民检察署检察长期间，检察署与省公安厅、省法院共同办理、复查反革命案 6196 人，检察各类案件 522 件（反革命案件 241 件，其他刑事案件 281 件），复核死刑 33 人。巩固了新生的人民民主政权，为保卫新中国成立初期吉林社会稳定作出了检察贡献。

1950 年 10 月，中共中央发出《关于镇压反革命活动的指示》。根据这一指示，吉林省委广泛发动群众，开始大规模镇压反革命运动。于克参与并具体指导了吉林省的这场斗争。在镇压反革命运动中，于克深入基层，及时发现问题、解决问题。他非常重视镇压反革命工作政策性问题，坚持实行宽大和镇压相结合的方针，做到了稳、准、狠地打击敌人。吉林省镇压反革命运动取得了重大胜利。1951 年先后在全省城乡逮捕反革命首恶分子 4171 名，缴获长短枪 370 支，各种子弹 18000 余发及多种反革命证件；破获阴谋叛乱案 21 起，捕获现行反革命罪犯 261 名，缴获长短枪 15 支，子弹 1310 发，进一步稳定了社会秩序，提高了人民群众生产积极性，为恢复和发展国民经济营造了安定有序的社会环境。

1951 年 2 月，于克调任最高人民检察署东北分署工作，任副检察长。当时机关刚刚组建，人员不齐，于克马上领导同志们投入工作，集中开展"三反"运动，整理敌伪档案和参加反细菌战等工作。1952 年，在反对美帝国主义细菌战工作的关键时刻，于克带领东北检察分署的一批干部负责搜集研究敌人空投的昆虫、容器等材料，制作标本，布置反细菌战展览会。他毅然决然赶往丹东等疫区了解情况，组织材料，为国际反细菌战考察团的调查做了大量准备工作。他在检查疫苗生产和组织防疫工作中出色完成了各项任务，有效遏制了传染病的大流行，让美国侵略者的罪恶阴谋破产。

1952 年秋，东北公安部将保存的一批敌伪档案交给东北检察分署处理。这批敌伪档案散乱破碎，有些已被烧得残缺不全，有些已经霉烂。日本侵略者在撤退前，为逃避罪责，销毁焚烧档案，并将来不及销毁的档案埋于地下。作为从战火岁月中走过来的革命战士，于克曾亲眼见证日本侵略者制造的"一寸山河一寸血"的恶行，拿到这批敌伪档案后他立即布置购买厚纸封皮，动员全体机关干部将霉烂潮湿的档案晒干，将破碎散乱的页码尽可能补齐修订。整理档案时，于克细心地发现其中记载了日军"围剿"抗日根据地的情况报告，日伪行政文件和反动宣传文件等。于是，为固定侵略罪证，在档案修补好后，于克将全部材料转交给东北纪律检查委员会和东北局组织部，为国家和人民保留了日军侵略的铁证。

从吉林省人民检察署到最高人民检察署东北分署，虽然在检察机关任职时间不长，于克却以过硬的政治素养、理论素养和法律素养为吉林省乃至东北地区检察工作的行稳致远奠定了坚实基础。

★ 为吉林经济社会发展竭智尽力

1954 年 8 月，于克任吉林省人民政府副主席。同年 12 月，任中共吉林省委常委。1955 年 2 月，吉林省人民政府改称吉林省人民委员会，于克任常务副省长，分管办公厅、政法、人事、监察、交通等工作。

于克熟悉吉林这片沃土，对农业、农村、农民有着深厚感情。他深入实际，调查研究，组织完成了扶余油田开发工作、石头口门水库建设项目等工作。

于克非常重视科技文教事业的发展，他主持制定了《吉林省十年科学规划》，1955 年推动成立长春汽车拖拉机学院，后改称吉林工业大学（现吉林大学南岭校区）。1958 年 11 月，促成中科院吉林分院成立，为长春科教事业蓬勃发展奠定了基础。

1980 年 4 月，于克担任吉林省省长、吉林省政府党组书记，负责全省经济工作。他认真贯彻中央"调整、改革、整顿、提高"的八字方针，推动吉林省农、林、牧、副、渔全面发展，积极改善工业内部失调的比例关系，使轻、重工业走上协调发展轨道。

1982年1月，于克任吉林省委书记（当时设第一书记）兼吉林省委政法委书记一职，重新接手全省政法工作，在打击经济领域犯罪活动、开展社会治安综合治理、整顿公检法队伍等方面做了大量工作，为吉林省社会秩序的稳定发挥了重要作用。

1990年，于克离职休养，依然心系吉林省党的建设、经济发展和政法工作。他经常深入社区了解情况，倾听群众意见和想法，为吉林发展默默地奉献着力量。

于克的一生光明磊落，公道正派，谦虚谨慎，勤政清廉，对家属、子女和身边的工作人员要求严格，在广大干部和人民群众中，享有很高威望。

2004年6月20日，于克在北京逝世，享年91岁。

（王永君　王浩淼编写）

参考资料

1.《于克传》编写组：《于克传》，吉林人民出版社2010年版。

2. 中共吉林省委党史工作委员会主编：《吉林党史人物》，中共党史出版社1986年版。

赵云鹏

赵云鹏 (1917－1997)，哈尔滨双城人，1937年加入中国共产党。1950年9月至1951年7月，任松江省公安厅副厅长兼松江省人民检察署检察长，是新中国成立后松江省首任检察长。1952年后，任佳木斯市市长、中共合江地委书记兼佳木斯市委第一书记。党的十一届三中全会后，任黑龙江日报社党委书记、总编辑。1979年任黑龙江省高级人民法院党组书记、院长。

★ 在革命斗争中迅速成长

1917 年，赵云鹏出生于黑龙江省双城县正兰旗头屯。赵云鹏幼年在家乡私塾读书，16 岁时考入吉林省立第三中学。时值九一八事变，为了抗日救国，赵云鹏辗转入关。1936 年 12 月进入薄一波领导的太原民训团学习。

1937 年，赵云鹏在读大学期间阅读了大量进步书刊，面对日寇的铁蹄践踏，他愤然写下"虚度韶华十九春，国破无心读诗文。男儿当有冲天志，驱走强倭方称心"的诗句，投笔从戎。1937 年 5 月，赵云鹏由殷之平介绍加入中国共产党。同年参加红军，任甘肃驿马关红军第十五团宣传队教员、八路军野战宣传队火星剧社社长。1938 年 2 月任东路军第二干部大队大队长、八路军总政治部宣传队大队长，1941 年 1 月任八路军野卫政治部科长等职。

1942 年，太行整风期间，赵云鹏任整风领导小组组长，他坚持真理，认真听取整风重点对象的申述，实事求是地组织开展调查工作，得出结论，为被冤枉的人员洗刷冤屈。

★ 在东北革命建设中砥砺奋进

1945 年，赵云鹏任东北挺进大队党总支书记。同年 11 月，赵云鹏与林诚、孙新仁、尤正洲、刘金翅、颜明等接收双城，建立民主政府，赵云鹏任双城县公安局局长。1947 年，赵云鹏任双城县县长。

1949 年，赵云鹏调松江省工作。1950 年 9 月至 1951 年 7 月，赵云鹏任松江省公安厅副厅长兼松江省人民检察署检察长，其间，破获了闻名全省的"穆棱县长杀妻案""万米木楞场爆炸案""绥棱县火神爷案"

三大疑难案件。赵云鹏坚持实事求是，亲自深入调查，查清案件真相。赵云鹏说："公检法工作，涉及人命关天，必须严谨认真、一丝不苟。"

1952年后，赵云鹏任佳木斯市市长、中共合江地委书记兼佳木斯市委第一书记。他带领佳木斯人民在一穷二白的情况下艰苦奋斗、白手起家，先后建起了佳木斯造纸厂、佳木斯木材加工厂等十几个大型工厂企业，刘少奇、朱德、董必武等国家领导人先后到佳木斯视察。赵云鹏十分关心人民群众，经常亲自处理来信来访，多次被评为全国处理信访工作模范市委第一书记，被群众誉为"赵青天"。

党的十一届三中全会之后，赵云鹏任中共黑龙江日报社党委书记、总编辑，他大刀阔斧开展工作，在深入调查研究掌握真实情况的基础上，解放大批老干部、老编辑和青年人的思想，迅速打开了工作新局面。《光明日报》发表《实践是检验真理的唯一标准》后，赵云鹏力排众议，果断作出决定予以转发，并组织各界发表评论文章，积极参与讨论，《黑龙江日报》也成为全国第一个转发《实践是检验真理的唯一标准》的省级报刊，有力地推动了全省人民的思想统一到党的十一届三中全会精神上来。

1979年，赵云鹏任黑龙江省高级人民法院党组书记、院长，大力加强队伍建设，平反冤假错案，彰显法律的公平正义。后赵云鹏任中共黑龙江省顾问委员会常委。赵云鹏同志在镇压反革命、剿匪反霸、维持社会治安等方面作出了重大贡献。

1997年12月30日，赵云鹏在黑龙江省哈尔滨市逝世，享年80岁。

（何其伟　黄博编写）

参考资料

1. 赵云鹏：《双城风云录》。

2. 赵天鹰：《我们的父亲赵云鹏》。

3. 全国人大常委会办公厅研究室编：《纪念地方人大设立常委会 30 周年文集》，中国法制出版社 2010 年版。

4. 黑龙江省人民检察院院史资料收集整理领导小组编：《黑龙江省人民检察史资料整理大纲》。

许 西

　　许西（1918－1996），江苏江都人，1938年加入中国共产党。
1950年12月至1954年7月任黑龙江省公安厅厅长兼黑龙江省人民
检察署检察长，是新中国成立后黑龙江省人民检察署首任检察长。

★ 在革命斗争中淬火成钢

1918 年 7 月,许西出生于江苏省江都县。1938 年,20 岁的许西参加了革命,同年加入中国共产党。历任新四军教导队科员、江南指挥部特派员。1940 年,许西任中国人民抗日军事政治大学五分校保卫科科长、新四军军部军法处三科科长、盐阜和淮海军区政治部保卫科科长。1942 年,许西任淮海军区政治部保卫科科长、新四军三师保卫部副部长。1945 年,许西任吉江行署公安处处长,三肇专署公安分处处长,嫩江省公安处副处长、处长兼齐齐哈尔市公安局局长。

★ 在检察事业中倾心奉献

新中国成立后,许西任黑龙江省公安厅厅长、黑龙江省委委员。1950 年 12 月至 1954 年 7 月任黑龙江省公安厅厅长兼黑龙江省人民检察署检察长,是新中国成立后黑龙江省人民检察署首任检察长。

1954 年,许西任辽宁省公安厅厅长、辽宁省委政法部部长、中共辽宁省委委员。1961 年,许西任中共旅大市委书记、旅大市市长、辽宁省委委员。"文化大革命"期间,许西虽然受到批判、审查,但始终坚决拥护中国共产党的领导。

1973 年,许西任大连港务局党委常委、革委会副主任。1978 年,许西任交通部长江航运局党委第一副书记。1981 年后,许西历任中共鞍山市委书记、鞍山市人大常委会主任,中共辽宁省顾问委员会委员。许西同志在"三反""五反"斗争、保卫土地改革、民事行政检察工作等方面作出了较大贡献。

1996 年 2 月 15 日，许西在辽宁省沈阳市病逝，享年 78 岁。

（何其伟　黄博编写）

参考资料

1. 黑龙江省人民检察院院史资料收集整理领导小组编：《黑龙江省人民检察史资料整理大纲》。

2.《大连市人民代表大会大事记》，载《大连日报》2004 年 9 月 15 日。

3. 张继先主编：《大连市志·公安志》，方志出版社 2004 年版。

吴 诚

　　吴诚（1907－1991），江苏苏州人，1924年7月在上海参加革命，1925年加入中国共产党。1978年8月至1979年12月任黑龙江省人民检察院代检察长，黑龙江省检察机关恢复重建后首任检察长。延安时期，曾任毛泽东同志的机要收发科科长、中共七大会场保卫。新中国成立后，曾任中共松花江地委书记，黑龙江省人民检察院检察长，黑龙江省第四届政协副主席、第五届人大常委会副主任，第五届全国政协委员。

★ 在风雨中锤炼党性初心

1907 年 1 月，吴诚出生于江苏省苏州市的一个贫苦工人家庭，不满 10 岁就当了童工。少年时代就关心国家的命运和民族的兴亡。

大革命时期，吴诚立志参加革命。1924 年 7 月，17 岁的吴诚秘密地参加了中国共产党领导的沪西区工人夜校，接触了中国共产党早期的领导人邓中夏、陈独秀、恽代英、蔡和森、项英、李立三等，受到马克思主义的启蒙教育，加入中国共产党的愿望越发强烈。吴诚在申新九厂、丰田纱厂做工人，先后担任过工会副会长、纠察队队长、党支部书记，在江北如泉手工业工会做党的组织工作。

1925 年 1 月，吴诚经徐加宝同志介绍加入了中国共产党。不久，吴诚便担任了上海民生纱厂的党支部书记，在工厂秘密开展工人运动，并组织工人开展罢工。

1925 年 2 月，吴诚被选为民生纱厂工会会长兼纠察队队长。吴诚曾参加过著名的五卅运动。

1927 年，吴诚参加了我国历史上著名的上海工人三次武装起义，他带领工人纠察队冲锋陷阵，曾占领上海曹家渡六区公安局，出色地完成了组织上交给的战斗任务，并以工人代表的身份参加了第三次上海市民代表会议和上海特别市临时政府成立大会。

1929 年 12 月，吴诚任红十四军二团特务连排长。1930 年 10 月，吴诚任上海市沪西申新一厂东包工会会长。1932 年 5 月，吴诚赴苏联莫斯科列宁学校学习，1934 年 12 月，回国后在新疆负责党的秘密交通工作，后派到香港建立秘密交通站。

★ 在多岗位工作中锤炼本领

1938 年 5 月，吴诚由香港返回延安，在陕北公学 27 队任副队长。同年 8 月，吴诚按照党组织的安排，在中央社会部第二期训练班学习。训练班结束后，吴诚被安排到延安兵站做交通工作。在兵站工作期间，吴诚曾任延安工人学校干部科副科长，后期在延安职工委员会工作团负责工作。

1939 年 10 月以后，吴诚先后任中央社会部二室机要交通员，延安至西安秘密交通科交通员、科长、党中央社会农场场长，毛泽东同志的机要收发科科长，党的七大会场保卫等职。在中央党校四部学习后，吴诚于 1945 年 8 月离开延安，来到华中在何炜领导的大队三分队任副队长。1946 年 1 月，吴诚到东北任旅大地委情报部部长、大连情报处副处长。

新中国成立后，1950 年 1 月，吴诚任中央军委联络部天津联络局副局长。1955 年 4 月，吴诚任中央调查部六局局长。

★ 在国家建设中积极奉献

新中国成立之初，百废待兴。1958 年，吴诚被下派到黑龙江，任松花江地委书记、专员。1964 年 9 月任黑龙江省人民检察院检察长。1967 年后，吴诚历任嫩江劳改农场社教团长、凤凰山农场革委会副主任、省革委办副主任。1977 年 12 月，吴诚当选黑龙江省第四届政协副主席。

1978 年 8 月至 1979 年 12 月，吴诚任黑龙江省人民检察院代检察长，是黑龙江省检察机关恢复重建后的首任检察长，在极其艰苦的条件下，为黑龙江省检察事业的恢复重建奠定了重要基础。1979 年 12 月，吴诚当选黑龙江省第五届人大常委会副主任，曾被选为中共黑龙江省第二届、第三届、第四届委员会委员。

吴诚是建党初期参加革命较早的老同志，也是黑龙江省最早参加革命的老战士之一。在长期的革命斗争中，经历了各种艰难险阻和战争的考验，为党为人民作出了一定贡献。吴诚立场坚定，对党忠诚，组织观念强，勤勤恳恳，任劳任怨。1950 年因完成国际联络工作成绩出色，中央军委总情报部为吴诚记大功一次。

1991 年 1 月 13 日，吴诚因病在哈尔滨逝世，享年 84 岁。

（何其伟　黄博编写）

参考资料

1. 中共黑龙江省委党史研究室编：《黑龙江省改革开放 30 年大事记：1978—2008》，黑龙江人民出版社 2008 年版。

2. 张春光主编：《黑龙江人大历程：1945—2012 年》。

3. 刘志民主编：《黑龙江当代名人》，黑龙江人民出版社 1989 年版。

4. 黑龙江省人民检察院院史资料收集整理领导小组编：《黑龙江省人民检察史资料整理大纲》。

黄赤波

黄赤波 (1912－1978)，原名黄治波，湖北大冶人，1931年加入中国共产党。1953年12月至1954年12月兼任上海市人民检察署检察长。1978年8月任上海市人民检察院检察长。曾任中共苏南区党委委员、行政公署公安局局长，中共江苏省委委员、江苏省公安厅厅长，中共上海市委委员、上海市公安局副局长，上海市第五届政协常委、政协副主席。

★ 在革命中淬炼的红军侦察员

黄赤波出生在湖北省大冶县黄金村，6 岁时父母去世，成了孤儿。一位叔祖母不忍心看到小赤波被活活饿死，以抵租还债的名义将他送给地主家做长工。因为贫穷，黄赤波没有机会上学。1930 年，红一方面军三军团一师二团来到湖北，18 岁的黄赤波参加了红军。参军后，他不仅吃苦耐劳，而且作战勇敢、不怕牺牲，第二年就光荣地加入了中国共产党，并被升为连指导员。

1933 年，黄赤波被选为红三军团保卫局的侦察员。他刻苦学习侦察业务，锻炼过硬本领。当时他随部队在江西抚州开展革命活动，处在国民党反动派和地方民团的包围之中，敌人特务活动频繁。有一天，黄赤波发现驻地附近一间房屋内有 4 名可疑男子，他只身前去调查。为了不打草惊蛇，他装作老乡与可疑男子攀谈。在确定 4 人绝非好人后，黄赤波立即向保卫局汇报情况，一举抓获 4 名国民党特务分子。又有一次，他抓获了一名国民党特派员，为全歼匪特分子，他乔装成这名"特派员"参加匪特分子集会，将危害革命根据地的一伙国民党匪特分子一网打尽。

长征路上，黄赤波是侦察员，需要走在大部队的最前头。他时而装扮成江西老表，时而装扮成哥老会头目，时而又扮成国民党军官，巧妙地与敌人周旋。黄赤波曾为了保护机密资料，连夜急行军一百几十里，前往敌占区将资料取回。到达延安之后，为保卫党中央和毛泽东同志，保卫延安，他继续同隐蔽的敌人进行不屈的斗争。后来，他根据革命的需要，先后在苏北根据地、山东潍坊等地同敌人开展了卓有成效的斗争。

★ 勇挑重担　当好大上海的守护者

1953 年 5 月，黄赤波任上海市公安局局长。当时上海的情况十分复杂，作为曾经"冒险家的乐园"，国民党反动派溃败上海时，还潜伏了不少特务，以及未能来得及逃跑的流氓、地痞头子，他们盘根错节，潜伏得很深，隐藏的残余势力仍未彻底扫除。黄赤波不喜欢坐在办公室听汇报，而是和同志们一起成立调查组，亲自深入工厂、学校和街道里弄摸排敌情。上海市第二次镇压反革命运动的每一场战役，都离不开黄赤波的周密部署。从打击敌人到发动政治攻势，再到欢迎投案自首，没有给残余的反革命势力任何喘息机会。

在执行宽严相济的政策上，黄赤波有过深入的思考。他认为："对历史犯应该从宽，对罪恶严重、民情很大、长期隐瞒至今还不坦白交代的分子还是要严；对现行犯应该从严，在执行中也应根据情节轻重和坦白悔改程度，具体体现有严有宽。这有一个基本原则，执行政策、策略，要有利于当前的政治斗争，有利于分化和消灭敌人；任何错捕、错管或者宽大无边，都是错误的。对于敌人的现行破坏，也应区别惯犯与偶犯，重大与一般，主犯与从犯。对于少年犯犯罪问题，是一个特殊性质的问题，应当配合有关部门，共同加强教育管理；但应从严惩办指使少年犯罪的教唆犯；对于个别犯罪情节恶劣并有严重危害的少年犯，也应依法惩处。在执行政策中，应当根据不同的对象、情节和时机，作不同的处理。执行政策、策略，既要有严肃性，又要有灵活性。对于政策的贯彻执行，应当加强领导，严格控制审批，领导要亲自审阅案卷，不要层层交办；亲自研究情况，不要只听汇报；坚持审慎态度，多与群众商量，不要轻率决定；更要经常检查纠正在办案中的粗糙草率、不负责任的现象。只要这样做，在执行政策上就不会出偏差。"

中央领导到上海视察比较频繁，这对上海公安的警卫工作提出更高要求。中央领导一到上海，黄赤波就枕戈以待。1959年，为了确保中共八届七中全会在上海顺利召开，他不分昼夜地开会布置、听汇报、抓落实、抓政审，上海市公安局各处处长、各分局局长全天候坚守着各自岗位。他告诫公安民警："这不是我们一群民警的事，而是全市乃至全国人民的大事，所以我们每天都要掌握敌情、社情，要采取严密组织、分层负责的办法，公开与秘密、固定与流动相结合，在会场、住地外围和主要干线组织民警巡逻、警戒，以确保会议顺利进行。"会议结束后，毛泽东同志称赞说："这次会议人数多，时间长，保卫保密工作做得那么好，是花了力气的。"

★ 为检察事业奋战到生命最后一刻

1966年，林彪、江青两个反革命集团诬陷杨尚昆、陆定一等同志"私设窃听器，私录毛主席和常委同志的讲话，盗窃党的机密"，黄赤波也因此案受到牵连。1968年2月23日，黄赤波被秘密逮捕投入北京监狱，度过了8个寒暑，备受摧残折磨，他的7根肋骨骨折后因未得到及时治疗，产生了严重变形，长期疼痛难忍，还患上严重的冠心病。1975年，毛泽东同志看到了关于黄赤波的审查报告，做出了"无问题"的批示。1975年5月，黄赤波被释放回上海。重获自由的黄赤波已是重病缠身，本可住在高干病房养身体，他却迫不及待地投入到新的工作中去。

1978年4月，中共上海市委决定调黄赤波领导重建上海市人民检察院。上海市人民检察院在"文化大革命"中已被砸烂，原有的检察人员走的走、散的散，连办公大楼都已不复存在。黄赤波没有任何推托，也没有抱怨任何困难，他说："我们现在的筹建工作是在白手起家，但这是加强社会主义法制，发扬社会主义民主，是拨乱反正，消除'四人帮'留下的后遗症，是为老百姓做好事啊！今后的检察院以法律为准绳，与法院和公安局各司其责，建立社会主义的法制体系，责任非常重啊！"

为了能够把过去的检察干部重新召回来，黄赤波一个一个地去做说服工作，耐心地阐述筹建检察院的重要意义，希望并恳求同志们以党性来对待过去的委屈，以继续革命的精神来对待党的召唤。面对办公场所的困难，有些同志认为办公室房间太小，黄赤波说："我们是来革命的，又不是来享受的。我们不能把检察院办成衙门，一开始就把机关作风搞坏了，以后再扭就困难。所以，一切从简。"上海市人民检察院筹建起来后，黄赤波又忙于组建各区的检察院。市里没有给各区院配备干部，全靠黄赤波一个一个区地商量，选基层院一把手，选检察干部。他有时一周能跑3个区，与区领导以及公、检、法机关的同志一起研究如何搞好政法工作，如何边干边筹建区检察院，并提出自己的设想和建议。

上海各级检察机关重建后，收到了大量检举各类犯罪线索的信件，其中不少是检举"文化大革命"期间的问题，以及对政治运动中受到错误处理的申诉。黄赤波说："这些人民来信，我们一定要把它们作为头等大事来做，做得越深越细就越好，要做到件件有着落，事事有交代，对经过多次控告申诉，久拖不决，而又应由检察院受理的案件，各级检察机关一定要列为重点案件，深入调查，正确地作出结论，并逐件逐事进行上报。我们工作中要坚持实事求是、有错必纠的原则，先复查有明显冤错可能的案件，再复查疑难复杂的案件，要特别做好平反冤假错案的善后工作。重要案件，我们必须向市委写出书面材料，做到一案一报。"

繁重的工作最终压垮了黄赤波的身体。1978年10月19日，黄赤波的工作安排得相当紧凑，上午召开检察院全体会议，传达中央有关部门负责同志关于信访接待工作的讲话精神，并和大家一起讨论如何应对检察院重建工作中遇到的困难。下午又听取了负责信访工作的同志的汇报，以及三封人民来信的情况。下午 5 时，他读了一遍当天的《人民日报》，立刻指示通知各基层检察院组织学习董必武同志关于加强社会主义法制的文章。晚上 8 时半又接待劳改局的干部，听取了相关工作汇报。当天夜里，黄赤波倒下了。1978 年 10 月 20 日，黄赤波在上海因病逝世，享年 66 岁。

黄赤波把一生奉献给了祖国，奉献给了党的事业。上海市人民政府批准黄赤波同志为烈士。

（陈皓编写）

参考资料

1. 锐华：《机智勇敢的红军侦察员黄赤波》，载《大江南北》2020 年第 5 期。

2. 朱玉琪：《警卫大上海：铁血公安局长黄赤波传奇》，文汇出版社 2006 年版。

3. 连漪：《永远和人民在一起——警卫人员记忆中的毛主席沪上之行》，载《档案春秋》2015 年第 11 期。

4. 黄赤波：《执行政策、策略中的几个问题》，载《人民司法》1960 年第 1 期。

5. 刘云耕：《做人民的"守护神"》，载《东方剑》2006 年第 8 期。

扬 帆

扬帆（1912－1999），原名石蕴华，曾名殷扬，江苏常熟人，1937年加入中国共产党。1950年参与筹建上海市人民检察署，1951年任上海市人民检察署检察长。曾任华东公安部副部长，上海市公安局局长、副局长等职。

★ 从"学生领袖"到"孤岛"战士

1912 年，扬帆出生于江苏省常熟县虞山镇书香门第，受家风熏陶，喜爱文学。后因家里经济拮据，中学受叔父资助，之后离开校园，在银行当练习生贴补家用。1930 年元旦，银行团拜聚餐会，扬帆酒后愤而抨击社会黑暗和银行内部不公，丢了银行"金饭碗"。1932 年 9 月，扬帆以优异成绩考入北京大学文学院，攻读中国文学。在校期间，扬帆十分进步活跃，在文坛颇有名气，与中共地下党员唐守愚交好。后唐守愚被捕，扬帆随戏剧家余上沅南下南京，任中央戏剧院学校总务主任、校务委员会秘书等职。他利用代课机会，向同学们宣传进步思想。肄业期间，他饱读马克思列宁主义书籍，还参加党的外围组织民族解放先锋队。

1935 年冬，扬帆返回北京大学完成学业，并参加一二·九抗日救亡运动，担任北京大学学生会执行委员和纠察队队长，成为一二·九运动北大学生领袖。1936 年 7 月，扬帆从北京大学文学院毕业，在南京国立戏剧学校任教。扬帆向学生传播抗日救国思想，宣传艺术要为抗日救国服务的理念。他参与南京各界救国会筹建，任训练队长，介绍进步青年参加学生救国会、南京妇女救国会等，传播革命种子。1937 年初春，扬帆曾是北大学生领袖的身份被人举报遂离职前往上海。经唐守愚介绍，扬帆参加上海文化界救国会，担任艺术组组长，负责联系文艺界团体和个人。包括冼星海等著名艺术家在内的戏剧界救亡协会先后组织十余个救亡演剧队，开赴前线和大后方演出，传播思想、凝聚力量。

1937 年 8 月 6 日，由唐守愚、张执一介绍，扬帆加入中国共产党。七七事变之后，党中央成立江苏省委军委，扬帆作为江苏省委军委工作人员开展工作。八一三淞沪会战爆发后，扬帆转由江苏省委宣传部领导，是文化支部主要成员。1937 年 10 月，江苏省委宣传部决定扬帆到《译报》任国际版编辑记者。扬帆发起影评人协会和副刊编者、作者联合会，团结文化界人士，开展上海抗日救亡运动。

　　1937 年 11 月，国民党军队撤出上海，租界成为"孤岛"。为了和日、汪殖民地文艺、汉奸文艺作斗争，成立"星期日小剧场"，轮流演出群众团体节目。周恩来对小剧场活动深表赞扬，认为是一种很好的公开文化活动方式，是国民党反动派无法封闭或禁止的。除此之外，扬帆还在"孤岛"上海兼任情报工作，按照八路军驻沪办事处负责人刘少文安排的任务，定期与国民党潜伏特工交换抗日情报。

★ 放下"笔杆子"拿起"枪杆子"

　　1939 年春节前后，扬帆受党组织委派，以文化救亡协会代表身份跟随演剧团赴第三战区慰问演出，任副团长和演剧团党支部书记。演剧团从上海乘轮船出发，一路历尽第三战区部队挑衅留难和监视，3 月底终于到达新四军驻地。演剧团实际是为新四军输送文化干部。演剧团受到新四军军部领导欢迎。新四军副军长项英探知国民党特务要逮捕扬帆等，力劝扬帆留在新四军军部工作，扬帆于是投笔从戎，在新四军担任文化队指导员，半年后调军部任中校秘书，次年年初调任军法处科长，负责军部驻地保卫工作，转战大江南北，与政法工作结下不解之缘。

　　1941 年，国民党反动派制造了震惊中外的皖南事变，在皖南有预谋地围袭新四军。扬帆克服重重困难，成为突出敌人重围最早找到新四军江南指挥部的新四军指战员，并向陈毅和刘少奇当面作了汇报，随后在新建的苏北抗日根据地任新四军第三师保卫部部长。在突围途中，他写下"黄山夜雨离人泪，易水秋风壮士心。回首春申尘十丈，怆怀底事未能平"的诗句，展现了愤慨和铮铮傲骨。他写的《皖南突围记》在《江淮文化》杂志上发表，1951年由上海新华书店出版。

1943年，扬帆被误认为国民党"内奸"，蒙受冤屈被关押10个月。关押受审期间，他写诗明志，在赠潘汉年的《谢友人问》中写道："含冤曾洒英雄泪，湔辱空夸国士才。幸有寸心如火炽，凄凉伴我过年来。"

1944年至1949年5月，扬帆历任中共华中局敌区工作部、华中局联络部部长，华东局社会部副部长、华中工委情报部部长等职，为保卫工作作出了杰出贡献。

1945年5月，败局已定的南京日军总部释放中共南京情报组组长李德生，让他只身前往淮南抗日根据地，与新四军军部"牵线"。此时担任中共华中局敌区工作部部长的扬帆对化名纪纲的李德生进行审查，核实了纪纲的身份，了解了南京日军总部派遣纪纲与新四军军部"牵线"的意图。新四军军部和中共华中局立即将此事请示延安中共中央。中共中央回电表示同意和日方秘密接触，以弄清日方真正意图，但应掌握决不能和日方谈判任何具体问题原则。日军总部于1945年6月初派遣3名代表，随纪纲及其夫人张鸣仙秘密前往淮南抗日根据地。扬帆作为新四军谈判代表之一，与日方代表会谈。中方代表拒绝了日方提出的与新四军实现"局部和平"的停战要求。后新四军军部和中共华中局派扬帆到南京与日军总部继续接触。1945年6月，扬帆在纪纲夫妇和三个日本人陪同下到达南京。数日，扬帆摸清了日方分化抗日阵营，中立甚至拉拢新四军，以便集中力量对付即将在中国东南沿海登陆的英美盟军与举行反攻的重庆国民政府军队的意图，近距离观察到日军上层虚弱而低沉的情绪。1945年8月15日，日本宣布无条件投降。扬帆受组织委派以中共华中局敌区工作部部长与新四军情报部部长的身份来到南京，提出日军投降的相关要求，并要求日方释放关押在南京狱中中共情报人员。

扬帆担任华东局社会部副部长期间，还负责华东地区的情报收集。上海解放前，他大量收集上海军政界情报，为解放军接管上海奠定了良好基础。

★ 站好新中国上海检察机关第一班岗

1949 年上海解放，扬帆任上海市公安局副局长，1950 年 2 月任上海市公安局局长。1950 年 7 月，最高人民检察署华东分署通知筹建上海市人民检察署，中共上海市委指派扬帆领导筹备检察署工作，办公地址暂设上海市公安局内。1951 年 1 月 20 日，最高人民检察署同意扬帆兼任上海市人民检察署检察长。同月 24 日，上海市人民检察署在泰兴路 89 号新址召开成立大会，扬帆在大会致辞，成为新中国成立后上海检察机关第一任检察长。

同年 4 月 29 日，扬帆在中共上海市委召开的各界人民代表联席会议上作了《必须严厉镇压反革命分子》的报告，通报镇压反革命运动情况，部署镇压反革命工作，打击犯罪，巩固政权，保护人民。

在上海解放至新中国成立初期，潜伏匪特活动猖獗，扬帆在镇压反革命运动和"三反""五反"运动中领导检察机关发挥了重要作用，先后指导办理了特务封企曾等反革命分子案、美国情报机构布置在上海的谍报组织海外第四十四观测队雷德蒙等间谍案，肃清敌对的反革命分子，巩固新生人民政权（为肃清潜伏的敌特分子，扬帆利用一部分投诚自首的敌特分子进行肃反，取得了很好成效）。

扬帆领导组建老闸、杨浦、普陀和邑庙四区检察署，构建基层检察机构雏形。根据最高人民检察署要求，抽调干部，成立老闸、杨浦两区试点工作组，全面试验各项检察制度，取得实际经验，为完成建立相关检察制度奠定了基础。

★ 幸有寸心如火炽　烛照英雄待天明

　　1951 年至 1952 年，扬帆因在肃反工作中"以特反特"，建立"情报委员会"等接受检查。1952 年 9 月，扬帆不再兼任检察署检察长职务。1955 年扬帆被指为饶漱石反党集团成员，于 4 月 12 日被逮捕。"潘（汉年）、扬（帆）反革命集团"案长期被搁置，并未移交司法机关，直到 1965 年，扬帆被认定是内奸、反革命分子，包庇重用大批特务反革命，被判处 16 年有期徒刑，剥夺政治权利终身。1980 年 3 月，经中共中央纪律检查委员会、中共中央组织部复查，认为扬帆冤案中所有指控没有事实根据，应予否定。同年 4 月 30 日，中共上海市委为扬帆恢复了党的组织生活和原行政级别。1983 年 4 月，扬帆当选为上海市第六届政协常委。1985 年 12 月离休。

　　1999 年 2 月 20 日，扬帆因病逝世，享年 87 岁。

（曹俊梅编写）

参考资料

　　1. 陈修良：《我所知道的潘汉年、扬帆》，选自中共江苏省委党史资料征集研究委员会、江苏省档案局编：《江苏党史资料（1985 年第一辑）》，内部资料。

　　2. 扬帆：《抗战初期上海抗日救亡运动的一些回忆》，选自《党史资料丛刊 1981 年第一辑》，上海人民出版社 1981 年版，内部发行。

　　3.《上海检察志》编纂委员会编：《上海检察志》，上海社会科学院出版社 1999 年版。

　　4. 张薇君：《江青与扬帆冤案》，载《百年潮》2003 年第 2 期。

　　5. 沈秋农：《凛凛风骨写忠贞的扬帆》，载《钟山风雨》2006 年第 6 期。

　　6. 戈扬：《自有清晖千古在——怀念潘汉年、扬帆、恽逸群三位同志》，载《新文学史料》1983 年第 1 期。

7. 经盛鸿：《六合竹镇：抗战末期新四军与日军总部的绝密谈判》，载《铁军》2017 年第 4 期。

8. 王鹏程：《潘扬案件的历史回顾与反思》，载《湖北行政学院学报》2005 年第 4 期。

王　范

　　王范（1905－1967），原名张庭谱，江苏如东人，1926年加入中国共产党。1955年1月至1958年9月任上海市人民检察院党组书记、检察长。曾任华东军政委员会公安部副部长、江苏省体育运动委员会党组书记、主任等职。中共八大代表，中共上海市委委员，江苏省第二届人大代表，江苏省人民委员会委员。

★ 江海平原走出来的忠勇壮士

1905 年 6 月，王范出生于江苏省如东县上漫乡一个佃农之家，因家境贫寒，10 岁才上私塾，14 岁便停学务农。

青年时期的王范身强力壮，为人正直，敢于打抱不平。1926 年，王范遇到了革命道路的引路人、青年地下党员王盈朝。二人很快成为知心好友，一起筹办平民夜校、筹建农民协会。1926 年 11 月，经王盈朝介绍，王范秘密加入中国共产党，成为如皋东乡第一位农民党员。

入党后，王范的归属感和使命感愈加强烈，他立志为劳苦大众的解放和幸福奋斗终身。1928 年 5 月 1 日，如皋西乡爆发五一农民暴动，王范和其他党组织骨干根据县委部署，组织党员和积极分子等参加暴动。他们利用农民协会展开斗争，发传单、贴标语，制造声势吸引敌人，反抗当局对农民的残酷剥削和镇压。起义虽然失败了，但王范没有放弃斗争。

1929 年年底，王范参与领导如皋东乡游击小组。1930 年 4 月，王范加入红十四军地方部队，与一支队二大队代表冯步洲取得联系，健全了上、下漫一带中共党组织，并当选为党支部书记。王范带领党员向地主、富农筹钱购买枪支弹药，送到红十四军军部，并配合红军攻打江家园，击毙恶霸吴省吾。一些大地主惊恐万状，纷纷逃亡。不久，国民党军队开到掘港一带对红军实行"围剿"，活跃在如东一带的红军队伍失散，地主武装挨家挨户搜查共产党人和红军战士，王范不得不转移上海。到上海后，王范和组织失去联系。为了糊口，他到黄浦江码头上干过苦力，后又辗转换了几份工作。1931 年 1 月，王范化名张景庆投考巡捕，以便寻求革命机会。

★ 上海滩上的 "红色包打听"

成为巡捕后，王范坚守初心，努力联系上海的地下党组织。当时，对敌斗争残酷，党组织为谨慎起见，不敢轻易接纳他，但王范不埋怨、不气馁，以实际行动接受组织考验。他充分发挥巡捕 "包打听" 的属性，一有机会就向党组织提供情报。这些情报后来都被证实有效。1931年初夏，王范终于与中央特科情报科负责人在四马路的一个秘密地点接上头。不久，王范便通过监视、报信等方式协助特科红队抓获叛徒白某。

1931 年 7 月，几个日本浪人越界闯入英租界的一个瓜果店乱砸一气并殴伤店主。两名华人巡捕上前制止，却被日方巡逻队员枪击致一死一伤。消息传开，民众义愤填膺，但英租界工部局却不愿得罪日本人，还告诫华捕不得还击，静候处理。王范当机立断组织串联活动，发动巡捕进行反日游行。但日方拒不认罪，不肯交出杀人凶手。王范号召大家罢岗，以示强烈抗议。死难华捕出丧当天，王范又将出丧活动演化为反日示威大游行，在外滩、南京路、跑马厅（今人民广场）、西藏路等地受到民众夹道围观，反帝口号此起彼伏，震动上海滩。王范在跑马厅登台演讲，历数日寇犯下的滔天罪行，振臂领呼反日口号，引发民众强烈反响。

1931 年 11 月，经过党组织多次考验，王范正式恢复党的组织关系，并被任命为四马路巡捕房的党支部书记。王范机智勇敢，以巡捕身份为掩护，积极从事地下工作，多次立功。

1932 年 4 月，因沪中区委宣传部负责人叛变，王范被捕。幸运的是，叛徒只知道王范当过红军，并不知道他是巡捕房的党支部书记。即使遭受了老虎凳、辣椒水等酷刑，王范仍坚持 "零口供"，最终因证据不足被判处 10 年有期徒刑，关押于南京陆军监狱。因他只是"共产党嫌疑犯"，又生得人高马大，敌人便安排他做监狱厨工。利用这个机会，王范一边干苦役，一边冒着危险给狱友传递消息，还暗中调剂药品、食物等给狱友。除此以外，他还积极参加狱中党组织开展的各种斗争。后来，李克农鉴定王范的狱中表现，结论是"坚定精干""表现坚决"。

1937 年 7 月 7 日，七七事变爆发，抗日战争全面打响。同年 9 月，国共再次合作。经交涉，王范等获释。因王范提供了完整的在押人员名单，后续人员营救得以顺利进行。不久，王范化名为王凡，前往延安任陕甘宁边区政府保安处侦查科科长。

★ 毛泽东口中的"锄奸模范"和"送考人"

当时的延安，社会环境非常复杂，秩序也比较混乱。不少敌特人员和投机分子趁机混入，伺机搞间谍活动进行破坏。王范带领保安处同事密切监视、侦查这些情况，粉碎了一个又一个阴谋，维护了边区内外的安定。

1939 年，一起震动中央的 30 多人敌特大案被破获，王范立下首功，毛主席点名表扬，称他是"锄奸模范"，还亲自奖励他一把德国造的驳壳枪。王范激动万分，特意将名字里的"凡"改为"范"。

1945 年抗战胜利后，王范调任热河省公安厅副厅长，后任冀察热辽边区行署公安局局长、社会部副部长兼热河省公安厅厅长。其间，王范相继领导破获了赤峰天主教堂反革命案和黑龙土匪案。

1949 年 2 月，王范接到调令，前往西柏坡中共中央临时驻地，参与核心层保卫工作。中央社会部要求王范为党中央及毛泽东同志进驻北平做好准备工作。此时正值北平和平解放，敌情十分复杂，这项任务时间紧、难度大。为此，王范夜以继日地深入基层走访调查，在反复研究的基础上，制订了详细的驻地安排和警卫布置等计划。1949 年 3 月 23 日，毛泽东同志率中共中央机关和解放军总部前往北平，临上车时说："今天是进京的日子，进京赶考去。"而王范正是"送考人"之一。4 月，毛泽东等中央领导同志进入北平。王范乘坐第一辆汽车在前面开路，顺利完成了"送考"保卫工作。

1950 年，王范调任华东军政委员会公安部副部长。

★ 改"署"为"院"后的上海第一任检察长

1954 年 9 月 21 日凌晨，中央政治局在讨论人民检察署组织法草案时，毛泽东同志听完彭真的汇报后说："既然检察工作这样重要，为什么不叫'院'呢，可以叫'院'嘛！"中央政治局讨论后，一致同意改"署"为"院"。

1954 年 9 月 21 日，第一届全国人民代表大会第一次会议通过《中华人民共和国人民检察院组织法》。1954 年 12 月，上海市人民检察署改名为上海市人民检察院。1955 年 1 月，经最高人民检察院提请全国人大常委会批准，王范被任命为上海市人民检察院党组书记、检察长。

1956 年 1 月 10 日，毛泽东同志来上海视察江南造船厂，王范也参与陪同。主席很快认出了王范，亲切地问他："你现在在哪里工作呀？"陈毅风趣地说："他是上海的'包打听'（上海市检察长）呀！"毛主席听了哈哈大笑，接口说："红色包打听，王范在延安八年中就因抓敌特立大功，受过中央的表彰！"

王范坚持"有反必肃，有错必纠"的方针，顶住来自"左"的和右的干扰，敢于依法办事，维护社会主义法制。1956 年下半年，王范根据最高人民检察院和中共上海市委的指示，贯彻落实《中共中央关于切实做好镇反检察工作的通知》，开展"清案"工作，他亲自担任清案办公室主任，主持制定"清案二十八条"，坚持"有反必肃，有错必纠"的方针，多次在干部会上表示："捕人要少，打击要准，可捕可不捕的坚决不捕，不要像'猫儿爪子'一样，就知道抓人。"他特别强调："如果抓错一个就影响一家。"对"清案"工作中发现和纠正的一些冤假错案，也进行了相应的强制措施改正。1956 年年底，王范又组织编写《检察业务》期刊，以专辑形式汇编 33 个典型冤假错案，为全市办案和开展监督提供了鲜活例证和指导意见，至此"清案"工作顺利收尾。

王范担任检察长的 4 年内，上海检察机关从 4 个区县院发展至 30 个，并成立第一、第二分院，形成三级机构二审格局。王范还着力人才培养和队伍建设，从各条战线抽调优秀人才充实检察队伍，并开展规范性专业培训，提升检察干部的综合素养。他亲自为学员上培训班第一课，并形象地说："'叫花子'要有打狗的本领，要有打狗棒、饭篮子！检察干部的文化水平、政策水平、法律水平不高，怎么能搞好检察工作？"在他的领导下，上海检察工作迎来第一个"黄金时期"，检察业务制度化、正规化建设取得快速发展，一般监督工作、侦查工作、侦查监督工作、审判监督工作和劳改检察工作等业务全面展开。

1958 年，王范受到不公正对待，被批判犯了右倾机会主义错误，但他坚持真理，敢于阐明自己的正确主张，在巨大的压力下亦不屈服。之后，王范被下放到上海七一人民公社担任工业部副部长，后任公社党委副书记。1962 年，王范调至江苏省体育运动委员会任党组书记、主任。

1966 年，在目睹并深入考察各地"文化大革命"期间的动乱现象后，王范写信给中共中央和毛泽东，如实反映相关情况。1967 年 1 月

12 日，王范再一次给中央领导人写信，表达自己对党的热爱和忠诚，随后开枪自杀离世。1978 年，中共江苏省委为王范平反昭雪。

（朱束滢编写）

参考资料

1.《上海检察志》编纂委员会编:《上海检察志》，上海社会科学院出版社 1999 年版。

2. 孙谦主编:《人民检察制度的历史变迁》，中国检察出版社 2009 年版。

3. 钱丹:《"红色包打听"王范》，载《百年潮》2013 年第 7 期。

4. 孙健:《陶铸与狱友王范的生死患难之交》，载《党史博采（纪实）》2008 年第 9 期。

5. 解衡、余海宇:《回忆王范在抗战的日子》，载《人民公安》2005 年第 18 期。

6. 李永志:《壮士王范，五年铁窗坚守初心》，载"金陵档案"微信公众号，2022 年 1 月 21 日。

欧阳惠林

　　欧阳惠林（1911－2009），原名欧阳良劭，安徽东至人，1930年9月加入中国共产党。1953年1月至1955年1月任江苏省人民检察署检察长，1955年1月至2月任江苏省人民检察院检察长。曾任上海市闸北区委书记、《苏南报》社长、华中第一地委副书记兼社会部部长。新中国成立后，历任中共苏南区党委秘书长兼农村工作委员会书记，苏南第一届协商委员会副主席、第二届常委，苏南区人民行政公署土地改革委员会主任，中共江苏省委委员、秘书长，江苏省委常委、宣传部部长兼《群众》杂志社总编辑，江苏省委教育卫生工作部部长，江苏省副省长，政协江苏省第四届、第五届委员会副主席。

★ 投身革命洪流

1911年10月，欧阳惠林出生于安徽省秋浦县奠龙乡（今东至县高山乡）北山村一个没落的封建大家庭。幼年时期，欧阳惠林由大伯父、父亲、堂兄教授识字，讲授国民教科书和科学知识，后进入族内改良私塾读书。10岁那年，父亲将他送入县立高等小学堂读书，学的都是新式教科书，教员也都是受过五四运动新思想影响的师范院校毕业生。

1926年，国民革命军举行北伐誓师大会，欧阳惠林父亲牵头组建了国民党秋浦县党部，欧阳惠林在父亲的带领下，一直义务充当党部通讯员，积极发动群众，与土豪劣绅斗争。

1927年4月12日，蒋介石在上海发动反革命政变，大肆屠杀共产党员、国民党左派及革命群众。在极为严重的白色恐怖笼罩下，欧阳惠林接受马克思主义理论教育，坚定了对共产党领导中国革命的信任。1927年6月，欧阳惠林加入了中国共产主义青年团，1930年9月加入中国共产党。

1932年上海一·二八事变爆发后，受党组织委派，欧阳惠林在上海参加大学生反日救亡运动，先后任闸北区民众反日救国会党团书记兼组织部部长，中共闸北区委宣传部部长、区委书记。土地革命战争时期，他从事党的地下工作10年，在白色恐怖下艰苦斗争，先后3次被捕入狱，表现出了坚贞不屈的革命意志。

抗日战争时期，欧阳惠林历任中共湖南省工委秘书处干事、皖南特委秘书、苏皖区党委秘书长、苏皖特委书记兼苏南保安司令部政治委员、中共苏皖区党委、苏南区党委、苏浙区党委秘书长兼宣传部部长。1943年3月，苏南行政委员会成立，欧阳惠林被推举为委员兼苏南行政公署秘书长、文教处处长，担任苏皖区党委、苏南区党委机关报《苏南报》社长、总编辑，总管报社工作。该报及时报道国内外时局动向和敌后战争形势，宣传解释党政军工作的方针、政策、任务，对干部、群众进行宣传教育，指导日常工作，大大提高了抗日根据地军民的思想觉悟和抗战意志。

解放战争时期，欧阳惠林历任中共华中分局秘书处处长、巡视团团长，中共华中第一地委副书记，华中工委秘书长兼政策研究室主任，中共苏南区党委秘书长兼农村工作委员会书记。其间，欧阳惠林先后组织完成土地改革实验，在东台县进行了土地分配，并坚持在华中一分区开展敌后斗争，取得了显著成绩。

新中国成立后，欧阳惠林满腔热忱地投身到新中国的建设事业中。1949 年 10 月至 1952 年 10 月，历任中共苏南区党委秘书长兼农村工作委员会书记、苏南各界人民代表会议驻会委员会副主席，苏南第一届协商委员会副主席、第二届常委，华东军政委员会土地改革委员会委员、苏南区人民行政公署土地改革委员会主任。在平抑三次物价大波动，组织开展精兵简政、增产节约运动，积极开展"三反""五反"斗争中，欧阳惠林展现了出色的组织动员能力。

★ 组织筹建江苏检察机关

1952 年，中央决定将苏北、苏南两个行政区和南京市合并建立江苏省，南京市改为省辖市，江苏省会设在南京。欧阳惠林参加了江苏省委的筹建工作。1952 年 11 月，中央人民政府委员会会议通过决议，成立江苏省人民政府，欧阳惠林被任命为江苏省委委员、江苏省委秘书长，兼任江苏省人民检察署检察长，领导筹建江苏省人民检察署。

在江苏省人民检察署的建设工作中，欧阳惠林高度重视检察工作，积极为检察署调配检察工作人员。在充实原苏北、苏南新建各级检察署的同时，又建立了一批市（县）级检察署，到 1953 年年底，江苏省各级检察署共有正、副检察长 63 人，其中正职 35 人（其中 15 人为兼职），专职副检察长 28 人。在选配县一级检察署领导时，欧阳惠林明确提出，要选择政治清醒、原则性强并具有一定工作能力和文化程度，经过相当锻炼的准县级干部，并安排这批干部到江苏省人民检察署实习检察业务，实习后回县里充任检察署检察长或者副检察长。经过一段时间的调整配备和培养，江苏省检察机关形成了老中青年龄结构合理、工作干劲突出的检察干部队伍。

欧阳惠林善于思考，勇于探索，作风深入细致，对江苏检察工作作出了突出贡献。在江苏省第一次检察工作会议上，欧阳惠林强调："半年来的新'三反'中，与违法分子进行了斗争，这任务是很伟大的，牢固了人民民主政权，使我们党和政府与群众更加密切，使党和政府的政策正确地贯彻执行，保障了国家的经济建设。当我们没有取得政权时，一切为着军事，但今后军事还是重要的，取得政权后，进行大规模的经济建设，使农业国变为工业国，必须加强人民民主专政，保证政策执行，所以要把人民司法机关加强，而我们检察工作就是执行这个任务的。"这也是江苏省人民检察署建设的总体思路。

在百废待兴、缺乏检察工作经验、人少事多的情况下，欧阳惠林提出："我们要总结经验，提高工作效率，一人要做两到三人的事情，主要是我们要从思想上、政策上提高。"在欧阳惠林的领导下，江苏省人民检察署紧紧抓住当前的重要工作，服从国家大规模经济建设大局，坚持从实际出发，办理了一批大案要案。仅 1953 年江苏省人民检察署成立的第一年，就办理了 106 件干部违法乱纪案件，其中打击报复案 35 件、贪污案 25 件、逼死人命案 23 件、包庇反革命案 6 件。同时，欧阳惠林领导江苏检察机关在检察业务制度建设上进行了积极探索。1953 年，江苏检察机关根据最高人民检察署关于重点试行检察业务制度的指示，开展出庭公诉制度的试验工作。全省检察机关就自侦和合办的重大刑事案件,在一定范围内试行可行的出庭支持公诉制度。检察人员通过出席预审庭、公判庭,揭露犯罪,教育群众,从法律上保障了镇压反革命运动等各项中心工作的顺利进行。

★ 高尚的革命情操

"文化大革命"期间,欧阳惠林同志虽遭受迫害,但他对党的信念毫不动摇,始终坚持原则,实事求是,敢于讲真话,扎扎实实为党工作,表现出了一名共产党员的觉悟与信仰。

1979年12月,欧阳惠林同志恢复工作,任江苏省第四届、第五届政协副主席,他坚决贯彻执行党的政策,与党外人士广交朋友,亲密合作,积极参政议政,广泛团结各阶层爱国人士,为做好全省政协工作尽职尽责。离开检察机关后,欧阳惠林仍然热心支持和关心检察系统各项工作,对江苏检察工作提出了许多宝贵意见和建议。

1985年,党中央作出决定,凡党员年龄满70周岁以上的副省级干部,一律要办理离休手续。欧阳惠林当即辞去江苏省第五届政协副主席的职务,充分体现了他的淡泊名利与高风亮节。从领导岗位退下来后,欧阳惠林仍然关心江苏的改革开放和经济建设,关心党风和廉政建设。面对国际风云变幻,他始终坚信党的正确领导,始终坚持共产主义信念。

欧阳惠林作风正派,平易近人,严于律己,关心群众,宽厚待人,努力维护大局,维护团结;他艰苦朴素,清正廉洁,淡泊名利,对亲属严格要求,始终保持了高尚的革命情操。

2009年2月,欧阳惠林因病逝世,享年98岁。

(赵亮 董忠伟编写)

参考资料

1. 欧阳惠林:《经历与往事——欧阳惠林回忆录》,中共党史出版社2011年版。

2. 江苏省地方志编纂委员会:《江苏省志·检察志》,江苏人民出版社1997年版。

李丰平

李丰平（1912－2008），重庆铜梁人，1931年10月加入中国共产主义青年团，1932年9月转为中国共产党党员。新民主主义革命时期，曾任安徽省无巢地委书记、鄂皖苏边区地委书记兼新四军七师挺进团政委、皖江区党委委员兼社会部部长、新四军七师锄奸部长、皖江行署公安局局长、新四军七师政治部副主任，山东省公安总局副局长、昌潍警备司令部副司令、鲁中南区党委社会部部长兼路中南行署公安局局长等职。1949年5月起，历任中共浙江省委社会部部长兼中共杭州市委常委、杭州市军管会公安部部长，浙江省人民政府委员、浙江省公安厅厅长兼杭州市公安局局长。新中国成立后，曾任中共浙江省委社会部部长兼任浙江省人民检察署检察长、浙江省政法委员会主任、浙江省人民政府副主席、中共浙江省委副书记、中共安徽省委书记处书记、中共浙江省委书记、浙江省省长、浙江省第六届人大常委会主任。中共十二大、十三大当选为中央顾问委员会委员，中共八大、十二大、十三大、十四大、十五大代表，中共十六大、十七大特邀代表，第五届全国人大代表。

★ 受先进思想感召　投身革命洪流

1912 年 1 月，李丰平出生于四川铜梁（现归属于重庆）。少年时期，李丰平就喜欢阅读进步书籍和报纸，经常听共产党员萧楚女、恽代英等的报告，在他们的影响下，他怀着追求真理的梦想，离开家乡到上海求学。在上海期间，他积极参加爱国学生运动，并参与上海全市学生抗日罢课、大示威，动员商会大罢市等活动。1931 年 10 月李丰平加入共青团组织，1932 年 9 月转为中国共产党党员。1933 年 6 月，因叛徒出卖，李丰平被国民党逮捕入狱，在狱中仍与敌人坚决斗争。1937 年 1 月，李丰平经党组织营救出狱，到延安中央党校学习，1938 年 5 月任陕北公学中共总支书记。1938 年 11 月起，李丰平辗转鄂豫皖地区，历任中共潢川中心县委书记，黄梅地委工委书记，鄂豫皖区党委委员、民运部部长兼立煌市委书记，皖鄂边区省委书记，豫皖苏边区党委委员兼淮上地委书记、行政办事处主任，安徽省无巢地委书记，鄂皖苏边区地委书记兼新四军七师挺进团政委，皖江区党委委员兼社会部部长，新四军七师锄奸部部长，皖江行署公安局局长，新四军七师政治部副主任。李丰平在极其复杂的环境中坚决贯彻执行党的抗日政策，防守发动群众，发展党的组织，壮大人民武装抗日力量，与日伪军进行了艰苦卓绝的游击战争。

★ 投身政法　推进浙江法制建设

1946 年 12 月，李丰平奉调山东从事公安政法工作，历任山东省公安局副局长，昌潍警备司令部副司令，鲁中南区党委社会部部长兼路中南行署公安局局长，华东大学分校校长。李丰平在打击汉奸特务活动、壮大武工队组织、加强公安政法队伍建设等方面作出了积极贡献。

1949 年 5 月，浙江解放初期，公安政法工作面临的敌我斗争形势严峻、任务艰巨。李丰平随军南下，担任杭州市军管会公安部首任部长、浙江省公安厅首任厅长、浙江省人民检察署检察长等职。为保卫和巩固新生人民政权，他领导全省政法机关一方面采取坚决措施搜捕潜伏特务，镇压反革命分子，打击投机奸商，管制国民党散兵游勇；另一方面致力于接管国民党政权机关，建立健全各级公安组织，训练公安干部，为迅速稳定浙江局势，维护社会稳定作出了重要贡献。1952 年 12 月，李丰平任中共浙江省委常委、浙江省人民政府副主席，他把大量精力放在推进社会主义法制建设上，担任了贯彻《中华人民共和国婚姻法》运动委员会主任，为宣传、贯彻新中国成立后制定的第一部法律——《婚姻法》做了大量工作。他还担任了浙江省选举委员会秘书长，为圆满完成浙江省第一届人民代表大会基层代表的选举工作，以及人民代表大会制度在浙江的建立发挥了重要作用。

★ 鞠躬尽瘁　推动浙江经济快速发展

1955 年 8 月，李丰平任中共浙江省委副书记、浙江省副省长，主要分管财贸和农业等工作。他积极贯彻中央财经工作政策，领导开展私营工商业改造工作，为形成以国有经济为主体的公有制经济做了大量卓有成效的工作。他十分重视农业问题，为解决人民群众吃饭问题，他主持历时三年的全省土壤普查、低产田改造和土地平整工作，为促进粮食增产起到了重要作用。他重视科技在农业生产中的作用，兼任浙江农业大学校长和浙江省农科院院长。他主持召开了浙江省第一次农业科学研究工作会议，在会上作了《把农业技术革命推向新高潮》的报告，提出大搞农业技术革命，把农业技术革命推向新高潮。他还十分重视"治山治水"和环境绿化工作,为改善浙江的自然环境做出了不懈努力,为全省农业发展打下了很好的基础。

然而,就在李丰平同志以满腔的热忱投入社会主义建设时,"文化大革命"爆发,他受林彪、"四人帮"诬陷迫害,离开领导岗位长达十年之久,但他对党始终忠心耿耿,坚持原则,表现了共产党人无私无畏的革命精神。

1978年1月,李丰平被平反,重新走上领导岗位,先后担任了中共浙江省委书记和改革开放以后的首任省长,1983年5月任浙江省人大常委会主任。李丰平复出工作之时,正值浙江改革开放大潮初起之时,亦是农村改革的兴起和城市改革的起步阶段。他以极大的政治热情和旺盛的工作精力,认真贯彻执行党的十一届三中全会确定的路线、方针、政策,坚持实事求是,提出了一系列符合浙江实际的决策部署,为维护和巩固安定团结的政治局面,恢复和发展浙江工农业生产,推动农村改革和城市改革,扩大国内经济协作和对外开放作出了重要贡献。他十分重视"三农"问题,强调一手抓山区经济发展,把山区建设成为经济发展的一个战略重点;另一手抓乡镇企业发展,使浙江乡镇企业"异军突起",为实现农业工业化、农村现代化、农民富裕化走出了一条新路。

在浙江省委的正确领导和李丰平等同志的不懈努力下,到20世纪80年代初期,浙江经济得以迅速恢复和发展,人民生活水平显著提高。1983年2月9日,邓小平同志视察浙江,在听取浙江省委第一书记铁瑛和书记李丰平等工作汇报后,对浙江的工作十分满意,并殷切希望浙江提前"翻两番",带头实现"小康"目标。

★ 严立家规　两袖清风

李丰平廉洁奉公,对子女和亲属严格要求,以身作则,从不利用手中的权力谋取私利。他经常对子女说:"我是个普通人,你们也是普通人，要把自己的位子摆好，不要有干部子女的优越感。"他规定孩子不能坐他的工作用车，必须住校过集体生活。恢复工作后，他更是对子女约法三章：一不做官，二不经商，三不做外国人。20 世纪 80 年代初，在全民经商的热潮中，有人鼓动他在工厂工作的儿子，可以利用父亲的关系经商。李丰平知道后，就跟有关部门的同志说："凡是李丰平的子女，一律不准利用关系经商。如果利用关系经商，一经查实，要坚决处分。"李丰平有一个女儿从 20 世纪 60 年代跟随他到安徽，就一直在安徽工作。1980 年，她通过自己的关系调回浙江工作，当时调令都已经下了，李丰平知道后坚决不同意，把调令退了回去。他后来对女儿说："当时正是知青返城，一些下放到农村的工人返城的时候，城里一下子很难安排这么多人，如果你调回来，我还怎么做别人的工作，你要顾全大局。"多年以后他的女儿才得以随爱人调动回到浙江工作。

李丰平一生艰苦朴素，两袖清风，不计名利，心系人民。他说："革命的时候那么多人都牺牲了，我还活着，还有那么多工资，那么好的生活，可以了。"他平时生活非常节俭，经常把用剩的肥皂头和碎肥皂捏在一起继续用，去世之前穿的也是从小商品市场买的几十元一件的衣服。但他对身边工作人员和老区群众却很大方。"文化大革命"结束后他补发到一笔工资，专门拿出了一部分给保姆和驾驶员。他还多次给公益事业捐款，为安徽原新四军七师驻地希望小学捐款。他去世前，把自己的数千册藏书都捐给了家乡的图书馆。

李丰平是浙江社会主义革命、建设和改革的领导者、亲历者和见证者，是浙江公安政法工作的创始人和开拓者，他把自己的毕生聪明才智、青春年华无私地奉献给了浙江这个"第二故乡"。

2008 年 3 月 28 日，李丰平在杭州逝世，享年 96 岁。

（高洪友编写）

参考资料

1.《李丰平同志生平》，载《浙江日报》2008 年 4 月 2 日，第 2 版。

2. 浙江省举行纪念李丰平同志诞辰百年座谈会，2012 年 4 月 6 日。

张世祥

张世祥（1919－2001），又名王守业，山东安丘人，1937年参加革命，1938年5月加入中国共产党。1978年3月任浙江省人民检察院党组书记、检察长。新民主主义革命时期，历任八路军第八支队司令部参谋、鲁中后勤部政治处保卫股股长、中共蒙阴县办事处主任兼敌工部部长、中国人民解放军第三野战军第七兵团保卫部科长，浙江省杭州市公安局侦保处处长。新中国成立后，任浙江省杭州市公安局局长、中共浙江省杭州市工委常委、浙江省杭州市副市长、浙江省公安局副局长。1988年任中共浙江省顾问委员会常委，中共浙江省委候补委员。

★烽火岁月　屡建奇功

1919年5月，张世祥出生于山东省安丘县。张世祥早在青年时代就受到党的影响，阅读进步书籍，接受革命思想。1937年10月参加组织地方抗日武装，担任山东安丘县韩吉镇抗日保乡自卫团文书，积极宣传抗日，并参与了组建安丘县第一支共产党武装山东八路军第七支队二大队的工作。1938年年初参加组织山东安丘大朱旺起义、小朱旺起义，并任山东八路军七支队二大队军械处处长，同日伪军开展了艰苦卓绝的游击战。1938年5月，张世祥加入中国共产党。

1942年12月，张世祥奉命调任鲁中军区政治部敌工科，孤身打入敌伪内部，积极策反瓦解敌军。1944年4月，在日伪大肆反扑、蒙阴县委大部分领导干部壮烈牺牲的极其残酷环境下，张世祥不怕牺牲，坚持战斗，积极协助新的县委恢复开展工作。1945年2月，在攻打蒙阴城战役中，他深入伪军内部，组织地下党员炸开城门，有力配合部队正面作战，被鲁中军区荣记三等功。1945年3月，张世祥多次奉命深入敌占区，指挥起义部队配合我军攻占夏坡据点，策反伪十团团长率部起义，成功将三个营的起义部队完整地带到我解放区，被鲁中军区荣记一等功。

解放战争初期，张世祥在由起义部队改编的山东独立第四旅政治部担任特派员。面对我军主力抽调东北，不少起义人员思想出现反复的情况，他不顾个人安危，积极开展思想政治工作，确保了起义队伍的稳定。1946年6月，他奉命调回鲁中军区，先后参加了昌潍战役、济南战役，深入敌占区直接参与、组织策反了国民党山东诸保大队大队长率部起义。为表彰他的突出贡献，华东野战军司令部政治部为他荣记一等功。

★ 推进恢复重建　检察职能全面展开

新中国成立后，张世祥长期从事、分管地方政法工作，参与领导了解散非法组织、打击武装匪特、搜捕潜伏特务、开展反动党团特人员登记等斗争，为肃清反革命残余分子，建立和巩固新生人民政权倾注了大量心血。张世祥多次直接参加、承担了毛泽东同志和其他中央领导同志在杭州工作、视察的安全警卫工作，出色地完成了任务，被杭州市公安局荣记一等功。

"文化大革命"期间，张世祥遭到诬陷迫害，但他无私无畏，襟怀坦荡，同林彪、江青两个反革命集团坚决斗争。1971年12月，张世祥重新工作后，在十分困难的条件下，为恢复和发展生产，开展外事工作，保护老干部，整顿警卫队伍，加强公安干警队伍建设、维护社会政治稳定做了大量的工作。党的十一届三中全会后，他的冤案得到了彻底平反。

1978年3月，张世祥担任恢复重建后的浙江省人民检察院党组书记、第一任检察长。在浙江省委和最高人民检察院的领导下，他坚持党的十一届三中全会以来的路线、方针、政策，紧紧围绕全党工作大局，团结和带领全省检察机关广大干警奋发进取，认真履行法律监督职责，全面推进检察工作。

第五届全国人民代表大会第一次会议决定设置人民检察院后，在浙江省委和各级党委领导下，浙江省各级人民检察院从1978年6月开始相继重新建立。张世祥同志带领全省检察机关紧紧围绕四个现代化建设这个中心，深入批判林彪、"四人帮"的极"左"路线，边建边干，以干促建，逐步开展人民检察工作。

在重建工作中，张世祥特别注重检察队伍建设，积极开展各级检察院关于真理标准问题的学习和讨论，联系检察工作实际，进一步解放思想，分清是非，端正思想路线。同时，遵照中央关于"执法必须懂法，懂法必须学法"的指示精神，发动全省检察机关开展"阵前练兵"和"学法律、讲法律"的热潮。在他的亲自部署和指导下，全省各级检察机关采取离职调训和在职提高相结合、普遍培训和重点培训相结合的办法，先培养了一批教员作为骨干，然后层层办短训班，加快了培训干部的步伐。仅半年时间，全省各级检察机关就举办短训班十一期，培训干部400余名，接近当时检察干部总数的三分之一，为全省检察机关依法履行职能提供了专业保障。

严厉打击严重刑事犯罪、严重经济犯罪，为改革开放初期浙江的社会、经济快速发展提供了法治保障。浙江省人民检察院重建仅10个月，全省共受理审查批捕和审查起诉的案件达10878件，经审查依法批准逮捕的反革命等各种刑事犯3991名；经审查向人民法院提起公诉177次，通过出庭公诉，揭露了犯罪，宣传了法律。在此期间，浙江检察机关依法惩办了张永生、翁森鹤等现行反革命分子，"两熊"流氓集团等恶性案犯，有力地打击了反革命政治势力和各种犯罪分子的反动气焰。张世祥坚决同严重违法乱纪行为作斗争，他把这项工作同处理来信来访相结合，仅半年多时间，浙江全省共受理群众来信来访30300余件。通过大量走访和调查，检察机关从中发现并查处了故意开枪伤人、私设公堂打死人、捏造事实诬陷好人等严重违法乱纪案件200余件，依法惩办了其中的严重违法乱纪分子，维护了法律权威，保护了人民权利，给予了人民群众满意的答复。其间，他要求各级检察机关积极主动配合有关部门复查平反纠正了大批冤假错案，其中，检察机关直接复查平反纠正的400余件，解决了许多"文化大革命"期间遗留的历史问题。

张世祥重视对看守所的监督管理和整顿，指导并会同公安部门对在押犯进行了清理。新逮捕拘留条例公布前，全省在押拘留犯

1882 名，到同年 10 月底共清理不合规在押拘留犯 1841 名，占总数的 96%，有力地纠正了部分监所的混乱现象，使监所管理得到明显改善。

在抓依法打击犯罪的同时，张世祥十分重视全省检察机关的法制宣传教育，特别要求各级检察机关充分利用"法制宣传月"，运用报刊、广播、电视、法律讲座、报告会、宣传栏等多种形式，积极向广大干部、群众进行法制宣传教育。重点要求深入社队宣讲《刑法》《刑事诉讼法》等几部重要法律，使广大干部、群众了解它们的主要内容和基本精神，懂得加强法制是打击敌人、惩罚犯罪、保护人民和社会主义建设的重大意义，提高了广大人民群众遵守法制的自觉性和同各种犯罪行为作斗争的积极性。同时，还结合宣讲人民检察机关性质、任务与作用，动员人民群众积极支持并监督检察机关做好工作，为新时期浙江检察事业的发展打下扎实基础，为保障浙江省的现代化建设和社会政治稳定作出了积极贡献。

★ 为国为民　鞠躬尽瘁

1988 年，在浙江省第八次党代会上，张世祥当选为中共浙江省顾问委员会常委。他全力支持省委工作，不顾年高体弱，经常深入基层调查研究，掌握第一手资料，积极为浙江省委、省政府建言献策，努力发挥参谋助手作用。从领导岗位上退下来之后，他还担任了最高人民检察院咨询委员会委员，一如既往地关心支持检察工作，写出多份有价值的咨询报告，做到了为党的事业鞠躬尽瘁。

张世祥在 60 多年革命生涯中，对党和人民的事业忠心耿耿，讲党性，顾大局，坚持原则，公道正派，光明磊落，谦虚谨慎，始终以共产党员标准严格要求自己，全心全意为人民服务，从不计较个人得失。

他一身正气，廉洁奉公，艰苦朴素，平易近人，紧密联系群众，始终保持了一名共产党员的本色。

2001年9月19日，张世祥因病在杭州逝世，享年82岁。

（高洪友编写）

参考资料

1. 张世祥同志生平。

2. 浙江档案馆张世祥相关材料。

苏毅然

苏毅然（1918－2021），又名王安邦，四川苍溪人，1937年1月加入中国共产党。1949年10月任皖南人民检察署检察长，1952年8月任安徽省人民检察署检察长，1953年11月至1954年9月任安徽省人民检察署（院）党组书记、检察长。新民主主义革命时期，曾任中共北方分局社会部秘书主任，平西地委社会部部长，张家口市公安局副局长、局长等职。新中国成立后，曾任皖南区党委社会部部长，安徽省公安厅厅长，安徽省政法办公室主任，安徽省计委主任、党组书记，中共安徽省委书记处候补书记、安徽省副省长，山东省副省长兼计委主任、省委书记、省长等职。中共十大、十一大、十二大、十三大、十四大、十五大、十六大、十七大、十八大、十九大代表，第十一届、第十二届中央委员会委员。

★ 意志坚定跟党走

1918 年 11 月，苏毅然出生在四川省苍溪县龙山镇一户普通农民家庭。少年时，与母亲相依为命。1932 年 10 月，鄂豫皖根据地第四次反"围剿"斗争失利。红四方面军主力离开鄂豫皖根据地，西征川陕一带，开辟了川陕根据地。当时红军到达了苏毅然的家乡，在当地建立了乡级苏维埃政府。新生的苏维埃政权急需各种人才，苏毅然小时候读过 4 年私塾，当时算得上"秀才"的他被选中，成了一名红军税务员。

1935 年三四月，红四方面军向西强渡嘉陵江，于 5 月初开始长征。17 岁的苏毅然离开母亲，远离家乡，凭着一腔热血和报国忠心走出苍茫大巴山，跟随红军踏上长征路。

长征途中，苏毅然与广大红军战士一起三爬雪山、三过草地。一次行军，走到离苏毅然家乡仅 40 里的地方，或许是担心年纪小小的苏毅然难舍乡情，部队领导找他谈话："想不想家？"苏毅然答道："我既然参加了革命，就一定会革命到底！"年龄虽小，其志却坚。

1936 年，红军队伍从甘孜等地第三次过雪山草地，北上与中央红军会合。队伍里的一批伤病员和妇女孩子已经没有体力再行军。部队领导与当地土司达成协议，留下他们由当地村民予以保护。很多与苏毅然年龄相仿的"红小鬼"都留下了，但他毅然决然要随大部队走！

抗日战争与解放战争时期，苏毅然主要在北方工作，先后在延安中央党校、马列学院学习。1939 年 1 月起，苏毅然任华北战地考察团团员、中共北方分局社会部机要员、秘书、秘书主任。1942 年 12 月起，任中共晋察冀平北情报站站长，平西专署公安科科长，平西地委社会部部长、组织部部长。1945 年 8 月起，任河北省张家口市公安局副局长、张家口市委秘书长，河北涞源、满城、完县县委副书记、书记。

★ 为安徽政法工作奠定坚实基础

1949 年 1 月，中央决定派干部随军南下。苏毅然主动申请第一批南下安徽，任中共皖南区党委社会部部长，皖南行署公安局局长、皖南人民检察署检察长。1952 年皖南、皖北合并后，苏毅然任安徽省人民检察署检察长、公安厅厅长、政法办公室主任。

新中国成立初期，百废待兴，工作任务十分繁重，法律又十分不健全。当时的安徽省人民检察署仅 30 多人，至 1953 年也才增到 50 多人。内设机构仅三个处室：一个处负责反革命特种刑事案件及战犯、汉奸案件的处理和劳改监所检察；另一个处负责一般刑事案件、公务人员的违法乱纪案件、民事案件检察；还有一个处是办公室，负责公文处理、机关行政事务管理、人民来信来访处理等其他事项，全省检察事业处于艰难的初创起步阶段。

镇压反革命运动是初建检察机关的重要工作。有些同志思想存在"左"的偏向，要求对国民党军官统统枪毙。苏毅然坚持实事求是、宽严相济的政策，区别对待。中央及时下发了指导性文件，纠正镇压反革命运动中的"左"的做法，苏毅然的做法符合上级文件精神，得到肯定。后来在干部甄别工作中，这些人员作为人证发挥了重要作用。

苏毅然着力改变公安机关的"特权思想"。新中国成立初期，合肥市私营戏院每晚要给公安人员留几个前排座位，以便公安人员"维持秩序"，实际是"看白戏"，这是旧社会地方戏院一个陈规陋习。私营戏院改为国营后，废除了这个老规矩。一天晚上，合肥市公安人员以查户口为由抓了戏院几名演员。合肥市公安局主持工作的副局长对戏院要态度、要特权。苏毅然得知这一情况后，认为是公安局做了错事，要求立即放人并向被抓演员认错，挽回影响。此事反映出苏毅然纠正公安机关"特权思想"、决不护短的态度，并能正视舆论监督批评的工作作风。

苏毅然善做群众工作、善于化解人民内部矛盾。1950 年春，皖南广德县发生了群众哄抢政府粮库的事件，皖南区党委（安徽省委是1952 年年初才成立的）派苏毅然去追回被抢的粮食。苏毅然调查后觉得是群众自发抢粮库，没有敌特煽动背景，只能多做说服工作，动员群众送回粮食，而不能采取简单粗暴的方法强制群众。皖南区党委主要领导同志同意了苏毅然的意见和处理方法。经过反复动员向群众讲明，粮库存储的是备荒粮，是为他们准备度春荒时用的。群众明白道理后，退回了绝大部分被抢的粮食，平息了事态。

★ 岗位转变　本色不变

1955 年 4 月，苏毅然调任安徽省计委主任，1957 年任安徽省委常委、副省长，从此离开政法岗位，负责经济工作。1958 年，安徽出现了大规模抢建楼堂馆所的现象，使大量的人力物力不能用于农田水利工程等建设方面。当时安徽省委要苏毅然主抓停建工作。苏毅然当即提出，要刹住这股风，首先要停建安徽省委的招待所。安徽省委同意了苏毅然的意见，停建了已经完成一半工程的安徽省委招待所。安徽省委带头，顺利完成了停建全省的楼堂馆所工程。

苏毅然谦虚务实，勤敏好学，甘当学生，胸怀坦荡，拒绝"官威""官架"。从政法工作转向经济工作，担任安徽省计委主任，苏毅然自觉非己专长难以胜任，向组织反映后，组织给他配了一个懂财政经济的同志任计委副主任。苏毅然恳切地对该同志说："日常工作由你负责，平时向你学习，一年后再看自己能否担当此任。"在这一年中，业务上的大小事情，他都认真倾听这位计委副主任的意见，自己从旁观察和学习，不懂的事都向他请教，遇到需向安徽省委请示报告的事，由苏毅然出面请示汇报。经过一年的虚心学习，第二年苏毅然担起计委主任的工作。当时正值编制《一九五六年到一九六七年安徽省农业发展纲要》和编写全省经济发展第二个五年计划。经过两年的调查研究，苏毅然组织起草了这两个重要文件，经过反复讨论修改，提请安徽省委讨论通过。

1960年，苏毅然奉调山东，任副省长兼计委主任。1971年3月起任山东省委副书记、书记。1977年1月起历任山东省委书记、山东省委纪律检查委员会第一书记，山东省省长、山东省政府党组书记。1982年12月任山东省委书记，1985年6月任山东省顾问委员会主任，1987年11月任中央顾问委员会委员。1998年2月离职休养。

2021年6月7日，苏毅然因病在济南逝世，享年103岁。

（吴贻伙　姚刚编写）

参考资料

1. 李中学：《访我省第一位检察长苏毅然同志》，载安徽省人民检察院网，http://www.ah.jcy.gov.cn/dwjs/jcwh/201501/t20150116_1537757.shtml。

2. 陈保亚、王珉：《情系山东五十年——苏毅然山东工作纪实》，山东人民出版社2012年版。

3. 刘祺、苏毅然：《坚毅无悔　然诺一生》，载央视网，http://news.cctv.com/2016/10/22/ARTIlohsfj8z5FjFg1JoeDV6161022.shtml。

王卓超

　　王卓超（1911－2002），江西寻乌人，1933年加入中国共产党。1949年11月至1954年11月任江西省公安厅厅长、中共江西省委委员，1951年3月至1953年3月兼任江西省人民检察署检察长。曾任中共江西省委常委、江西省副省长，江西省第一届、第二届、第三届、第四届人大代表，中共江西省第三次、第四次、第五次代表大会代表。

★ 在革命历练中树立远大理想

1911 年 1 月，王卓超出生在江西省寻乌县留车乡黄富岭上王村的一个贫农家庭，8 岁到 15 岁一直在家乡的私塾小学读书，后因贫困辍学在家种田。1928 年，寻乌县发生革命暴动，在豪绅地主勾结镇压下，革命暴动失败，但却深刻影响了当地工人、农民、学生等很多人，王卓超就是其中之一。

1929 年，王卓超参加农民协会，做宣传和通讯工作。1930 年 10 月，王卓超在家乡参加武装赤卫队，先后在乡武装赤卫队、区中队、乡苏维埃政府、县苏维埃政府政治保卫队、红七军团经理处工作。之后，王卓超参加过第四次、第五次反"围剿"的多次战役。战斗中，他机智勇敢，坚决执行上级命令，胜利完成了组织上交给的战斗任务。

1932 年，"红五月"纪念马克思生日的时候，王卓超响应号召志愿入党，1933 年 6 月转为正式党员。他在自传中写道："在党的教育培养下，使我能成为忠实于党的党员，为最终目的共产主义事业奋斗，忠实于伟大的祖国而奋斗，忠实于人民群众的利益而奋斗，这使我感觉到一生来最大的荣幸。"

1934 年，作为红三军团保卫局预审员，王卓超随红军参加了长征。长征途中，他白天随部队行军作战，晚上审问战俘或处理有关案件，工作非常艰苦、紧张，为稳定军心、保卫红军的胜利成果，做了许多有益的工作。

1936 年 12 月至 1946 年 6 月，王卓超先后担任陕甘宁边区延安市公安局治安股股长、副局长、局长，中共延安市委委员、常委，中央党校二部保卫人员训练中心主任。他坚决贯彻执行党中央、西北局和延安市委的指示、命令，认真履行职责，完成了所担负的光荣任务，发动了群众性反奸斗争，为保证党中央机关和毛泽东等同志的安全和延安社会治安，做了大量艰苦细致的工作。其间，他参与侦查和起诉了黄克功故意杀人案等大要案。

★ 务实工作　坚决捍卫人民权益

1946年6月，王卓超服从组织安排，远赴东北工作。先后任东北局合江省公安处处长、合江省公安厅厅长，1949年5月南下江西。

1951年1月，江西省人民政府遵照中央人民政府指示，决定成立江西省人民检察署，任命江西省公安厅厅长王卓超兼任江西省人民检察署检察长。3月，王卓超主持召开江西省人民检察署检察委员会议第一次会议，宣布江西省人民检察署正式成立，内设1室3科，即办公室、反革命案件检察科、普通刑事案件检察科、行政诉讼与民事案件检察科。经过5个月的筹建，1951年9月1日，江西省人民检察署正式办公，并启用"江西省人民检察署"印鉴。同年冬，南昌、景德镇、赣州市和南康县检察署建立。至1953年春，南昌、赣州、吉安、上饶、抚州、九江6个检察分署相继成立。至1954年年底，全省建立省、地、县三级检察机关29个，调配检察干部133名。

根据1951年9月3日中华人民共和国中央人民政府委员会第十二次会议通过的《各级地方人民检察署组织通则》（以下简称《通则》）的决定，江西省人民检察署在配合镇压反革命、保障人民合法权益的同时，办理了侵吞国家财产的贪污案11件。1951年，全省镇压反革命运动掀起高潮。根据《通则》规定和中共中央提出要"严密控制，慎重从事，一定要打得稳，打得准，打得狠"的指示，江西省人民检察署会同江西省公安厅组成检查组，赴吉安、赣州、九江、东乡、宜春等地重点检查镇压反革命运动中逮捕反革命罪犯的情况。经查，总体情况是关押的反革命罪行明显，定性准确，证据充分，罪恶严重，同时发现错捕29人，主要原因是定罪不准，缺乏证据，当即建议释放。1952年，江西省人民检察署又组织工作组，深入吉安、永新、景德镇等重点地区检查镇压反革命运动中的捕人情况，纠正错捕21人。同年11月，江西省人民检察署会同江西省公安厅查处景德镇市宁水香反革命阴谋杀人冤案。经实地调查查明，反革命分子汪细妹伪装混入农会，窃取农会主席职务，并利用职权包庇华容鉴、许克发的地主成分。宁水香出身贫农，因检举揭发上述情况，引致汪细妹、华容鉴、许克发等对其怀恨在心。三人阴谋策划杀害宁水香未遂后，又编造假材料，诬陷宁水香阴谋杀人，加之办案人员不做深入调查，以致颠倒是非，将宁水香逮捕入狱。查证核实后，宁水香被宣布无罪释放，主犯汪细妹、华容鉴二人被依法判处死刑，许克发被判处有期徒刑。

新中国成立后，重建经济社会秩序的过程十分艰辛，王卓超始终把坚持党的领导放在首位，认真贯彻执行党中央和江西省委的工作部署，在领导和办理相关案件时敢于坚持原则、处事稳重、果断，为发展全省经济发展和改善人民群众生活提供了有力保障。

王卓超始终把人生理想融入党和人民事业中，不论是在哪一个工作岗位，都坚持一切从实际出发，真抓实干，精准务实，为捍卫人民群众利益不懈奋斗。

★ 知行合一　不断学习进步

在自传中，王卓超反复提到的一个重要方面就是学习。参加革命初期，他写道"我个人的思想觉悟里只知道穷人要革命，要打倒豪绅地主分田地，要打倒反动派，坚决站在革命方，其他什么道理也不懂……"参加红军后，每天都有政治课，加强政治思想教育，还有同志们的帮助，这让他很快有了思想认识上的转变，认识到共产党员是代表被压迫被剥削阶级利益的，只有共产党才能领导中国革命走向胜利，因而积极响应号召加入党组织。

1936 年，经过二万五千里长征，结束了一段时间的战斗和休整之后，王卓超调任西北保卫局训练班主任，专门训练特派员、干部。这一工作对王卓超来说是全新的，业务课全部由他负责，他积极钻研课程，在教与学的过程中，业务工作和时事政策日益精进，思想上也有了真正的进步和提升。

1937 年至 1946 年在延安工作期间，王卓超在维护社会治安方面做了大量的工作，付出了艰辛的努力，保卫了延安的安全。但他全无居功之意，反而对他工作中存在的一些缺点耿耿于怀。他认为，一方面，自己在处理问题时与某些机关和学校的联系不够，执行制度有些生硬，不够灵活；另一方面，在执行边区政府法令、政策上有些机械。他细致地记录下这些事情，反思自身工作不周全对群众利益和干群关系的危害，以此为戒改进工作方法，在以后的工作中再未发生类似情况。这些工作经验与教训，为后期从事公安、检察等工作提供了宝贵的借鉴。

★ 赤诚之心　永葆初心本色

新中国成立后，王卓超先后担任江西省公安厅厅长兼江西省人民检察署检察长和中共江西省委委员、常委，江西省副省长。在参加社会主义革命和建设中，他革命事业心强，工作积极负责，为贯彻执行党的各项方针政策，发展江西经济、改善人民群众的生活，呕心沥血，出色地完成了党组织交给的各项任务。党中央 1959 年、1961 年在庐山召开重要会议时，王卓超在江西省委的直接领导下，具体主管安全保卫工作，严密部署、狠抓落实，确保了中央与会同志的安全。

在江西工作期间，王卓超为土地改革、镇压反革命、肃反、巩固地方政权，加强全省公安、检察、法院和民政部门的组织建设与干部队伍建设，打击犯罪、保护人民、维护全省社会治安秩序，做好防灾救灾、优抚救济工作，支援、保卫全省工农业生产安全，保卫社会主义革命和社会主义建设事业的顺利进行，作出了突出贡献。

1985年，王卓超离休后，仍然非常关心国家大事，关心江西的改革开放和各项事业的发展。他努力学习马克思主义，坚定理想信念，在大是大非面前立场坚定，旗帜鲜明。作为一名老党员，他积极参加离休支部的各项政治理论学习和组织生活，热情支持离休支部的工作，处处起模范带头作用。特别是江西省召开十一次党代会时，他作为一名特邀代表，不顾年事已高、身体不好，自始至终参加了这次会议。会议期间，他积极为全省的改革开放和经济发展建言献策，热情支持江西省委、江西省政府的工作，表现了一个共产党员对党和人民的赤诚之心。

王卓超对党和人民无限忠诚，对共产主义的信念坚定不移。他组织原则性强，顾全大局，一切服从党的安排，从不计较个人得失；他襟怀坦荡，立党为公，光明磊落，廉洁奉公，艰苦朴素；他作风正派，严于律己，宽以待人，对家属子女要求严格，表现出人民公仆的本色。

2002年1月5日，王卓超因病在南昌逝世，享年91岁。

（袁宗评　张海荣编写）

参考资料

1. 江西省地方志编纂委员会：《江西省志·江西省检察志》，江西人民出版社2020年版。

2.《王卓超同志生平》，载《江西日报》2002年1月19日。

3.《王卓超自传》，人民检察博物馆馆藏文献。

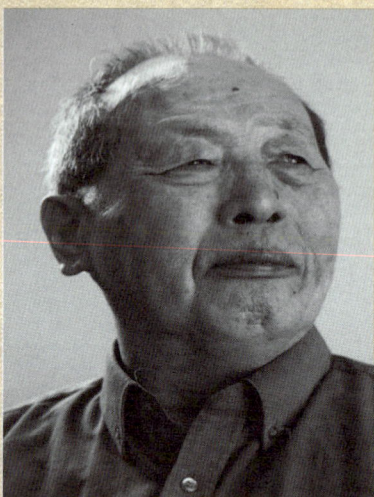

陈 雷

陈雷（1907－1991），原名牟春霆，山东日照人，1927年加入中国共产党。1951年2月至1964年7月任山东省人民检察署（院）检察长。曾任山东省副省长、山东省政协副主席、全国政协委员、中共山东省委纪律检查委员会书记、山东省人大常委会副主任等，第一届、第二届、第三届全国人大代表。

★ 革命足迹踏遍祖国大江南北

1907 年，陈雷出生在山东日照奎山牟家小庄，原名牟春霆，在化名陈雷之前，他还用过"黄先生"等多个化名。

17 岁那年，陈雷高小毕业，跟随同乡从日照来到济南，在一家税务局当职员。1925 年夏天，在济南按察司街，陈雷认识了时任青年团济南地方执行委员会负责人丁君羊，并经其介绍，认识了时任中共山东地方执行委员会书记邓恩铭等，开始接受党的进步思想。从此，伴随着中国革命的进程，他的足迹踏遍了祖国的大江南北。

在邓恩铭等党的早期领导人的启发与帮助下，陈雷与安哲、郑天九等日照同乡成立了党的外围组织"少年日照学会"。学会成员定期集会，学习《共产党宣言》《新青年》等进步书刊，研讨时事政治，并利用假期回乡的机会，向进步知识分子宣传革命思想。

1926 年，北伐军占领武汉，大革命浪潮席卷全国。同年初秋，陈雷受党组织派遣赴武汉参加北伐，并于 1927 年在安哲、邓恩铭的介绍下，加入了中国共产党。1927 年年初，中央农民运动讲习所成立，在这里，陈雷现场聆听了毛泽东同志所作的《湖南农民运动考察报告》演讲。不久，蒋介石悍然发动四一二反革命政变，为保存革命火种，陈雷等被迫转为地下活动。

1927 年，遵照山东省委指示，陈雷回到家乡日照开展农民运动。1927 年春天，中共日照县委成立，安哲任第一任县委书记，陈雷和郑天九分别负责组织、宣传工作。此后，陈雷在牟家小庄以小学教员的身份为掩护，从事地下工作。经过陈雷等艰苦细致的工作，截至 1932 年日照暴动前夕，全县已发展 500 多名党员和团员，建立了 45 个党支部。

1932 年 2 月，中共山东省委决定将中共日照县委升格为中心县委，负责日照、莒县、沂水、诸城四县工作。1932 年 10 月，为配合中央苏区粉碎国民党反动派的"围剿"，按照山东省委指示，中共日照中心县委决定发动武装起义，南北两路农民同时暴动，即日照暴动。南路队伍在陈雷和郑天九的率领下，攻占了数十个村庄，收缴了地主的枪支弹药，拉起了300多人的队伍。

暴动队伍所到之处势如破竹，令国民党当局与地主豪绅十分恐慌，国民党当局紧急调集重兵进行"围剿"。由于敌我力量过于悬殊，陈雷率领南路部队苦战数日后，化整为零，疏散队伍转入地下，开展隐蔽斗争。日照暴动共坚持了13天，经历大小战斗30余次，222人牺牲。但这次暴动使日照的劳苦大众找到了自己的道路，看到了光明和希望。从此，日照大地革命火种生生不息，薪火相传。

暴动失败后，陈雷遭到通缉。他辗转来到上海，加入了中央特科，从事情报工作。潜伏的日子，是一场智力、勇气和运气的较量，每天都仿佛游走在刀刃上，他好几次差点被捕，但凭借机敏果断，一次次救了自己和家人的命。

1935年，陈雷到天津工作，后任天津、北平、华北五省联络局负责人。抗日战争期间，他和战友们获取了日寇在山东台儿庄地区的军事计划和作战部署，在信息情报方面帮助台儿庄战役取得决定性胜利。

1938年，陈雷前往延安，先后任延安中社部工读学校校长、陕北边区保安处驻绥米情报站站长、陕甘宁边区交际处副处长等职，从事接待来宾、安保、整风、锄奸等工作，直到1946年国民党反动派进攻延安，跟随大部队撤退。

★ 山东省人民检察署首位检察长

山东人民检察制度始建于抗日战争时期。1941年4月，山东临时参议会通过的法规、条例，对检察制度作了一些规定，如检察官为代表国家公益及法律执行机关；山东高级审判处及其分处和地方法院，配首席检察官 1 人、检察官若干人。同时颁布施行的《山东各级检察委员会组织条例》规定："为加强检察制度、保障人权，保证政令之进行及检举违法失职人员，特成立各级检察委员会。"这一立法是人民检察制度建设中的一个创新。

新中国成立前夕，陈雷正在大连疗养身体，多年的战火和天南地北奔波，让他落下了一身伤病。那时，组织问他今后希望在哪里工作，他说："我想回山东老家。"

随着新中国成立，陈雷回到了山东，回到了这片生他养他的土地。1950 年 8 月，中共中央山东分局任命陈雷为山东省人民检察署检察长，担纲筹建工作。同年 10 月，山东省人民检察署建立。1951 年 2 月 2 日，经中共中央组织部同意，陈雷任山东省人民检察署检察长。

山东省人民检察署建立初期，由于人员少，机构不健全，主要是遵照最高人民检察署的指示，集中力量投入镇压反革命及"三反""五反"等运动，同时选择重大典型案件进行专案检察，提起公诉。1951 年 3 月 2 日，陈雷和时任省检察署副检察长的郑文卿对汉奸刘敬尧在抗日战争期间推行"以华制华"政策、策动土顽叛国投敌、组织剿共军破坏抗战案，向山东省高级人民法院提起公诉，山东省高级人民法院依法判处刘敬尧死刑。1952 年 1 月 10 日，陈雷对严重盗窃国家资财的大奸商王子忠、焦冠鲁向山东省人民政府临时法庭公审大会提起公诉，大会当庭判处王子忠、焦冠鲁死刑。

1954 年，《中华人民共和国宪法》和《中华人民共和国人民检察院组织法》颁布实施，最高人民检察署改称最高人民检察院。山东检察机关依照法律规定，开始了有计划、有步骤的全面检察业务建设。同年 12 月 9 日，山东省人民检察署发出通知，要求本省各级人民检察署遵照法律规定和最高人民检察院指示，将"人民检察署"改称"人民检察院"。截至 1956 年年底，全省各级人民检察院普遍建立，共 139 个，干部 1976 人，检察机关组织机构逐步完善，人员力量得到充实。同时，业务工作也渐渐步入正轨，充分发挥了检察机关在对敌斗争和维护社会治安中的法律监督作用，特别是在第二次镇压反革命斗争中，各级检察机关与公安、法院密切配合，狠狠打击了一批暗藏的反革命分子和其他刑事犯罪分子，保证了斗争的顺利进行。1956 年 12 月 14 日，陈雷依法对日本战犯园田庆幸反革命案向山东省高级人民法院提起公诉，山东省高级人民法院以反革命罪判处园田庆幸有期徒刑 10 年。

从 1957 年夏季开始，由于受"左"倾思想和法律虚无主义的影响，山东检察机关先后受到反右派斗争、"大跃进"和"反右倾"运动的冲击，检察工作受到严重挫折。在同年 10 月召开的第八次全省检察工作会议上，陈雷作了工作报告，会议批判了业务建设上存在的所谓"右倾麻痹思想""以监督者自居的特权思想""形式主义""教条主义"等。

直到 1962 年，山东省人民检察院制定了《山东检察工作四十条》，系统总结了 1958 年以来检察工作的经验教训，从思想上、组织上、制度上加强了建设，各项检察业务重新焕发出勃勃生机。

1964 年 7 月 22 日，第二届全国人民代表大会常务委员会第一百二十四次会议批准任命王华为山东省人民检察院检察长，免去陈雷的山东省人民检察院检察长职务。1964 年，陈雷任山东省副省长。

"文化大革命"中，陈雷受"四人帮"反革命集团的诬陷、迫害，于 1968 年 4 月被逮捕入狱。1975 年，邓小平第一次复出整顿，陈雷于当年 5 月被释放出狱。1976 年 10 月打倒"四人帮"反革命集团，结束"文化大革命"，中央正式给陈雷平反昭雪。后陈雷历任山东省政协副主席、全国政协委员、中共山东省委纪律检查委员会书记、山东省人大常委会副主任等职。

★ 始终秉持清廉从政的政治品格

虽身居高位，但陈雷始终保持着朴素的革命情感，清廉从政，一心为民，对于家中族亲也从未借工作之便予以关照。他常说："想想那些牺牲的战友和革命志士，我们今天所得到的一切都已经是很好很好的了，还有什么不满足呢？只要党的事业兴旺发达，只要国家兴盛、人民幸福，一切都值得。"

陈雷退休后，每当有领导来家中探望他，他都会把几个子女打发走，从不让他们跟着露脸"沾光"，也防止子女打着他的旗号找领导拉关系。病重时，老家有人来看他，拎了点儿茶叶。他在临去世前，还特意叮嘱其子陈扶江把茶叶钱给人家送回去。

1991 年，陈雷在济南病逝，享年 84 岁，安葬在日照烈士陵园。

（王鹏　唐琳编写）

参考资料

1. 山东省院史志办公室编：《山东省志·司法志（检察篇）》，山东省人民出版社 1993 年版。

2. 陈潇：《追忆陈雷：家国在心，每一个名字，都是党》，载《日照日报-黄海晨报》2021 年 6 月 29 日，第 A8 版。

宋 烈

宋烈（1909－1976），原名宋耀光，四川阆中人，1933年参加中国工农红军，1934年2月加入中国共产党。1950年5月任河南省公安厅长兼河南省人民检察署检察长，1953年3月调任中共武汉市委常委、武汉市公安局局长兼任武汉人民检察署检察长、武汉市政法委员会主任。新中国成立后，曾任中共河南省委委员兼社会部副部长、公安厅厅长、河南省公安总队司令员兼政治委员、河南省政法委员会主任。1955年任公安部第十六局局长、第四局局长，后任人民武装警察部队副政治委员，公安部队副政治委员。1962年被授予少将军衔。1966年任二炮副政委。

★ 与政法工作结下不解之缘

1909 年 6 月 20 日，宋烈生于四川省阆中市望垭乡一个贫苦家庭，父亲是小学教员。宋烈自幼随父读书，高小毕业后，到一所小学任教。不久，地下党组织在望垭乡发动农民建立武装，开展抗捐、抗粮、抗税斗争。偏僻沉寂的山野，燃起了熊熊的革命火焰，这对宋烈的震动很大，他便设法找来一些进步书刊反复阅读，领悟革命道理，下定决心跟着共产党闹革命，为劳苦大众谋幸福。

1932 年年底，红四方面军从鄂豫皖根据地转入四川，不久，便开进了宋烈的家乡。宋烈立即投身打土豪、分田地、建农会的革命洪流。望垭乡苏维埃政府一成立，宋烈即当选为裁判委员，负责对敌情报方面的工作。自此，宋烈与政法工作结下了不解之缘。不久，宋烈被调到区政府任裁判委员。

1933 年 8 月，宋烈参加了红军，1934 年加入中国共产党。此后，他在红九军二十七师八十一团先后担任班长、排长、连长、副营长、营长、营政委、师政治部地方干事长、红九军政治部总务处处长等职。由于他熟悉地方工作，组织上曾一度把他从营政委的岗位上换下来改任团政治处民运干事。宋烈愉快地接受组织的安排，每到一地，他都认真做社会调查，挨门串户了解情况，宣传红军的主张，召开群众大会宣讲共产党领导的工农红军是穷人的队伍，是为了打倒国民党反动派及其军阀，使劳苦大众翻身得解放等革命道理，号召群众起来闹革命。在仪陇、南部、巴中三县的部分地区，宋烈协助地方党组织宣传发动群众，建立苏维埃政权和贫农团、雇工会、赤卫队、儿童团、妇女会等革命组织。在巴中动员两支赤卫队共 400 人，去前线支援红军消灭刘湘的围攻部队，有力支援了红军正面战场的对敌作战。其间，宋烈发动群众参军参战，为部队补充新兵 500 多人。由于工作出色，不久宋烈即调任师政治部地方干事长。

1935 年 5 月，红四方面军撤出川陕革命根据地开始长征。6 月，红一方面军、红四方面军在四川懋功会师。宋烈所在的红二十七师奉命掩护继续北上的大部队过草地，途中，突然接到红九军军部命令，要全师迅速集结，抢占巴郎山，在那里坚守抗御来犯之敌。巴郎山山高气寒，物资奇缺，条件恶劣，御寒问题十分突出，宋烈走访当地群众，学习御寒方法，回到师里动员干部战士，用桑叶、谷草打草鞋、织草毡，用棉花包脚、做背心。宋烈向上级建议，到敌占区去买棉花、布匹、油盐回来以应急需。他还通过刚刚建立起来的当地苏维埃政府，协助经理处筹购一些粮食和物品，解决师医院伤病员和直属队的生存问题。做民运工作十分辛苦，可宋烈总是以苦为乐，从无怨言。他善于搞社会调查，常把调查来的情况整理成材料交给部队，以便首长掌握地方情况，加强军民之间的联系。他的这一优良作风已成习惯，为后来从事公安保卫工作，奠定了坚实的基础。1936 年 10 月，随西路军渡过黄河西进，1937 年 5 月回到延安。全民族抗日战争开始后，宋烈担任八路军一二九师政治部军法处审讯员，后任保卫科科长。

1943 年，宋烈转入地方工作，任晋冀鲁豫边区太岳行政公署公安局局长。在艰苦的环境中，宋烈夜以继日地工作，由此积劳成疾，患了严重的胃病，可他从不让人照顾，每天和大家一样吃小米、黑豆、土豆。1947 年 11 月，宋烈任鄂豫陕边区后方工委委员、组织部部长兼社会部部长，继续从事情报工作。

1948 年 5 月，宋烈调任中共宝丰县委书记。残余敌特不断制造恐怖活动，猖獗异常，宋烈摸清敌情后，会同驻军和公安部门进行武装清剿，同时发动群众组织自卫，对敌进行分化瓦解，很快将股匪、散匪尽歼。同年 6 月，宋烈调任豫西区党委社会部副部长兼豫西行署公安局局长，他全力抓公安队伍建设，提高了公安人员的政治素质和业务水平。

★ 奠基河南人民检察事业

新中国成立后，宋烈任中共河南省委委员兼社会部副部长、公安厅厅长，河南公安总队司令员兼政治委员，河南省政法委员会主任兼公安厅厅长。1950年5月1日，根据《中央人民政府组织法》的规定，河南省人民政府开始筹建河南省人民检察署，公安厅厅长宋烈兼任检察长。各级人民检察署检察长主要是由公安部门的首长兼任，人员主要是地方党政机关和司法部门调进来的干部，设省人民检察署，各专区设省署的分署，省辖市设市人民检察署，县（市）设县（市）人民检察署。1951年2月28日，在省会开封市召开了河南省人民检察署成立大会。

1951年5月，河南省政府委员会与河南省首届各界人民代表会议协商委员会第五次会议在开封市联合召开。河南省人民检察署检察长宋烈在会议上作了《关于镇压反革命工作报告》，这是河南省人民检察署成立以来，检察长首次在政协会议上作工作报告。

1951年10月，河南省人民检察署印发由宋烈签发的《关于建立专、市、县人民检察署委员会议的通知》，实行检察委员会议与检察长负责制相结合的制度，检察委员会议"以检察长为主席，如检察委员会议意见不一致时，取决于检察长"。检察委员会议的任务是"决议有关检察之政策方针、重大案件及其他重要事项，并总结经验"。

1951年11月，河南省人民检察署第一次检察工作会议在开封召开，宋烈主持会议。他在工作报告中指出：一年来，全省现已建立了开封、郑州二省辖市人民检察署，许昌、信阳等9个专区检察分署和洛阳市等 9 个县市检察署，现有检察长 19 人、副检察长 14 人、检察员 8 人（未正式任命）、秘书 12 人、一般干部 56 人。会议指出，各级检察署在配合各种运动中起到了很大的作用，取得了一定的成绩，对国家政策、法律、法令的正确实施起到一定的保证作用。

★ 发展检察职能　深化法制建设

1950 年 3 月 18 日，中共中央发出了《严厉镇压反革命分子的指示》。宋烈带领全省检察机关充分发挥检察职能，配合有关部门，严厉打击了土匪、恶霸、特务、反动党团骨干分子和反动会道门头子等五方面的反革命分子，为巩固和加强人民民主专政作出了积极贡献。

为了使人民群众有效地行使民主监督权利，缓解检察机关存在的检察干部人少质弱问题，1950 年 12 月，宋烈主持制定《河南省人民检察署通讯员工作试行条例》，经批准后，自 1951 年 2 月，正式开始建立检察通讯员制度。至 1953 年 4 月，全省已建立发展通讯员共 3814 名，主要分布在财经企业部门、政法部门、党群部门、街道、农村、工厂和学校等单位。检察通讯员成为各级检察署的有力助手、密切联系群众的桥梁、开展工作的组织基础，在扩大检察机关影响与宣传政策、监督法律法令的执行上发挥了积极作用。

1951 年 12 月，中共中央部署开展"三反"运动，河南省"三反"运动时间为 1951 年 12 月下旬至 1952 年 7 月，全省推行"三反"运动的有省直及 10 个地区、8 个市、16 个县。1952 年 3 月 31 日，最高人民检察署中南分署发出通报，表扬河南省人民检察署在"三反"运动中发挥了积极作用。通报指出：河南省的"三反"运动，已转入摸底，开始倒赃阶段，获得了成绩，河南省人民检察署在运动中起了很大作用，特将其报告摘要通报，作为各省市检察署参加指导运动之参考。

这是河南省人民检察署成立后，有档可查的最早荣誉记录。

1952 年 10 月，毛泽东主席视察黄河，由开封到郑州。宋烈接到命令后，为确保主席的安全，对保密工作和保卫工作作了周密部署，保证了毛主席视察期间的绝对安全，受到公安部部长罗瑞卿赞扬。

1953 年年初，宋烈任中共武汉市委常委、武汉市公安总局局长、武汉市人民检察署检察长、武汉市政法委员会主任。1955 年，调任公安部第十六局局长、第四局局长，后任人民武装警察部队副政治委员，公安部队副政治委员，1962 年被授予少将军衔。其间，他多次深入边防前哨了解情况，看望边防战士。1963 年，他用两个多月时间，踏遍千里边防线上的每一个哨所。

1966 年，公安部队改为中国人民解放军第二炮兵，宋烈任二炮副政委。不久，"文化大革命"开始，宋烈被诬陷为"罗瑞卿死党"，遭到关押批斗，身心受到严重摧残，在狱中患了疝气和癌症。1973 年 5 月，周恩来亲自批示出狱治病。宋烈在医院虽经两次手术，但因已是癌症晚期，于 1976 年 7 月 18 日不幸去世。

1978 年 10 月，党中央为宋烈同志彻底平反，追认其为革命烈士。

（马培博编写）

参考资料

1. 中国共产党河南省委党史研究室：《中国共产党河南省组织史资料》（第一卷），中共党史出版社 1996 年版。

2. 豫检印象，2021 年 4 月。

3. 河南省情网。

刘名榜

　　刘名榜（1902－1985），河南新县人。1928年参加革命，1929年9月加入中国共产党。1955年2月至1967年8月任中共河南省委常委兼河南省人民检察院检察长。新民主主义革命时期，曾任光山县弦南区第五乡苏维埃主席、党支部书记、弦南区委书记，中共经扶县委书记、中共罗礼经光中心县委书记、中共河南省委委员兼鄂豫区第二地委委员、二专员公署专员、潢川专员公署专员等。新中国成立后，曾任中共河南省委常委、中共河南省纪委书记兼河南省委政法委员会书记，河南省第三届、第四届政协副主席，河南省第五届、第六届人大常委会副主任。中共八大代表，第一届、第二届、第三届全国人大代表。

★ 革命洗礼　加入队伍

刘名榜出生于河南省新县郭家河乡莲花堰村一个佃农家庭，父亲早逝，9 岁起念过两年私塾，成绩优秀。后因家境贫寒，他只好辍学和哥哥往来于湖北、河南之间，搞一些贩运或给商贾当苦力，挑起家庭生活的重担。

1925 年五卅惨案发生后，中国共产党迅速发起了声势浩大的反帝反封建运动，并从城市发展到农村。刘名榜从此开始接受革命思想，于 1928 年年初参加党组织领导下的"穷人会"，走上革命道路，次年带领农民自卫军参加白沙关"万人暴动"。

1929 年 9 月，刘名榜加入中国共产党。随后当选为中共弦南区委书记、弦南区第五乡苏维埃政府主席。1932 年 1 月，刘名榜被诬陷为"第三党"，关押了半年之久，后经中共光山县委极力营救出狱，被罚到苦工队抬担架。红四方面军第四次反"围剿"失利后，他回到家乡建立起一支革命武装。1933 年 4 月任弦南区游击队指导员，带领游击队周旋于数十万反动军队包围之中。

★ 坚持大别山斗争的一面红旗

1933 年 9 月，刘名榜参加鄂东北道委举办的便衣队训练班，任中共弦南区委书记兼郭家河便衣队指导员。1935 年 7 月，任中共经扶（今新县）县委书记，同年 8 月接任中共罗礼经光中心县委书记。红二十五军北上后，他领导鄂豫边区的广大军民坚持游击战，保证了大别山革命根据地在最困难时期党组织的活动、武装斗争始终没有间断。

1938 年 3 月，刘名榜任新四军第四支队后方留守处副主任，10 月任中共经扶县委书记。1940 年 8 月，任礼山县（今湖北省大悟县）县长。1942 年年底，刘名榜参加鄂豫边区党委整风学习班，他的"第三党"问题彻底平反。1946 年 6 月，任中共罗礼经光中心县委书记。

1947 年 8 月 28 日，刘邓大军第六纵队进入新县境内，所向披靡，直逼经扶县（今新县）城新集，鄂豫皖苏区首府在沦陷多年后终于获得了解放。8 月 29 日，邓小平安排野战军民运部部长穰明德找到刘名榜和他负责的游击队，在新集建立民主县政府并开展地方工作。9 月 2 日，刘名榜及所率的游击队员，在黄石冲和六纵十七旅旅长李德生胜利会合。至此，始终坚持在大别山区领导人民群众同敌人进行顽强斗争的罗礼经光中心县委，以及所属的 99 名游击队员，终于和主力部队胜利会师。刘名榜将多年来坚持斗争情况及大别山区的敌情向李德生作了详细介绍。随后，刘名榜任新成立的中共经扶县委副书记兼县长。

1947 年 12 月，刘伯承和邓小平接见了刘名榜等，对他们以顽强的意志始终坚持革命斗争，使大别山区根据地"红旗不倒，火种不灭"，给予了很高评价，并宣布刘名榜调任鄂豫区第二地委委员、二专员公署专员。从此，新县人民的革命斗争又进入了一个新的历史时期。刘名榜以及当地县委、县政府协助刘邓大军迅速建立了地方各级组织，开展土改、剿匪反霸、为大军保存物资、发展农业生产、开展参军支前等，为刘邓大军在大别山站稳脚跟打下了坚实基础。

由于刘名榜的卓越贡献，毛泽东、刘少奇、朱德等党和国家领导人在第二次全国人民代表大会召开期间亲切接见了他，并称他是"坚持大别山斗争的一面旗帜"。

★ 情牵检察　忠诚履职

新中国成立后，刘名榜历任中共河南省委常委、中共河南省纪委书记兼河南省委政法委员会书记。1955 年 2 月，刘名榜被任命为中共河南省委常委兼河南省人民检察院检察长。3 月 19 日，中共河南省委决定刘名榜任河南省人民检察院党组书记。7 月 9 日，中共河南省委批准刘名榜等 11 人为河南省人民检察院检察委员会委员。

1955 年，对于河南检察工作来讲，是具有开创性意义的一年。为规范管理全省检察机关各项工作，刘名榜组织检察干警根据《中华人民共和国人民检察院组织法》《最高人民检察院组织条例（草案）》的精神，结合河南省检察工作具体情况，制定了《河南省人民检察院各种工作制度试行办法（草案）》等一批规章制度，这是河南省检察机关历史上首次建章立制。同年 7 月，中共中央发出《关于展开斗争肃清暗藏的反革命分子的指示》，刘名榜代表河南省人民检察院，与河南省高级人民法院、河南省公安厅联合召开各地市三长会议，部署第二次镇压反革命运动工作，开展内部甄别定案工作。同年 8 月，在河南省第一届人民代表大会第三次全体会议上，刘名榜在大会发言中指出："目前全省检察机构已由 1954 年的 88 个单位，增至 133 个，全省应建立的人民检察院已全部建立起来，检察干部由 427 人增至 644 人，各级人民检察院均围绕国家在各个时期的中心工作，积极地开展了各项检察业务，从检察工作方面积极地向反革命分子和刑事犯罪进行了斗争。"

1956 年 3 月 19 日至 4 月 1 日，第三届全国检察工作会议在北京召开。刘名榜在大会上发言，指出"河南检察机关全面地担负了审查批准逮捕人犯与审查起诉工作，胜利地完成了 1955 年镇压反革命的任务，并密切结合党在各个时期的中心工作，开展了其他各项业务，初步建立了一些业务制度，取得了显著成绩"。这是河南省人民检察院首次在全国检察工作会议上发言。

1957 年 2 月，刘名榜主持起草了《河南省人民检察院关于审查批准逮捕人犯的范围、权限和手续的若干规定（草稿）》。为妥善处理人民群众来信来访，有效解决群众反映的涉检问题，同年 6 月，河南省人民检察院率先建立了检察长接待群众来访日制度。

1958年2月和9月，刘名榜在郑州相继主持召开了河南省第五次、第六次检察工作会议，传达了毛泽东主席在北戴河会议上的讲话以及刘少奇、谭震林等中央领导同志指示，学习了第四次全国检察工作会议精神，总结回顾了河南省八年来的检察工作，交流了"大跃进"以来的工作经验。最高人民法院副院长、最高人民检察院副检察长、河南省有关领导在大会作了讲话，中央政法干校、湖南、湖北、广东等兄弟检察院都派代表出席了会议。

1960年9月，河南省人民检察院党组作出关于下放干部、精简机构的决定。在此期间，苏联科学院研究员奥斯特洛乌莫夫、古巴首都律师工会主席西尔瓦等一行先后到访河南省人民检察院，对河南检察工作给予了高度评价。1961年12月10日，最高人民检察院检察长张鼎丞同志到河南调研政法工作，刘名榜代表河南省人民检察院就"批捕工作情况、劳改检察工作情况、违法乱纪情况、长沙会议贯彻情况和下半年工作意见"等五个方面作了汇报，受到张鼎丞检察长充分肯定。

1962年，河南省委下发了关于加强各级公安、检察、法院领导骨干的通知，随后批准成立了河南省人民检察院检察委员会，全省检察工作重新步入正规化轨道。同年12月17日，刘名榜在郑州主持召开了第七次全省检察工作会议，会议解决了一系列重大问题，检察工作的方向更加明确，做好工作的信心更加高涨。

1966年5月，"文化大革命"爆发，全省检察工作陷入瘫痪状态，刘名榜离开了心爱的检察事业。

★ 清正廉洁　堪为楷模

刘名榜任河南省人民检察院检察长12年间，始终一心为民，从不搞特殊，从不违背原则利用自己的权力和影响力，为家人和身边工作人员谋取利益。他的儿子在机械厂当电焊工，眼睛几乎失明，他也没帮其调换过工作。他的孙子高中毕业，知青办主任跟刘名榜说："莫叫他下乡了，在县城安排个工作，没有人抬杠！"但刘名榜坚决让孙子下乡锻炼4年，并说："现在的年轻伢儿，不锻炼不行。"刘名榜爱人去世后，组织上安排其孙女照顾自己，他坚决不让孙女领工资。他说："我的孙女，照顾我是天经地义的，我不找她要伙食费，她也不能领工资。"

刘名榜始终保持劳动人民的质朴本色，穿土布衣服、布鞋、吃腌咸菜，喜欢种菜和养鸡，生活用品哪怕再旧也舍不得换，仅有的一双皮鞋，只有到北京开会或参加重要活动才穿。一生都没有为自己庆祝过生日。他退休回到新县后，把使用的公物全部交还给单位。

1985年4月21日，刘名榜在郑州逝世，享年83岁。

（马培博编写）

参考资料

1. 中国共产党河南省委党史研究室：《中国共产党河南省组织史资料》（第一卷），中共党史出版社1996年版。

2. 豫检印记，2021年4月。

3. 河南省情网。

4.《一定要找到刘名榜》，载人民网，http://cpc.people.com.cn/n/2014/0320/c69113-24690683.html，2021年4月12日访问。

周 光 坦

　　周光坦（1900－1966），湖北黄安（今红安）人，1928年2月加入中国共产党。1950年4月任最高人民检察署中南分署副检察长，1955年4月至1964年7月任湖北省人民检察院检察长，1955年4月至1966年5月任湖北省人民检察院党组书记。曾任红四方面军总医院政治委员，八路军一二九师军法处处长，太行军区政治部副主任、主任，中原人民政府民政部副部长、中共川陕省委书记等职。

★ 在烽火中锻炼成长

1900年12月，周光坦出生在湖北黄安县（今红安县）一个雇农家庭，童年在舅舅家放牛，青年时做过篾匠、挑夫和长工。1928年，周光坦参加工农纠察队，同年加入中国共产党。1929年8月任黄安县二工区工会组织委员。1930年3月，周光坦任黄安县总工会组织部部长。1931年3月，参加中国工农红军，任红四军十二师三十八团政治委员。1932年任红四军十一师政治部主任，参加了鄂豫皖革命根据地历次反"围剿"斗争。

1933年5月，周光坦调任中共川陕省委书记，参与领导巩固发展川陕革命根据地的斗争。同年12月改任红四方面军总医院（卫生部）政治委员，参与领导川陕革命根据地历次反"围攻"作战和进攻战役中的医疗救护工作。

1935年5月，周光坦率总医院参加长征，6月同中央红军会师，7月，周光坦调任中国工农红军总卫生部政治委员。此后，协助部长贺诚领导了南下川康边的医疗救护工作，1936年秋，率总卫生部长征到达陕北会师。

抗日战争时期，周光坦历任红四方面军总医院政治委员、八路军一二九师军法处处长、卫生部政治委员、生产部副部长，第十八集团军（八路军）野战卫生部政治委员，八路军南下支队第五大队代理大队长等职，并参加了建立、巩固和发展晋东南抗日根据地的斗争，坚持艰苦的敌后游击战争。

抗日战争胜利后，周光坦曾任太行军区政治部副主任、主任，中原人民政府民政部副部长、中共川陕省委书记等职，参加了扩大太行解放区和建设中原解放区的斗争。新中国成立后，周光坦一直在武汉工作。

★ 奠基和推动湖北检察事业

1950 年 4 月,周光坦任最高人民检察署中南分署副检察长。1955 年 2 月,根据《中华人民共和国人民检察院组织法》,湖北省人民检察署更名为湖北省人民检察院。同年 3 月,为便于湖北省公安厅、湖北省人民检察院、湖北省高级人民法院三家机关日常工作中有关问题的处理,根据湖北省政法党组的决定,建立三家固定联席会议,周光坦为召集人,研究处理有关问题和工作。湖北省人民检察院会同湖北省公安厅联合下发了《关于逮捕人犯注意事项的联合通知》,对逮捕人犯工作作出了具体规定和要求。

1955 年 4 月至 1964 年 7 月,周光坦任湖北省人民检察院检察长,1955 年 4 月至 1966 年 5 月任湖北省人民检察院党组书记。在他的领导下,全省检察机关加快推进组织体系建设,湖北省人民检察院由两科一室扩编为六处一室,到 1956 年年底,全省建立了 92 个检察院,组织体系基本建成。全省检察机关抓紧进行业务试验,陆续担负了审查批捕、审查起诉、出庭支持公诉等工作,直接受理刑事案件的侦查工作,以及对侦查活动和审判活动是否合法、刑事案件判决的执行情况进行监督等。

1956 年 4 月,湖北省人民检察院召开第三次全省检察工作会议。周光坦在会上强调,检察系统要根据当前的形势和检察工作的方针任务,认真研究镇压反革命运动中如何更好地运用政策打击敌人,以及如何加强法制建设和开展各项检察业务等问题。

1958 年 2 月、10 月,周光坦先后签发了《关于改进领导作风,改进工作,争取检察工作大跃进的 20 条措施》《湖北省检察机关今后的任务和工作方法 30 条》等文件,对湖北检察工作的发展起到了重要指导作用。

1959 年 3 月，谷城县粟谷公社东西河发生一起有 130 多人参与的反革命武装暴乱事件。根据湖北省委的指示，周光坦及时召开湖北省人民检察院党组会，传达湖北省委指示，统一思想，抽选湖北省人民检察院业务骨干，会同襄阳市人民检察院组成专案组，具体指导谷城县人民检察院加强对案件的侦查批捕工作。暴乱平息后，谷城县人民检察院审查批捕 40 人，起诉 35 人，免予起诉 4 人，充分履行了检察工作职能，维护了社会安全稳定。

1964 年 1 月，在周光坦的主持下，湖北省人民检察院向湖北省委和最高人民检察院报告了全省检察机关"五反"运动情况，并针对运动中检举和揭发检察干部中存在的贪污盗窃、投机倒把、腐化堕落等问题，提出了加强检察队伍建设的意见，得到了湖北省委和最高人民检察院的充分肯定，并在全省检察机关进行了整顿，进一步净化了队伍。

周光坦担任检察长期间，始终保持顽强的革命意志、艰苦奋斗的革命精神和严谨细致的工作作风，忠于革命、忠于党，忠于国家、忠于法律，带领全省检察干警排除万难创造性地开展工作，为湖北检察事业的发展作出了杰出贡献。

1964 年 7 月，周光坦因病离开工作岗位。1966 年，周光坦因病在武昌逝世，享年 65 岁。

★ 时刻用党员标准要求自己

周光坦对家人、对身边工作人员要求十分严格，有时到了苛刻的地步。周光坦经常讲，权力是党给的，只有为党工作的责任，绝对不能利用手中的权力谋取个人私利。"清清白白为官，干干净净做事"是周光坦一生的真实写照。

周光坦的大儿子周永清在上小学一年级的时候，得了肝炎住院治疗。出院时司机利用周光坦开会的间隙接他回家。等周光坦开完会回家得知情况后，给予严厉批评："车是国家配给我工作用的，怎么能作私用？"不由分说就把大儿子关了两个小时的禁闭，从此以后周光坦的几个孩子再也没人敢坐他的车。周光坦在日常生活中潜移默化地教育着子女，如何遵纪守法，如何做人，如何做事。

女儿周冶陶10岁的时候，周光坦就让她每天读报纸，练习写家信。周冶陶10岁生日那天，周光坦的夫人破例给女儿买了一双红色的皮鞋，作为生日礼物送给她。当时可把女儿高兴坏了，周冶陶长这么大还是第一次穿皮鞋。当周光坦下班进门看到女儿穿着皮鞋时，二话不说，就大发雷霆，对夫人说："这是资产阶级享乐思想，是丢掉艰苦奋斗作风的表现，从小就讲究享受，长大了怎么办？"周冶陶哭着脱掉了鞋子，赶紧收藏起来，从未再敢穿第二次。

在周冶陶加入共青团时，周光坦曾语重心长地对她说："入团入党不难，难的是一辈子做一个真正的共产党员。"这句话，成了家中每一个人的人生目标——"一辈子，做一个真正的共产党员！"

在周光坦的遗物中，我们看到了一本厚厚的学习笔记。从那一行行虽不算好看，但却整整齐齐、毫无涂改的笔迹里，我们看到了一名共产党员严谨细致的学风和对党无限忠诚的品质。

让别人做到的，自己首先做到；让别人不能做的，自己首先不做。周光坦时时刻刻以一名共产党员的标准来要求、规范自己的一言一行，用毕生精力践行一名共产党员的初心使命。

（王显栋编写）

参考资料

1. 中共湖北省委组织部及湖北省档案馆的周光坦同志档案。

2. 湖北检察志编纂委员会：《湖北检察志》，湖北人民出版社 2003 年版。

3. 周光坦之女周冶陶口述。

4. 宫步坦：《外公周光坦的战争岁月》，载《武汉文史资料》2016 年第 7 期。

陈一新

　　陈一新（1910－1979），原名陈绍燧，安徽金寨人，1925年加入中国共产主义青年团，1929年转入中国共产党。1950年4月至1955年4月任湖北省人民检察署检察长。新民主主义革命时期，曾任中央苏区中央局机要科科长、赣南军区后方留守处政委、中共中央统战部秘书、辽宁省委社会部部长、辽宁省公安厅厅长等职。新中国成立后，曾任中共湖北省委委员、湖北省政治法律委员会主任，湖北省委政法部部长、党组书记，湖北省委常委、副省长，湖北省第四届政协副主席等，中共八大代表。

★ 投身革命事业矢志不渝

1910 年 2 月，陈一新出生于安徽省金寨县一个小资产阶级家庭。1925 年在河南省固始县志诚学校读书时，加入中国共产主义青年团，从此走上革命道路。

1926 年，陈一新在河南省商城县笔架山中学读书，积极参加学生爱国运动。1927 年 4 月，国民党发动四一二反革命政变，残酷屠杀共产党人和革命人民，大革命处于低潮。在白色恐怖的阴霾下，一些革命意志薄弱分子纷纷脱离革命队伍时，陈一新决定投笔从戎来到武汉报考黄埔军校，但因风云变幻未能达成心愿。1928 年，陈一新来到上海，在二叔执教的沪大附中一边读书，一边从事公大纱厂学生运动、工人运动等革命工作。1929 年秋，陈一新在上海现代艺术研究院读书，加入中国共产党，在中共沪西区委的领导下从事党的地下工作，同国民党特务进行艰苦卓绝的斗争。

1930 年，组织上调陈一新任中共江苏省委文书科科长。1931 年至 1932 年，又调任上海中央领导机关保卫部工作，保卫中央领导机关的安危。1933 年，中央领导机关从上海转移到江西苏区，陈一新随迁江西，任中央苏区中央机要科科长。1934 年秋，国民党重兵"围剿"苏区，第五次反"围剿"失败后，中央红军实行战略转移进行长征，他奉命留守江西根据地坚持游击战。陈一新坚持敌后斗争，经过数十次战斗，最终率部队冲出重围转战到广东安南、汕头一带，后由秘密交通护送去香港。

1936 年，陈一新回到上海，找到了潘汉年并与党组织接上关系，在上海从事党的地下工作。1937 年冬，陈一新来到武汉八路军办事处，在中共武汉长江局党训班学习。1938 年秋，陈一新来到延安，进入马列学院学习。1941 年至 1945 年，任中央统战部机要行政秘书。

解放战争时期，陈一新历任中共东北通化省委委员、社会部部长、公安处处长，中共辽宁省委委员、社会部部长、辽宁省公安厅厅长。

1949 年，陈一新随南下大军进驻湖北。1949 年 5 月至 8 月任中共湖北省委社会部副部长，1952 年 8 月任湖北省委社会部部长；1950 年 4 月至 1955 年 4 月，任湖北省人民检察署检察长；1956 年 12 月至 1957 年 12 月任湖北省委政法部部长；1954 年 8 月至 1966 年 5 月任湖北省人民政府副省长；1949 年 7 月至 1954 年 10 月、1954 年 12 月至 1956 年 11 月兼任湖北省公安厅厅长、党组书记。

陈一新同志早在土地革命时期投身革命，他一生为党和人民事业进行了艰苦卓绝的奋斗，为新民主主义革命和社会主义建设作出了重要贡献。"文化大革命"期间，虽然惨遭林彪、江青两个反革命集团的迫害，他仍对党忠诚、坚持共产主义信仰矢志不移，党的十一届三中全会后，中共湖北省委为陈一新同志平反昭雪、恢复名誉。

1978 年，陈一新重新恢复职位，任湖北省政协副主席。

★ 从无到有　奠定湖北检察事业基石

1950 年 4 月，中共湖北省委根据《最高人民检察署关于建立机构与开展工作的通报》精神，决定由湖北省公安厅负责筹建湖北省人民检察署，任命厅长陈一新同志兼任检察长。

陈一新义不容辞地挑起公安、检察双重重任，在中共湖北省委和最高人民检察署中南分署的领导支持下，积极筹建湖北省人民检察署。1950 年 8 月 26 日，最高人民检察署制发的"湖北省人民检察署"铜质方印正式启用，办公地址在武昌黄鹤楼道 21 号。最初，湖北省人民检察署内设秘书、民刑两科，之后将民刑科分为民事、刑事两科，秘书科更名为办公室，干部配备由 10 余人增加到 24 人。

为加强党的领导，1953年8月，中共湖北省委批准同意设立中共湖北省人民检察署党组，任命陈一新为党组书记。1954年4月，湖北省人民检察署迁址到武昌彭刘杨路13号办公，机关人员由24人增加到35人，内设机构由两科一室改为两处一室。

1951年8月，在陈一新的主持下，湖北省人民检察署制定了《湖北省人民检察署组织规程（草案）》，领导和监督全省各级人民检察署工作。

1951年12月，陈一新主持召开了第一届全省司法工作会议（也是第一届全省检察工作会议），明确了当时全省检察工作的主要任务是配合抗美援朝、土地改革、镇压反革命等工作，同时根据中共中央的指示精神建立健全各级检察机构。这次会议明确了任务，鼓舞了士气，加快了检察机构的建设步伐。截至1953年年底，全省已有黄石、沙市、宜昌3个市，荆州、黄冈、孝感、襄阳4个地区和35个县（市）相继建立了人民检察署。

1951年，湖北省人民检察署为加强与人民群众的联系，掌握社会动态和基层情况，陈一新探索建立人民检察通讯员组织，首先在沙市、宜昌、襄阳等城市试行人民检察通讯员产生办法，吸取经验，以资推广。1952年8月，《湖北省人民检察署建立人民检察通讯员试行办法》印发各级人民检察署执行后，截至1954年年底，全省发展人民检察通讯员4000多名。在开展人民检察通讯员工作中，各地人民检察通讯员在人民检察署的领导下，配合各个时期的中心任务，及时反映违法乱纪情况，对监督守法、检举违法起到一定作用。

★ 履行检察职责身先士卒

新中国成立伊始百废待兴，国民党潜伏的大量敌特分子伺机反攻大陆，形势十分严峻。1950年至1952年，中共中央和中央人民政府为巩固新生的人民政权，发动并领导了镇压反革命运动。

湖北省人民检察署自建立时起即全力以赴投入党的中心工作中，1950年11月，会同湖北省公安厅召开全省地市公安处（局）长、检察长工作会议，研究部署镇压反革命工作，带领各级人民检察署与公安机关、人民法院一起奋战在斗争第一线。

在陈一新的领导下，全省各级人民检察署全力投入镇压反革命运动中，与公安、法院密切配合、各司其职，坚持镇压反革命运动"稳"又"准"的方针，既纠正处理"宽大无边"的偏向，又避免发生"镇反无边"的现象。1950年11月，湖北省人民检察署刚成立不久，陈一新集中全部力量成立两个工作组分头开展镇压反革命运动。一组配合湖北省公安厅和武汉市公安总局逮捕逃匿武汉的土匪、特务、恶霸分子。1950年12月至1951年年底，共逮捕土匪、特务、恶霸及不法地主631人，交回当地政法机关处理。另一组着重审查公安、司法机关在押案犯及已判决的重大反革命案件。经审查对过去判处过轻的，提出改判死刑的42件，改判徒刑的12件，同意原判的37件。在镇压反革命运动中，陈一新多次派工作组深入重点地区督导镇压反革命工作，并亲赴蒲圻汀泗桥指导查办因划界纠纷特务组织暴乱案，力求做到"打得稳、打得准、打得狠"。

1951年11月和1952年7月，陈一新领导湖北省人民检察署两次会同湖北省公安厅、湖北省高级人民法院对183名侵华日军战犯在湖北犯下的罪行进行了调查核实，使日军战犯受到了法律的审判。

1951年至1952年，陈一新带领全省各级人民检察署集中力量，积极投入"三反""五反"运动第一线，参与办理案件600多件。运动中，湖北省人民检察署除留2人在机关坚持日常工作外，其余22人分别参加湖北省直机关组织的"打老虎"斗争，成立工作组深入黄冈、黄石、大冶等地参与办案工作，并及时向中共湖北省委报告运动情况。通过"三反""五反"运动，全省各级人民检察署在斗争中经受了锻炼，积累了经验，为全面履行检察职能打下了坚实基础。

陈一新任检察长期间，坚持党的领导，认真执行最高人民检察署和中共湖北省委的工作部署，始终把党的中心工作摆在首位，探索建立湖北省人民检察署委员会议和检察委员会制度，率先实行人民检察通讯员和"一般监督"，积极履行审查批捕、审查起诉、出庭公诉、劳改检察和自行侦查等检察职能，为新民主主义革命和社会主义建设作出了重要贡献，也为湖北检察事业的深入发展奠定了基石。

1979 年 7 月 7 日，陈一新因病逝世，享年 69 岁。

（梁利华编写）

参考资料

1. 中共湖北省委组织部及湖北省档案馆的陈一新同志档案。

2. 湖北检察志编纂委员会：《湖北检察志》，湖北人民出版社 2003 年版。

刘　型

　　刘型（1906－1981），原名刘硎，江西萍乡人，1926年参加革命，1927年5月加入中国共产党。1950年7月至1952年9月任湖南省人民检察署检察长。曾任八路军总政治部宣传科科长、南下抗日支队政治部主任等职。解放战争时期，曾任东北野战军第十纵队副政委、中共嫩江省委常委兼齐齐哈尔市委书记。新中国成立后，历任中共湖南省委常委兼秘书长、城市企业部部长，北京地质学院院长、党委书记，农垦部副部长等职。第三届、第四届全国政协委员，第五届全国政协常务委员，中共中央纪律检查委员会常务委员。

★ 在生与死的考验中磨砺初心

1906 年 3 月 19 日，刘型出生在江西省萍乡市排上乡一个佃农家庭。刘型有兄弟姐妹十人，因生活困难只养活了八人，刘型最小。刘型父母深感没有文化的苦楚，下决心让聪明伶俐的刘型读书。刘型读书非常用功，学习成绩很好。

受大革命浪潮影响，1926 年 3 月，刘型与邓贞谦、陈铁铮（孔原）、钟帮武等进步同学共同组织了互助社，秘密进行革命活动。同年 9 月，北伐军攻占萍乡，推翻了北洋军阀在萍乡的统治，刘型被派往萍乡小西区从事农民运动，组织区乡农民协会。10 月，北伐军攻克湖北武昌。11 月，黄埔军校武汉分校开始招生，刘型投笔从戎，被录取为第六期入伍生。在军校，刘型经常听恽代英等领导人的报告，还认真聆听了毛泽东亲自讲解的《湖南农民运动考察报告》，受到很大的启发和教育。

1927 年，刘型参与平定夏斗寅叛乱战斗，他不怕牺牲，冲锋在前，后经中共党员游雪程介绍，光荣加入中国共产党。大革命失败后，受党组织派遣回家乡江西萍乡开展农民运动，秘密发展党员，恢复党的组织，建立农民武装，参加毛泽东领导的湘赣边界秋收起义。

1928 年春，刘型任湖南醴陵游击营党代表，在当地坚持斗争。2 月，反动军阀何健派重兵"清乡"，刘型率游击营转战湘赣边界，5 月率队上井冈山，参加了艰苦卓绝的保卫和巩固井冈山革命根据地的斗争。刘型率领官兵参加了著名的黄洋界保卫战。在赤卫队员们的积极支持和配合下，工农革命军英勇奋战，打退了敌人的进攻，黄洋界保卫战取得了胜利。黄洋界保卫战的胜利，保住了中国共产党领导创建的第一个农村革命根据地，保留了红色的革命火种。为此，毛泽东同志写下《西江月·井冈山》，颂扬这场战斗的胜利。

1929 年 2 月，刘型带机枪连与敌激战竟日，全歼追敌一个团，俘虏敌团长肖致平及其部下 800 余人，缴枪 800 多支。陈毅称这次战役"为红军成立以来最有荣誉之战争"。

1932 年后，刘型任红十三军三十八师政委、红十五军政治部主任。刘型率部参加了中央苏区历次反"围剿"作战。1934 年 10 月 18 日夜，刘型随红五军团开始长征，任红一方面军第五军团后勤部政委，完成了繁重的组织转移任务。

解放战争时期，刘型南征北战，为中国人民解放事业鞠躬尽瘁，作出了积极贡献。1949 年 8 月随军南下到湖南，参加和平解放湖南和建设新湖南的工作。

★ 在探索中开创新中国湖南检察事业

新中国成立后，刘型任中共湖南省委常委兼秘书长、城市企业部部长。1950 年 1 月与 9 月，中共中央分别发出《关于中央人民检察署四项规定的通报》《关于建立检察机构问题的指示》。1950 年 7 月，湖南省人民检察署成立，办公地址在当时湖南省公安厅机关院内。8 月，经中共湖南省委和湖南省人民政府研究决定，由湖南省委秘书长刘型兼任湖南省人民检察署检察长，湖南省公安厅厅长徐启文兼任第一副检察长。11 月，湖南省人民检察署迁至长沙市彭家井 26 号，正式挂牌办公。成立伊始，全署只有干部 9 人（其中兼职 2 人），内设秘书、总务、刑事、民事 4 个组，1951 年年初，将刑事组、民事组合并为民刑组。

1951 年 9 月，《中央人民政府最高人民检察署暂行组织条例》《各级地方人民检察署组织通则》公布后，随着人员增多和工作的开展，在刘型主持下，湖南省人民检察署设：一处（刑事），主管刑事法律监督；二处（民事），负责一般监督工作，并参与有关社会和劳动人民利益之重要民事案件及行政诉讼；办公室，下设总务和人事两科，除负责管理全署的总务、人事工作外，还负责材料综合汇报、处理人民来信来访以及检察通讯员工作等。

湖南省人民检察署成立后，根据中共中央和中南军政委员会关于建构人民检察机构的指示精神，在全省有重点、有次第地建立地、县人民检察机构。在刘型领导下，到1951年年底，先后建立了常德、益阳、零陵3个专区分署和长沙、衡阳两市人民检察署，还重点建立了长沙、益阳、汉寿、沅江、宁乡、湘乡、常德、澧县、桃源、南县、临澧、慈利、石门、华容、安乡、湘潭16个县人民检察署，全省共建立地、县人民检察机构21个。

1951年10月，在刘型主持下，湖南省人民检察署拟制了《湖南省各级人民检察署建立检察通讯员试行办法（草案）》，报经最高人民检察署中南分署审查同意，由湖南省人民政府核准实施。

刘型带领全省各级检察机关积极参与各项革命运动。1950年11月，在湖南镇压反革命运动中，湖南省人民检察署及一些地区、市、县检察署派员参加了对镇压反革命材料的初审、死刑案件的复核和镇压反革命运动后期的积案清理、开展人民来信来访等工作。湖南省人民检察署结合检察执行镇压反革命政策的情况，先后在邵阳、沅江等地有重点地查处了几起在运动中发生的少数区、乡干部乱捕乱押侵犯人权造成严重后果的案件，使有关的主要责任者依法受到了严惩，这是湖南省法纪检察工作的开端。1952年，湖南省人民检察署及当时已建立起来的少数市、县检察署，抽调干部成立工作组到重点单位协助开展"三反""五反"运动，湖南检察机关查处贪污案件、行贿受贿犯罪案件、偷税抗税案件由此开始。

20世纪50年代初期，湖南检察机关未单设监所劳改监督机构，监所劳改监督工作由审判监督部门监管。1951年至1954年，湖南检察机关配合公安机关和法院有重点地对一些看守所的执法情况进行了检察，着重纠正了收押、释放人犯的制度混乱，监管警戒不严，以及乱拘乱押、久押不决等现象，并查处了少数干警严重违法乱纪案件。

★ 在新中国建设的各条战线上发光发热

刘型任中共湖南省委常委兼秘书长期间，与湖南省委书记黄克诚、副书记王首道等一同出色完成了支援前线、借粮、秋征、收编游击武装、剿匪、减租反霸、土地改革、抗美援朝、镇压反革命等任务。

在主持湖南省城市企业部工作时，刘型坚决贯彻七届二中全会关于党的工作中心从乡村转到城市、城市以生产建设为中心任务的工作方针，创办了内部刊物《城工资料》。从 1951 年 4 月起，刘型具体部署并直接抓杨梅山、观音滩、湘永等煤矿，锡矿山矿务局，以及安江、裕湘等纱厂 8 个重点厂矿的民主改革工作。

1952 年，中央人民政府教育部创建北京地质学院。同年，刘型同志调任北京地质学院任院长兼党委书记。建院之初，围绕学校规模和专业设置两个方向性问题，领导班子内部争论激烈。一些人认为应当按照苏联莫斯科地质勘探学院的模式来办，即规模"小而全"，专业"全而细"。刘型考虑我国正开始大规模的经济建设，急需摸清地下资源这一实际情况，主张规模要"大而重（点）"、专业要"少而精"，并在保证教学质量的前提下缩短学制一年。事实证明，刘型的意见是正确的。

1958 年 10 月，刘型调任农垦部副部长，分管橡胶和热带作物。其间，党内"左"倾思想在全国泛滥。为了坚持实事求是的原则，他带病深入各地开展调查研究，总结了橡胶生产两次大的历史教训。1962 年年初，党中央召开七千人大会后，他又深入南方考察，撰写调查报告，积极拥护党中央提出的"调整、巩固、充实、提高"方针，抵制了不正之风。为此，在国务院会议上，他受到了周恩来总理的表扬。

"文化大革命"期间，刘型遭林彪、江青两个反革命集团迫害，被下放到江西劳动，但他刚正不阿，坚决斗争，身处逆境的刘型以收集和整理党史资料为己任，亲自校对、抄写，整理党史资料30多万字，并将一些重要史料送呈党中央。他说："林彪之流为了篡党夺权篡改历史，我有责任让青年和后代懂得党的历史。"

1976年，刘型被平反，在党的十一届三中全会上当选为中共中央纪律检查委员会常委。为端正党风、维护党纪，平反冤假错案，刘型忘我地工作。他兼任全国政协常委、政协文史研究委员会革命史组副组长，中共党史人物研究会顾问，热心支持党史、革命史的研究工作。

1981年8月7日，刘型在北京因病逝世，享年75岁。1982年7月22日，王首道、何长工、萧克在《人民日报》发表怀念文章，称刘型同志是"历尽艰险、久经考验、艰苦奋斗一生的忠诚的共产主义战士"。

（李彦志编写）

参考资料

1. 湖南省地方志编纂委员会编：《湖南省志·第六卷，政法志·检察》，湖南人民出版社1996年版。

2. 中共党史人物研究会编：《中共党史人物传》（第十四卷），陕西人民出版社1984年版。

3. 中国地质大学档案馆刘型同志简介。

4. 王首道、何长工、萧克：《怀念井冈山时代的老战士刘型同志》，载《人民日报》1982年7月22日。

马纯一

马纯一（1921－2006），又名马宝琳，河北故城人，1944年7月参加革命工作，1947年8月加入中国共产党。1978年6月至1988年2月任湖南省人民检察院党组书记、检察长。1980年被全国人大常委会任命为最高人民检察院特别检察厅检察员，负责江青反革命集团成员张春桥的起诉和出庭工作。1988年9月被聘为最高人民检察院咨询委员会委员。1949年8月任常德市政府秘书兼常德市人民法院院长。新中国成立后，曾任常德市政府副市长、湖南省人民检察院处长、湖南省监察厅副厅长、湖南省高级人民法院副院长。1969年起历任湘永煤矿、资兴矿务局、白沙矿务局、涟邵矿务局党委（副）书记。

★ 在革命中淬炼人生信仰

1921 年 1 月，马纯一出生在河北省故城县一户贫苦农民家中，7 岁那年，马纯一被父母送到故城县青罕村小学学习，1933 年 7 月继续在河北省故城县完小读书，1935 年 7 月至 1937 年 7 月在河北省冀县中学读书。

1938 年 7 月，刘汝明部下胡和道部队在故城县打着抗日旗号成立"县政府"，马纯一抱着为国出力的想法，在"县政府"任财务科员。这段时间，马纯一认清了军阀部队巧取豪夺、欺压百姓的本质。1939 年秋，该部队被石三军兼并，马纯一回家务农。1941 年，马纯一被村里邀请在青罕村小学任教员。

1944 年 7 月，看到旧中国积贫积弱的现象和百姓的苦难，经过审慎的思考，马纯一毅然参加革命，任故城县抗日政府司法科科员。1947 年 8 月，马纯一迎来了人生的又一重要时刻，经冀南行署干校郑华、王震同志介绍，加入了中国共产党。1947 年 11 月，马纯一在冀南行署干部学校任教导干事。1947 年，在漳南县（现安阳县）土改工作中，马纯一善于开展群众工作，有力推动了土改政策的落实，由冀南行署奖励立大功一次，并授予奖章一枚。1948 年 3 月，马纯一在冀南行署民政处干部科任科员，1949 年 4 月在冀南南下支队政治部任民运干事。

★ 满怀激情　投身新中国建设

新中国成立后，马纯一接受组织安排，赴湖南开展工作，1949 年 8 月，任湖南省常德市政府秘书兼常德市人民法院院长，1952 年 8 月任常德市政府副市长。1952 年 12 月，马纯一赴湖南省人民检察院工作，历任副处长、处长、办公室主任。这段经历，让马纯一对检察工作特别是审判监督工作有了更加深刻的认识。

1961年1月，马纯一任湖南省监察厅副厅长，1963年7月任湖南省高级人民法院副院长。1969年6月按照组织安排，马纯一任马田煤矿革委会副主任，1969年12月任湖南湘永煤矿党委书记，1973年7月任湖南资兴矿务局党委副书记，1974年2月任湖南白沙矿务局党委书记，1975年4月任湖南涟邵矿务局党委书记。

★ 在检察重建中勇挑历史重担

1978年6月6日，中共湖南省委作出决定，由马纯一负责筹建湖南省人民检察院。马纯一接到通知后，立即投身到湖南省人民检察院的筹建中。筹建初期，面对干部力量非常薄弱、办公用房极为紧张、生活用房完全没有、工作条件相当困难的情况，马纯一一边抓建设，一边抓工作，于1978年11月1日启用新印章，正式对外办公。

工作初期，马纯一首先抓思想观念转变。1979年1月4日，组织召开第七次全省检察工作会议，对重建检察机关的重要意义、检察工作历史上的大是大非等问题统一了思想。同时，马纯一坚决贯彻中共中央关于拨乱反正，平反纠正冤假错案的指示精神，1980年至1981年，全省办结申诉案件1734件，其中平反纠正的冤假错案801件，占办结数的46.19%。

1980年，马纯一被全国人大常委会任命为最高人民检察院特别检察厅检察员，负责办理江青反革命集团成员张春桥的起诉和出庭工作，马纯一等在最高人民检察院黄火青、喻屏等领导下，组成20余人的公诉人团队，经过细致准备，向特别法庭提交了起诉书，这场审判开启了中国当代法治的开端。与此同时，马纯一带领全省检察干警坚决打击、分化瓦解林彪、江青两个反革命集团的残余势力，坚决打击瓦解各种破坏社会主义建设和破坏安定团结的反革命分子，配合有关部门依法起诉审理了林彪、江青两个反革命集团在湖南的帮派骨干分子，将反革命分子的嚣张气焰打压下去。

马纯一在重建检察机关的同时，坚持把争取治安情况根本好转作为检察机关第一要务，认真贯彻落实 1979 年 11 月召开的全国城市治安工作会议和 1985 年 5 月召开的全国五大城市治安座谈会精神，打击杀人、抢劫、强奸、放火、投毒、爆炸以及其他严重破坏社会秩序的刑事犯罪分子，与否定法律、有法不依的错误思想和旧的习惯势力作斗争。1979 年 6 月，永顺县万坪公社镇溪大队第三生产队队长向功学等在公社党委副书记张正发的支持下，将退伍军人、精神病患者向功德非法拘禁两个月之久，锁在一个小木笼内被折磨致死。永顺县人民检察院查明属实，决定追究刑事责任，但由于该县个别负责人多方抵制，犯罪者逍遥法外。马纯一指派湖南省人民检察院同志侦查核实，排除其他势力干扰，经过多方努力，将罪犯向功学、张正发逮捕，依法追究其刑事责任，真正做到执法必严、违法必究。1978 年下半年至 1983 年 3 月，全省检察机关共审查批准公安机关提请逮捕 36452 人，决定起诉 37844 人，出庭支持公诉 23784 场次。

1980 年，马纯一组织湖南省人民检察院法纪监察处，经过大量的调查研究，撰写了《关于少数基层干部严重违法乱纪情况和今后意见的报告》，并以湖南省人民检察院党组文件的形式报告湖南省委，湖南省委相当重视，立即批转全省各地。随后，最高人民检察院把湖南省委批转的文件转发全国各省、自治区、直辖市检察院，进一步扩大了影响。

1979 年 3 月，湖南省人民检察院建立经济检察处。1980 年 3 月，湖南省人民检察院在长沙召开全省第一次经济检察业务座谈会，讨论并下发了《湖南省检察机关经济检察管辖案件的立案标准》《湖南省检察机关关于经济检察工作的暂行规定（试行）》。1980 年 10 月，杨殿明贪污案是全省检察机关重建后查处的第一起贪污大案，杨殿明被依法判处有期徒刑 15 年。

1982 年 2 月，为落实全国人大常委会和中共中央、国务院先后作出有关打击经济领域严重违法犯罪活动的决定，马纯一亲自抓打击严重经济犯罪活动，既当指挥员又当战斗员，组建联合办公室，抽调 40% 的检察干警投入这场战斗。1982 年，全省检察机关经济检察工作成效明显，立案侦查经济犯罪案件数量超过过去三年的总和，全年立案侦查 1673 件 2177 人，其中，贪污案 849 件 1082 人，贿赂案 274 件 369 人。1979 年至 1982 年，全省共立案侦查贪污、行贿受贿、偷税抗税等经济犯罪案件 3199 件 3970 人，侦结 2981 件 3696 人，为国家和集体挽回经济损失达 785.7 万余元。

1983 年 9 月，马纯一积极协调湖南省高级人民法院、公安厅、司法厅联合下发《关于当前打击刑事犯罪中在执行政策方面需要明确的几个问题》，针对各地提出的有关打击刑事犯罪执行政策、法律方面需要明确的问题做了解答，统一思想，形成打击合力。

1983 年，马纯一组织全省检察机关全力投入严打整治斗争，自 1983 年 9 月至 1986 年年底，在全省范围内开展了集中打击严重刑事犯罪活动的斗争，特别注意彻底摧毁流氓团伙。1987 年，又抓住社会治安中的突出问题，开展了反盗窃、打击流氓滋扰、查处卖淫嫖宿等专项斗争。1983 年至 1987 年，湖南检察机关共批准逮捕各类刑事犯罪分子 109831 名，其中严重刑事犯罪分子 43879 名，占捕人总数的 40%；向法院起诉 107284 名；摧毁流氓团伙 2302 个，查获团伙成员 12025 名，其中批准逮捕 9571 人，严厉打击了犯罪分子的嚣张气焰，有力地维护了社会治安。

1984 年，马纯一先后组织召开全省检察长会议和全省检察工作会议，提出"必须重视技术装备建设，要求在 1985 年内，各分、市、州检察院要普遍设立技术室，配备现场勘查、痕迹、文字鉴定等所必需的技术设备，各县、市、区人民检察院也要配备必需的技术设备"，推动刑事技术工作列入全省检察工作重要议事日程。

1987 年 7 月，为加强内部制约机制，完善和改革检察工作制度，马纯一组织相关人员慎重讨论，决定全省各级检察机关自行侦查案件的审查批捕、审查起诉、出庭公诉工作以及决定免诉的，统一归口由刑事检察部门负责，进一步完善了刑事检察工作制度。

1988 年 2 月，马纯一卸任湖南省人民检察院检察长。3 月，应邀担任湖南省人民检察院特邀顾问。同年 9 月，被聘为最高人民检察院咨询委员会委员。

2006 年 10 月 19 日，马纯一在长沙因病逝世，享年 85 岁。

（罗博文编写）

参考资料

1. 湖南省人民检察院办公室档案科:《湖南省人民检察院检察长名录：1950—2006 年》。

2. 湖南省地方志编纂委员会编:《湖南省志·检察志（1978—2002）》。

3. 马纯一同志干部人事档案。

4. 湖南省人民检察院:《湖南省人民检察院工作报告（1980—1988）》。

5. 最高人民检察院《关于成立最高人民检察院咨询委员会的决定》〔（88）高检党发字第 29 号〕。

周 楠

　　周楠（1907－1980），又名洪飚，广东香山（今中山）人，1929 年加入中国共产党。1950 年 2 月任最高人民检察署中南分署委员、广东省人民检察署首任检察长。曾任中共广州市委委员、常委兼职工部部长，中共广东区党委、中共广东区党委驻越南劳动党（后称共产党）中央联络员、中共粤桂滇边区工作委员会书记，广东省人民法院院长、广东省政法委员会副主任、中共广东省委政法部副部长、广东省韶关专员公署副专员、广东省交通厅副厅长和厅长、广东省政协副主席等职。

★ 千难万险不改铁心向党

1907 年 12 月 10 日，周楠出生在广东省中山县一个贫农家庭。由于家境贫困，周楠 13 岁时就被父母送往朝鲜投奔姐夫。最初，他在汉城华侨小学读书，后来到同乡开办的制袜厂做学徒。不久，他转到华侨开办的同顺泰号店铺当徒工，直到离开朝鲜。在朝鲜期间，周楠目睹了日本帝国主义的野蛮统治，体会到朝鲜亡国的惨痛。朝鲜爱国志士的反抗，特别是安重根行刺伊藤博文的壮举，给了他极大的震撼，在他的心中播种下立志救国的种子。虽身居外国，但他非常关心祖国大事，订阅了《申报》《东方杂志》等时政报纸杂志，密切关注国内消息，始终想着要回到祖国。1927 年，周楠回到祖国，先后在香港德邦小洋行、永耀电池厂做工人。艰苦的谋生生涯中，他经常受到地主、日本人、英国人的欺侮，慨叹中国之衰弱，立志振兴中国。在此期间，他刻苦读书，受到党的进步思想影响，于 1929 年在香港光荣地加入了中国共产党。同年冬，邓发（时任中共广东省委常委、组织部部长兼中共香港市委书记）主持成立中共永耀电池厂支部，周楠任支部书记。1930 年，周楠按照上级关于发动工人举行总罢工的指示，到香港九龙大角咀、旺角一带散发传单，4 月 30 日，当周楠发完最后一张传单时，被香港警探发现并逮捕。周楠遭到了严刑拷问，但始终严守党的秘密，最后因为证据不足，香港政府无奈将其释放。

获释后，周楠经组织安排，任中共香港市委组织部干事，受郑仁波直接领导，曾与共产党员李守纯单线联系，接受指导开展革命活动。1930 年 5 月，因郑仁波、莫叔宝叛变，周楠与党组织失去联系。在此期间，周楠曾两度返回中山家乡务农。

1935 年秋，周楠在香港成立读书会，会员发展到 100 多人，12 月，他以读书会为基础，正式建立香港抗日救国会，会员有 200 余人。他们把中国共产党的主张作为香港抗日救国会的行动纲领，迅速组成一个能号召千余人开展抗日救亡活动的革命团体，同时倡导出版《偕行》杂志，宣传党的理论主张。在此期间，周楠经常在《大众日报》副刊上发表文章宣传抗日救亡运动，并大力扩大工人夜校规模，还通过新闻学院学生会，在重要时间节点组织散发传单，不断扩大革命影响。

1936 年冬，通过共产党人饶彰风的介绍，周楠与中共广州市委罗范群、麦蒲费取得联系，要求恢复党籍。1937 年，经过中共广州市委审查及谈话，周楠恢复了党籍。当年夏末秋初，中共广州市委指示他着重在工人中建立阵地。那时，周楠公开的身份是广州黄埔开埠督办分署办事员，办理开辟黄埔港工程建设等事宜。工作之余，周楠积极发动黄埔区工人参加抗日救亡活动。

★ 开展武装斗争打击日伪气焰

1938 年 10 月 12 日，日军在广东大亚湾、大鹏湾登陆，侵占惠州，广州告急。10 月 20 日，即广州沦陷前一天，根据广东省委指示，周楠离开广州，转移到广东开平县赤坎镇，参与组建中共西南特委，在开平、台山、恩平、新会等地开展抗日斗争。1939 年 3 月，周楠到达广东高州，找到共产党员周明等以及由刘谈锋率领的香港青年归国服务团，然后再到化州、遂溪、广州湾（后改名为湛江）等地，与地方党组织取得联系，建立中共高雷工委，周楠担任书记，部署开展抗日救亡活动。1939 年冬，周楠向中共广东省委汇报高雷地区工作情况，广东省委决定把高州、雷州、钦州、廉州党组织统一起来，1940 年 2 月建立中共南路特委，周楠担任书记。此时，日本进攻广西涠洲岛，并在钦州登陆，当地国民党反动派与日军勾结共同打击革命力量。1940

年 3 月，广西钦州浦北白石水和大成地区的群众到乡公所请愿，提出抗日救国、严惩奸商的要求，但遭到国民党军警阴谋镇压。在此形势下，作为中共南路特委书记的周楠指导白石水地区党员群众进行武装斗争，建立起几百人的武装队伍。一个多月后，合浦县国民党县长带领 1000 多人兵分五路向革命武装进攻。经过三天三夜的战斗，革命武装最终挫败敌人的偷袭，歼敌三四十人。12 月，敌人再次出动 1000 多人并调来国民党第 175 师一个营，妄图一举歼灭革命武装，周楠带领武装部队采用游击战术，历时半个多月，再次挫败敌人的袭扰，打击了敌人的嚣张气焰。白石水的武装斗争坚持了近两年，最终取得了胜利。

1944 年 5 月，周楠按照上级指示，历尽艰险到重庆向中共南方局汇报自 1942 年以来的工作情况，受到董必武、王若飞等领导同志的接见。董必武和王若飞对广东南路工作做出指示，强调要加强党的思想建设，宣传群众，团结人民，建立中共直接领导的武装，巩固抗日民族统一战线，开展抗日游击战争。

周楠回到南路后，召开特委扩大会，传达了中共南方局指示，决定以老马村为中心举行武装起义，建立中共领导的武装队伍。1945 年 1 月，南路人民抗日解放军在广东吴川泮北村遗风小学成立，周楠任司令员兼政委。在建立中共领导的抗日武装力量的同时，周楠也重点做好南路地区国民党爱国将领张炎的团结工作。张炎后来举行了武装起义，与中共协同抗日。经过艰苦的斗争，1945 年夏，南路人民抗日武装建立了数片抗日游击根据地，部队逐渐发展壮大到 3000 余人。

★ 克服险阻开辟革命根据地

抗日战争胜利后，鉴于国民党反动派对南路的包围态势，为保存力量，南路特委决定组织雷州半岛的革命武装分五路突围，转移到广东、广西边境的十万大山建立新的革命根据地。1945 年 10 月，周楠到达香港向广东区党委汇报南路革命斗争情况，后组织决定将周楠留在广东区党委，与梁广共同负责广东农村工作。1946 年 9 月，党组织分配周楠任中共广东区党委驻越南劳动党（后称共产党）中央联络员。在越南河内期间，周楠按照党的指示，从事经济、华侨工作，出版杂志介绍祖国情况。

1947 年 5 月，根据中共中央香港分局的指示，周楠到广东、广西边区工作，筹备建立中共粤桂滇边区工作委员会，并担任书记。1948 年夏，周楠把部队分两路，挺进云南盘江北岸和云南东南部。后向纵深发展，开辟了滇东南革命根据地。1949 年 1 月，根据中央军委的命令，中国人民解放军桂滇黔边纵队正式成立，周楠任政治委员，率部参加解放桂滇边区的战斗和建立滇东南根据地。

★ 历经风雨始终坚守入党初心

1949 年 10 月，周楠任中共中央华南分局组织部副部长，先后到肇庆、江门、湛江等地筹集军粮、军需品，支援前线。1950 年 2 月，周楠任最高人民检察署中南分署委员、广东省人民检察署首位检察长，在极其艰苦的条件下，组织筹建广东省检察机关，为巩固新生的人民政权，发扬社会主义民主，健全社会主义法治做了大量工作。

后来，因受到"反地方主义"的冲击，周楠被撤销党内外一切职务，下放到广东南海小塘公社接受劳动锻炼。虽然受到不公正对待，周楠始终坦然处之，保持着共产党员的本色，以一个普通劳动者的身份，向群众宣传党的政策，倾听群众意见，保持艰苦奋斗的作风。群众反映："他参加劳动常常连续通宵苦战，在群众中威信好，虚心待人，不摆架子。"一位公社干部说："我每次和他谈后，都觉得特别开朗。"

他支持农村建设渡水槽并取得了成功。当地农村流行麻疹病，他与当地干部一起根治。他在不同的岗位上，严守共产党员的操守，发挥了共产党员的先锋作用。

"文化大革命"期间，周楠受到林彪、"四人帮"迫害，身心受到严重摧残。他常常吟诵辛弃疾的"千古江山，英雄无觅……想当年，金戈铁马，气吞万里如虎"，以此表达忧愁国事的心情。粉碎"四人帮"后，广东省委对周楠的历史作了实事求是的结论，为他彻底平反，恢复名誉。1979年任广东省政协副主席。

周楠晚年患严重的高血压，行动不便，在家养病期间，仍关心党和国家大事，关心老区同志和老区的建设，每每谈及当年的革命斗争，仍兴奋不已。

周楠从小投身革命，始终保持一名共产党员的本色，忠诚老实，艰苦朴素，坚持原则，敢于斗争，不随波逐流，不左右摇摆；坚持真理，敢于改正错误，胸怀宽阔，高风亮节，长期居于斗室，两袖清风。

1980年5月，周楠因病逝世，享年73岁。

（徐国勇　纪瀚编写）

参考资料

1. 何锦洲：《周楠传略》，中国人民政治协商会议广东省中山市委员会文史委员会，1991年7月1日。

2. 周亮、周聪、周刚：《一生任坎坷　心中坦荡荡——忆父亲周楠》，岭南美术出版社2009年版。

寇庆延

　　寇庆延（1912－2016），河南新县人，1928年参加革命，1931年2月加入中国工农红军，同年加入中国共产党。曾于1953年、1958年、1978年三任广东省人民检察院检察长。参加过鄂豫皖苏区反"围剿"和长征，曾任川陕边区省苏维埃保卫总局秘书长、八路军一二九师教导团政治处秘书、冀鲁豫军区政治部锄奸部副部长、第二野战军二纵五旅政治委员等职。新中国成立后，曾任广东省公安厅厅长、中共广东省委政法委员会主任、广东省副省长、广东省委常委、广东省顾问委员会主任等职。第三届、第四届、第五届、第六届全国人大代表。1991年7月，被授予人民警察一级金盾荣誉章。

★ 经历血与火考验的革命战士

1912 年，寇庆延出生于河南新县陡山乡白马村。1928 年，全国革命形势处于低潮时期，年仅 16 岁的寇庆延毅然参加了共产党领导的革命活动，加入光山县赤卫队，参加白沙关"万人暴动"。1931 年，寇庆延参加红军，同年加入中国共产党。入伍后，他参加了攻打新集、黄安等战役和鄂豫皖苏区的反"围剿"。1932 年，寇庆延跟随红四方面军战略转移，参加了反三路围攻和反六路围攻等战役。1935 年 5 月，寇庆延随红四方面军长征，两翻雪山，三过草地。长征途中，军部因受张国焘"左"倾肃反路线的影响，认定他为"改组派"，要枪毙他。危难时刻，朱德总司令救了他一命。

抗日战争时期，寇庆延历任八路军一二九师教导团政治处秘书、冀南青年纵队政治部锄奸科科长、八路军冀南军区政治部锄奸部部长、冀鲁豫军区政治部锄奸部副部长、冀南西进纵队政治部副主任等职，他积极参与反扫荡、铲除汉奸、肃清敌特、打击日顽等活动，有力地打击敌伪的嚣张气焰，挫败了敌人一次又一次阴谋分裂活动，为抗日根据地的巩固和建设做了大量工作。

解放战争时期，寇庆延参加了上党、邯郸和鲁西南等战役。1947年，他随刘邓大军南下，参加了千里跃进大别山的战略行动，并一直在大别山坚持斗争。1949 年 2 月，他参与领导和组织了鄂豫一分区清匪反霸、土地改革的斗争，有力地推进了根据地的开辟和建设。

★ 殚精竭虑的检察长

寇庆延曾在 1953 年、1958 年、1978 年三任广东省人民检察院检察长。解放初期的广东，敌特活动猖獗，社会局势很不稳定，治安形势复杂，寇庆延带领同志深入一线调研，周密部署，开展锄敌伪、肃奸特行动，维护社会安定，巩固新生政权。"文化大革命"期间，造反派"砸烂公检法"，检察系统遭到严重破坏，寇庆延被当作"走资派""靠边站"。"文化大革命"结束后，寇庆延再次担任重建后的广东省人民检察院检察长，在平反冤假错案、维护社会秩序方面勇于担当、亲力亲为，做了大量艰苦细致的工作。1978 年，国家批准恢复律师制度，寇庆延和时任广东省司法厅厅长的马芳商量，把曾被打为右派的律师请回来，通知发下去，几十个人没有一个响应。情急之下，寇庆延和马芳挨家挨户地宣讲党的政策，肯定律师的地位和作用，鼓励他们为社会主义建设作贡献，并保证以后不再打右派，这样才把广东律师队伍建立起来。1976 年，广州半导体材料厂青年工人庄辛辛因向《人民日报》《红旗》杂志公开写信说"支持邓小平！打倒张春桥！支持邓小平！打倒姚文元！支持邓小平！打倒江青！"，遭到逮捕和批斗，被判处有期徒刑。1978 年 7 月，中共广州市委常委决定为庄辛辛平反、恢复名誉，寇庆延代表组织亲自到庄家道歉，宣读为庄辛辛恢复名誉的决定，对全国处理同类案件起到很好的示范作用。

★ 严格自律的家长

寇庆延对子女的要求非常严格，无论是当兵、复员、转业，还是毕业分配，寇庆延对孩子们只说一句话——服从组织。寇庆延在广东工作了近 40 年，历任广东省公安厅厅长、检察长、副省长、广东省委常委、政法委员会主任、顾问委员会主任，但六个子女没有一个从政的，也没有一个依靠他从商的。为了树立良好的家风，他还参考三字经的模式，用 84 个字写下寇家家风"听党话，跟党走，学马列，意志坚……讲卫生，不抽烟，须勤奋，不懒散，对己严，待人宽，树家风，代代传"。

1958 年，寇庆延三子寇南南刚 7 岁，要上小学了，但是从家到学校要走 20 多分钟。寇南南第一次上学，寇庆延十分重视，骑自行车送他，在路上寇庆延还叮嘱寇南南："带你认认路，以后就要自己走了。"当时寇南南知道父亲是广东省人民检察院检察长，是配有专车的，但年幼的他不明白为什么父亲没有开车送他。后来他听父亲说起自己骑自行车上班，有时思考问题走神，一头撞到路边的树上去了，才渐渐明白父亲的艰苦朴素的工作作风。

三年困难时期，河南老家表兄、堂兄的孩子因为饥荒投靠寇庆延，想着寇庆延当了"大官"，不会饿死。但是当时粮食都是定量，寇庆延只好从熟人那里要了一点地瓜补助家里。家中口粮不足，饭不够吃，寇庆延就让子女到附近的村庄挖野菜，老家的亲戚看到城里人的生活与农村农民一个样，高干家也没有什么特殊，住了几天就都回老家了。

寇庆延不允许子女靠他的影响力去找好处，六个儿女没沾上他的光，女婿也是如此。1968 年，寇庆延大女儿寇映红从广东邮电学校毕业，本可留在广东，但她主动申请到福建边防前线工作。9 年后，寇映红的丈夫王桂斌从福建调到广州邮电局工作，后来又临时抽调深圳边防站负责检查过境邮政邮件。边防站的领导得知他是寇庆延的女婿，就给予照顾，安排他住在边防招待所的套房，寇庆延获悉后要求女婿与普通战士一样住到平房。1982 年，王桂斌调入深圳电信工作。寇庆延对他说"你去深圳工作，我送你三个字"，他挥毫写了三个字"孺子牛"。他勉励儿女在刚刚开垦的特区热土上吃大苦、耐大劳，顶住方方面面诱惑，至今这块匾仍挂在王家墙上。

2013 年，《南方日报》曾刊登一篇寇庆延的口述文章："我对我的子女说：'不要靠老爸。要靠就靠组织、靠领导、靠同志。'6 个子女之中，我没有为一个孩子说过话，没有一个享受副处待遇。我在工作时期一些亲戚多次找上门来想让我帮忙，想从农村出来工作，我从没答应，老家的侄子、外甥没有出来一个。我是为人民服务，不是为亲戚朋友服务。身边的工作人员也一样，现在的司机跟了我近 20 年，至今还是一名普通职工。"

★ 朴实睿智的师长

2008 年，96 岁高龄的寇庆延双眼已经看不见了，但是对学习的热情一点也没有减退，特别是在学习党的大政方针方面，除了听电视广播外，还让秘书给他读相关的报纸。每年两会期间，寇庆延都端坐在电视机前，认真听报告，连上卫生间都戴着耳机，生怕漏掉一个字，听完报告还要听总理答记者问，不结束不吃饭。

2012 年，100 岁的寇庆延要重读《共产党宣言》，就让秘书一遍又一遍地读给他听，重点章节还让秘书反复读。除此之外，他还让秘书给他读《为人民服务》《纪念白求恩》《愚公移山》等"老三篇"，在学习时，寇庆延时而点头赞许，时而抒发感慨，一篇文章经常要学习三五天。

离休后，常有老部下来拜访，寇庆延常劝诫他们："当官不要发财，想发财就不要当官。"对于反腐败，他说："反腐必须是自上而下，而不是自下而上，因为权力在上面。上面不反腐，就会对腐败形成保护。""习近平同志主政后，一方面要求党员干部终身学习、终身改造，另一方面要'老虎苍蝇一起打'，这个决策好！我举双手赞成！"寇庆延有一位老部下，走上高级领导干部岗位后，放松了思想改造，在糖衣炮弹面前打了败仗，贪污受贿锒铛入狱。得知消息后，寇庆延非常痛心，告诫子女和身边工作人员："我们都是共产党员，要严格要求自己，时刻保持警惕。按照主席的教导，'做一个高尚的人，一个纯粹的人，一个有道德的人，一个脱离了低级趣味的人，一个对人民有益的人'。"

2016 年 6 月 12 日，寇庆延因病在广州逝世，享年 104 岁。

（徐国勇　纪瀚编写）

参考资料

1. 亦晖、洪敏、良晨:《寇庆延：党之瑰宝　百年传奇》，载《新华月报》2011 年第 8 期。

2. 盛海辉、郭良辰、郭红敏:《一生革命　两袖清风　追忆老红军寇庆延的风雨人生》，载《源流》2016 年第 7 期。

3. 郭良辰:《党之瑰宝　高山仰止——回忆在寇老身边工作的日子》，个人回忆文章，2021 年 3 月。

覃应机

　　覃应机（1915－1992），广西东兰人，1929年参加革命工作，1931年8月加入中国共产党。1951年11月至1953年10月任广西省人民检察署检察长。曾任桂西壮族自治州州长、广西壮族自治区党委书记、广西壮族自治区人民政府主席、广西壮族自治区政协主席等职。中共第十一届、第十二届中央委员，中共十三大当选中央顾问委员会委员。

★ 在硝烟岁月里成长

1915 年 11 月，覃应机出生在广西东兰县三石镇纳合村巴纳屯一个壮族贫苦农民家庭。覃应机的童年是在韦拔群同志领导的右江农民运动的熏陶下度过的。14 岁时，经所在的三石镇劳动童子团推荐，覃应机进入东兰县劳动小学读书，在校期间加入共青团，随后参加农民自卫军。

1929 年 12 月，覃应机参加邓小平、张云逸等同志领导的百色起义，成为红七军第二纵队二营的一名红军战士。1930 年 11 月，覃应机随十九师、二十师踏上北上征途。覃应机多次作为先锋队队员，为战斗的胜利开辟前进道路赴汤蹈火。1931 年 8 月，加入中国共产党。1932 年 1 月，覃应机奉命参加赣州战役，在战斗中腿部受伤。出院后调到团部任青年干事，协助团首长加强部队的思想政治工作，活跃部队文化生活，提高部队战斗力。

1933 年，覃应机被选调到红三军团保卫局当侦察员，在中央苏区宜黄谭头村破获了一个国民党的特务组织，为主力部队夺取黄陂大战胜利起了重要作用，受到国家保卫局的电令嘉奖。

1934 年秋，覃应机奉命到国家保卫局学习。学习期间，中央在瑞金召开会议，覃应机与国家保卫局的工作人员一起担负保卫任务。学习尚未结束，他就被派到于都补充师担任特派员。同年 10 月，随中央红军长征。

在二万五千里长征中，覃应机担任红十三团侦察连指导员，与连长韦杰一道，率领连队，做前锋、当后卫，屡立战功。其中，攻占娄山关是红军长征中最惨烈的战斗之一，覃应机和韦杰率领的侦察连作为全团先锋，担任主攻任务。因行动迅速、出敌不意，缴获了敌人的军事部署图，果断袭击娄山关守敌，为主力部队打开了通向胜利的大门。此后，覃应机和韦杰一道率领连队，参加了智取洪门渡口等重要战斗，翻雪山过草地，与全军一同胜利到达陕北。

1936年2月，覃应机参加了毛泽东同志在延安召开的团以上干部会议，得到毛泽东同志召见。东征胜利后，覃应机调任红一方面军政治保卫局巡视员和红一军团特派员，参加了西征作战、山城堡战役等。

抗日战争期间，覃应机奉周恩来同志的指示，带领八路军总部情报组30余人，在主力部队出师之前，先期插向抗日最前线晋察绥一带收集情报。回到总部，他被彭德怀副总司令任命为八路军总部二科侦察队队长。在我军转战晋东南，建立太行山抗日根据地之后，覃应机又奉八路军前线总指挥部参谋长左权将军的指示，带领总部二科及其侦察队，以"晋中游击支队"的名义，开赴日军占领区的晋中榆（次）太（谷）寿（阳）一线，开展敌占区武装工作试点。

解放战争时期，覃应机历任冀南区党委社会部部长兼公安局局长、河北省社会部部长、河北省公安厅厅长等职。他在冀南和河北公安战线上历经艰辛，为巩固后方、支援前线做了大量工作，立下功劳。

在二十多年的战火纷飞硝烟岁月中，覃应机多次执行上级交给的侦察兵、尖刀兵、敢死队、突击队等任务，谱写了许多军旅传奇故事，在军队和民间广泛流传。

★ 为壮乡检察事业发展奠定基础

1951年6月，中共广西省委、省人民政府遵照中央和中南军政委员会的指示和部署，开始在南宁筹建广西省人民检察署。同年11月23日，报经政务院第112次会议通过，批准任命覃应机为广西省人民检察署首任检察长。自此，覃应机领导筹建广西省人民检察署，为推进组织机构建设及检察工作发展作出积极贡献。

广西检察机关创建初期，机构不健全、人员少、条件差，主要根据中央人民政府关于《各级地方人民检察署组织通则》和第一届全国司法会议对检察工作提出的任务和要求，紧密围绕党的中心工作，从实际出发，开展以下工作：参加镇压反革命运动，查处控告、申诉案件；接待和处理人民群众来信来访；参与查处"三反""五反"案件；参加司法改革运动，纠正错捕、错判、错放案件；参加反对官僚主义、命令主义和违法乱纪的斗争，重点办理严重违法乱纪案件；对劳改场所和看守所进行重点检察。

新中国成立伊始，广西境内土匪、特务、恶霸等反革命势力仍然十分猖獗，相互勾结与人民为敌，妄图推翻中国共产党的领导，颠覆新生的人民政权。作为广西省第一任公安厅厅长兼人民检察署检察长，覃应机全身心领导各级公安机关、检察机关配合军事围剿，发动群众开展镇压反革命运动，狠狠地打击了反革命的嚣张气焰，巩固了新生的人民政权。

在剿匪斗争中，覃应机坚持党的对敌斗争政策和民族政策，严格区分敌友，保护干部群众，维护民族团结。有个"匪首"曾当过军阀吴佩孚的保健医生，被判处死刑，覃应机考虑到他是医生出身，在当地行医颇有名气，认为"土匪司令"是反动分子利用他的名声推出来的，坚决反对判处死刑，在覃应机的争取下，最后法院判其死缓。这名"匪首"献出了祖传秘方"云香精"，并发明了"正骨水"，为我国的民族医药作出了贡献。

广西检察机关从初建起，就积极与公安机关、人民法院密切配合，通过清理积案、甄别清查错案，履行侦查监督和审判监督职能，探索刑事检察工作的发展方向。

1952 年 10 月，覃应机部署开展全省司法改革，集中广西省人民检察署主要力量投入此项工作，同时号召全省人民群众关心司法改革，大胆反映司法工作中存在的问题和案件处理不当等情况。广西省人民检察署还设立了接待室和信箱，接待群众来信来访。对司法改革中发现的问题，广西省人民检察署会同公安、法院共同研究，提出纠正和处理意见，并及时办理，对个别贪赃枉法的司法人员也做出了严肃处理。

1953 年 3 月，广西省人民检察署召开全省第一次检察长会议，覃应机作工作报告，在他的领导下，全省检察机关较好地发挥了检察监督职能，保障了国家法律在广西统一正确实施。

★ 忠心耿耿为人民

覃应机长期在广西担任领导工作，曾任广西壮族自治州州长、广西壮族自治区党委书记、广西壮族自治区人民政府主席、广西壮族自治区政协主席。他虽身居要职，但始终廉洁奉公，全心全意为人民服务，为广西经济、文教、政法等各项事业鞠躬尽瘁。他密切联系群众，真诚关心帮助群众，与机关工作人员同甘共苦。他多次讲过"官当大了，群众有事情不敢来找，也难找到，我们要主动同群众接触，包括机关干部也要多联系，多了解一些情况，以便发现处理问题"。有一次，覃应机在百色、河池革命老区检查工作时，当地的革命老人向他反映历史遗留问题尚未解决，他立即安排时间把这些老人请来，详细听取意见要求，并同当地负责同志一起研究按政策处理，让老同志们心情舒畅、安度晚年。

覃应机对家属子女要求很严格。20 世纪 50 年代初，他把母亲接来南宁供养，但母亲的户口直到去世仍在东兰农村。弟弟 50 年代初在公安厅工作，爱人户口在乡下，一直没转来，后来覃应机动员弟弟回老家工作。覃应机对几个孩子上大学、参军、分配、调动工作、住房等没有给予任何特殊关照。两个儿子和儿媳长期在企业工作，没有沾到一点儿父母的光。有一次，有关负责同志对覃应机提起，孩子在工厂工作时间很久了，身体差，可以调换一下。覃应机不同意，说"这些事你不要办，你要去办，我要处分你"。就连逢年过节，不是接待客人，就是下工厂、矿山、工地慰问，一家人很难吃上一次团圆饭，但他的家人都予以理解和支持。

覃应机保持和发扬艰苦朴素、无私奉献的优良作风，受到各族人民的尊敬。有一年夏天，覃应机到北京开会，带的旧皮箱是50年代实行供给制时公家配发的，用了30多年，4个角都磨坏了。在办机场行李托运时，工作人员不敢相信这只旧皮箱是"首长的行李"。覃应机的秘书几次劝他换个新的，他总是说："这皮箱还能用，为什么要换？"他不点头的事，谁也不敢轻举妄动。

1992年12月8日，覃应机因病逝世，享年77岁。他身边的工作人员说："应机同志生时贫贫，死时平平，但他留给我们的精神财富，足够我们一生消受。"

（韦盛隆编写）

参考资料

1. 广西壮族自治区地方志编纂委员会编：《广西通志·检察志》，广西人民出版社1996年版。

2. 中共东兰县委党史研究室：《壮骄一代覃应机》，中共党史出版社2015年版。

3. 覃应机：《硝烟岁月》（覃应机回忆录），中共党史出版社1991年版。

4. 广西百色纪念馆编：《我的父亲与红七军》，湖南大学出版社2011年版。

5. 韦英思：《险境中的生死护卫——红七军将士保卫中央领导人的传奇经历》，载《文史春秋》2019年第6期。

6. 潘琦：《一位老红军的情怀》，载《广西日报》2007年6月19日。

刘明辉

　　刘明辉（1914－2010），江西石城人，1933年加入中国共产党。1951年4月至1954年3月兼任重庆市人民检察署检察长。曾任重庆市军管会公安部部长，中共重庆市委常委，重庆市公安局局长兼警备司令部副司令、司令员，中共云南省委常委兼公安厅厅长，云南省副省长，中共云南省委副书记、代省长兼云南省政协主席，中共云南省委第二书记，中共云南省委书记，云南省省长，云南省人大常委会主任等职。中共第十一届、第十二届中央候补委员，第十二届、第十三届中央顾问委员会委员，第三届、第四届、第五届、第六届全国人大代表。

★ 党旗引领　投身革命

　　1914 年 11 月，刘明辉出生在江西省石城县烟坊村的一个贫苦农民家庭，少年时便在轰轰烈烈的红色风暴中走上革命道路。1930 年加入中国共产主义青年团，1933 年加入中国共产党，随后参加红军并被分配到红五军团十三师三十九团三营七连任指导员，兼做保卫工作。1934 年，刘明辉当选为中华苏维埃共和国中央执行委员会委员。在第五次反"围剿"斗争中，刘明辉参加广昌保卫战，1934 年 8 月，又在兴国县高兴圩与国民党军队展开决战，给敌军以沉重打击。红军第五次反"围剿"失败后，刘明辉随中央红军参加长征。

　　1934 年 10 月初，刘明辉随中央红军出发，开始了艰苦卓绝的二万五千里长征。11 月下旬，红军突破敌人的三道封锁线后，辗转到湘江边，进入了国民党的第四道封锁线。刘明辉所在的红五军团作为殿后部队，与湘江两岸的红军部队，为掩护主力红军渡江，与装备有飞机、大炮的敌军展开了五天五夜的湘江血战，终于突破了重兵设防的第四道封锁线，保护中央红军主力安全渡过湘江，粉碎了蒋介石围歼中央红军于湘江的企图。湘江血战，慷慨悲壮，中央红军已由出发时的 86000 人锐减到 30000 余人。

　　1935 年 5 月 1 日晚，中央红军纵队先遣队渡过金沙江，成功偷袭皎平渡，控制了渡口。由于红五军团殿后，并在石板河一带英勇阻击滇军，又有红九军团掩护大部队过江，全军利用 7 只木船昼夜抢渡，经过九天九夜，大部人马于 1935 年 5 月 9 日从皎平渡顺利渡过了江水滔滔、急流翻滚的金沙江。渡过金沙江后，他们经泸定桥通过大渡河，于 1935 年 6 月 8 日进到宝兴县北部的夹金山脚下。

　　夹金山是中央红军长征途中翻越的第一座险峻的大雪山，雪山海拔

4124 米，终年积雪，天气变化无常。1935 年 6 月 11 日，向雪山进发，刘明辉将自己骑的骡子让给其他爬不动的战友。在陡峭的山路上战士们一个挨着一个挪着艰难的步子缓慢地移动。最后，他们靠着坚强的意志，终于爬上了雪山顶。1935 年 6 月 12 日，中央红军先头部队红一军团二师四团到达夹金山北麓的达维镇，同红四方面军先头部队胜利会师。

1935 年 8 月，红五军团随左路军由毛儿盖地区和卓克基地区开始北上，将要经过茫茫的松潘大草地。此时已是红五军团三十九团团特派员的刘明辉，和大家一起准备好干粮，开始了第一次过草地。8 月的松潘草地，处处隐藏着沼泽地的陷阱和死神的魔爪。人行走时稍有不慎就会陷进泥塘沼泽。战士们又冷又饿，一路上挖野菜、草根、树皮充饥，甚至把皮带、牛皮鼓面煮了吃。许多战友被草地夺去了年轻的生命。在党中央的领导下，他们战胜了饥饿、寒冷、疾病等死神的威胁，走出了辽阔无际的大草地。走出草地，人们不禁长长出了一口气："再见了，雪山草地！"没想到，两个月后，刘明辉和一些红军战士又一次走进这块遍布死神的草地。

在张国焘分裂主义错误方针下，随红五军团编入红四方面军的刘明辉，第二次走进大草地，红四方面军南下川康地区，连续作战，处境更加困难。1936 年 3 月，红四方面军重新北上。刘明辉及战友随红军第三次翻越夹金山。6 月，与北上的红二军团、红六军团在甘孜胜利会师。7 月，途经阿坝等地第三次过草地。经过一个多月的长途跋涉，他们于 8 月到达甘肃南部。10 月，红四方面军、红二方面军同红一军胜利会师。

★ 戎马生涯　锤炼意志

长征，锤炼了刘明辉的革命意志。在抗日战争期间，他度过了太行山的艰苦岁月，经历了日军的"合围"和"扫荡"，参加了"百团大战"和反日寇"扫荡"等许多战役战斗，还曾迎接、护送邓小平同志到八路军一二九师工作。

1942年4月29日，1万多日军和大批伪军对冀南根据地进行疯狂"扫荡"，实施"铁壁合围"。在枪林弹雨中，刘明辉与部队大队人马冲出了日军的三道重围，摆脱了日军的合围威胁。

在解放战争时期，在刘伯承、邓小平的指挥下，刘明辉参加了晋冀鲁豫边区的战斗，强渡黄河，两次跃进大别山，参加了邯郸、平汉、陇海、鲁西南、甄南、淮海、渡江、进军大西南等著名战役，为推翻国民党的反动统治作出了贡献。

1949年9月，刘明辉随第二野战军从南京出发进军大西南，同年11月30日解放了重庆。在重庆工作的5年间，他担任过重庆市军管会公安部部长，中共重庆市委常委，重庆市公安局局长兼警备司令部副司令员、司令员，参与了军事接管、治乱、镇压反革命工作，得到了邓小平同志的高度肯定。

★ 筹建检察　治乱稳民心

1950年冬，根据重庆市委指示，刘明辉从重庆市公安局抽调部分干部，开始了重庆市人民检察署的筹建工作。1951年4月28日，重庆市人民检察署正式成立并对外办公。经中央人民政府批准，重庆市公安局局长刘明辉兼任重庆市人民检察署检察长。刚刚成立的重庆市人民检察署机构暂设3个特别小组、1个民事小组和办公室，有工作人员38人。之后，为了适应工作需要，刘明辉又从公安机关选调了部分科长、所长作为骨干，把原先的3个特别小组改为处，设经济检察处、一般监督处、司法检察处，办公室和人事科，工作人员增至80人。

1951年6月11日，刘明辉作为重庆市人民检察署检察长在重庆市政府第二次各界人民代表扩大会议上，作了《关于处理一批反革命罪犯的报告》（以下简称《报告》），揭露了 247 名各类反革命分子的罪行，并按照《中华人民共和国惩治反革命条例》的量刑标准，提出了具体处理意见。《报告》得到了人民代表的广泛认同。最后，人民法院根据这次大会的决定，顺利对这些反革命分子进行了判决。

1953 年，重庆市人民检察署配合司法改革，纠正了一批在镇压反革命及"三反""五反"运动中出现的错案。1953 年 9 月，重庆市人民检察署会同重庆市高级人民法院，在九龙坡区复查错捕、错判、错押案件。在审查的 600 多个案件中，无罪作有罪错判、有罪不判、轻罪重判、重罪轻判、定性错误、事实不清、错捕错押的共 25 件，审查后均予以了纠正。

1952 年 4 月，中央颁布《中华人民共和国惩治贪污条例》后，重庆市人民检察署依法查处了 55 件贪污案件。1953 年，又配合"新三反"（反对官僚主义、反对命令主义和反对违法乱纪）在私营工商业中开展反偷税漏税斗争。1954 年，重庆市人民检察署根据最高人民检察署《关于贯彻国家粮食计划收购和计划供应政策的指示》，积极查处破坏统购统销政策的 22 件案件，打击了不法分子。

1951 年 5 月，重庆市人民检察署刚成立即开始接待人民群众来访，受理人民群众来信，并从中发现线索查处案件。当年办理侵犯公民人身权利、民主权利和其他违法乱纪案件 10 件。

1952 年，重庆市人民检察署对重庆市财经系统的违法乱纪问题作了调查，办理案件 12 件。1953 年，重庆市人民检察署按照最高人民检察署的指示，结合"新三反"，在贯彻婚姻法、选举法，反偷税漏税斗争，开展增产节约和粮食统购统销等运动中，开展法纪检察工作，着重查处侵权、渎职行为，特别是对利用职权，严重侵犯公民人身权利、民主权利的行为进行认真查处。当年收到违法乱纪线索 300 多条，通过查证依法追究刑事责任 30 件。

1952 年 12 月，重庆市人民检察署和重庆市公安局联合检查石板坡监所，处理了反革命犯和一般刑事犯同监房关押以及犯人泄露机密等问题。1953年3月，重庆市人民检察署配合公安机关对所属监狱、看守所、劳改队开展清理，对存在的久押不判、刑满不放及错捕、错押、错判等问题作出相应处理。9月，重庆市人民检察署配合重庆市高级人民法院，以九龙坡区、南岸区监所为重点，开展清理错捕、错押、错判工作，查出"三错"案件246件，均予以了纠正。经验做法上报后，最高人民检察署发出通知，将检查有无错捕、错押、错判案件作为监所检察的一项工作内容。

1954年9月，刘明辉从重庆调往云南工作，曾任中共云南省委书记处书记，云南省副省长、代省长，云南省第二届政协主席，兼任中共云南省委监察委员会书记、边委书记。1966年，刘明辉受到林彪、江青两个反革命集团的残酷迫害，被批斗关押，但他始终保持了共产党员的高风亮节。1968年被平反后，任云南省革委会副主任兼省革委生产指挥组副组长，中共云南省委副书记、云南省委书记、云南省省长，云南省人大常委会主任。1985年8月离休后，他仍心系党和人民，向云南省委、云南省政府和有关部门提出参考意见和建议。

2010年5月17日，刘明辉因病在昆明逝世，享年96岁。

（周伟编写）

参考资料

1. 刘明辉：《刘明辉回忆录》，云南民族出版社2005年版。

2.《重庆检察志》编写组：《重庆检察志1911—1985》。

谷志标

谷志标（1909－1996），湖南桑植人，1928 年加入工农革命军第四军，1930 年加入中国共产党。1950 年任川西人民检察署检察长，1952 年任四川省人民检察署检察长，1954 年至 1967 年任四川省人民检察院检察长，解放四川和筹建四川省检察机关的重要参与者之一。曾任晋西北军区（后改为晋绥军区）副司令员、四川军区司令员、四川省公安厅厅长、解放军装甲兵副司令员、全国政协常委、四川省政协副主席、四川省人大常委会副主任等职。

★ 从教师到司令员　在革命熔炉中成长

1909 年 4 月，谷志标出生于湖南省桑植县洪家关龙凤村横塘湾一户农民家庭。自幼聪慧好学，7 岁入祖祠读私塾，12 岁入县城澧源高等小学堂接受新学，卒业后考入常德三中（原常德西路师范）学习，后因父亲谷伏堂从商遇害，辍学返乡，担起家庭生活重担。1926 年，谷志标受聘桑植县四望乡（刘家坪）国民中心小学国文教师，翌年回本地胜龙村开馆授徒，既教新学，又兼授旧学。

1928 年春，贺龙等遵照中共中央指示，自上海返乡，领导发动桑植起义。谷志标闻讯，与贺龙的亲友及南昌起义失败归来的旧部属拜访贺龙。贺龙的革命精神深深感染了谷志标，他率五弟谷志泉投笔从戎，谷志标在工农革命军第四军军部任书记员，负责宣传发动工作，后任军部作战参谋、参谋科长、处长等职。后来谷志标回忆当时的经历，写成《回忆贺龙同志》《洪家关聚义》《艰苦征程　耿耿丹心》等文章，成为研究贺龙的重要参考资料。

1931 年，谷志标任红三军七师政委，转战荆门、当阳、远安，为建立鄂西北革命根据地、巩固洪湖苏区作出贡献。1934 年 10 月，红二军团、红六军团会师后，谷志标任军团指挥部作战参谋等职，先后参与了红二军团、红六军团发动湘西攻势的首战永顺十万坪大捷，以及湖北忠堡大捷、桑植陈家河大捷等重要战斗方案的制订。1935 年 11 月至 1936 年 10 月，红二方面军长征期间，谷志标任总指挥部秘书长，亲率一个前卫连负责保管全军机密档案和财物、筹措粮草等工作。

抗日战争期间，谷志标随八路军一二〇师转战陕西、绥远、山西等地，参加创建冀中及晋西北抗日根据地的艰苦斗争，任新七旅政委、军分区司令员等职，参加百团大战。1940 年 11 月，谷志标任晋西北军区（后改为晋绥军区）副司令员，主持晋西北军政工作，为保卫党中央所在地延安，保证陕北物资运输供应补充，屡立战功。1945年夏，谷志标当选为中国共产党第七次全国代表大会代表。

解放战争时期，谷志标任晋绥军区司令员，指挥晋绥军民，连克朔县、崞县，并与太岳兵团共同作战，夺取晋西战役等一系列战斗的胜利。妻子马汝芝当时在司令部门诊部工作，夫妻二人与边区人民建立了深厚的感情。

1949年，谷志标随贺龙所率十八兵团和七军，由其所部之原晋绥军区军政警空（军）人员组成后路梯队，由陕入川，突破敌秦岭防线，参加解放成都战役。解放成都后，谷志标奉命率领晋绥军区司令部成建制地改组为成都市军管会。

新中国成立后，1950年至1954年，谷志标任西南军政委员会公安部部长、公安部队司令员、四川军区司令员，在解放西康、肃清土匪、改造敌伪人员等工作中再立新功。1961年，谷志标兼任解放军装甲兵副司令员，致力于我国军队的现代化建设。

★ 从军队到检察院　筑牢川检事业基石

从1950年到1967年，谷志标担任了17年的省级检察院（署）检察长，见证和参与了四川省检察机关从无到有、从弱到强再到曲折发展的历史。17年里，他秉持红色情怀，以"革命理想高于天"的精神状态，为四川检察事业打下坚强基石，率领全省检察干警为四川法治的发展贡献了检察力量。

1950年年初，最高人民检察署开始部署筹建全国各地检察机关有关事宜。6月28日，谷志标被中央人民政府任命为川西人民检察署检察长，并在川西行署区（省级行政区）党委和最高人民检察署西南分署的指示下筹建川西行署区三级检察署。

当时，谷志标还担任西南军政委员会公安部部长、川西行署区公安厅厅长等职，在任务十分繁重且人力物力缺乏的情况下，他凭借多年的军政经验，抓紧抽调了贺文玳（原西北军区干校特科队副大队长）、王亦民（原新津县委书记）等20余名精兵强将到筹备组，争取到西御街23号的办公地址，推动了川西人民检察署班子及党支部的成立，签署了要求川西行署区各地筹建检察署的通知。不到半年，川西人民检察署这一新的法律监督机关正式成立，到1951年年底，全区1个直辖市（成都市）署、4个专区分署、43个县（区）署逐步建立起来。

1951年年初，全区多数检察署干部因经验不足、政策不熟等原因，每日被动等待送上门的一般刑事案件任务，有摸不着方向、提不起干劲的倾向。谷志标指出，创建学习制度、加强理论学习，学好党的理论、国家的政策是做好工作的基础。他说："要带着我们工作上思想上的问题来学，活学活用，边学边用，学一点、用一点，反复学、反复用，处处、时时、事事都以毛泽东思想来检查我们的思想和工作，切实改变我们检察队伍中存在的'一怕二难'的精神面貌，振奋革命精神，做好检察工作。"全体检察干部在系统学习党委和最高人民检察署文件，尤其是《中华人民共和国惩治反革命条例》的过程中提升了思想认识、明确了工作方向，在镇压反革命运动中充分发挥检察机关的职能作用，按照"镇压与宽大相结合"政策，开展反革命案件的审查起诉工作，参与积案清理工作，审查并纠正部分反革命案件的判决，纠正监所监管工作中的缺点和不当措施，为巩固川西行署区政权、保障土地改革和经济恢复工作的顺利进行贡献了检察力量。谷志标带头学习和办案，其参与了崔钧等11人贪污和盗窃国家巨额财产案、李仲陶特大贪污案等案件的办理，充分发挥了表率作用。

1952年，四川省恢复建制，四大行署区检察署被撤销。新成立的四川省人民检察署在原川西人民检察署的基础上创建，谷志标被推选为四川省人民检察署检察长。1954年11月，四川省人民检察署改名为四川省人民检察院，谷志标任检察长，直到1967年卸任。

谷志标深知从零开始开展各项业务的困难，对最高人民检察院（署）安排开展的多项制度建设工作，他都亲自参与、常抓落实。1954年，《中华人民共和国人民检察院组织法》对检察机关的一般监督权进行了规定，谷志标与四川省人民检察署的同志们在研究相关政策并开展走访调研后，亲自向四川省委和四川省政法委党组请示，在四川省工业厅、商业厅、粮食厅、供销社四个单位实行一般监督工作试点，并就如何推动这一法律监督制度稳步落地提出了五条措施、四条意见。

1954年，第二届全国检察工作会议决定建立和健全各级人民检察署的组织机构，并通过典型试验的方式加速建立各项检察业务制度。谷志标按照会议精神，加强组织领导，认真贯彻落实，一年多的时间里，全省检察机关由91个增加到222个，检察干部由629名增加到1375名。15个试点单位、307名检察干部开展各类检察业务的典型试验，为全省检察机关检察业务的正规化发展提供了充分的经验。1956年，全省检察机关已全部担负起审查批捕、审查起诉工作。

1957年后，受反右派、"反右倾""大跃进"等运动和"上山下乡"、人员精简下放等政策的影响，检察机关部分内设机构被撤销、部分人员被下放，同时一些地区实行了公、检、法合署办公乃至"一长代三长""一员代三员"等制度，检察工作被大幅削弱。谷志标在领导全省检察机关执行党的政策的同时，也在保障国家法律的正确实施中坚持原则。1962年，四川省人民检察院与四川省公安厅就案件审批程序和报批有组织的反革命案件印发联合通知，一定程度上恢复了检察机关的法律监督地位。1965年，谷志标在一次会议上指出，"办案要严格按照三道工序办事，检察机关不能只盖章、办手续，要切实发挥检察机关应有的作用"。在谷志标的领导下,全省检察工作在曲折中发展。

"文化大革命"爆发后,谷志标遭到迫害,直到十一届三中全会后才获得彻底平反。他先后当选为全国政协常委、四川省政协副主席、四川省人大常委会副主任,直到 1985 年 3 月离职休养。

1996 年 2 月,谷志标因病在成都逝世,享年 87 岁。

（崔斌编写）

参考资料

1. 中共湖南省委党史研究室、湖南省中共党史人物研究会:《二十世纪湖南人物》,湖南人民出版社 2001 年版。

2. 贺文玳:《川西人民检察署创建回顾》,载《四川检察》1989 年第 4 期。

3. 谷志标等:《回忆贺龙同志》,人民文学出版社 1979 年版。

4. 四川省地方志编纂委员会:《四川省志·检察审判志》,四川人民出版社 1996 年版。

5. 中共张家界市委党史研究室:《中共七大代表:谷志标》,载张家界市直党建网,http://www.zjjdj.gov.cn/sxzzjs/dscq/2018-12-17/134.html。

秦传厚

　　秦传厚（1915－2002），安徽六安人，1930年参加革命，同年加入中国共产主义青年团，1931年7月参加中国工农红军，1933年加入中国共产党，解放四川和领导四川省检察机关恢复重建的重要参与者之一。1950年至1952年任川南人民检察署检察长，1978年至1983年任四川省人民检察院检察长。曾任红四方面军三十军学兵连指导员、八路军三八五旅七六九团政训股长、华北野战军十八兵团保卫部部长、四川省副省长兼公安厅厅长、四川省委常委、四川省委政法委书记、四川省人大常委会党组副书记等职。

★ 半生戎马　心系革命自强不息

1915 年 9 月，秦传厚出生于安徽省六安县固镇乡一户农民家庭，年幼时以给地主放牛为生。1930 年，中国工农红军皖西革命根据地创立，固镇乡建立了苏维埃政府。年仅 15 岁的秦传厚知道"红军是好人，是穷人的队伍""说话和气，纪律严明，是专门和地主老财作对的"。不久，秦传厚加入了固镇乡少先队并担任副队长，带领队员参加"打土豪、分田地"的活动。1931 年，逐渐理解革命精神的秦传厚带领十几名少先队员加入红军，成为红四方面军二十五军七十二师的一名战士。1932 年，秦传厚随红四方面军西征入川，见证和参与了全国第二大苏区——川陕革命根据地的创建。1933 年，18 岁的秦传厚加入中国共产党，并任红四方面军三十军八十九师政治部宣传员。

1934 年，红四方面军三十军创办学兵连，培养出身好、反应灵活、年龄小、有培养前途的战士，秦传厚被任命为学兵连指导员。在 1935 年红四方面军长征路上，秦传厚指导学兵连搞侦察助歼敌军、搞宣传策反白军、帮老乡挑水推磨、演节目振奋军心，充分发挥了青少年革命骨干的优势。队伍到达若尔盖县班佑乡时，学兵连多数成员都已为革命牺牲，原 150 人中仅剩 30 余人。这些成员后来都成为部队中的基层干部。长征结束后，秦传厚历任红四方面军四军十二师特派员、冀南青年纵队保卫科科长、延安保卫局训练班学员、八路军一二九师三八五旅保卫科科长、太行第三军分区政治部副主任等职，参与了抗日反扫荡、奇袭阳明堡机场、攻克东羊关等战斗。

解放战争期间，秦传厚历任第二野战军三纵九旅第一任政委，华北野战军十八兵团保卫部部长等职，参与了解放太原、解放四川等。解放成都时，秦传厚是党组织委派的成都 5 人接收小组成员之一。

秦传厚一生参与了上百场战役。百丈关战役是红军和国民党军的一次决战，红军以两万人对决国民党20万人，在四川省名山县百丈关展开决战，战争打了七天七夜，场面十分惨烈，最终以红军伤亡一万人，国民党军伤亡两万人，红军失败而告终，秦传厚是这次战役中的幸存者。

★ 两续检缘　助力川检两度新生

秦传厚的一生与检察工作有过多次交集。他是四川人民检察事业从无到有的见证者和守护者，也是四川检察机关1978年恢复重建的重要领导者和参与者。在近十年的检察工作中，他始终以百折不挠、矢志不渝的马克思主义战士精神，引领检察干警披荆斩棘、奋力前行，为四川检察事业的健康发展营造了良好开端。

1950年四川全境解放后，人民检察事业迎来新生。9月，时任川南行署区（省级行政区）公安厅厅长的秦传厚被任命为川南人民检察署检察长，负责筹建全区检察机关事宜。这是秦传厚在新中国成立后第一次助力四川检察新生。在筹建经验不足、专职干部奇缺的情况下，秦传厚凭借多年的军政经验，抓紧物色人力、筹集物力，仅花了三个月左右的时间，便让川南人民检察署这座新的法律监督机关在泸州市慈善路87号拔地而起。同时，他积极领导全区检察机关建设，一年多的时间里，全区三级检察署共计20个检察机关基本建成。

尽管川南人民检察署和川南行署区一样，在1952年便被撤销（原行署区检察机关受新成立的四川省人民检察署领导），但在一年多的时间里，秦传厚领导下的检察工作开端良好，为后来的川南地区检察工作发展打下了坚实基础。一年多里，检察干部们重点参与了镇压反革命及"三反""五反"等运动，审查起诉、出庭公诉，审查并纠正部分反革命冤错案件的判决，纠正监所监管工作中的缺点和不当措施，既锤炼了本领，也为巩固川南行署区政权、保障土地改革和发展经济的顺利进行贡献了检察力量。秦传厚还特别注重职务犯罪检察工作，在任期间，川南行署区检察机关直接办理的案件中，违法乱纪案和贪污案占比 36.96%。

行署区撤销后，秦传厚继续在公安系统与违法犯罪作斗争。"文化大革命"期间，秦传厚受到林彪、江青两个反革命集团的残酷迫害，被迫停止工作。

"文化大革命"结束后，秦传厚恢复工作，1978 年任四川省委常委、四川省公安厅厅长、四川省委政法委书记，兼任四川省人民检察院检察长。63 岁的他，再次成为推动四川检察事业"浴火重生"的领导者。当时，检察机关被"砸烂"、取消多年，思想、组织、人力、物力乃至公共关系方面都存在很多问题和难题。秦传厚以他自强不息、敢为人先的精神，领导全省检察机关恢复重建、充实机构、调进干部、加强培训、强化交流，检察机关各项工作开始走上正常发展的轨道。

恢复重建面临的第一道难题就是检察机关遭受"文化大革命"冲击后产生的思想关。为尽快解决检察干部的思想包袱，1979 年 3 月，秦传厚在四川省第十次检察工作会议上，结合中央有关文件精神和第七次全国检察工作会议精神，就四川省检察工作历史上的几个重大问题、新时期检察工作的方针任务等方面进行了报告。秦传厚用他深入浅出、充满感情的表述，使干部们消除了顾虑，解放了思想，增强了信心，明确了方向。会议的开明风气引起了全省检察机关领导干部的热烈讨论，大家结合工作痛点、难点提出问题和建议；秦传厚组织筹备组每日及时编印简报，将同志们的问题和意见进行书面交流。为加强经验交流、共同提高水平，四川省人民检察院还创办了《检察工作情况》《四川检察通讯》等简报、内刊，《四川检察通讯》后更名为《四川检察》，刊发至今。

　　四川检察机关恢复重建工作十分迅速，1978 年年底，全省在不到半年的时间里共建市、分、州检察院 18 个，县（市、区）检察院 211 个，但秦传厚最为关心的是人力问题。在 1979 年 8 月的全省市、分、州院检察长会议上，他指出，目前一个县平均只有 2 名检察员，还有 11 个县没有检察长，无法担负起法律赋予的职责。于是会议确立了把大力扩充检察队伍作为下半年的首要任务。四川省人民检察院党组及时向省委汇报，争取到了"县以上各级党委必须把四川省已经给检察机关确定的编制全部配齐""要配备一定数量的办案骨干"等指示。为尽快配齐检察干部，秦传厚还要求各地检察机关向当地党委汇报，争取在各党政部门尤其是政法机关中挑选熟悉法律、政治坚定的干部到检察队伍中来。1979 年年底，全省检察机关超六成干部来自公安、法院、民政等系统，人力不足问题得到有效解决。在四川省人民检察院党组的领导下，全省检察机关还建立健全了党组和检察委员会，加强了检察业务轮训，四川检察工作很快步入健康有序发展的轨道。

　　秦传厚在任期间，全省检察干警积极参与平反冤假错案、公诉反革命集团等工作，完成好时代和人民赋予检察机关的历史使命，同时，将打击刑事犯罪和查办严重经济犯罪活动作为工作重点，查办了青素琼特大贪污案等一系列重大案件，为促进四川社会稳定和经济发展发挥了积极作用。

　　1983 年，秦传厚离开检察机关，先后担任四川省人大常委会副主任、党组副书记等职，1986 年 1 月离休。

★ 身残志坚　终身甘为孺子牛

　　积极、乐观，身经百战，锤炼了秦传厚坚强的革命意志。在一次战斗中左手致残，但坚强、勇敢的秦传厚很快就适应了单手工作、生活的日子，继续忙碌在服务群众的革命事业中。

秦传厚长期在政法战线工作，为民谋利、为党分忧，高风亮节，忠诚于党的事业。他在教育子女时说："要坚强、勇敢、讲科学；心明、眼亮、志如钢。"2000年，85岁的他满怀激情地写下了"戎马生涯数十年，战斗激烈志更坚。血洒疆场身虽残，千禧之年看江山"的诗篇。

2002年11月26日，秦传厚在成都逝世，享年87岁。

（崔斌编写）

参考资料

1. 秦传厚：《长征中的"学兵连"》，载《人民公安》2002年第19期。

2. 彭俊礼主编：《川陕苏区检察制度的创建与发展——从国家公诉处到人民检察制度》，中国文史出版社2016年版。

3. 四川省地方志编纂委员会：《四川省志·检察审判志》，四川人民出版社1996年版。

4.《秦传厚同志逝世》，载新浪网，https://news.sina.com.cn/c/2002-12-03/0855827232.html。

吴 实

　　吴实（1913－1996），又名吴宿生、吴格成，湖南平江人，1928年参加革命，同年3月加入中国共产党。1950年任贵州省人民检察署首任检察长。曾任八路军一二九师政治部锄奸部副部长，第二野战军第五兵团十六军政治部主任、副政委等职，参加了上党、鲁西南、淮海等战役。新中国成立后，曾任中共贵州省委委员、社会部部长兼贵州省公安厅厅长，贵州省副省长兼政法委员会主任，中共贵州省委常委、副书记，贵州省第六届人大常委会主任、党组书记。中共八大代表，第三届、第五届、第六届、第七届全国人大代表。

★ 参加革命　勇做党的忠诚卫士

1913 年 11 月 27 日，吴实出生在湖南省平江县思村乡塘坊村一个普通农民家庭。他在当地读了 5 年小学，从小受革命思想熏陶，1926 年参加农村协会，1927 年 10 月加入中国共产主义青年团。1928 年 1 月，他参加了平江南区工农游击队，由于作战勇敢，同年 3 月转为中国共产党党员。

1928 年 7 月，平江起义爆发，吴实跟随游击队赶赴县城配合作战，任红五军第一纵队宣传员。1928 年至 1934 年，吴实先后参加了第一次、第二次攻打长沙战役，中央苏区第一次至第五次反"围剿"。战斗中，吴实带头冲锋屡建战功，先后任师政治部宣传科科长、秘书科处长和组织科科长。

1934 年 10 月，中央红军主力开始长征，吴实随队留在中央苏区红二十四师坚持游击战争。1935 年 3 月，吴实在被敌军"围剿"转移过程中被俘，被关押在九江监狱，其间，吴实结识了谭光庭、袁学之等战友。他们秘密商议打入国民党部队开展兵运工作，然后伺机将队伍拉出去，寻找党和红军。1936 年 11 月，吴实等趁被押往汉口姜公堤做苦工之机逃了出来。因一时找不到地下党组织，他们便改名换姓，加入国民党十师二十八旅五十七团一营二连当兵。在国民党部队中，他积极开展兵运工作，串联了一批出身贫寒、倾向革命的士兵成立了秘密党支部，吴实被推选为党支部书记。1936 年 12 月西安事变后，吴实所在部队从潼关进入雒南，与驻扎在商州的红军相距很近。他敏锐地抓住这次机会开展暴动，带领 19 名国民党士兵连夜行军，经过三天三夜的迂回穿插，胜利到达红二十五军徐海东、程子华部驻地。

1937 年 2 月，吴实被选派到延安抗日军政大学第二期学习。毕业后，他留在抗大工作，历任抗大政治部保卫科科长、部长。1943年年初，吴实调任八路军一二九师政治部锄奸部副部长，后任太行军区政治部保卫部部长。1949年2月，吴实任第二野战军第五兵团第十六军政治部主任。他与军长尹先炳、政委王辉球等一道，率部于4月22日拂晓胜利渡过长江，追击南逃之敌，一路上势如破竹。

1949年8月，第十六军奉命入黔作战，吴实率部参加了解放贵州的战斗。11月15日，占领贵阳后，吴实被任命为第十六军副政委，并奉命向四川进军，参加成都会战。1950年1月，成都战役结束后，吴实参加了接管贵州的工作，出任贵州省公安厅厅长兼贵州省委社会部部长。1950年3月24日，吴实亲自指挥对潜伏贵阳的敌特分子集中搜捕行动，一举抓获各类潜伏敌特分子249名，彻底摧毁了徐介丞、钱济渊预谋与城外土匪头目曹绍华、潘方侠里应外合攻打贵阳的阴谋。

★ 筹建检察　勇挑急难险重之担

1950年，按照《最高人民检察署1950年工作纲要》中关于建立各级检察机关的工作要求，6月26日，经中央人民政府委员会第八次会议批准吴实为贵州省人民检察署检察长，领导筹建贵州省人民检察署，同年10月17日，贵州省人民检察署宣布正式成立。1950年至1952年，全省重点建立省人民检察署安顺、贵阳、铜仁、独山、毕节、镇远、遵义专区分署和县人民检察署。

吴实特别注重群众信访和检举工作，1952年1月，贵州省人民检察署在贵阳市中心大十字、大西门、喷水池等地设立5个意见箱，通过建立宣传栏、刊登公告等方式，写明控告检举内容，动员人民群众积极行动起来，检举揭发进行破坏活动的一切反革命分子，彻底粉碎一切反革命阴谋活动。其间，贵州省人民检察署收到举报违法犯罪材料 1059 件，其中，检举反革命分子、反动会道门案件材料 148 件，贪污盗窃 272 件，偷税漏税 60 件，隐藏枪支及敌伪财产 26 件，其他 634 件。检举的案件中，处理 21 件，追缴手枪 4 支、子弹 48 发、黄金 63 两 242 厘、白银 209 两、银元 181 块、烟土 108 两等。1952 年 10 月，检察机关投入司法改革运动，贵州省人民检察署设立人民检举接待室，处理人民的检举控诉，审查处理检举材料 1452 件。1953 年，全省检察机关受理人民群众来信、接待来访共 329 件次。

当时，全省检察机关已经开始受理和查处国家工作人员中的贪污受贿、盗窃骗取公共财物、假公济私违法谋利等经济犯罪案件和不法资本家偷税抗税、投机倒把、哄抬物价、抗拒社会主义改造等犯罪案件。1952 年 1 月，贵州省人民检察署发出通告，明确提出全省检察机关在运动中要重点协助问题严重的单位进行检查，配合有关部门查处贪污、盗窃、破坏经济建设案件。截至 1953 年年底，全省检察机关共查处贪污国家财产案 27 件，有力地保障了贵州省经济建设顺利进行。

贵州是多民族聚居的省份，作为少数民族地区的检察机关，开展工作既要依照国家法律，也要遵循党的民族政策。吴实带领检察干警注意从民族地区当时的政治、经济、文化和传统习俗实际出发，既坚持维护我国社会主义法制的统一性，又兼顾本省民族地区的特殊性，通过法律监督活动，努力维护广大少数民族群众的利益，巩固和发展民族关系，增强民族团结，促进了少数民族地区的社会主义物质文明建设和精神文明建设。

在队伍管理方面，吴实一直都抓得特别严，从他亲手筹建贵州检察开始，就严格落实党中央"有法必依、执法必严、违法必究"的工作要求，对违反纪律、触犯法律的干部及时教育、严肃处理。1951 年，吴实严格按照最高人民检察署的工作要求，明确进入检察机关的人员必须是政治上可靠、品质纯洁、敢于坚持原则、依法办事、不徇私情。

是年年底，贵州省人民检察署实有干部21人。1952年，全省各级检察署干部参加了"三反"运动，自觉纠正工作作风拖拉等缺点和经济上手续不清等问题，对一名隐瞒反革命历史的干部给予开除公职处分，将两名不适合做检察工作的干部调出检察机关。1953年6月，贵州省人民检察署干部在参加"新三反"运动中，吴实坚持落实从严治检管理干部，克服了检察工作中的某些紊乱现象和官僚主义作风，对思想腐化，存在生活作风问题的一名干部进行停职反省，给予处分，纯洁了检察队伍。

1954年《宪法》颁布前，检察机关机构不健全，干部缺乏，担负检察机关自行侦查的案件。1954年5月19日，吴实主持召开了第一次全省检察工作会议，确定以贵阳市人民检察署为重点，通过查处典型案件，进行试建侦查监督和审判监督的试点工作，当时侦查监督主要是在镇压反革命运动中重点进行。试点工作开展不久，贵州省人民检察署根据贵州省委批示，各分、市检察署就派出干部会同公安、法院参加了复查错案和平反工作。比如，在对从江县报捕的"中国反共游击队"纵火案进行复查时，认为本案不属纵火，及时上报予以否定，避免了错案发生。工作中，吴实还带领全省检察机关为保障农业生产和合作化运动积累经验，也为今后全面开展检察工作创造了条件。

1954年，吴实当选贵州省人民政府副省长兼政法委员会主任，虽然在检察系统工作时间不长，但他对贵州检察的贡献无疑是巨大的，他是贵州政法工作的开创人和奠基者，对推动贵州法治化进程作出了积极贡献。

1996年8月22日，吴实在贵州病逝，享年83岁。

（冯明启　张西鸽编写）

参考资料

1. 中共平江县委:《平江英杰》,湖南美术出版社 2011 年版。

2. 杨形涛、孟雄:《吴实:洒遍黔山赤子情》,载《人民公安报》2021 年 8 月 29 日,第 4 版。

3. 贵州省地方志编纂委员会:《贵州省志·检察志》,贵州人民出版社 1996 年版。

盛北光

盛北光（1912－2012），山东阳谷人，1932年参加革命，同年10月加入中国共产党。1978年6月任贵州省人民检察院党组书记、检察长。曾任中共海南区党委常委、海南行政公署公安总局局长，广东省公安厅第一副厅长，中南公安干部学校校长，中央公安学院武汉分院院长、中央第二人民警察干部学校校长、湖北省政法委员会成员兼湖北省公安厅副厅长，贵州省公安厅副厅长，贵州省人民委员会副秘书长兼贵州省政法办副主任、贵州省政法工作领导小组副组长，贵州省委政法委副书记，最高人民检察院、公安部咨询委员会委员等职。

★ 情报战线出奇兵

1912年2月，盛北光出生在山东省阳谷县熬盐场村一个贫下中农家庭，5岁开始读书，1929年8月，他考取山东省立第二中学，在这里，他开始接触到了马克思主义思想。那时，在列强入侵、军阀割据的形势下，他奋起投身革命，1932年10月加入中国共产党，按照组织分工开展工人运动。

1937年抗日战争全面爆发后，盛北光任鲁西北抗日游击第五支队政治部主任，通过加强队伍的政治思想建设，建成鲁西一支强大的抗日队伍，协同鲁西抗日名将范筑先将军多次打败了进犯鲁西的日军，截获日军大量军火。1938年12月，第五支队改编为八路军一二九师先遣纵队二团，盛北光任副团长、团政委，参加了茌、博、聊地区琉璃寺战斗等。

1939年冬，盛北光奉命调到延安，在中央马列学院、中央社会部特训班学习，后留中央社会部二科工作。从此盛北光转入情报工作，进入隐蔽战线。1942年，盛北光调回一二九师，在赞皇县玉皇庙村设"外线工作站"任站长，打击了日军特务机关计划在敌占区"以游击对游击"的图谋。接收武汉后，他兼任第四野战军情报处处长。在华中局社会部和第四野战军参谋部领导部署下，通过情报工作的通讯联络策反活动，争取了国民党第十九集团军张轸、第一兵团陈明仁所部和第一二七军、第一二八军等大批国民党军起义投诚，和平解放武汉、长沙等地区。同时，他派出潜伏在胡宗南部的情报人员掌握了敌军西安绥署和其前方指挥所等军事电台，在西北战场歼灭胡、马军。在解放大西北的战役中，隐蔽战线发挥了重大作用。

1947年，盛北光随刘邓大军南下，先后任豫皖苏军区党委社会部部长、沙河工委书记、界首市委书记等职，积极开展土地改革，抓好城市管理，并组织动员和领导当地人民群众积极支持参加淮海战役的解放军，为夺取淮海战役的胜利作出了积极贡献。1949年调中共中央中原局社会部工作，任情报室主任，积极开展情报收集和策反工作，为解放军渡江作战，和平解放武汉、长沙，为解放大西南和广东、广西作出了重要贡献。

★ 政法战线勇担当

新中国成立之初，各地都缺乏管理人才，特别是偏远地区，人才更是奇缺，海南岛就属于这种情况，这里少数民族聚居，语言不通。1950年10月，盛北光到海南地区，任中共海南区党委常委、海南行政公署公安总局局长。他筚路蓝缕，为海南建立了公安机构，开展了公安工作，构筑起海南有效合理、科学的公安工作格局。

1953年，盛北光任广东省公安厅第一副厅长，同年任中南公安局党委成员，中南公安干部学校校长。中南大区撤销后，盛北光出任中央公安学院武汉分院院长、中央第二人民警察干部学校校长，同时任湖北省政法委员会成员兼湖北省公安厅副厅长。其间，他的主要任务就是对公安干部进行轮训。在盛北光的组织，累计为全国培训了近万名县、科级公安干部和武警连排营军政干部。

1962年，盛北光自愿申请到地处偏远、经济落后的贵州，任贵州省公安厅副厅长、贵州省人民委员会副秘书长兼贵州省政法办副主任，致力于贵州公安政法建设，为贵州公安政法工作立下汗马功劳。1973年，盛北光被选为中共贵州省委委员、贵州省委政法委副书记。

新中国成立以来，盛北光为政法工作作出了积极贡献，"文化大革命"期间，盛北光遭受了严重打击和迫害，但他一直牢记入党时的誓言，永远跟党走，从未动摇过拥护党、拥护社会主义的立场。到贵州工作，是盛北光继南下海南后，作为共产党员哪里有困难、哪里工作需要就到哪里去的高风亮节的又一证明。

★ 筚路蓝缕检察情

1976年10月，"文化大革命"结束，党中央开始拨乱反正，决定重新设置检察机关。1978年5月24日，中共中央发出通知，要求各省在1978年6月底以前恢复和建立各级检察院。同年，中共贵州省委发出《关于加速建立检察院的通知》，批准成立贵州省人民检察院并开始筹建领导班子。6月8日，中共贵州省委决定，并经贵州省革命委员会通过，任命已经66岁的盛北光为贵州省人民检察院代理检察长，开始着手筹备贵州省人民检察院，指导全省检察机关的重建工作。"文化大革命"期间，各级检察机关遭受严重破坏，检察工作已全面陷入瘫痪，办公地点破败不堪，办公用具荡然无存，工作人员都已调离，一切都要重新开始。

接受重建任务后，盛北光重燃起他在战争年代那股敢闯敢干的劲头，以火热的激情，全身心地投入筹建工作。检察机关重建之初，百废待兴，面对人员少、业务素质低、机构不健全、经费紧张等问题，盛北光主动带领大家克服重重困难。检察院基础设施建设没有资金，他就跑政府财政部门要经费；面对检察人员不足，他想方设法把砸烂检察院时调到公安、法院的老检察干部调回来，还负责对相关人员进行必要的培训教育。同时，他还要负责牵头筹建全省各级基层检察院，一天要跑好几个县，那时贵州交通不便，路况又很差，他不顾身体承受能力，坚持在最短时间内跑完最长路程，做最急需的工作。与此同时，他还要带领同志们开展打击刑事犯罪、开展法律监督、全面拨乱反正等工作。正是在盛北光等同志的带领和努力下，1978年9月1日，贵州省人民检察院正式恢复挂牌办公，并设立一处、二处、三处、政治处和办公室五个处室。9月16日至22日，他组织召开全省检察院负责人座谈会，积极推动各级检察院的恢复重建工作。到1978年年底，全省97个检察院全部挂牌办公，从此，贵州检察工作翻开了新的一页。

重建之初，全省检察机关主要工作是平反一批在"文化大革命"期间的冤假错案。1979年2月，盛北光在贵阳组织召开了粉碎"四人帮"后的第一次全省检察工作会议，这次会议参加的人员有160余人，意义重大，会议明确了检察工作方向和任务，凝聚了全省检察干警的干劲。正因为有盛北光等同志的决心和信心，贵州检察重建后很快就走上了正轨，也为以后检察工作的全面发展打下了基础。

恢复重建后，盛北光按照党的十一届三中全会确定的以经济建设为中心的路线，要求全省检察机关积极开展经济领域的检察工作，为四个现代化建设服务。20世纪80年代初，贵州省人民检察院成立了经济检察处，全省各地州市和30个县级检察院也相继成立了经济检察科，仅成立当年就办理了600多件贪污、贿赂、投机倒把等经济案件，为国家挽回经济损失25万多元。随着经济社会的发展，全省检察机关仅1982年一年就查办了1000多起经济案件，为国家挽回经济损失200多万元。通过办理经济案件，盛北光深刻感受到，打击经济犯罪和反腐败工作决不能掉以轻心，不坚决惩治腐败，党和国家就有灭亡的危险。

从1979年开始，各类暴力犯罪时有发生，社会治安不好、社会不稳定，贵州省人民检察院按照中央政法委的要求，开展了从重从快打击严重犯罪分子的斗争，盛北光亲自部署全省检察机关打击刑事犯罪的工作，还主动带队到各地检查指导，督促各级检察机关开展综合治理，切实维护了贵州的社会稳定。

1983年4月，盛北光从领导岗位上退下后，担任中共贵州省顾问委员会委员、贵州省关心下一代工作委员会副主任，继续关心贵州的政法工作和社会治安状况，关注毒品危害和禁毒斗争，关爱青少年的健康成长。1986年，盛北光受聘为公安部咨询委员会委员、最高人民检察院咨询委员会委员，积极奔走在全国各地，深入基层调查研究，形成分量很重的调查报告，为各级领导机关决策贡献自己的丰富经验和余热。

2012年10月6日，盛北光因病在贵阳逝世，享年101岁。

（冯明启　张西鸽编写）

参考资料

1. 张雁南：《盛北光访谈录》，贵州人民出版社2005年版。

2. 贵州省地方志编纂委员会：《贵州省志·卷七（1978—2010）》，贵州人民出版社2016年版。

黄新远

　　黄新远（1898－1989），湖南华容人，1930年参加革命，同年10月加入中国共产党。曾任最高人民检察署西南分署副检察长，云南省人民检察署检察长，云南省人民检察院检察长、党组书记，西北军区后勤部副政委，西南行政区司法部副部长等。1978年任第五届全国政协委员。

★ 苦难岁月锻造革命品格

1898 年 10 月，黄新远出生在湖北省石首县操军乡岳城村（后划归湖南省华容县）。黄新远自 7 岁起便帮地主放牛和做长工达 20 年，尝尽旧社会的辛酸。1926 年秋，石首县、华容县农民运动兴起，黄新远参加农民协会，次年春，土豪劣绅拼凑假农会，让国民党石首二区区党部书记陈贵洲冒充主席，黄新远识破阴谋，约同农协会员杀死陈贵洲。因此，遭到国民党石首县政府"通缉"，被迫出走长沙县黄家湾，佣工度日。

1930 年 7 月中旬，彭德怀率红三军团攻打长沙，贺龙、段德昌率领红二军团南征。黄新远得到消息，赶回操军乡，进行种种支援红军活动。他多方侦悉，将团防局埋藏的 30 多条枪和一批弹药挖出来送给红军。不久，他加入赤色警卫队，开赴华容桃花山，先后任江右军三、九、十大队侦察队副队长。

1931 年，黄新远先后被编入红三军九师二十五团三营和红三军八师二十四团三营任司务长。1932 年 9 月，调任红三军七师师部任司务长，1933 年 10 月接受军事训练兼任队长，1934 年 11 月任军部土地队长，1935 年 3 月任军政治部副主任，后转战湖南桑植、大庸、五丰和四川酉阳、秀山、黔江、彭水一带。1935 年秋，黄新远任红二军团政治部保卫局局长，又调任红二军团、红六军团总指挥部保卫部部长。1936 年 1 月，黄新远参加二万五千里长征，途中尽管他身上多处负伤，仍将战马让给其他伤员骑，还帮伤员背枪。

1937 年七七事变后，黄新远所在部队改为国民革命军第八路军（后为第十八集团军）一二〇师，他任师司令部锄奸部部长兼军法部处长。同年 9 月，随部队东渡黄河，开辟晋西北抗日根据地，并参加了平鲁、宁武袭击战，收复两县。接着向晋中挺进，参加著名的百团大战。1944年11月，他随八路军三五九旅挺进华南，次年1月任新四军五师社会部副部长兼锄奸部部长，活动于大别山、桐柏山一带。

解放战争期间，黄新远参加了中原突围战斗。1946年10月，随三五九旅北返延安，旋奉调赴山西兴县任晋绥军区后勤部政治委员，先后参加大小战斗数十次。在1947年1月17日至29日的汾孝战役中，他认真与晋冀鲁豫野战军、太岳军区部队共同做好支前工作，此役大获全胜，毙伤敌5000余人，俘敌6390人。1949年8月，黄新远调任西北军区后勤部副政委，参加了解放青海、宁夏、甘肃，和平解放新疆和进军西南等战役。

★ 积极投身边疆法制建设

1949年12月，黄新远在四川成都转业。1950年9月调任西南行政区司法部副部长。1953年3月任最高人民检察署西南分署副检察长，对清匪反霸、土地改革、镇压反革命、司法改革及"三反""五反"等工作作出了积极的贡献。

1954年9月第一部人民检察院组织法实施，云南各级人民检察机构有了较快的发展。10月，最高人民检察署西南分署撤销，部分干部调云南省人民检察署，任命黄新远为检察长、党组书记，同年12月，云南省人民检察署改名为云南省人民检察院，省、地、县三级共有检察机构7个，干部126人，到1957年年底共有各级检察院150个，干部1143人，比1954年增加近8倍，随着组织机构的健全，一般监督、侦查监督、劳改监所监督、审判监督及侦查工作也逐步开展起来。通过审查批捕、审查起诉及其他检察业务，检察机关与公安机关、人民法院互相配合、互相制约，运用法律武器，除对一批投案自首的反革命分子从宽免予起诉外，还依法批准逮捕、审查起诉了一大批反革命分子和刑事犯罪分子，有力地保卫了对农业、手工业和资本主义工商业的社会主义改造，保障了第一个五年计划的顺利进行，初步显示了检察机关法律监督的作用，并为检察业务的发展积累了宝贵经验。

1957 年 7 月至 1961 年反右派斗争和"大跃进"期间，因受"左"的错误干扰，云南各级人民检察院被视为"碍手碍脚""可有可无"的机关，人员大幅度被削减，各项检察业务遭受重大损失，公安、检察、法院三机关不再严格按法律规定的程序和制度办案，严重混淆敌我矛盾和人民内部矛盾以及罪与非罪的界限，造成一批冤假错案。

黄新远在 1962 年全省检察工作座谈会上说道："一部分干部还没有冷静下来，或遇到新的问题头脑发热，以致乱出点子，非法斗打群众，乱没收、罚款、搜家、扣押车辆等，执法不规范甚至违法乱纪。"他还提出："事实证明，深刻地接受经验教训，绝不是容易的事，还需要进行很多艰苦工作。"

1962 年 1 月，中共中央召开扩大会后，总结了"大跃进"中的教训，提出了"对反革命分子和刑事犯罪分子少捕、少杀，依靠群众专政，矛盾不上交"的方针，并对检察机关在社会主义法制建设中的地位和作用给予了充分肯定。全省公、检、法三机关恢复了各司其职的诉讼和办案制度。在黄新远的组织领导下，充实和调回一批检察干部，使云南面临实际被取消的检察制度得以保留下来，在审查批捕、审查起诉等方面还有了新的进展。1962 年至 1966 年上半年期间，是云南羁押人数较少，社会秩序较好的年份。黄新远说："实践又一次证明，人民检察机关是社会主义法制建设中不可少的重要组成部分。"

★ 永葆革命本色鞠躬尽瘁

"文化大革命"开始，云南省人民检察院正副检察长被"夺权"。黄新远在1986年回顾人民检察工作时说，每一个检察干部，必须从检察机关"三起两落"的经历中，认真总结经验教训，并希望云南各级人民检察院，首先要在中共各级党委的领导下，按照中央有关选用检察干部的条件，建立一个坚强、有力、团结的领导班子，重视培养干部，特别是重视培养少数民族干部。他提出，要在各项检察工作中坚持原则，秉公执法，严格依法办案，充分发挥检察机关法律监督的作用，为我国的社会主义民主与法制建设作出应有的贡献。

1972年8月，74岁的黄新远离职休养。次年8月转归湖南，1978年被选为第五届全国政协委员、湖南省第四届政协常委。黄新远还是湖南省关心下一代协会的发起人之一。

1989年4月，黄新远逝世，享年91岁。4月27日《人民日报》评价："黄新远为新中国的诞生建立了功勋。新中国成立后，在20多年的政治工作中，他坚持原则，刚正不阿，同违法行为进行了坚决的斗争，为检察事业作出了贡献。离职休养后，他继续发扬党的优良传统和作风，保持了老红军的革命本色。"

（黄海编写）

参考资料

1. 云南省检察志编纂小组：《云南省检察志》，法律出版社1991年版。

2. 华容县志编纂委员会：《华容县志》，中国文史出版社1992年版。

智泽民

智泽民（1915－2005），山西定襄人，1936年加入中国共产党。1958年6月至1965年1月任最高人民检察院西藏分院检察长。1965年9月西藏自治区成立后，继任西藏自治区党委委员、政法部部长、政法党组书记、公安厅厅长、公安总队第一政委等职。后任四川省高级人民法院党委书记，陕西省公安局局长、党组书记等职，1981年1月任四川省政法委副书记、顾问。

★ 少年立志革命

1930 年夏，智泽民考入山西国民师范学校。山西国民师范学校是中国共产党在山西的重要活动基地，徐向前、薄一波等老一辈无产阶级革命家都是在这里受到马克思列宁主义的启蒙，走上革命道路的。立志革命的智泽民也受到影响，积极参加共产党组织的活动。1933 年秋，他在学校先后加入中国共产党的秘密组织"中国革命互济会""社联"，并在"社联"支部担任组织委员，其间还加入了"学生抗日救国会"，积极参加学生运动。1935 年夏，经王伯唐、张力诚介绍，智泽民光荣加入了中国共产党，后来因王伯唐、张力诚相继被捕牺牲，其组织关系中断。1936 年 3 月，智泽民被国民党阎锡山当局逮捕，被关押在山西陆军监狱。同年冬，在狱中经王若飞同志介绍，智泽民重新加入中国共产党。1937 年 5 月，在党组织的积极营救下，智泽民出狱。

★ 投身革命洪流

1937 年 6 月，第二次国共合作前夕，智泽民被安排到山西国民党军官教导七团任政治工作员，在该团秘密组建中国共产党党支部，并任党支部书记。1937 年 8 月，山西新军成立，这是一支新型的抗日革命武装，名义上归属于地方实力派阎锡山的山西军队系统，实际上一直受中国共产党的领导。同年 9 月，智泽民任山西新军决死二总队二大队七中队指导员。1938 年 6 月，任决死第二纵队四总队一大队政治干事，同年 11 月任游击五团二营政治处主任。1939 年 12 月，"晋西事变"爆发，阎锡山命令决死第二纵队进攻日军，欲使该部置于日军两面夹击的境地，第二纵队拒绝执行命令，阎锡山便宣布第二纵队为"叛军"，下令"讨伐"，以晋绥军六个军的兵力，向位于隰县和孝义县一带的新军攻击，决死第二纵队苦战突围。此后，智泽民历任第二纵队四团营教导员、第二纵队直属政治处主任（团级）等职。1940年，智泽民又参加了反对顽固派斗争、"百团大战"及反"扫荡"和保卫根据地斗争，并作出积极贡献。

★ 南下转战政法工作

1942年，智泽民转任中共中央晋绥分局社会部秘书、晋绥公安总局二科副科长、晋绥分局党校四部组教科副科长及甄别组组长、边区高等法院秘书主任兼司法科科长、灵石县和蒲县县长、晋绥分局审干委员会秘书等职，从事政法工作。1949年12月，四川地区解放，当时四川地区分为川西、川东、川北、川南4个行署和重庆市及西康省。同期，智泽民随部队南下，历任川北区南充军管会公安处处长、南充地委委员、专属公安处处长，川北区公安厅办公室主任、总支部书记、厅党组成员。1952年9月，恢复四川省建制后，智泽民任四川省公安厅副厅长、公安厅党组成员。

★ 进藏开创西藏检察事业

1956年4月，智泽民任西藏自治区筹委会公安处处长（正厅级），中国共产党西藏工作委员会（以下简称中共西藏工委）委员、中共西藏工委社会部副部长、政法部部长、政法党组书记等职。1958年6月，全国人民代表大会常务委员会第九十七次会议通过决议，批准设立最高人民检察院西藏分院。时任中共西藏工委社会部副部长的智泽民兼任最高人民检察院西藏分院首任检察长。1958 年 12 月，经中共西藏工委研究决定，成立最高人民检察院西藏分院和最高人民法院西藏分院联合党组，智泽民任副书记。1959 年 3 月，西藏上层反动集团发动武装叛乱，智泽民带领检察机关遵照中央"边平息叛乱，边进行民主改革"的指示精神，在中共西藏工委的统一领导下，会同法院接管了西藏地方政府的"朗子辖""雪列空"等机关（注：职责为管理拉萨市区的社会治安，并设有审判庭和监狱）。同年 3 月，最高人民检察院西藏分院正式对各类犯罪分子行使批捕权和起诉权，有力地打击了叛乱活动。

智泽民积极推动最高人民检察院西藏分院党组、检察委员会建立，不断健全制度、扩充人员、完善职能。1961 年 6 月，中共西藏工委根据中央指示，决定成立西藏自治区筹备委员会政法党组，由智泽民、高力叶、赵文新、郭建民、孙子溪 5 人组成，智泽民任党组书记。1964 年 1 月，中共西藏工委常委会研究决定，成立最高人民检察院西藏分院党组，隶属于中共西藏工委社会部和西藏自治区筹备委员会政法党组领导。1958 年至 1964 年，最高人民检察院西藏分院多次增编，从最初的 3 人增加到 28 人，中层以上领导干部基本配齐，队伍不断发展壮大。1963 年 10 月 4 日，最高人民检察院西藏分院检察委员会成立，由智泽民、黄模、侯志祥、郭建民、李中林、荣致芳、郭海龙组成，主要任务是：在党委的统一领导下，研究贯彻党对检察工作的方针、政策和策略，处理检察工作中的重大问题，研究处理重大疑难案件，更好地发挥检察机关的职能作用，准确、及时地打击反、坏分子的破坏活动，保证党的各项方针政策正确贯彻执行。

1965 年 9 月西藏自治区成立后，智泽民任西藏自治区党委委员、政法部部长、政法党组书记、公安厅厅长、公安总队第一政委等职。"文化大革命"期间，智泽民受到迫害。1976 年粉碎"四人帮"后，智泽民被平反，先后任四川省高级人民法院党委书记，陕西省公安局局长、党组书记等职。1981年1月任四川省政法委副书记，后改任顾问。1986年8月，智泽民离职休养。

2005年5月10日，智泽民在成都因病逝世，享年90岁。

（塔尔杰顿珠　白兵利编写）

参考资料

《西藏自治区地方志·检察志》，中国藏学出版社2016年版。

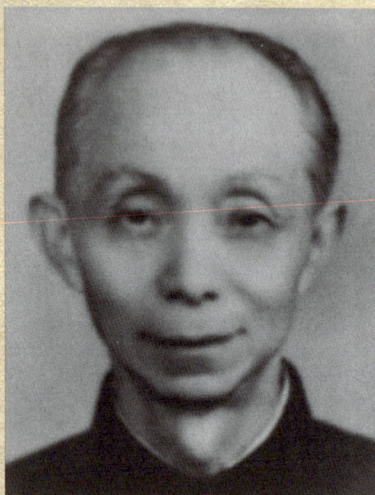

焦胜桐

　　焦胜桐（1917－1999），陕西神木人，1935年2月参加革命，1935年6月加入中国共产党。1978年8月任甘肃省人民检察院党组成员、副检察长。曾任陕北苏区神府特区苏维埃政府裁判长，陕甘宁边区高等法院秘书、干部科科长，陕甘宁边区政府党委委员，晋绥边区高等法院推事、司法行政科科长，晋南人民法院司法行政科科长，甘肃前进工作团留守学校校长，甘肃省人民法院副院长，甘肃省人民检察署副检察长，甘肃省人民检察院党组副书记、副检察长，甘肃省委政法部副部长，甘肃省革命委员会保卫部副部长，甘肃省公安局党委委员、副局长等职。

★ 积极投身血与火的革命斗争

1917 年 3 月，焦胜桐出生在陕西省神木县（今神木市）马镇乡马镇村的一个赤贫家庭。14 岁那年，焦胜桐到离家 25 公里外的神木县沙峁镇一个小商店当学徒，每天过着被剥削、被压迫的生活。在随后的四年里，他目睹了军阀官僚、土豪劣绅压榨百姓的种种恶劣行径。

1932 年夏，神木县沙峁镇第三高校组织了一次纪念五四运动游行演讲大会，宣传反对列强、反对军阀压迫剥削的行为。在一些进步师生的帮助下，焦胜桐逐步接受进步思想的启蒙，产生了参加革命的思想动机。1933 年冬的一个夜晚，焦胜桐用隐名和伪装字体写了一张反映当地土豪劣绅罪行的传单贴在大街上，给当地的土豪劣绅造成很大震动。

1934 年夏，中国工农红军陕北游击队第三支队来到神木县沙峁镇，镇压了六七个反革命。焦胜桐在聆听群众宣传会并在游击队两个朋友的帮助下，进一步接受了革命思想，坚定了参加革命的意志。随后，焦胜桐即与沙峁镇刘家坡村刘进田（地下党员）等秘密联系，将打探到的敌军及反动豪绅活动情况及时传送组织。1935 年 2 月，焦胜桐参加革命，并在同年 6 月光荣加入了中国共产党。参加革命后即任神木县四区赤卫队指挥部巡视员，是年年底，任神木县团县委少队部长、县革命委员会武装动员委员。面对敌人的"围剿"，焦胜桐深入农村进行广泛宣传动员，组织训练赤卫队、少先队，侦察敌情，全面配合游击队袭击消灭敌军。敌人更加疯狂的"围剿"坚定了他的革命信念，他努力地宣传革命精神，与敌人斗争到底的决心也越发强烈。这一时期，焦胜桐和刘北垣、刘长亮等同志一道，继续和群众保持密切联系，白天隐蔽，夜晚行动，吃住在山沟里，一边探听敌情，积极配合游击队行动，一边相机行事，袭击劣绅敌军。

1937年1月28日，神府特区抗日人民革命委员会改为神府特区苏维埃政府（属中央政府西北办事处领导），焦胜桐任特区政府裁判长。同年7月，为适应抗日民族统一战线新形势，神府特区苏维埃政府改为神府县政府（属陕甘宁边区政府领导），焦胜桐任裁判员。1939年9月，焦胜桐到陕甘宁边区高等法院司法训练班学习并担任学习队长，即使当时已患有肺结核病，焦胜桐仍然以第一名的考试成绩毕业。1941年1月，焦胜桐任陕甘宁边区高等法院秘书、干部科科长，陕甘宁边区政府党委委员。抗日战争期间，神府地区是党中央通往华北等抗日根据地的交通要道之一，国民党经常在这一地区搞摩擦破坏活动，环境较为复杂，各类案件也比较多。面对繁重的工作，焦胜桐边学习边工作，根据《陕甘宁边区施政纲领》改进司法制度的精神，严格执行党和政府的法律政策，坚持重证据、重调查研究，对一般案件及时处理，对重大疑难复杂案件则及时提请裁判委员会讨论决定，切实发挥司法审判的导向和保障作用，真正成为《陕甘宁边区施政纲领》的信仰者、宣讲者、实践者和维护者。

1947年6月，焦胜桐任晋绥边区高等法院推事、司法行政科科长。在兴县参加土地改革工作的三个月中，一直和贫下中农同吃同住，针对当地土地改革工作存在的问题，认真调查研究，提出了切实可行的意见建议，被组织和群众充分肯定。

1948年，山西临汾解放后，焦胜桐任晋南人民法院司法行政科科长（当时无院长），组织上指定由焦胜桐主持法院的全面工作。在对运城地区的司法工作情况进行了一个多月的考察后，焦胜桐起草完成了司法审判程序和执行法律政策等方面经验的通告，并印发各专员司法科（法院）执行，对推动当地司法工作产生了很好的效果。

★ 无私奉献甘肃法制建设

新中国成立后，焦胜桐服从组织分配，赴甘肃工作。1949 年 7 月，任甘肃前进工作团留守学校校长。兰州解放后，焦胜桐先后在甘肃省委政法委、甘肃省人民法院、甘肃省公安局（起止时间：1973 年 10 月至 1980 年 11 月）、甘肃省人民检察院等单位担任领导职务。焦胜桐作为一位长期工作在甘肃政法系统的老领导，在全省检察机关享有较高的威望。焦胜桐在北京先后多次受到毛泽东、周恩来、刘少奇、朱德、邓小平等党和国家领导人的亲切接见。

1949 年 9 月，焦胜桐任甘肃省人民法院副院长。1950 年 10 月任甘肃省人民检察署副检察长，负责筹建检察署，1955 年 5 月任甘肃省人民检察院党组副书记、副检察长。甘肃省各级人民检察署组建初期，根据最高人民检察署《各地方人民检察署组织通则》规定的检察职能，围绕党和国家在经济恢复时期的各项中心任务，焦胜桐边筹建机构边开展工作，边选调干部边建章立制，甘肃省人民检察署的内设机构从 1950 年的 3 个增加为 1955 年的 6 个、干部人数则从 1950 年的 13 人壮大到 1955 年的 64 人。在开展业务工作方面，焦胜桐亲自办理大案要案，尤其是在开展镇压反革命及"三反""五反"运动中，他全力以赴投入运动，会同法院、公安等部门，通力协作，攻坚克难，有重点地查处了一批大要案，保卫了人民革命胜利成果，发挥了检察机关的职能。1953 年 2 月 10 日，在甘肃省人民法院召开的宣判大会上，焦胜桐出庭公诉披着宗教外衣的帝国主义间谍分子濮登博等 8 人，依法控诉了濮登博等以传教为掩护，刺探我国政治、军事情报，组织反革命组织"圣母军"，阴谋颠覆人民政府，危害国家安全的种种罪行。1955 年 1 月，甘肃省各级人民检察署改称为人民检察院，全面开展试建检察业务制度的工作。焦胜桐带领工作组在兰州市（全面试建区，为甘肃省人民检察院的试点）认真调查研究，全面分析总结经验，有力推动了一般监督、侦查监督、审判监督等各项检察业务的全面开展。

这一时期，焦胜桐非常重视干部教育培训工作。1951 年，报请甘肃省人民政府批准开办"甘肃省检察干部训练班"，这是全省培训检察干部的开端，在随后的几年时间里，又陆续举办了多期检察干部训练班。训练以政治课为主，结合学习业务，学员在训练结束后均分配到全省各级检察院工作，充实检察队伍。焦胜桐亲自讲授，认真备课。焦胜桐深知身教甚于言传，时刻牢记延安司法干部训练班上提出"廉明公正，果毅详慎"八个字的教导，重视自身的思想建设，严于律己，以身作则，生活简朴，烟酒不沾，以自己的好形象，影响和带动其他干警。

1956 年 8 月，焦胜桐任甘肃省委政法部副部长，1958 年任甘肃省委政法小组副组长。因部长、组长都是兼职，均由焦胜桐主持日常工作。

1962 年 8 月，焦胜桐任甘肃省人民检察院党组副书记、副检察长，主持日常工作。在此期间，焦胜桐已患有胃溃疡、关节炎等多种疾病，但仍然坚持每天工作 10 小时以上，对重要工作亲自部署安排，对重大案件亲自指挥参与。1971 年 3 月，焦胜桐担任甘肃省革命委员会保卫部副部长。1974 年 3 月，焦胜桐任甘肃省公安局党委委员、副局长。

1978 年 8 月，甘肃省人民检察院恢复重建后，年过花甲的焦胜桐被任命为甘肃省人民检察院党组成员、副检察长。在 1979 年 2 月召开的第八次全省检察工作会议上，焦胜桐传达了第七次全国检察工作会议精神，深刻揭露了林彪、江青两个反革命集团破坏社会主义法制和检察机关的罪行，并作了《认真做好检察工作　为实现四个现代化而奋斗》的报告。根据甘肃省人民检察院党组分工，焦胜桐分管刑事检察和法纪检察，任职期间，焦胜桐紧紧围绕"拨乱反正"工作大局，积极参加平反和纠正冤假错案工作，使一大批蒙受冤屈者平反昭雪，恢复了名誉和民主权利。1983年11月离职休养。

1999年1月2日，焦胜桐因病在兰州逝世，享年82岁。

（魏强编写）

参考资料

1. 甘肃省地方史志编纂委员会、《甘肃省志·检察志》编纂领导小组编纂：《甘肃省志·检察志》（第六卷），甘肃文化出版社1995年版。

2. 焦胜桐同志于1993年春自行书写、为教育子女自用的自传材料。

3. 甘肃省人民检察院：《甘肃省人民检察署公诉书》（检一诉字0020号），1953年2月10日。

4. 甘肃省人民检察院：《甘肃省第二届检察工作会议总结报告》，1954年8月23日。

5. 甘肃省人民检察院：《焦胜桐同志生平》，1999年1月3日。

6. 《烈士英名录——焦胜桐》，载神木英烈网，http://www.smsylw.com/。

赵文献

　　赵文献（1908－1967），陕西延长人，1935年4月参加革命，同年10月加入中国共产党。1950年9月兼任宁夏省人民检察署检察长，1954年9月任甘肃省人民检察院检察长。新民主主义革命时期，曾任宜川（红宜）县苏维埃政府副主席兼财政局局长、保卫局局长、保安科科长，中共三边地委委员、三边分区保安分处处长、中共三边地委社会部部长，横山县委书记，中共咸阳地委委员、咸阳专署公安分处处长。新中国成立后，曾任原中共宁夏省委常委、公安厅厅长兼检察署检察长、甘肃省人民检察院检察长、甘肃省副省长、中共甘肃省委委员等职。

★ 为保卫边区、解放宁夏贡献力量

1940 年夏,中共三边地委提出要加强外部工作,并制定了在宁夏国民党统治区建立党组织、在工人农民中发展党员的方针。同时,三边保安分处派出宁夏籍和熟悉宁夏情况的干部,在盐池县二区余庄子、五区红井子和内蒙古鄂托克前旗三段地建立了 3 个工作据点,积极开展宁夏方面的工作。为了加强党的统一领导,协调、促进各据点工作,中共三边地委于 1945 年 3 月决定成立中共河东工作组,赵文献任组长,梁大均任副组长,统一领导 3 个据点的工作,并明确提出了今后工作的方针是"以建党为主,走农村路线,深入下层发动与组织广大群众,同时不放弃任何有机会的统战工作"。

到 1945 年年底,中共河东工作组发展党员 60 名,并决定将余庄子、红井子两个工作据点改为工委。1945 年 12 月,中共三边地委在盐池县召开了河东工作组会议。鉴于抗日战争胜利后出现的新形势,进一步提出大量发展党员的方针。截至 1946 年 2 月,在宁夏国统区共发展党员131 名,分布于 11 个县,在中上层人士、国民党军队、政府中建立统战关系 70 多人。党依靠上述力量,掌握了宁夏国统区内党、政、军界,经济、文化等方面的情报,为 1946 年 5 月中共宁夏工委的建立打下了基础。到 1946 年冬,余庄子游击队有 80 多人,红井子游击队有 50 多人,三段地游击队有 10 多人,后三支游击队合编,成立"回汉支队",标志着宁夏人民武装的诞生,它肩负着保卫边区、解放宁夏的重任。

★ 参加横山起义

1946 年 4 月,根据国内国际形势,中共中央决定,在加强边区自卫战争的同时,要做好统战工作。毛泽东主席亲自指示西北局习仲勋书记加强北线工作，策动横山起义，解放榆横，为自卫战争争取回旋余地。为迎击国民党反动派新的战争，中共中央西北局和陕甘宁边区政府根据中央指示，积极组织力量对保卫边区和打击反动派的斗争作了新的部署：对地方党政机构实行精简，各专员公署撤销保安分处，组建社会部，统一领导保安和情报工作。1946年7月，赵文献担任中共三边地委社会部部长。

1946年10月13日，解放军陕甘宁晋绥联防军万余人发动了榆横战役，分路向吴庄、镇川、横山、响水堡一线的国民党军进攻，配合国民党陕北保安指挥部副指挥胡景铎的起义行动。胡景铎率国民党军二十二军八十六师、新编第十一旅及保安九团等部的部分官兵2000余人，分别在波罗堡、石湾镇、海流兔庙、高镇、横山县城发动起义。起义成功后，又乘胜扩大战果，迫使邻近地区的守军相继起义，使起义部队扩大到5000余人。

中共三边地委社会部部长赵文献带队投入了解放横山的工作，起义过程中，保卫干部把敌特驻横山地区的特务机关，包括伪绥德县党部书记长叶守荣、米脂县党部书记长朱某、横山伪县长白焕庭以及其他小头目，还有文件档案全部收缴过来。这不仅是政治、军事上的重大胜利，也是外情工作的重大收获。起义结束后，中共三边地委社会部部长赵文献被任命为横山县委书记。

★ 开创宁夏政法工作新局面

1949年9月23日宁夏解放。9月26日，银川市军事管制委员会公安处成立。10月26日，陕甘宁边区政府委任赵文献为宁夏省人民政府委员兼宁夏省公安厅厅长，筹建宁夏省公安厅。12月23日，宁夏省公安厅正式成立，在赵文献的领导下，在全省各市、县（旗）迅速建立了公安局，在街道、城镇设立了公安派出所，在乡、村设立了公安特派员，在工矿、企业、文化教育等部门和主要机关设立了保卫科、股或特派员，全省城乡各基层单位广泛组建了治安保卫委员会。赵文献带领宁夏公安机关全体人员全力投入工作中，为履行党和国家赋予的保卫新生红色政权，维护社会治安，保障人民群众合法权益、保障人民生活和生产秩序，作出了重要贡献。

在接管国民党旧警察局的过程中，赵文献要求全体旧警人员认清形势，改变立场，服从军管会的命令。对武器弹药、物资、档案等全部登记造册，清理移交。对旧警人员的安置，区分情况，采取审查与留用相结合的办法，严格区分犯有罪恶与因执行反动政府命令而做错事之间的界限，争取改造大多数人，彻底摧毁了国民党蒋介石、马鸿逵反动派在宁夏的警察机构和特务组织。

人民公安机关在接收国民党马鸿逵旧警机关后，迅速集中力量，实行"专门工作与群众路线相结合"的对敌斗争方针，开展侦查破案，打击敌特残余分子。1949年10月31日到1950年5月，宁夏省公安厅统一对已登记的46名特务骨干分子和个别非特务人员共67人先后实行集中管训，较为彻底地肃清了宁夏的特务分子。

新中国成立初期，活动于宁夏境内的土匪以反动军官、特务为骨干，以兵痞、惯匪、恶霸、地主为主要力量，猖狂进行各种破坏活动，妄图颠覆新生的人民政权。经过重点清剿和全面清剿，从1949年12月至1950年年底，宁夏大股政治土匪已基本肃清，先后剿灭土匪139股9018人。公安机关共侦破土匪案件233起，抓捕土匪1122人。对抓捕的土匪，依照有关规定分别作了处理：对郭永胜、马绍武等249名罪大恶极的匪首，先后召开群众大会公审，依法判处死刑；对犯有严重罪行的惯匪，先后捕判1709名；对罪行较轻且认罪悔过的土匪教育释放。

宁夏解放前夕，国民党特务机关按计划做了应变部署和潜伏准备。

1950 年 3 月至 1953 年 6 月，宁夏全省范围内开展了镇压反革命运动。宁夏省公安厅制订下发了镇压反革命计划，要求各级公安机关严密侦查隐藏较深的五类敌人（土匪、特务，恶霸、反动党团骨干分子，反动会道门头子），追捕在逃犯、搜捕和打击漏网的反革命分子。通过镇压反革命运动，保证了土地改革、抗美援朝、"三反""五反"等各项政治运动的顺利进行，为巩固新生政权，恢复和发展国民经济创造了良好的治安环境和条件。

1953 年，宁夏各级公安机关在充分调查研究，查明基本情况的基础上对反动会道门进行取缔，依法逮捕了一批罪行严重的道首，查封了道坛，收缴了道具，限令中小道首和骨干分子向政府自首登记。在取缔过程中，广泛宣传教育，揭露反动会道门的反动性、欺骗性和危害性，使大批被骗参加的道徒提高了觉悟，主动声明退道。

1950 年 7 月 4 日，宁夏省委发出肃毒工作指示，赵文献带领公安机关会同民政、卫生等部门，迅速发动了一场肃毒运动。各级公安机关登记烟民，收缴民间散存的烟土，成立戒烟所，强制戒除烟民毒瘾，发动群众铲除已种植的鸦片，严惩毒品犯罪分子。在短短一年多时间内，基本上戒绝了为害百余年的种毒、贩毒和吸毒这一社会公害。新中国成立后，银川市军事管制委员会发出《关于取缔妓院的通令》，赵文献领导公安机关在妇联等部门协作配合下，开展了取缔妓院、教育改造妓女的工作，不到一个月时间，取缔工作就在宁夏省内全部完成。

1950 年 9 月至 1954 年 9 月，赵文献任宁夏省人民检察署检察长，负责接管国民党宁夏高等法院检察处和地方法院检察处，筹建了宁夏省各级人民检察署，领导新建立的检察机关和刚刚走上新岗位的检察干部，积极投入社会改革、镇压反革命及"三反""五反"等运动中，依靠群众埋头苦干，以有限的人力和物力，抓重点、办大案，检举要犯，平反冤狱，提升了检察机关的社会影响力和公信力。

赵文献在参加"三反""五反"运动和"新三反"斗争的司法实践

中，初步形成了由检察机关直接查办贪污、盗窃国家财产案件和基层干部违法乱纪案件的职责划分，制定了必要的检察制度。为创建和发展宁夏检察工作，保卫和巩固宁夏新生的人民政权，维护社会治安、保障人民群众合法权益作出了重要贡献。

1954年9月，赵文献调任甘肃省工作，历任甘肃省人民检察院检察长、甘肃省副省长、中共甘肃省委委员等职。

1967年2月19日，赵文献在兰州因病逝世，享年59岁。

（杨春晖编写）

参考资料

1. 赵文献同志生平。

2. "榆林公安"公众号"榆林警史"专栏《赵文献：宁夏公安奠基人开展禁烟肃毒改造娼妓工作》。

3. 榆林警察史馆相关档案材料。

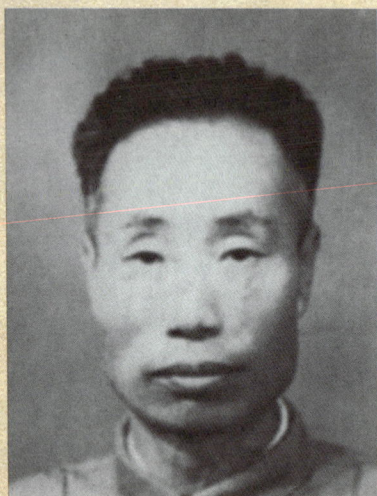

马 佩 勋

马佩勋 (1907－1984)，又名马英，山西孝义人，1931年5月参加革命，同年8月加入中国共产党。1959年至1967年任宁夏回族自治区人民检察院党组书记、检察长。新民主主义革命时期，历任西北义勇军政治部主任，陕北省总工会委员长、陕北省苏维埃政府代主席、中共晋西特委书记、吕梁军区副司令员。新中国成立后，曾任中共山西省委省政府委员，山西省劳动局党组书记、局长，山西省总工会主席，中华全国总工会第一机械工会副主席，宁夏回族自治区委员会监委副书记，宁夏回族自治区人民检察院党组书记、检察长，宁夏回族自治区高级人民法院副院长，宁夏回族自治区政协副主席。全国总工会第八届、第九届执行委员，中国人民政治协商会议第二届至第五届全国委员会委员，中共七大代表。

★ 笃定初心跟党走

1907 年，马佩勋出生在山西省吕梁山东麓孝义市阳泉曲镇碾头村一户普通农民家庭。只读了 4 年私塾的马佩勋，苦于生计，14 岁就外出谋生，先去兑九峪银楼学手艺，后到交口县石嘴会福庆昌粮店当店员。时年，阎锡山的部队进驻石嘴会，摊派要粮，敲诈勒索。苦无出路的马佩勋偶识了从太原一中回来的共产党员、表兄的本家叔叔卫思聪。卫思聪教导马佩勋："人活在这个世上不能光为了自己，而是要为别人、为大众活着。"自此，马佩勋跟随人生的第一位引路人卫思聪走进太原，考进了太原兵工厂，当了一名工人。在这里，马佩勋又结识了他的第二位引路人田有莘，在田有莘的教导下，马佩勋懂得了只有共产主义才能让穷人翻身，工人要有饭吃，必须团结起来打倒军阀、资本家，只有土地归了农民，工厂归了工人，穷苦人才有出路。

党的六届三中全会之后，中央决定把工农武装暴动的重点放在山西。1931 年初春，马佩勋同谢子长、刘志丹跟随在陕北闹红举行清涧起义的领头人阎红彦、白锡林来到山西。按照山西省委的指示，在吕梁成立中国工农红军晋西游击队。同年夏，马佩勋和太原兵工厂的数名工人受山西省委指示，回到孝义西宋庄参加了晋西游击队。马佩勋和战友一起在吕梁山里打土豪、分浮财、逼官府、除恶霸，组织农民协会，建立苏维埃政权。同年秋，马佩勋跟随副队长阎红彦带领游击队员打倒了中阳县的大土豪杜寿高、平遥县果子沟的地主郝守富、孝义县碾头村的恶霸武世恭，发动群众抗粮、抗税、抗款，并积极做好战地宣传工作，在劳苦大众中的影响越来越大。1931 年 8 月，马佩勋光荣地加入了中国共产党。

1931 年 9 月 2 日，在敌人的重重打压下，马佩勋带领 30 名共产党员乘羊皮筏子西渡黄河成功，进入陕北清涧县西部山区。晋西游击队在中共陕北特委和广大群众的支持下，经过寨儿山、玉家湾、瓦窑堡、雁门关、野鸡岔等地的一系列战斗，队伍逐步壮大。1931年秋，游击队终于到达陕甘边的南梁堡找到了刘志丹，使正处于困境的刘志丹部实力大增，马佩勋也成为阎红彦部下的一支200余人部队的分队长。

马佩勋英勇善战，曾徒手解决了车奉夫司令部和南梁堡民团，并组建了广阳游击队，创建了吴堡、佳县、绥德交界的革命根据地。马佩勋枪法极好，他化装成商贩给神木一带的陕北游击队送枪支武器，途中巧妙击毙了恶霸地主张宗昌，为当地群众除了一大公害。在攻打燕子窝的战斗中，马佩勋带着20多名战士冲进城去，迫使敌人缴枪投降。

1934年9月，在谢子长的领导下，陕北红一团在安定县崖窑沟成立，贺晋年任团长，马佩勋任政委。1935年2月，谢子长牺牲，马佩勋一直在刘志丹的领导下战斗，先后担任游击队队长、中队长、副支队长，历任陕北特委特务队政委、游击队四支队政委、陕北红一团政委。1935年10月，因王明"左"倾错误路线迫害，刚刚结束崂山战役的马佩勋，同刘志丹等20多位营级以上指挥员被关进了监狱，接受审查禁闭3个月。党中央和毛泽东主席审时度势，及时电令解救刘志丹、马佩勋等。释放后，马佩勋被分配到刘少奇领导的中华全国总工会西北执行局工作。

★ 再担重任回吕梁

因革命战事需要，刘少奇同志安排马佩勋去永坪兵工厂和东征红军新成立的地方工作委员会工作，负责造船筹备渡河东征，扩红筹款，宣传抗日打土豪等工作。1936年2月23日，马佩勋跟随毛泽东主席渡过黄河，回到故乡吕梁山，发动群众筹粮筹款，帮助地方建党建政，第二次组建了晋西游击队，为部队扩军千余人，有力地支援了前方战斗。1936年5月，红军东征部队回师陕北，马佩勋被分配到陕北省总工会担任委员长，后又调任陕北省苏维埃政府代主席。

1937年7月，抗日战争全面爆发，红军改编为八路军，开赴山西抗日前线。马佩勋主动请缨，第二次回到故乡吕梁山，任中共晋西特委书记，担负起了开辟晋西地方抗日工作的重担。在刘少奇、邓小平、杨尚昆等同志的关怀下，马佩勋在汾孝一带组建了由中共晋西特委领导的八路军晋西游击支队并出任政委。

1938年5月，马佩勋奉调八路军一一五师，又一次回到党领导的部队。八路军一一五师司令部就驻扎在马佩勋的老家碾头村，这是马佩勋在参加革命后，第一次回到阔别多年的家乡。工作阵地驻扎在家门口，马佩勋积极做起了革命宣传工作，动员全家参加抗日战争，二弟马志良参军走上抗日战场，妹妹马桂梅参加了村妇救会，老父亲马国柱参加了农救会。老马家真正成了抗战典范之家。

1939年12月，晋西事变爆发，反顽斗争胜利后，部队向晋西北转移。马佩勋奉命率决死二纵队一个营，护送六专署千余后方人员转移太岳区。任务完成后，整编为太岳区一纵队四十二团，马佩勋出任团政委。

1940年夏，新军二一二旅受到流行性疾病感染，加之敌人暗中破坏，患病人数多达半数以上，情况相当严重。危难时刻，太岳区党委派马佩勋前去二一二旅任政委。马佩勋以"改善生活医治疾病、与破坏分子作斗争"为中心策略，很快解决了部队急需的药品和粮食问题，同时有理、有利、有节地开展了与国民党中央军刘琦所部、阎锡山赵石岭军、六十一军的斗争，开辟了岳南根据地，有力地配合了八路军三八六旅对日作战，相继建立了太岳四分区、三分区，并兼任了三分区司令员，后调任二地委担任书记。

1945年4月，作为晋冀鲁豫代表团成员，马佩勋出席了在延安召开的中国共产党第七次全国代表大会。1946 年 9 月，马佩勋奉调吕梁军区任副司令员，开辟晋西南工作，随后成立七分区，马佩勋担任分区司令员、政委、七地委书记。1947 年 8 月，成立九分区，马佩勋又奉调任九分区政委、九地委书记。1949 年晋南中心分区成立，马佩勋又任晋南中心分区司令员。

新中国成立后，马佩勋担任了中共山西省委省政府委员、省劳动局局长，不久调任山西省总工会主席。1954 年 7 月，马佩勋调至全国总工会第一机械工会任副主席。

★ 司法为民立新功

1958 年 10 月 25 日，宁夏回族自治区成立。同年 12 月，马佩勋奉调宁夏回族自治区，先后担任宁夏回族自治区委员会监委副书记，自治区人民检察院党组书记、检察长，自治区高级人民法院副院长。

到宁夏履职后，马佩勋长期担任自治区领导职务。马佩勋认真执行党的统战政策，密切同党外人士合作共处，发展壮大了统一战线。1959—1967 年，马佩勋任自治区人民检察院党组书记、检察长。马佩勋认真总结检察工作经验教训，报请宁夏回族自治区党委批准，相继恢复了宁夏已被合并的检察机关，坚持并丰富了分工负责、互相配合、互相制约的工作原则，坚持诉讼程序和办案制度，为全面深入开展检察工作奠定了基础。马佩勋认真贯彻中央"关于依靠群众力量、加强人民民主专政、把绝大多数四类分子改造成为新人"和中央"一个不杀、大部（百分之九十五以上）不捉"的方针，推广依靠群众力量制服犯罪的经验，为践行中央"捕人少、治安好"作出了积极贡献。

"文化大革命"期间，马佩勋遭受林彪、江青两个反革命集团的残酷迫害。重新恢复工作后，马佩勋自觉同党中央保持高度一致，扎实开展工作，相继担任了宁夏回族自治区高级人民法院副院长、政协副主席等职。1983年，为破除领导干部终身制，马佩勋主动要求从工作岗位上退下来，把革命的火炬交递给年富力强的同志。

马佩勋对同事好，对下级好，从生活上各方面都关怀备至，无论是工作、开会还是下乡，从未对其他人发过脾气。马佩勋关爱他人，但从未考虑过自己，也从未利用自己的权力或者关系为子女办事或者安排工作。马佩勋善于且乐于与检察干警商量，对于大家提的意见，他觉得对就按这个意见办，不枉不纵，严格遵守办案原则。

1984年12月11日，马佩勋因病在银川逝世，享年77岁。

（杨春晖编写）

参考资料

1. 马佩勋同志生平。

2. 马佩勋事迹展馆相关档案材料。

3. 陈秋莲：《马佩勋：工运史上一个熠熠生辉的名字》，载山西工人网，http://www.sxgrw.com/2021/07/21/9936497.html。

刘奋生

　　刘奋生（1909－2007），陕西延川人，1935年3月加入中国共产党。1978年9月起任新疆维吾尔自治区人民检察院党组书记、副检察长、检察长。曾任新疆省人民检察署副检察长，新疆省人社厅副厅长，新疆省监察厅厅长，新疆维吾尔自治区党委政法部副部长、人委政法办公室副主任，新疆维吾尔自治区党校党委书记兼副校长，新疆维吾尔自治区党委机关党委书记。

★ 投身革命奋斗路

1909 年 12 月，刘奋生出生在陕北延川县一个贫农家庭。他只读了小学就被迫辍学去给地主放羊。1928 年，刘奋生加入共青团，1934 年 10 月参加农会，1935 年 3 月加入中国共产党。土地革命时期，刘奋生先后任陕西延川县农村组织书记、区委宣传部部长、组织部部长。抗日战争时期，调至甘谷驿特区任组织部部长、工委书记兼组织部部长。1937 年 5 月于中央党校学习，结业后任边区党委巡视员。1939 年 3 月，他出任固林县委书记，1940 年 2 月调任延川县委书记兼保安大队政委。1944 年 1 月于中央党校学习，担任支委书记，后调任陕甘宁晋绥五省联防军政治部干部科科长，到前方彭德怀领导的第一野战军参加作战。1948 年 3 月又回到陕甘宁晋绥五省联防军政治部任组织部副部长。西安解放后，他出任西北军区组织部副部长，直至 1950 年 4 月奉命来到新疆，开始了他革命生涯的新征程。

刘奋生经常对年轻干警说："我是枪林弹雨中走过来的人，出生在一个深受地主剥削压迫的农民家庭，我深知不革命，中国的老百姓就无法活下去，不跟中国共产党革命就没有出路。我就是靠着这样的信念一心一意地跟着党走到今天的，作为一名老党员，我最大的感想就是现在好，党领导下的和平建设时期好。虽然现在我们新疆还有民族分裂主义分子在搞破坏，但是他们的结果与蒋介石反动派一样最终会失败的。你们这些年轻人要珍惜现在，在党的领导下把国家、把新疆建设得更好。"

★ 情系检察为有缘

刘奋生的一生，与新疆检察结下了难解的缘分，他同时担负了新疆检察机关创建和重建的重任。

1950年9月上旬，根据中央《关于建立检察机构问题的指示》，中共中央新疆分局决定建立新疆省（1955年成立新疆维吾尔自治区）各级人民检察机构。新疆省人民检察署伴随着新疆和平解放诞生了。当时的检察署是一张白纸，检察机关除了这个名称以外"一无所有"。

对于刘奋生这样一位直接从战争中过来的领导干部而言，"检察"二字无异于"破天荒"。他坚决服从组织安排，以一个共产党员的坚定信念、党性和觉悟受命于困难之时，担负起新疆省人民检察署的创建工作。

刘奋生被任命为新疆省人民检察署副检察长，借用了新疆省人民法院的三间房，一辆马拉四轮小包车和一名维吾尔族驭手，以及三名工作人员，开始了艰辛的创建工作。

在镇压反革命和"三反"运动中，刘奋生担任中共西北局新疆分局"镇反委员会"和"三反"运动领导小组成员。在他的领导下，新疆省人民检察署根据形势和条件需要确定了"充实机构、培养干部、镇压反革命"为重点的工作规划。在工作方式上，主动与公安、法院联系，学习他们的有关做法、经验，采取"严格制度，手续齐全，一块工作"的方法进行办案。方向正确、措施得力，新疆省人民检察署在当时镇压反革命及"三反""五反"运动中发挥了特殊的作用。

1951年，《新疆省惩治贪污暂行条例》正式颁布。刘奋生在全疆专员、县长会议上了作了题为《坚决贯彻执行惩治贪污条例，为实现廉洁奉公而奋斗》的报告。同年，由新疆检察机关查处的贪污案件达700多起。

从初建之初的六人，到一二十人，检察干部的队伍逐渐壮大。配合新疆农村普遍开展的减租反霸和土地改革，检察干部参加党委政府工作组分赴各地州，深入一线，成立巡回检察组，配合临时法庭，为翻身各族农民"撑腰"。

随着检察干部的增多，刘奋生请求政府给予解决办公用房问题。

很快，检察署搬进了乌鲁木齐市区东门外一座幽静的俄罗斯风格建筑。

1951 年 5 月 29 日，人民广场搭起一个临时主席台。那时的广场，实为一片空旷荒芜的土场子，周围没什么建筑。刚刚清晨，市民几乎倾城出动，从大街小巷拥向这里。全疆各族人民密切关注的两起重大案件——反革命武装叛乱头目乌斯曼，杀害陈潭秋、毛泽民、林基路等烈士的凶手、盛世才统治新疆时期的首恶帮凶李英奇等二十余名人犯公审大会，在这里举行。当时的新疆省人民政府主席兼省人民法院院长包尔汉担任审判长，刘奋生作为副检察长，代表新疆省人民检察署担任公诉人。当乌斯曼、李英奇等被押上审判台时，刘奋生展开手中的起诉书庄严宣读，白纸黑字，记录着新疆成千上万人惨遭迫害的滔天罪行。会场顿时燃起愤怒的火焰，一片怒吼：坚决镇压反革命！包尔汉庄严宣判，判处乌斯曼等死刑时，会场炸响似的爆发出欢呼声。

刘奋生带着共产党员固有的认真和不怕困难、知难而上的顽强精神，"边干边学、边学边干"，由一名检察门外汉进入一个全新的工作领域，成为新疆检察事业的创业带头人。

★ 恢复重建勇当先

1955 年 10 月 1 日，新疆维吾尔自治区成立，揭开了新疆历史发展的新篇章。由于工作需要，刘奋生先后调任其他岗位担任领导职务。后来，检察机关被撤销，刘奋生遭受迫害和打击。但他依旧很坦然，坚毅地说："我根本就不相信他们说的那一套，我在政治上是坚定的，是一心跟党走的。"

粉碎"四人帮"不久，1976 年组织上为刘奋生平反。1978 年，刘奋生又担负起新疆维吾尔自治区检察机关的重建工作，被任命为新疆维吾尔自治区人民检察院党组书记、检察长。

刘奋生长期从事政治工作，组织上认为他有这方面的经验，所以他在新疆工作这些年都是收拾"烂摊子"，开展新工作。

在被毁坏的废墟上，刘奋生带领一支更加坚强的人民检察队伍重新崛起。刘奋生在充分认识到当时的严峻形势后，将解决指导思想问题列为首要任务，在统一思想、提高认识的基础上，坚持"边建设、边工作"的原则，尽快开展业务，行使法律监督职能，并在人员少、任务重、条件差的情况下，在抓紧新疆维吾尔自治区人民检察院组建工作的同时，采取各种方式推进新疆各地检察机构筹建工作。

1979年上半年，刘奋生已年逾花甲，仍亲赴南疆各地开展调查研究，并与当地党政、有关部门联系、座谈，宣传检察机关职能，并为之争取各种有利条件，极大地推动了新疆检察机关的筹建工作，使各地在较短时间内陆续完成机构建设并有序开展工作。

为改善新疆维吾尔自治区人民检察院的自身条件，树立检察机关良好形象，刘奋生将"房子、人和学习"三个问题列为主要工作目标。重建初期，自治区检察院仅有几间老式旧平房，春秋时节满地泥水，对此许多干部产生了畏难情绪和不安心态。刘奋生激励大家要发扬我党我军艰苦奋斗的光荣传统，他曾告诫大家："共产党员连这点儿困难都克服不了，如何谈改造世界，怎么去为人民服务？"

办公用房也成为刘奋生时刻思考的问题，他筹划着新疆检察机关的未来。为此，他亲自去党委、政府、财政等有关部门，为办公楼的经费、选址施工及建设奔波、操劳，就这样，在他的主持和领导下，在现今建国路63号出现了一座气势恢宏、端庄凝重的自治区检察院办公大楼。

新办公大楼的出现改变了检察机关的面貌，极大地提高了检察干警的自信心和自豪感，象征着新疆检察机关健康发展的美好未来，也成为刘奋生情系检察、功在检察的证明。

1983年，刘奋生离开检察系统，担任新疆维吾尔自治区顾问委员会常委，1985 年离职休养。

在法治不断完善的当今社会，检察队伍日益成熟和壮大，让离休后的刘奋生深感欣慰。每每看到人民检察院大楼上飘扬的国旗、闪光的国徽，他的心头就涌动起一种庄严感和神圣感。

刘奋生一生清廉，他时刻以党和人民的利益为重，识大体顾大局，为新疆的经济建设、民族团结和社会稳定作出了卓越贡献。他长期从事政法工作，为新疆的政法建设和社会稳定作出了突出贡献，赢得了各族干部群众的尊敬和爱戴。

2007 年 8 月 11 日，刘奋生因病在乌鲁木齐逝世，享年 98 岁。

（程伟杰编写）

参考资料

1.《新疆通志·检察志》，新疆人民出版社 1992 年版。

2.《奋进的十年——庆祝新疆维吾尔自治区检察机关重建十周年专辑》，1988 年新疆维吾尔自治区人民检察院内部资料。

3.《走过二十载　迈向新世纪——纪念新疆检察机关恢复重建二十周年》，1998 年 10 月新疆维吾尔自治区人民检察院内部资料。

4.《检察探索三十年——新疆检察机关恢复重建三十年经验总结》，2008 年新疆维吾尔自治区人民检察院内部资料。

5. 刘奋生:《庆祝自治区成立五十周年回忆文章——闪光的国徽》，载《今日新疆》2005 年第 9 期。

6. 刘奋生、杨正培、董仰宇:《忆安尼瓦尔·贾库林》，载《新疆社会科学》1985 年第 5 期。

7. 刘奋生:《从一个公社的变化看生产责任制的优越性》，载《实事求是》1983 年第 4 期。

米吉提·库尔班

　　米吉提·库尔班（1934－2008），新疆维吾尔自治区托克逊人，1954年6月加入中国共产党。1983年9月任新疆维吾尔自治区人民检察院党组副书记、检察长。曾任新疆维吾尔自治区党委组织部监察处副处长、机关党委副书记，新疆维吾尔自治区监察厅监察员、党委监委监察员、副处长，新疆维吾尔自治区人民检察院副检察长。中共新疆维吾尔自治区第三次代表大会代表，新疆维吾尔自治区第六届、第七届、第八届人大代表，第七届新疆维吾尔自治区政协副主席。

★ 推动新疆检察机关恢复重建

1979 年检察机关恢复重建伊始，米吉提·库尔班来到了新疆维吾尔自治区人民检察院，任副检察长。

新疆检察机关恢复重建面临着多重困难，没有固定的办公地点、办公条件极为艰苦、工作人员很少。1979 年 12 月 17 日，新疆维吾尔自治区人民检察院召开部分分、州、市、县检察院刑事检察工作座谈会，专门研究贯彻实施《中华人民共和国刑法》《中华人民共和国刑事诉讼法》问题。新疆检察机关一手抓创建、一手抓工作，发挥了检察机关的法律监督职能，经受住了重建初期各种考验，得到了自治区党委和各族人民群众的肯定与认可，为检察机关今后的发展壮大奠定了坚实基础。

在米吉提·库尔班担任自治区检察院主要领导期间，以艰苦奋斗的精神，团结带领广大检察干警，结合新疆实际，创造性地开展工作，为新疆检察工作逐步走上正轨作出了积极贡献。

米吉提·库尔班在任期间，也正是新疆检察事业发展的重要时期，前后经历了检察工作的五个阶段：第一阶段是"严打"阶段；第二阶段是始自 1986 年的"两打带动其他"阶段，也就是在不放松打击严重刑事犯罪的同时，把打击严重经济犯罪作为主要工作以带动其他检察工作；第三阶段是从 1989 年至 1991 年的贯彻"突出第一位工作"方针阶段，主要是在打击严重刑事犯罪和经济犯罪的前提下突出反贪污贿赂检察的重要地位；第四阶段是"两打""两带"阶段，即深入开展反贪污、贿赂斗争，坚持依法从重从快打击严重刑事犯罪活动，带动和加强法纪检察、监所检察；第五阶段是"严格执法、狠抓办案、加强监督"阶段。这五个阶段共同构筑了新疆检察事业的坚实基底。

在米吉提·库尔班的任期内，最突出也最具有意义的两项工作：一是"严打"斗争；二是反贪污贿赂，查处大案要案。

"严打"斗争。鉴于社会治安的严重状况，党中央于1983年作出了开展"严打"的决定，全国人大常委会作出了《关于严惩严重危害社会治安的犯罪分子的决定》。新疆检察机关积极投身到这场斗争中，认真贯彻"从重从快"的严打方针，与公安、法院等部门相互配合，始终坚持"两个基本"原则和提前介入重大案件的工作方法，快捕快诉严厉打击了杀人、抢劫、爆炸等严重刑事犯罪活动，维护了新疆政治稳定和社会治安，充分显示了恢复重建后的检察机关在维护国家法律统一正确实施、保障国家和人民利益的重要作用，扩大了检察机关的影响，维护了新疆的社会稳定和民族团结。

反贪污贿赂，查处大案要案工作。作为打击经济犯罪的重要部门，检察机关组建了一个新的内设机构——经济检察处，即反贪局的前身。1982年，根据中共中央指示精神，全国人大作出了《关于严惩严重破坏经济的罪犯的决定》，逐步开展惩治经济犯罪工作。1986年，在不断积累和总结经济检察工作经验的基础上，全疆开展打击经济犯罪总体战。1989年，贯彻最高人民法院、最高人民检察院《关于贪污、贿赂、投机倒把等犯罪分子必须在限期内自首坦白的通告》行动在全疆形成了反贪污贿赂斗争的高潮。一大批犯罪分子纷纷投案自首，极大地提高了检察机关在人民群众中的权威。

随着党中央进一步加强反腐败斗争战略部署，新疆检察机关加大了打击经济犯罪的力度，严格执法，狠抓办案，特别是集中精力重点查处一批发生在"三机关一部门"的大案要案，严惩了贪污、贿赂、渎职等犯罪，为国家挽回了巨额经济损失，惩治腐败，保障了新疆的经济发展。

★ 带领检察机关平息反革命武装暴乱

1990 年 4 月 5 日晨，在克孜勒苏柯尔克孜自治州阿克陶县巴仁乡，"东突伊斯兰党"头目艾则丁·玉素甫动员组织了数百人，在乡政府门前聚集，围攻乡政府，劫持 10 名人质要挟乡政府，并在交通要道炸毁两辆汽车，用冲锋枪、手枪等武器向被围困在汽车上的人员射击，投掷炸药包、手榴弹。

当天，克孜勒苏柯尔克孜自治州人民检察院立即抽调人员与阿克陶县人民检察院干警组成工作组，随军队和公安武警进入一线，积极配合追捕、搜查、看押暴乱分子，收缴武器、弹药和反动宣传品等。时任新疆维吾尔自治区人民检察院党组副书记的米吉提·库尔班立即组成工作组，前往克孜勒苏柯尔克孜自治州指导工作。在平暴取得初步胜利后，抽调两级院 100 余名干警，先后组成了 38 个办案组，提前介入侦查、预审工作。

在新疆维吾尔自治区党委的正确领导下，新疆检察机关集中人力、物力，夜以继日连续作战，圆满、顺利地完成了全部案犯的审查批捕和起诉工作，并协助公安机关对免诉、免刑人员进行帮教。新疆检察机关经受住了反分裂斗争的考验，维护了祖国统一和法律的尊严，维护了社会稳定和各民族的大团结，得到了自治区党委和上级检察机关的充分肯定，赢得了社会各界和人民群众的普遍赞誉。

4 月 9 日，最高人民检察院党组和时任最高人民检察院检察长刘复之发来慰问电，对平息巴仁乡反革命武装暴乱表现出色的检察干警、家属表示慰问。1991 年 3 月 29 日，新疆维吾尔自治区人民检察院在克孜勒苏柯尔克孜自治州首府阿图什召开大会，对检察机关办理巴仁乡反革命武装暴乱案件的 3 个先进集体、45 名先进个人进行表彰。

★ 筹建民事行政检察 实现新疆民事检察从无到有

米吉提·库尔班任检察长的十三年间，新疆民事行政检察从无到有，取得了较好的成绩。

1988年4月23日，新疆维吾尔自治区人民检察院成立民事审判监督调研组，确定了乌鲁木齐、昌吉和喀什三个分州市院作为试点单位，积极开展调研工作。9月23日，新疆维吾尔自治区人民检察院增设民事行政检察处。9月29日，下发《新疆维吾尔自治区人民检察院民事行政检察试点工作暂行办法》，明确规定了人民检察院对民事行政诉讼监督的任务。

到1990年年底，15个分州市院和24个基层院建立了民事行政检察机构，配备专职、兼职干部106人，新疆检察机关的民事行政检察队伍初步形成。民事行政检察工作是检察机关的一项新业务，但抽调的干部都是从事刑事检察工作的，一时难以适应民事行政检察工作的需要，亟须尽快培训干部，提高业务水平。在米吉提·库尔班的领导下，新疆检察机关开展了一系列民事行政检察培训，选派了一批干部到疆外参加培训。这个时期培训的干部，后来都成了各地民事行政检察业务的骨干。

据不完全统计，1989年至1990年，各地共审查民事行政案件226件，出庭监督94件，发表出庭意见61篇。仅1990年，检察机关对法院发出民事行政检察建议就达42件。通过对具体案件审判活动的监督，初步摸索出了一些经验，为以后办理民事行政抗诉案件奠定了基础。

1991年4月9日，修改后的民事诉讼法公布实施，民事行政检察的法律依据进一步完善，新疆检察机关民事行政检察工作从调研试点阶段逐步转入依法履行监督的阶段。到1994年年底，全疆17个分州市院和 66 个基层院建立了民事行政检察机构，配备专职干部 104 人。新疆各地检察机关受理民事行政申诉案件逐年增长，特别是抗诉案件逐年大幅度增长。

米吉提·库尔班坚决贯彻执行中央、新疆维吾尔自治区党委和最高人民检察院的各项决策和工作部署，始终把严厉打击民族分裂势力、暴力恐怖势力和宗教极端势力的犯罪活动摆在检察工作的首位，结合检察工作实际，认真履行法律监督职能，为维护新疆社会政治长期稳定作出了积极贡献。他办事公道，作风民主，为人正派，待人诚恳，襟怀坦荡，为维护新疆稳定、民族团结，巩固和发展爱国统一战线发挥了积极作用。

2008 年 11 月 12 日，米吉提·库尔班因病在乌鲁木齐逝世，享年74 岁。

（程伟杰编写）

参考资料

1.《新疆通志·检察志》，新疆人民出版社 1992 年版。

2.《奋进的十年——庆祝新疆维吾尔自治区检察机关重建十周年专辑》，1988 年新疆维吾尔自治区人民检察院内部资料。

3.《走过二十载　迈向新世纪——纪念新疆检察机关恢复重建二十周年》，1998 年 10 月新疆维吾尔自治区人民检察院内部资料。

4.《检察探索三十年——新疆检察机关恢复重建三十年经验总结》，2008 年新疆维吾尔自治区人民检察院内部资料。

5. 米吉提·库尔班:《贯彻"两手抓"的方针，切实搞好新疆检察工作》，载《新疆社科论坛》1994 年第 4 期。

6. 米吉提·库尔班:《以反腐败促进边疆稳定》，载《人民检察》1994 年第11 期。

7. 米吉提·库尔班:《贯彻"两手抓"的方针，搞好新疆检察工作》，载《新

疆社会经济》1995 年第 1 期。

8.米吉提·库尔班:《坚持"四化"标准,加快选拔培养检察后备干部》,载《新疆人大》1996 年第 1 期。

刘护平

　　刘护平（1910－1985），江西吉水人，1928年8月参加革命，1930年加入中国共产党。新民主主义革命时期，曾任吉水县红军独立团宣传队队长、中央军委保卫局训练班主任、红一军团保卫局科长、红五军团保卫局局长，参加了中央苏区第一次至第五次反"围剿"斗争和举世瞩目的二万五千里长征。新中国成立后，1949年11月至1954年10月，历任中共中央新疆分局委员、社会部部长，中共新疆公安厅党组书记、副厅长兼原新疆省人民检察署检察长，中共新疆公安纵队党委书记、政委，中共西北局公安部副部长。1954年10月调任江西省人民检察署党组书记、检察长，1978年4月任江西省政协副主席。

★ 忠贞不渝　投身革命

　　1910年，刘护平出生在江西吉水县一个贫苦农民家庭。1928年，井冈山革命根据地发生农民暴动，刘护平参加了农民赤卫队，并加入中国共产主义青年团，1930年加入中国共产党。曾任红四军连指导员、红五军团保卫局局长，参加了第一次至第五次反"围剿"斗争和二万五千里长征。

　　1935年，红军过草地时，张国焘搞分裂主义，在西康召开反对党中央、反对毛泽东同志的会议，刘护平坚决反对，退出会场以示抗议。张国焘恼羞成怒，给刘护平加上反党反革命的罪名，并召开全军连级以上干部大会，对他进行残酷的斗争，宣布撤销刘护平保卫局局长职务。刘护平毫不妥协，险遭杀害，在朱德、任弼时等的保护下，最终获得释放，前往延安。

　　在陕甘宁边区保安处执行部工作和任延安市公安局局长期间，刘护平多次率干部群众奋力扑灭日寇飞机轰炸造成的熊熊大火，受到中共中央社会部和陕甘宁边区政府的表彰奖励。

　　1939年，党中央派刘护平去苏联学习。1940年1月回国，途经新疆返回延安时，由于"皖南事变"，通往延安的道路被国民党部队封锁，只得滞留新疆。1942年，新疆督办盛世才制造了所谓的"共产党四一二阴谋暴动案"，刘护平被捕入狱。

　　刘护平身陷囹圄，环境十分险恶。在中共驻新疆代表、八路军驻新疆办事处负责人陈潭秋的领导下，刘护平坚定沉着，怀着对党中央的忠诚和革命事业必胜的信念，以牢房作战场，积极开展对敌斗争。在牢房里，敌人封锁消息。刘护平千方百计打破敌人封锁，采用各种巧妙的办法与党组织建立联络。为了获得更多的情报和扩大联络网，刘护平悄悄绝食四天，解衣受冻，装重病号，被狱卒丢在囚车里拖到河西坝养病室。刘护平给受刑病重的同志喂水喂饭并打探情报，传达狱中党组织《关于绝食斗争的决定》。关押刘护平的牢房便成为狱中对敌斗争指挥部的情报中心。

刘护平在五年的监狱斗争中，受尽折磨。敌人为了使诬陷变成事实，动用了多种刑罚——捆绑、悬吊、坐老虎凳、灌辣椒水，可是他坚贞不屈，从不动摇。他在长征时，吃草根树皮，患有胃溃疡。在五年的牢房生活中，吃的是发霉变质的窝窝头，并且经常绝食斗争，胃病日益恶化，有时剧痛难忍，汗如雨下，脸色枯瘦，但他毫不气馁，一直顽强地坚持斗争。

在党中央、周恩来同志的多方营救下，1946 年 6 月，新任新疆省主席张治中将全部在押的中共干部无条件释放，并护送到延安。

在解放西北战役中，刘护平因战功卓著，被西北行政委员会授予"人民功臣"勋章一枚。

1949 年秋天，西北野战军在彭德怀的指挥下，在兰州一带摧毁了马步芳在沈家岭、狗娃山纵深九十千米的防线，全歼胡、马主力，乘胜解放了武威、张掖、酒泉，大军直逼新疆。

刘护平是 1928 年在江西吉水县参加农民赤卫队的老红军，参加革命后一直在部队和地方从事保卫和公安工作，长征中担任政治保卫局红五军团保卫局的侦查部部长，到延安后，曾任延安第一任公安局局长。素有反特经验的他，一到武威就迅速破获了一个潜伏特务网，其中有好几个敌特分子是从新疆派遣或者流窜过来的，他亲自审讯了这几个特务，尽快搞清了几个敌特分子的去向，为死难的烈士报仇。

★ 肃清敌特　稳定边疆

1946 年 7 月，被盛世才关押在新疆的 129 名共产党员及其家属集体出狱，毛泽民、陈潭秋与另一位烈士林基路下落不明。党中央有关部门也在为肃清新疆敌特调兵遣将、物色人选。1949 年 10 月的一天，刚被调到二兵团政治部工作的刘护平，忽然被招至西北野战军政治部主任甘泗淇的办公室里，甘泗淇对他说："护平同志，新疆已经和平解放，我西野两个军已经开赴新疆。中央组织部、公安部原想把你调北京，现在改调新疆。因为你在新疆坐过监狱，对那里的情况熟悉，因此决定派你到那里去当公安厅厅长。你到那里后，必须抓紧完成两个任务：一是寻找被盛世才杀害的同志们的遗骨，据说烈士们被埋在荒山野岭，务必找到；二是抓捕反革命分子，要把杀害革命烈士的凶手统统抓住，一个也不要放掉！"

"保证完成任务！"刘护平庄严地向首长行了个军礼。

1949 年 11 月 28 日，刘护平怀着复杂的心情，在酒泉登上了飞往迪化（乌鲁木齐）的军用飞机。进入新疆上空后，他在飞机上俯瞰着新疆的辽阔大地，脑海中又浮现出几年前在迪化监狱中难忘的一幕。

新成立的中共新疆分局办公地点就设在迪化市原盛世才办公署的大楼里。1949 年 11 月 28 日下午，当刘护平提着行李走入这座昔日阴森恐怖的办公大楼时，受到了分局党委书记王震的热情欢迎。他任部长的分局社会部就设在二楼的一个大房间内，手下只有一个姓黄的秘书。

两个多月后，新组建的新疆公安机关在刘护平的领导下，破获了多起特务案件，特务登记自首工作也取得可喜的成绩，但刘护平惦记的捉拿凶手和寻找烈士遗骨的工作却始终没有多大进展。

又是一个大雪纷飞的冬夜，办公室中央大铁炉的炉壁被烧得通红，木柴在炉中噼啪作响。刘护平坐在灯下，眼睛凝视着铁炉渐渐陷入沉思。黄秘书坐在另一张办公桌前，仔细翻阅着案头的一大叠敌伪档案。经过几个不眠之夜，通过翻阅资料和审讯，公安机关从被捕特务口中得到如下线索：李英奇潜伏在北京，有一辆汽车为他跑生意；富宝廉潜伏在辽宁抚顺；张思信在武威一带瞎混。刘护平立即让公安厅给上述几个地方发电报，写明上述几个敌特分子的特征，请各地公安机关协助捉拿。

功夫不负有心人，经过多年侦查，刘护平终于挖出伪新疆督办公署警务处处长李英奇，审委会主任富宝廉、张光前，监狱长张思信等残杀革命同志的刽子手，让刘护平长长地舒了一口气。他给中共中央新疆分局写了专门详细的报告，送到王震手上。王震在认真阅过之后，很久没有说话，忽然，他转过身来握住刘护平的手，情绪激动地说："护平，我说过了，有你在，这项任务就一定能完成。现在好了，分局和西北野战军党委可以圆满地向党中央、毛主席复命了！"

1950 年冬，李英奇、富宝廉、张思信等一批杀害革命烈士的反革命凶手被公审处决，担任公判大会审判长的包尔汉，进行了庄严的宣判，判处李英奇、富宝廉、张思信以及一批罪大恶极的特务死刑，绑赴刑场，执行枪决。毛泽民、陈潭秋、林基路以及被这些刽子手残害的众多烈士、无辜民众，终于得以沉冤昭雪。

张思信落网并认罪，带着刘护平等在六道湾坟场找到了毛泽民、陈潭秋、林基路三位烈士的遗骨。1953 年清明节，三位烈士的灵柩被移至乌鲁木齐北郊的革命烈士陵园重新安葬。

刘护平终于完成了党中央和毛主席交给他的任务。

★ 以政法利剑守护新生政权

1949 年 11 月至 1953 年 10 月，刘护平在任新疆省公安厅党组书记、厅长，兼任新疆省人民检察署检察长、公安纵队政委党委书记，为新疆的社会稳定和民族团结作出了重要贡献。在此期间，刘护平查处了一些蜕化变节的叛徒，挖出潜伏在迪化（乌鲁木齐）的敌特分子，缴获特务电台 3 部。后来又在南疆、伊犁等地破获几起特务案，缴获特务电台，为巩固初建的人民政权作出了贡献。

1954 年 10 月，刘护平调任江西省人民检察署党组书记、检察长。

"文化大革命"期间，震惊全国的"新疆叛徒集团"案，刘护平首当其冲，遭到逮捕，拘送北京，被捕入狱达 8 年之久，身心受到残忍迫害。但刘护平始终相信党，与江青反革命集团进行针锋相对的斗争。

1975 年，党中央为刘护平平反昭雪。1980 年，刘护平任中国人民政治协商会议江西省第四届委员会副主席，虽身患重病，仍不忘党的工作。1983 年 10 月离休。

刘护平一生清廉，对党和人民无限忠诚。1985 年 7 月 23 日，刘护平因病在南昌逝世，享年 75 岁。

（程伟杰编写）

参考资料

1.《新疆通志·公安志》，新疆人民出版社 2004 年版。

2. 曾才堂：《刘护平传》，载《新疆地方志》1992 年第 3 期。

3. 井人：《杀害毛泽民的凶手　在他手上落网》，载《党史博彩》2003 年第 9 期。

4. 王蕙：《追捕杀害毛泽民烈士的凶手》，载《湘潮》2004 年第 1 期。

5. 黄禹康：《毛泽东弟弟毛泽民被害真相》，载《文史天地》2006 年第 11 期。

郭书森

郭书森（1931－2020），山东宁津人，1947年参加中国人民解放军，1948年4月加入中国共产党。1983年12月任新疆生产建设兵团人民检察院检察长，1985年5月任党组书记。曾任兵团农二师公安局局长、兵团农二师军事法院副院长，兵团农二师党委监委副书记，新疆维吾尔自治区南疆铁路工程纵队指挥部政治部主任，新疆维吾尔自治区化工局副局长兼新疆化工厂党委书记等职。

★ 在战争岁月中成长进步

1931年，郭书森出生在山东省宁津县时集镇郭皋村的一个农民家庭，读完小学后被父母送到宁津县师专学习，受村里革命气氛熏陶，1947年8月参军入伍，成为渤海军区教导旅学生大队的一名学员，开始了革命生涯，经过半年训练后，因文艺特长被分配到渤海军区教导旅三团任宣传队长。

1947年11月，渤海军区教导旅归入西北野战军建制，为中国人民解放军西北野战军第二纵队独立第六旅，1948年1月正式更换番号。1949年2月，独立第六旅整编为中国人民解放军步兵第六师，隶属第一野战军二军建制，郭书森开始随王震将军带领的部队转战大西北、挺进新疆，从西北野战军二纵队六旅十八团组织股干事、保卫股干事，到二军六师补充团二连指导员、十八团卫生队指导员，随军参加了运安战役、血战永丰镇、陕中战役、陇青战役等十大战役，从一名战士成长为基层连队指挥员。

1949年9月，郭书森随军至嘉峪关，参与新疆和平解放。11月随部队到达南北疆分界处的天山咽喉焉耆、库尔勒地区，任二军六师十八团卫生队指导员、保卫股副股长，二军六师政治部保卫科干事、助理员。

★ 在热火朝天的新疆和兵团建设中历练

1953年，郭书森所在的步兵第六师整编转业，改称中国人民解放军新疆军区农业建设第二师，1954年10月归属新疆军区生产建设兵团建制。在此期间，郭书森分别在农二师保卫部保卫科、政法科、公安局、法院等政法岗位上锻炼，为农二师的社会治安工作做了大量工作，积累了一定工作经验。1960 年 1 月调任兵团农二师工业处任副政委，1961 年 4 月任兵团农二师监委副书记，1965 年 4 月调任兵团农二师公交处政委，1971 年 1 月任兵团农二师工三团政委，为兵团农二师的基础工业发展作出了积极贡献。

1975 年 3 月，兵团建制被撤销，郭书森调任新疆维吾尔自治区南疆铁路工程纵队指挥部工作，任政治部主任，1979 年又调任自治区化工局任副局长并兼新疆化工厂党委书记。

★ 投身兵团检察院恢复重建工作

1981 年 12 月，新疆生产建设兵团恢复。1982 年 4 月，郭书森开始负责兵团调犯工作，任调犯办主任。同年年底，根据兵团党委的安排，郭书森参与到兵团公、检、法、司恢复和建立筹备组的工作中，与彭玉泉等其他成员一起研究制定兵团公、检、法、司等政法机构设置方案，该方案于 1983 年 10 月获新疆维吾尔自治区党委批准。

1983 年 12 月 12 日，新疆维吾尔自治区党委任命郭书森为新疆生产建设兵团人民检察院检察长，1985 年 5 月任党组书记。选址、选调干部、筹建组织机构、厘清职责是恢复重建的首要任务。郭书森结合兵团实际情况，经多次与兵团党委沟通，确定乌鲁木齐建设路 3 号（后迁到建设路 11 号）作为兵团检察院临时办公场所。根据兵团检察机关新建且在兵团从事过检察工作的干部极少实际情况，郭书森在选调干部时，除坚持中央有关文件和"四化"要求外，协调召回了从事过检察工作的人员。为加强经济检察工作还选调了一些政策性强、熟悉财会业务的干部充实到检察队伍中。在组织机构设置方面，设立三处一室，即刑事检察处（一处），负责审查批捕、审查起诉；侦查处（二处），负责经济检察、法纪检察工作；监所检察处（三处），负责劳改场所、看守所检察；办公室。1985 年，经济检察和法纪检察分设两个处，撤销侦查处，增设研究室。1987 年又增设控告申诉检察处，1988 年设立"犯罪案件举报中心"，兵团检察院各项检察工作逐步恢复开展。

为加强兵团检察院队伍建设，郭书森探索实行岗位责任制，1985 年主持制定了《新疆生产建设兵团人民检察院岗位责任制》，规定正、副检察长及各级检察人员、各类行政干部、党组、检察委员会、各处室职责范围，使管理工作日趋规范化、科学化。在干部考核方面，对处室以上领导干部实行首长负责与民主评议相结合的年度考评制。在干部职务晋升方面增强透明度和竞争性，采取民意测验为基础，以院党组、组织部门全面考察为准，重在德才能择优晋升的方法。

在组织兵团检察院恢复后重建工作的同时，郭书森还积极协调指导各师检察分院、垦区院的恢复重建工作。1984 年 8 月，向各师检察分院发出《关于兵团各级检察院组织机构设置的通知》，同年 11 月，与兵团公安局、法院、司法局联合向新疆维吾尔自治区计委呈送《关于恳请将兵团公、检、法、司机关基建投资列入自治区计划的报告》，协调兵团各师党委努力解决各检察机关"办案没有车、吃饭没有锅、办公没有桌"的实际困难。

郭书森坚持把维护国家安全作为检察机关的重大任务，根据党中央的决策部署和全国检察长工作会议要求，谋划推进兵团检察工作。1984 年，面对社会上各种刑事犯罪和经济犯罪活动猖獗，凶杀、抢劫、强奸、盗窃、投机倒把等案件大幅上升的现状，他带领兵团三级检察机关坚决贯彻党中央"依法从重从快"的方针，与兵团公安、法院等部门，按照"三年打三个战役"的部署，采取战役行动与经常性斗争相结合、集中打击与专项斗争相结合、普遍扫荡与重点深挖相结合的方式，积极开展严厉打击严重刑事犯罪、严重经济犯罪斗争活动。经过三年"稳、准、狠"的"严打"斗争，兵团辖区各类刑事案件发案率从 1983 年 23‰下降到 1986 年的 9.9‰，兵团社会治安形势明显好转，人民群众安全感明显增强。查处了一批经济犯罪案件，沉重打击了经济犯罪分子的嚣张气焰，保障了兵团改革开放和经济建设顺利进行。

兵团是全国的劳改监管单位之一。1983 年 10 月至 1985 年 10 月，兵团先后调入了一批劳改人员，其中不少为全国各地监狱、劳改场所的反改造分子，惯犯、累犯者居多，他们抗拒改造、破坏监管秩序、聚众斗殴、殴打管教干部。兵团检察机关恢复重建后，郭书森迅速部署开展劳改检察业务，1984 年至 1988 年，郭书森坚持把劳改检察业务作为检察工作的重点，他深刻认识到，在兵团劳改场所里，改造与反改造的斗争始终是尖锐的。在组织专项工作组到南疆各师劳改场所进行调研的基础上，印发《关于加强劳改检察工作的通知》，要求有危安犯任务的检察机关充分发挥法律监督作用，采取专人审查、集体讨论、检察长决定的办案机制，认真阅卷，严把事实、证据、定性三关，深入劳改单位的生产现场、学习现场、生活现场，落实宽严相济等政策，严厉打击犯罪人重新犯罪活动。他还坚持"办理一案、教育一片"、提高劳教机关人员办案水平、用好检察建议、严查劳改干警违法犯罪等理念和措施。通过连续几年的攻坚，使劳改监管秩序发生了较大变化，干警违法违纪现象减少了，犯人重新犯罪的案件下降了。

从 1984 年开始，在郭书森的领导下，兵团检察机关逐步开展对侦查、审判活动的监督业务。在纠正和查处公安机关侦查工作违法问题上，他要求既注意坚持原则，又要区分情况，讲究效果，分别采用口头或书面等方式，提出纠正意见，避免了一批冤错案件发生。在开展审判监督活动中，他坚持程序正义和实体正义，既监督法庭审判活动是否合法，还对人民法院的判决、裁定进行审查，对适用法律确有错误、量刑畸轻畸重、有罪判无罪的案件，依程序提出抗诉，纠正了一批冤错案件发生。同时，他还注重列席审判委员会的作用，要求检察人员发表正确的定罪量刑意见，听取人民法院的意见建议，共同提高办案质量。

郭书森工作讲原则，办事守纪律，同事们都很敬重他、拥护他、支持他；生活讲清正廉洁、节俭朴素，直至去世，家中也没有几件像样的家具。他有深厚的家乡情结，1961 年在家乡遇到特大水灾时，他组织协调了大量的甜菜丝、甜菜疙瘩，帮助家乡人民度过艰难的岁月。但郭书森对自己的亲属要求十分严格，从未利用自己手中的权力和关系，为家人谋利。

兵团检察院恢复重建至 1993 年离休，郭书森一直担任兵团检察院检察长，他带领全院干警坚持"一手抓建设、一手抓法制"的指导思想，遵循党在社会主义初级阶段的基本思路，围绕社会主义经济建设的总任务，坚持打击严重刑事犯罪与打击经济犯罪并举，推动各项检察工作全面开展，为发展社会主义民主和健全社会主义法治、保障改革开放和经济建设顺利进行、促进自治区和兵团社会稳定作出了积极贡献。

2020 年 10 月 12 日，郭书森因病逝世，享年 89 岁。

（郭瑞民编写）

参考资料

郭书森主编：《新疆生产建设兵团检察志》，新疆人民出版社 1995 年版。

敬毓嵩

敬毓嵩（1926－2021），辽宁营口人，1945年8月参加革命工作，同年加入中国共产党。历任黑龙江省公安厅处长，黑龙江省委政法部副秘书长，哈尔滨市公安局副局长，最高人民检察院特别检察厅检察员，黑龙江省人民检察院党组副书记、副检察长、机关党委书记。

★ 反抗黑暗统治　铸就崇高信仰

17 岁那年，敬毓嵩考入伪满陆军军医学校学习，在学校法西斯式的管理中，敬毓嵩目睹了贫苦积弱的旧中国，于是逐步走上了革命道路。敬毓嵩积极要求进步，主动与中国共产党在哈尔滨的地下党组织建立联系，在日伪政府的镇压下，冒着生命危险，秘密研读马列著作和革命书籍，提升思想意识，树立了共产主义信仰。

1945 年 8 月 15 日，日本宣布无条件投降的消息一经发出，敬毓嵩和 96 名中国学生手握长枪，成功解除了 134 名日本人的武装，在没有伤亡的情况下取得陆军军医学校的控制权。

投身革命的理想始终激荡着敬毓嵩的内心。日本投降后，各方势力都在觊觎陆军军医学校。1945 年 8 月 22 日，敬毓嵩正式参加革命，作为地下党外围组织的领导成员，组织了"新知识研究会"，充分发挥了团结同学、保护学校、收藏贵重药品和器材的领导作用。陆军军医学校在他的带领下，同国民党军队进行了艰苦卓绝的斗争，最终将学校完整地交给了中国共产党。

★ 参加土地改革和"挖匪根"活动

1945 年 10 月，敬毓嵩加入中国共产党。先后在哈尔滨市保安总队、黑龙江省肇州县公安局、黑龙江省公安厅、黑龙江省政府、黑龙江省委政法部、哈尔滨市公安局、哈尔滨百货公司等单位进行革命工作。

敬毓嵩在肇州县公安局工作期间，参加土地改革，开展"挖匪根"活动，有力地打击了土匪根基。在黑龙江省公安厅工作期间，对多个重要复杂案件进行侦查，并推广了追捕反革命逃犯的先进经验。在黑龙江省委政法部工作期间，深入基层一线调查研究，发现和树立了东莱街派出所这面"公安战线永不褪色的红旗"，有力推动了全省政法公安队伍的建设。

★ 参加审查起诉江青反革命集团案件

1980 年，敬毓嵩按照最高人民检察院的工作指示，参与了江青反革命集团案件的审查起诉工作，担任审查起诉、出庭支持公诉主犯王洪文的检察员。1980 年 6 月，敬毓嵩开展起诉前的各项准备工作，历时 8 个月的时间，在最高人民检察院黄火青、喻屏、江文等同志的直接领导下，提前介入公安机关的侦查工作，开展审查起诉、出庭支持公诉等工作。1980 年 9 月，五届全国人大常委会第十六次会议通过《关于成立最高人民检察院特别检察厅和最高人民法院特别法庭检察、审判林彪、江青反革命集团案主犯的决定》，起诉、审判江青、张春桥、姚文元、王洪文等 10 名主犯。经过特别检察厅大量细致的审查工作，被告人在证据面前认罪。1980 年 11 月 2 日，特别检察厅提出了起诉书，指控林彪、江青两个反革命集团诬陷、迫害党和国家领导人、策划推翻无产阶级政权等罪行。公诉林彪、江青两个反革命集团案是全国检察机关恢复重建后办理的具有全国影响的重大案件，它见证了检察机关的恢复重建，开启了社会主义民主法治建设的新纪元。

1981 年 2 月起，敬毓嵩任黑龙江省人民检察院党组副书记、副检察长、机关党委书记。结合检察机关刚刚恢复重建的实际，敬毓嵩加强研究谋划，针对如何加强法治建设、如何更好发挥检察机关的作用、如何改进检察干警的工作方法等问题进行了深入细致的研究和论证，提出了思想政治工作和业务工作一起抓的要求，撰写了《谈办案中的人情风》《检察工作改革刍议》等论文，总结了兰西县人民检察院、海林县人民检察院等先进典型的事迹，得到了最高人民检察院和黑龙江省委的肯定和推广。

1987年2月，敬毓嵩离休，担任黑龙江省人民检察院的法律顾问，多次协助办理疑难案件，并积极组织离退休干部参加法律事务工作，使广大离退休干部老有所为。

敬毓嵩注重家教、家风。敬毓嵩与妻子韩殿云是黑龙江省公安系统并肩作战的革命战友，在战斗中互相督促和监督，共同进步。他们的子女受到二人言传身教的影响，严于律己，虚心谨慎，敬业奋斗，在各自岗位上为党和国家的事业作出了积极贡献。

敬毓嵩理想信念坚定，始终牢记党全心全意为人民服务的宗旨，自觉践行公正司法，维护公平正义。

2021年1月23日，敬毓嵩在三亚市因病逝世，享年95岁。

（何其伟 黄博编写）

参考资料

1. 敬毓嵩同志干部人事档案。

2. 黑龙江省人民检察院院史资料收集整理领导小组编：《黑龙江省人民检察史资料整理大纲》。

沙 涛

　　沙涛（1949－1983），黑龙江鹤岗人。1969年11月参加工作，齐齐哈尔市人民检察院原助理检察员，在检察院工作期间多次立功受奖，先后被评为黑龙江省、齐齐哈尔市检察系统先进工作者和市劳动模范、"五讲四美"积极分子、"严打"斗争积极分子，记大功1次。沙涛同志牺牲后，1983年12月22日，黑龙江省人民政府批准沙涛为烈士；1984年1月1日，中共黑龙江省委追认沙涛为中国共产党党员；1984年1月，最高人民检察院授予沙涛"雷锋式检察干部"称号。

★ 奉献精神扎根于心

沙涛兄弟 5 人，他是家中长子。在他的少年时代，全国上下轰轰烈烈地开展向雷锋学习活动，从那时起，雷锋精神就在沙涛幼小的心灵上打下了深深的烙印。1965 年 8 月初中毕业后，沙涛报考了齐齐哈尔市机械工业学校，在这里，沙涛树立了正确的价值观和人生观，正如他在《〈烈火中永生〉观后感》中摘录的烈士所说的那段话："如果需要为共产主义的理想而牺牲，我们每个人都应该，也可以做到——脸不变色，心不跳！"

沙涛在工作中总是脚踏实地，勤于钻研，善于思考，无论从事哪项工作都能以强烈的责任心去对待。在建华机械厂当工人期间，他努力学习生产技术，在短短的几年时间里，就掌握了操作 MM582 万能细纹磨床加工精密细纹量具的方法，成为一个既懂机械加工知识又能阅读和制作图纸的车间生产骨干。有一年，建华机械厂七车间急需生产锣头，这种机件生产要求严、难度大，沙涛接受任务后积极思考，很快找到了解决办法，攻下了质量难关，保证了国防工业急需生产任务的顺利完成。

在做好本职工作的同时，沙涛刻苦钻研各方面知识。在建华机械厂宣传部工作时，他被选送到黑龙江省哲学社会科学研究所三室学习 17 世纪中俄关系史。在此期间，他阅读了大量中国史书，与其他 3 位同志共同撰写了《雅克萨战争》一文，论证了清代前期中国制造的"神威无敌大将军炮"在中国历史上第一次大规模对俄作战（雅克萨战争）中的作用和历史地位。这篇文章在中国社会科学院举办的沙俄侵华史研究会上受到重视，并在《历史研究》1975 年第 4 期上发表。这尊"神威无敌大将军炮"曾在中国通史展览会上展出，填补了博物馆历史兵器的空白。沙涛可谓立下了头功。

★ 勤奋无私的检察员

1979 年 11 月，齐齐哈尔市选拔一批优秀青年工人充实到公检法队伍，经过自荐和考核，沙涛调入齐齐哈尔市人民检察院工作。刚到检察院时，沙涛被分配到起诉处做书记员，由于字写得不够好，他的工作常常受到限制。为了练好字，沙涛拿出自己刻苦钻研的劲头，买了三种钢笔字帖，利用休息时间起早贪黑地练字，手指都磨出了茧子。为了适应办案记录的需要，不论是参加法庭旁听、开大会还是处里开会，他都认真做记录，用"有闻必录"的方法来提高记录速度，经过一段时间的苦练，沙涛的书写速度和质量都有了质的飞跃。出庭支持公诉是一项要求高、难度大，需要在法庭上当面与被告及其辩护人交锋的检察业务，除了苦学法律知识外，沙涛还利用业余时间，自修了政治经济学、哲学、逻辑学和犯罪心理学，写出了 20 余万字的心得笔记。

沙涛注重将理论与实践相结合，凡是有旁听开庭审理案件的机会，他都会尽量参加旁听。对每起案件的审理和辩论过程，他都详细地记载下来，并运用表格分析法，整理出了近 3 万字的《法庭辩论拾遗》。这篇文章在起诉处业务交流会上受到了同事们的一致好评。为了更加系统地掌握法律知识，沙涛还考取了吉林大学函授法律专业。听说梅里斯区检察院的老李业务水平高，沙涛多次徒步几十里去登门学习。一次，他到富拉尔基区办案回来，中途到梅里斯区就下了车，因为他听说老李到四十里之外的张地房子出庭去了，便搭车赶到那里，坐在太阳暴晒的旁听席上认真观摩。

沙涛有个弟弟叫沙丹，因抢劫被判刑送进了未成年人管教所。1979 年 8 月的一天，沙丹从未成年人管教所脱逃来到了齐齐哈尔，想在哥哥沙涛家躲一躲。沙涛不为私情所动，对弟弟进行了严肃的批评教育，然后立即联系派出所，在组织的协助下，把弟弟亲自送回了未成年人管教所。后来，他的弟弟再次越狱潜逃，虽然这次没有来找沙涛，但沙涛仍积极配合公安机关和相关部门进行追捕。1983 年，沙丹因在北安监狱杀人，被黑河地区中级人民法院依法判处死刑立即执行。判决前，法院考虑沙涛曾在帮教沙丹方面做过很多工作，就专门打电话询问沙涛的意见。沙涛答复说："一、我弟弟杀人犯罪，罪行严重，判处死刑罪有应得，没什么可以辩护的，也不请辩护人；二、我父母因为年迈多病，怕受刺激，所以弟弟死刑执行后的消息请直接通知我就可以了，以后我在适当机会慢慢告诉父母；三、尸体，请与医院联系作解剖用，我们家不去人了。"事后，他又把弟弟被判死刑的情况向党组织作了如实汇报。

★ 不图名利的热心人

"小事不小，小事里面见精神。活着干革命，一生献人民。"这是沙涛在日记里写下的话。在生活中，沙涛时刻以雷锋为榜样，助人为乐，把别人的困难当成自己的困难，危急关头总能挺身而出。

1970 年，建华机械厂发生了一起意外事故，造成多人受伤。当天夜里，沙涛辗转难眠，心里惦念着受伤的同事。突然，走廊里有人大喊："现在急需输血，谁同意快去！"沙涛听到后，没有一丝犹豫，应声起身，立即赶到医院献出了 300 毫升的鲜血，第二天又照常去上班。厂宣传部的一位老同志患有严重的肺气肿和支气管炎，每次看到老同志喘不过气来的痛苦样子，沙涛心里都跟着着急，总想帮他治好病。有一次，沙涛回鹤岗老家探望重病的父亲，听说枸杞子能治肺气肿，便利用假期时间，跑到山上采了一大包枸杞子，回厂送给了那位老同志。

沙涛还十分关爱青少年，并以实际行动支持青少年事业。1981 年6 月 1 日儿童节前夕，他给中国儿童少年基金会寄去了自己省吃俭用攒下的 10 元，以表示对中国少年儿童事业的关心和支持。此事他没对任何人说过，直到后来中国儿童少年基金会给沙涛回了信，并赠给他春芽图案纪念章，沙涛的同事、亲友才知道这件事。

★ 英雄事迹被鹤城人民广为传唱

1983 年 11 月 7 日，一场寒流刚过，齐齐哈尔市西虹桥附近的人工湖上结了一层薄冰。中午时分，2 名家住附近的青年来到湖心收网，不慎踏破薄冰，落入冰窟之中。其中一位落水青年的两个哥哥闻讯赶来营救，也相继陷落冰窟。沙涛中午下班刚好路过此地，看到湖心的冰窟中几个落水青年在奋力呼救，他没有丝毫犹豫，在岸边抱起一根六七米长、碗口粗的绞手杆快速向湖心冲来。落水者家属怕沙涛遇到危险，拦住他不让他上前，沙涛说："放心吧，没事。"便冲向湖心救人。在岸上群众的协助下，沙涛与落水者家属奋力救出了一名落水者。

由于还有 3 名落水者没有获救，沙涛赶忙上岸抱起另一根绞手杆，第二次向湖心跑去。他刚离开岸边 10 多米，突然，"哗啦"一声，冰层又塌了，他掉进冰冷的水中，过了好一会儿，才浮出湖面。此时，沙涛明知道越是往前走，危险就越大，却并没有退缩，跃出冰窟，将绞手杆横放在冰面上，抓住木杆在冰面上快速爬行。当他爬行了 100 多米远，离落水的 3 个人仅有七八米，刚要站起来将绞手杆递过去时，脚下的冰层再一次塌裂，他又掉进了 3 米多深的冰水中。冰水冻麻了他全身，冰碴儿刺破了他的双臂，鲜红的鲜血与寒冷的冰水混在一起，可他全然不顾，仍用尽全身之力营救落水者。此时，沙涛全身已冻得发紫，四肢僵直，体力快消耗殆尽，喘息困难。岸上的群众见沙涛救人落水，有的准备下水，有的扎木排，这时的沙涛用一只胳膊夹着木杆，只有头露在水面上，在危急关头，他拼出最后的力气高喊："赶快到派出所报告，拉木板来救人！"

此刻，沙涛的妻子也闻讯赶到湖边。她心急如焚，恨不能即刻盼来救生的船只……当营救的小船破冰赶到的时候，沙涛因在冰冷的湖水中搏斗一个多小时，精疲力竭、全身冻僵，沉入冰下壮烈牺牲。

1984 年 5 月 8 日，齐齐哈尔市第九届人民代表大会常务委员会第八次会议通过了《关于树立沙涛烈士塑像的决定》，将沙涛烈士纪念碑建于浏园江畔。2006 年 7 月 26 日，齐齐哈尔市人民政府将沙涛烈士纪念碑、铜像移至西满革命烈士陵园，让更多的人瞻仰纪念。

（梁伟男编写）

参考资料

1. 最高人民检察院《关于在全国检察干警中开展向沙涛同志学习活动的通知》〔〔84〕高检发（人）5 号〕，1984 年 1 月 9 日。

2. 赵晓秋主编：《跨越关山——他们点亮 70 年法治征途》，法律出版社 2018 年版。

程　然

　　程然（1978－2016），湖北孝感人，1997年3月参加工作，2005年7月加入中国共产党。1997年3月至2015年5月于孝感市孝南区人民检察院工作，曾任案件管理中心副主任、公诉科副科长、党组成员、检察委员会委员等职。2015年5月调入孝感市人民检察院，任未成年人刑事检察办公室负责人。2014年被授予"全国模范检察官"称号；2015年获评全国首届"守望正义——群众最喜爱的检察官""2014年度全国十大法治人物"，被授予"全国三八红旗手""全国先进工作者"称号。

★ 正气家风　涵养从检初心

1978年1月，程然出生于检察世家，她的父亲袁文波是一名老党员，也是孝南区人民检察院出了名的"认真王"。受父亲影响，她从小就崇尚法律，崇敬检察官。小时候，程然常趁父亲不注意，将父亲的检察制服披在身上，满怀憧憬——长大了要成为像父亲一样的优秀检察官。随着年纪的增长，程然逐渐了解父亲肩头的责任，坚定了从检的理想和信念。

1984年9月，程然就读于安陆市实验小学，入学前父亲郑重地对她说："然然，红领巾是用先辈的鲜血染红的，是少年先锋队的标志，只有像解放军战士那样不怕苦、坚强勇敢的人才有资格佩戴上它。"少年时期的程然牢记父亲教诲，学习上努力刻苦、争当先进。进入中学后，程然逐渐认识到，青年人要成长进步，必须接受团组织的教育和培养。1993年，程然光荣加入中国共产主义青年团，渴望成为共产党员的种子在她的内心生根萌芽。

1997年3月，中专毕业后，程然被孝南区人民检察院录用，她继承了父亲的品格，坚持修身守正、严谨处事、勤勉履职。同为检察干警的黄辉被她吸引，2001年两人结为夫妻。他们在生活上是相濡以沫的夫妻，在工作上是两把"检察利剑"，夫妻同心默默奉献，守护司法公正。"她视事业如生命"，生病期间丈夫用无微不至的照顾给予她最大的支持。

正气家风是程然赢得群众真心、获得社会认可的"秘籍"，也是程然党性坚强、纪律严明、廉洁从检的"后盾"。

★ 奋斗精进　抵达梦想彼岸

只有中专学历的程然，切身感到"短绠难汲深井水，浅水难负载重之舟"，于是她给自己定下了三个目标：拿本科文凭、过司法考试、读法学研究生。

她把别人聊天、逛街的时间全部用来学习，硕大的黄布书包是她唯一的行头。经过 11 年苦读，程然完成了"三级跳"：2004 年获得法律专业本科学历；2011 年通过司法考试；2013 年考取中南财经政法大学法律硕士在职研究生。

奋进的人生并非一帆风顺。2008 年程然已连续 4 年未能通过司法考试，为了参加北京的脱产培训，她"狠心"给不到 10 个月的儿子断奶。但程然从未后悔，她说："就是考到退休，我也要过司考！"又坚持连考 3 年，程然终于取得法律职业资格证书。2014 年 3 月 23 日研究生学业生涯开启，可病魔却成为她开启新篇章的"拦路虎"，家人、朋友劝她退学，但她却忍受着化疗的痛苦，坚持到学校报名。了解到她的情况，老师们特许她在家自学。于是，在武汉同济医院的病房里，有了这样一道特殊的风景线：一个打着点滴的癌症患者拿着法律书籍津津有味地学习。在此期间，她顺利通过民事诉讼法、物权法课程考试。

从中专生到研究生的华丽转身，从门外汉到业务能手，程然一步步点亮了自己的梦想。

★ 忠于职守　熔铸赤诚匠心

从检 19 年，程然先后调换了 8 个岗位：法警大队、技术检察科、办公室、反贪污贿赂局、检察委员会办公室、案件管理中心、未成年人刑事检察办公室。干一行、爱一行、钻一行、精一行,程然用实际行动诠释了一名党员的精神追求、一名检察官的忠诚本色,凡事冲锋在前、处处追求极致。一串串数字诉说着程然"高光"背后的艰辛与坚守。

从事司法会计鉴定工作 1 年,鉴定案件 18 件,件件得到法院采信;从事统计工作 10 年,累计填报报表 7568 张、案卡 3.8 万余张,数据"零差错",年年被评为优秀统计员;任检委会秘书,撰写会议纪要 98 份,首次将多媒体示证系统运用到检委会工作中,节约了司法资源;任案件管理中心副主任,仅用 7 天时间就完成了历年积累的线索清理、编号登记、造册工作,并建立综合受理平台,解决了长期困扰院里的案件归口管理问题,两年多时间,累计经手管理案件线索 146 件;任公诉科副科长,不到 10 个月办理刑事案件 65 件,成为公诉科之最,且无一错捕错诉;两次借调到孝感市人民检察院负责档案管理,累计整理档案 1.43 万余卷,并完成电脑建档,档案管理水平达到省特级标准。

对检察工作的热爱,使程然在平凡中坚守、在平淡中执着、在平实中卓越。

★ 心系群众　传递司法温度

程然始终牢记检察事业的根基在人民、检察事业发展的力量源泉在人民,对群众深恶痛绝的事零容忍、对群众急需急盼的事零懈怠,以执法为民的实际成效兑现"人民检察为人民"的庄严承诺。

"能不能帮帮忙?"2013 年 4 月,好友因表弟汪某斗殴在外地躲藏向程然求助,程然不为私情所动,耐心释法说理,劝说好友共同规劝汪某投案自首。程然又积极协调被害人,使双方自愿达成补偿协议,法院最终依法对汪某从轻处罚。看到汪某生活无着,程然与自己开餐馆的同学联系，撮合两人合资开了一家快餐店。

2013 年 10 月，陈某驾驶摩托车撞上夏某致其死亡。陈某的摩托车无任何保险，他本人吃"低保"，无赔偿能力。夏某也是低保户，家里还有个智障的儿子。程然利用工作之余，多次到村委会、民政局、派出所等地办理相关证明材料，为夏某家申请了 3000 元司法救助金。夏某的姐姐专程来到检察院，紧紧握着程然的手，久久不愿松开……

办案中，程然发现单亲家庭未成年人犯罪已成为社会的一大隐患。她看在眼里、急在心上。仅 2013 年，程然就为全区 12 所中小学上法治警示教育课 20 场次，受教育学生 1 万余人。建立了一个婚姻家庭 QQ 群，为离异男女牵线搭桥、重组家庭，7 名半脱管孩子重新回到家庭的怀抱。数据显示，当年孝南区未成年人犯罪比例为 5.36%，历史最低。

程然一生节俭，但面对苦难群众毫不吝啬。汶川大地震，她向灾区捐款 3000 元；新农村建设，她每年都向特困群众、孤寡老人捐赠衣物和生活用品。

程然住院期间，群众自发赶到医院，看望自己心目中"最喜爱的检察官"。

★ 带病工作　书写壮美华章

2013 年 12 月 20 日，程然猝然昏倒在办公桌旁，经过详细检查，被确诊为胃低分化腺癌（胃癌三期）。失声痛哭后的程然，坚持先返回岗位处理完手头的工作再住院，丈夫黄辉含泪将她送回单位。忍着袭来的阵阵剧痛，她满头大汗，一件件梳理未完成的案件。此时，同事们才知道，程然的身体早已出现不适，但她仍坚持连续几个小时站在公诉席上，扛着病痛没哼过一声。

手术前两天，程然仍像往常一样出现在办公室，领导和同事劝她休息，她总是笑着答应，然后继续沉浸在案件中。同事们默默地看着她整理案卷、开列补证提纲、制定工作清单……

2014年1月6日，程然做了胃切除手术，胆汁回流，灼伤食道，她不能吃喝，也不能躺下，只能呈90度端坐在椅子上，短短一个月内她暴瘦20多斤。

"只要精神不倒，生命就有希望，人生还有盼头，工作还能继续！"程然说。病情刚刚稳定，她就多次向医生申请回去上班。2014年4月15日，手术后三个多月，程然就穿上心爱的检察制服，又一次站上了她挚爱的公诉席，豆大的汗珠从程然的额头渗出，她的身体也在微微发抖，坐在身旁的同事始终为她捏着一把汗。

2015年年初，程然提出"律师参与涉法涉诉信访""聘请民行工作联络员拓展监督案源"工作建议，孝南区人民检察院采用新机制，使13件案件息诉罢访，办理民事执行监督案件20件，实现了历史性突破。

2015年5月，程然调入孝感市人民检察院，任未成年人刑事检察办公室负责人，立志完成"一年打基础、两年上台阶、三年创品牌"的目标。病情恶化后，同事们去医院看望她，她谈得最多的是如何实现三年创品牌。

为推动工作创新发展，治疗期间她从不放过任何能力提升机会，带队参加全省未成年人刑事检察业务培训班，参加全省检察官入额遴选考试……

2016年2月26日，年仅38岁的程然，人间征程止步。但程然精神永恒，"程然工作组"成为检察文化品牌，"与程然精神同行"的系列活动如火如荼。

（黄小东　张亚君编写）

参考资料

1. 戴佳:《让我的每个细胞都充满阳光》,载《检察日报》2014 年 10 月 16 日。

2. 周泽春、雷宇:《青年检察官程然:一路与时间赛跑》,载最高人民检察院公众号,2014 年 7 月 21 日。

3. 周泽春、闻睿:《程然:生如夏花》,载《检察日报》2014 年 8 月 11 日。

4. 祝伟、张婷:《燃尽生命　照亮检徽——追记"全国模范检察官"程然》,载《孝感日报》2016 年 2 月 29 日。

黄崇华

　　黄崇华（1959－1999），广东廉江人，1982年10月参加工作，1988年6月加入中国共产党。1985年8月从事检察工作，历任书记员、助理检察员、检察员。1996年1月任海南省人民检察院海南分院审查起诉处副处长。1999年3月16日，因秉公执法，不徇私情，黄崇华被犯罪分子报复杀害，年仅40岁。2000年11月，经民政部批准，黄崇华被授予革命烈士称号。2000年12月，最高人民检察院追授黄崇华"全国模范检察干部"称号。

★ 爱岗敬业的 "工作狂"

黄崇华长期从事审查起诉工作，他深知自己作为一名国家公诉人最重要的就是要忠于事实和法律，忠实履行法律监督职责。在工作中，黄崇华兢兢业业，严把案件质量关，对所办的每起案件都反复推敲，从不轻率认定，力求认定事实和适用法律准确无误。

1995 年 5 月，黄崇华所在办案组受理了儋州市西培农场陈某丰强奸幼女一案。犯罪嫌疑人先后 5 次作案，奸淫幼女 7 人。由于被害人都是七八岁的小女孩，虽然她们都陈述和辨认施害者为陈某丰，但是言词证据不够稳定，加之侦查机关没有对精斑作刑事技术鉴定，犯罪嫌疑人又翻供，证据情况难以达到提起公诉的标准。黄崇华与同事迅速赶往西培农场，找到 7 名被害人及其家属复核了证据，并提取了新的物证和证言，进一步固定了证据。在充分有力的证据面前，陈某丰在法庭上放弃了狡辩和抵赖，当庭跪地磕头悔罪。

1995 年 11 月，海南省人民检察院海南分院受理了儋州市人民检察院移送审查起诉的林某厚、林某成等 19 人爆炸案。这是一起造成多人伤亡和重大财产损失的特大恶性案件，案情复杂，取证困难，处理难度极大。时任办案组组长的黄崇华主动请求办理此案，他带领两名同事赶赴儋州夜以继日地开展工作，厘清了这宗特大爆炸案的犯罪事实，区分了主犯、从犯的责任，顺利对此案提起公诉，为法院开庭审理打下了坚实基础。

1996 年，在办理甘某某、钟某某故意杀人案时，为查清两名犯罪嫌疑人对被害人死亡是否负有直接责任，黄崇华带领办案人员 4 次到屯昌县，访问了近 20 位证人，为法院判处两名犯罪嫌疑人死刑提供了确凿、充分的证据。

1996 年 12 月，琼海市雷某某、吴某某、陈某某等 7 人流氓杀人一案被依法起诉后，一审法院判决雷某某、陈某某死刑，而主犯吴某某仅被判处有期徒刑 10 年，从犯林某某却被判处有期徒刑 15 年。经审查刑事判决书，黄崇华认为一审法院对吴某某量刑畸轻，坚持主张抗诉，并追究作"立功"证明的有关人员刑事责任。海南省人民检察院海南分院根据黄崇华等的意见，依法提起抗诉。二审法院采纳了抗诉意见，改判吴某某无期徒刑、林某某 10 年有期徒刑。

1996 年 10 月，黄崇华受命主办刘某某、岩某某等流氓案。这是一起造成 2 人重伤、4 人轻伤，具有严重社会影响的案件，有关方面对此案都极为关注，并有不同看法。面对错综复杂的关系，黄崇华不受干扰，恪守"以事实为根据，以法律为准绳"的办案原则，认真审查证据，正确适用法律，以流氓罪向法院提起公诉。最终，法院采纳了他的意见，以流氓罪作出刑事判决。

1997 年，黄崇华和他的助理在审查起诉周某某故意杀人案时，发现该案是一起多人持枪、棍、刀等凶器杀人的恶性案件，在当地影响极坏，被害人亲属多次提出控告，但侦查机关仅把周某某一人移送起诉。黄崇华审查后认为，对同案的其他主要行为人应当一并追究刑事责任。他向院领导汇报，提出追诉意见，并两次带领办案人员到案发现场调查取证。有人多次请托黄崇华，要求他改变追诉意见，但他坚持依法纠正下级执法机关的错误决定，使同案的另外 5 名犯罪嫌疑人被追诉并最终获刑，维护了法律的尊严和被害人的合法权益。

黄崇华对待工作，始终兢兢业业，踏实勤奋，主动办理重大疑难复杂案件。凡是与黄崇华一起工作过的人都说，黄崇华是个"工作狂"，他一心想着办案，手中有办不完的案，也有使不完的劲儿。十年间，黄崇华独立承办案件 100 多件，与他人合办案件 15 件，参与指导他人办案 400 多件。

★ 安于清贫的"热心肠"

黄崇华一家 7 口，父亲是海口标准件厂的退休工人，母亲在家操持家务，两位老人都已年逾古稀。妻子黄桂英在一家工厂当工人，弟弟妹妹们都在打临时工。

黄崇华家的客厅里，除了一张破旧的沙发和一张饭桌，唯一值钱的东西就是 1990 年购买的 18 英寸彩电和黄崇华被害前两个星期购买的一部国产新飞牌冰箱。因为听人说冰箱一天要耗一度电，他的父母舍不得，冰箱一直没有拆装使用。

黄崇华唯一的交通工具，是一辆骑了 20 年锈迹斑斑的 28 寸红棉牌自行车。同事们回忆说，他生前没有穿过一件高档衣服，没有买过一双好皮鞋，平时穿得最多的就是检察制服。1992 年单位搞房改，他东拼西凑借钱才买下一套房。

为补贴家用，黄崇华的母亲在房间过道里养猪，猪食是到左邻右舍或从别人的饭店里拾回的米水剩饭。一次，黄崇华母亲病了，黄崇华就用那辆破旧单车去提猪食，在路上走得急，不小心闯了红灯。交警将他拦住，查看证件，知道他是海南省人民检察院海南分院的副处长，很是惊讶。

黄崇华在生活上安于清贫，对同事和素昧平生的人却有着一颗炽热的心。

1996 年 4 月，黄崇华分管的办案二科几个同志出差去儋州市办案。走时还是骄阳似火，他们都只穿单衣。到儋州市后，气温骤然下降，还下起了小雨，这些同志在下乡调查时，冻得发抖。傍晚，他们回到旅店时，得知有人送衣服来。一打听，才知道黄崇华挨家逐户到他们家拿来衣服，交给出差路过儋州市的同志送过来。

1996年上半年，海南省人民检察院海南分院决定对一名犯罪嫌疑人作出免予起诉处理。宣布决定时，这名犯罪嫌疑人说他家在农村，在海口没有亲人，没有钱回家，黄崇华听后便从口袋里掏出20元给他作为路费。

1997年8月5日，海南省人民检察院海南分院的老干部孙文柏的儿子车祸身亡，孙老夫妇悲痛欲绝。单位决定派车到孙老的老家琼海市，接他弟弟来海口帮助料理后事。当时天黑路远，孙老正为没有熟人而发愁。黄崇华得知这个情况后，便随车前往琼海，把孙老的弟弟接到海口，当晚一直陪伴并安慰孙老到天亮。孙老夫妇每每讲起此事，都禁不住老泪纵横。

★ 公正廉洁的"公诉人"

黄崇华始终恪守检察官职业道德，廉洁自律，从不徇私牟利。

1996年，黄崇华和同事办理一起抢夺案。涉案的一名销赃犯罪嫌疑人的妻子是某镇副镇长。她通过海口一位熟人找到黄崇华说情，临走时放下2000元现金，说是给黄崇华和兄弟们吃顿饭。黄崇华坚定地说："钱在我们这里是买不通的。如果你不赶快拿走，那么连你也要受处理了！"中间人只好把钱拿走。

1997年，黄崇华分管的办案二科办理周某某故意杀人案，该案起诉至法院后由于证据上存在一些问题，法院拟作无罪判决，并将情况向检察院通报。黄崇华同办案人员认真研究后，向法院提出延期审理、补充侦查的意见。周某某的家人得知这一情况后打电话给黄崇华，请求他网开一面，不要再补充侦查，让法院作出无罪判决，并许诺一定重金酬谢。黄崇华不为所动，严词拒绝了对方的请求，继续补充侦查。最后法院以故意杀人罪判处周某某无期徒刑。

黄崇华公正执法、廉洁自律的高尚品质，得到人民群众的高度赞扬，同时也招致了犯罪分子的仇恨。

1998 年在审查王某某等抢劫、盗窃案时，黄崇华和办案人员发现海口市国税局干部蒙某某有销赃嫌疑。经院领导同意，他带领办案人员会同公安机关对蒙某某的销赃事实进行了补充侦查，在取得充分证据的基础上，建议公安机关以涉嫌销赃罪对蒙某某立案追究刑事责任。蒙某某得知后，先是委托黄崇华的朋友为其说情，但黄崇华坚持原则，并劝说蒙某某只有如实交代问题，退出赃车、赃款，才能得到从宽处理。蒙某某见软的不行就来硬的，在接受黄崇华和办案人员传讯时，对黄崇华等进行辱骂和威胁。黄崇华毫不畏惧，坚持依法追究其刑事责任。蒙某某因此对黄崇华怀恨在心，蓄谋报复，以重金雇用劳改释放人员唐某某等于 1999 年 3 月 16 日将黄崇华残忍杀害。

2000 年 7 月，海南省人民检察院追记黄崇华一等功。2000 年 8 月，中共海南省直属机关工委追授黄崇华"优秀共产党员"称号。2000 年 12 月，最高人民检察院追授黄崇华"全国模范检察干部"称号。

（孔冬冬编写）

参考资料

1. 中华人民共和国民政部批准黄崇华同志为革命烈士的"革命烈士证明书"。

2. 最高人民检察院追授黄崇华同志为"模范检察干部"称号的审批表及主要事迹材料。

3. 海南省人民检察院《关于给予黄崇华同志追一等功的决定》。

4. 黄崇华同志干部人事档案。

刘邦闹

刘邦闹（1955－2007），重庆忠县人。1975年9月参加工作，1981年9月调入忠县人民检察院，1983年6月加入中国共产党，曾任忠县人民检察院经济检察科副科长、民事行政检察科科长。2004年12月，被重庆市人民检察院授予"优秀检察官"称号。2005年2月，被最高人民检察院授予"全国模范检察官"称号。2005年4月，被国务院授予"全国先进工作者"称号。

★ 当事人赞他"有一种为民请命的豪迈和气概"

1975年，20岁的刘邦闹从万县财贸专科学校毕业，被分配到忠县三汇区供销社任会计，1978年调忠县供销社任会计。1981年9月，调入县人民检察院，成为经济检察股的一名工作人员。1983年年底，因工作出色，被提拔为经济检察科副科长。1985年9月，作为忠县人民检察院重点培养对象，参加西南政法大学法律专科考试，考出了原万县地区第一名、西南三省第十名的好成绩。1989年，忠县人民检察院组建民事行政检察科，刘邦闹出任科长。

1997年5月，忠县居民唐兴国等5人在诉讼过程中，发现被告与法院助理审判员刘某有亲戚关系，还拍到了刘某与被告在一起商量事的照片，因此怀疑判决不公，到忠县人民检察院找到刘邦闹为他们作主。刘邦闹详细听完来访者的陈述，心里震怒。作为一名法律工作者，维护法律的公正是起码的准则，如果是因法律水平不高，产生了误判情形，倒也可以理解，但如果知法犯法，徇私枉法，则不可宽恕。

刘邦闹立即调来该案案卷，认真分析，单从案卷内容看，根本看不出问题，但有一点可以肯定的，那就是案卷中记录的原告陈述与原告在检察院陈述的内容完全不符，刘邦闹意识到，这不是一个简单的错案，有可能是一起故意制造的错案。

"这件事我们一定要查个青红皂白，还你们一个公道！"刘邦闹郑重地向申诉人承诺。当刘邦闹准备深入调查时，说情的人上门了："你和刘某是本家，低头不见抬头见，何必把事情做得那样绝嘛。"刘邦闹断然拒绝了说情者："我不管他是谁，只要他敢徇私枉法，我就不会放过他。"不久，一些同事也纷纷前来劝他："刘科长，你什么人不好得罪，偏偏要去得罪法院的人？都是一个系统的，这一来我们今后怎么开展工作？""哪里有不正之风，我们就要予以纠正，这是我们的职责呀。"刘邦闹动情地说，"到我们民行科申诉的，都是实在没有办法了，我们能眼睁睁看着他们受冤屈吗？"就这样，刘邦闹顶着重重压力，对此案进行了深入调查。他发现，案卷中与申诉人所说不相符的地方，笔迹都与原件中其他页的笔迹不符，于是他专程前往原万县人民检察院，对可疑的地方进行了笔迹和指纹鉴定。鉴定结果证实，确为刘某所改。

1997年，经请示，此案交由梁平县人民检察院提起公诉，刘某因徇私枉法被判处有期徒刑1年，缓刑1年。这5名申诉人在联名给刘邦闹的感谢信中写道："你有一种为民请命的豪迈和气概。有了你，我们看到了国家的希望；有了你，我们对法律充满信心。"

★ "生命的长度不够，就努力增加厚度"

2001年1月，刘邦闹常常感到右侧面部麻木，右眼胀痛，右侧头部如针刺般难受。同事多次劝他到医院看医生，他却若无其事地说："可能是面部神经麻痹，吃几颗药就没事了。"

一忙又是半年。5月15日，刘邦闹到重庆市人民检察院汇报一件重大民事抗诉案，公务办完后，他顺便到第三军医大学第三附属医院看望一位生病好友，那位朋友见他肿得像面团似的右脸，极力说服他去做一次检查。第二天清晨，刘邦闹来到医院。在门诊部等了约两个小时，骇人听闻的检查结论令毫无准备的他目瞪口呆：右侧上颌窦癌，并已累及同侧眶下壁、翼颌窦、翼上颌裂、颞窦及鼻腔。

知道病情的第一个晚上，他辗转难眠，他认为自己不应该就这样倒下，他决心将生命的缰绳紧攥在自己手中，勇敢地面对死神，顽强地生活下去。他在自己的工作笔记本上写下了一段富有哲理的话："生命只是一个过程，有的人慢步走完，我不过是跑步而过……人的生命也要讲长度和厚度，我的生命长度不够，我要努力在这有限的生命长度上增加厚度……"

他深知，民事行政检察工作在落后的山区还处于半封闭状态，有不少当事人并不了解法律赋予检察机关的诉讼监督职能，从事这项工作的同志常常觉得有劲无处使，工作处于尴尬境地。为尽快摆脱这种被动局面，2001年年底，病中的刘邦闹邀请法院和律师事务所相关部门负责人召开联席会议，建立联系制度，共同维护法治统一和社会公平与正义，接着他又带领全科干警深入辖区42个乡镇调查研究，宣传法治。短短两个月时间，忠县人民检察院就受理民事行政诉讼案件40余件，提请并获准抗诉10件，法院改判7件，建议法院再审与执行和解4件。

民行科几名新手在刘邦闹的带动和培养下一天天成熟，无论是办案数量还是质量、效果都在迅速提高。刘邦闹身患癌症3年多，他带领两名战友立案办理申诉案件99件，建议提请抗诉65件，法院改判34件，服判息诉45件，建议法院再审14件，庭外调解1件。

2002年6月30日，刚从重庆化疗回来的刘邦闹就接手了一起复杂案件，那是一场因洪涝引发的巨额财产损害赔偿案。

1998年11月，华怡建司承包修建新生镇小学新教学楼，当时根据施工需要，由中心校出资，华怡建司修建一条施工支路。该支路过河沟时架设有一座带排水孔的小桥（未经有关部门批准），在该桥另一边的公路两侧，是吴某承包经营的6.5亩柑橘苗圃地，桥与苗圃，本无瓜葛，却因1999年的几场暴雨，它们各自的主人同时走上了漫长诉讼路。

2000年1月24日，吴某向忠县人民法院起诉称，华怡建司修建的过沟小桥影响排水，导致暴雨时河沟堵塞，洪水翻过公路使其苗床被淹没、浸泡，泥沙淤积，损失苗木5万株，请求判令华怡建司赔偿其经济损失17万元。一审法院审理后认为，原告吴某未能提供可靠证据证明其主张的苗圃受损系华怡建司修建过沟桥所致。同时，原被告双方的依据均是由双方各自指认的不同时间的不同洪水位置，不能作为本案事实依据。据此，一审法院驳回了吴某的诉讼请求。吴某不服，上诉至重庆市第二中级人民法院，二中院裁定发回重审，一审法院除根据案情将中心校追加为被告外，仍坚持了初审判决认定的事实。吴某仍然不服，再次上诉至重庆市第二中级人民法院，二中院审理此案认为，本案对洪水痕迹的两个鉴定结论时间不同，鉴定的位置各异，不能作为认定本案事实的依据。本案属于"多因一果"，据此，二审法院于 2001 年 12 月 21 日作出终审判决：撤销原判，由华怡建司适当赔偿吴某损失 5 万元。对此，华怡建司不服，于 2002 年 6 月 30 日向忠县人民检察院提出申诉。

为查清洪水是否会翻过公路，那段时间，只要一下暴雨，刘邦闹就急着赶往新生镇小学，实地查看洪水线位置。一次，风雨交加，他撑开的雨伞被风吹折，雨水湿透了全身，他就索性收起雨伞，站在过沟桥头，观察洪水线位置。为此，身体虚弱的刘邦闹患了重感冒。刘邦闹多次调查取证后提出了三条具体的抗诉理由，并报经重庆市人民检察院第二分院，建议提请重庆市人民检察院向重庆市高级人民法院提起抗诉。后经重庆市高级人民法院裁定，决定将此案发回二审法院再审。最后，二审法院作出改判：由华怡建司适当赔偿吴某苗圃损失费 1 万元。

★ 一生清贫，干干净净的检察人

刘邦闹生前一直住在忠县人民检察院职工宿舍楼内，一套不足 60 平方米的小屋，几件斑驳的旧家具还是妻子结婚时的嫁妆，一台老式长虹电视机外壳已锈迹斑斑。家里像样的电器是那台壁式空调，这是妻子张朝英心疼生病的刘邦闹，怕他经受不住重庆夏天高温才借钱买的。他家有两口锅，底子换了好几次，都舍不得换新的，这两口锅是刘邦闹还没结婚时买的。妻子张朝英早已下岗，女儿刘晓萍在远离县城几十千米外的三汇镇工作，500多元月薪除留下必要的生活费外，都要贴补父亲治病。

刘邦闹一生清正廉洁。有一次，一名中年男子提着酒和糖来到刘邦闹家，刘邦闹热情招呼，打听出他在哪儿买的后，便说："你家里本来就紧张，还去买这些干啥？我家还差你这些玩意儿吗？"非要他去退了不可。那人说："我买都买来了，怎么去退？"刘邦闹硬是带着那人到附近店里把这些东西退了。

刘邦闹在重庆住院期间，为了省钱，妻子还要从忠县背菜自己做饭，为了贴补家用，妻子在离家四五千米外的城郊山坡上种蔬菜，再背到街上卖，不好的菜就留下自家吃。刘邦闹吃的中草药都是碾成粉末，做成丸子吃。妻子张朝英说："因为这样，没有'丢头'，还节约天然气的钱。"刘邦闹常说，再苦再累能扛就自己扛着，这样即使走了也会心安。

2007年4月28日，与病魔抗争6年的刘邦闹在医院离世，终年52岁。简陋的家境、清贫的生活，与病魔抗争的同时还念念不忘手头的工作，他有限的生命迸发出无限的生机，增添了无限的厚度。

（周伟编写）

参考资料

1. 忠县党史和地方志研究室编：《建党百年·忠县百件大事百名人物》，2021年版。

2. 中共忠县县委：《关于向刘邦闹同志学习的决定》（忠县委〔2004〕90号），2004年8月12日。

王书田

王书田（1953－2013），江苏沛县人，1973年参加工作，1983年加入中国共产党。1998年2月调任临潼区人民检察院副检察长兼反贪局局长。曾任西安市公安局临潼分局监察科科长、党委副书记、政委等职。2004年获评陕西省"人民满意的政法干警"；2005年获评陕西省"优秀检察官""全国模范检察官""优秀共产党员"，并记一等功；2006年获评"中国法制新闻人物""中国十大杰出检察官""全国五一劳动奖章""全国优秀共产党员"，中共十七大代表；2010年5月被评为全国先进工作者。

★ 秉公办案　执法如山

1998 年 2 月，45 岁的王书田从西安市公安局临潼分局政委的岗位上交流到临潼区人民检察院，担任副检察长兼反贪局局长。一走上新的岗位，王书田就兢兢业业、一丝不苟地当起了"小学生"。白天，他与同志们交谈，深入开展调查，熟悉工作业务；晚上，他捧起法律书籍，对有关检察业务部分认真通读，特别对《刑法》中涉及职务犯罪的几十个罪名逐一研究。而这时候，他已身患肝病，经常感到头昏、倦乏、食纳差。他忍着病痛折磨，白天不知疲倦地工作，深夜还在挑灯"苦学"。王书田说："干一行不但要爱一行，而且要干一行懂一行、专一行，才能不辱使命，不负重托。"很快，王书田就成了反贪办案的行家里手。

查处职务犯罪案件有一个特点，只要是工作运行起来，办案干警就得不分昼夜地"连轴转"。王书田是主管领导，完全可以在办公室里坐镇指挥，但是只要一办案子，身为副检察长兼反贪局局长的他便一头扎进办案现场，干警们加班多久，他就坚守多久。累了，随便找个地方打个盹儿；饿了，囫囵吞上几口饭。正是在他的"身教"下，反贪局干警上上下下拧成了一股绳，把反贪工作的锋芒直指人民群众深恶痛绝的贪污贿赂、渎职犯罪。他到任的第一年，全院查办职务犯罪案件的数量就比上一年增长了 40%，该院反贪工作成绩跃居西安市检察系统前列，多次受到表彰，而王书田在不到一年的时间里却白了头发。

1999 年年初，王书田查办了临潼公安分局民警张某玩忽职守导致当事人坠楼身亡，引起部分群众冲击临潼区党政机关一案，在逮捕过程中，张某的情绪极不稳定，王书田认真给张某做思想工作，并亲自将其送进了看守所。马额镇某村书记王某横行乡里，贪污公款 2 万余元，群众敢怒不敢言，王书田带领反贪干警，冲破阻力，克服重重困难，依法将王某起诉至法院，群众为此自发送来锦旗，鸣放鞭炮。

1999 年 3 月，临潼区人民检察院接到中国水文地质勘探某大队职工举报该队财务科科长张某贪污公款的线索。身为主管副检察长的王书田亲赴一线，不管是在案件相持的时候，还是顺利的时候，他都始终和普通干警一起坚守在办案现场。由于该大队账目管理极为混乱，犯罪嫌疑人张某又有着二十多年的财务工作经验，且事先已有所准备。在与办案人员接触后，张某采取各种手段负隅顽抗，要么装傻充愣，东拉西扯；要么大骂职工群众栽赃陷害；要么装病住院，拒不配合。干警们苦查了一个多月，仍然难以突破，一度陷入僵局。面对这种情况，一直受病痛困扰的王书田拖着疲惫的身子，与几个办案骨干研究案情。他心情沉重地说："我们头上顶的是国徽，代表着国家；我们的背后是人民，有几千名工人看着我们！我们决不能让国有企业遭受损失，让人民的利益受到损害，它就是一块钢，我们也要把它啃下来！"他连夜和干警们对前期初查的证据重新逐条归类整理，综合分析，制定了新的侦查方案。白天钻进小山似的账本堆里，对账目进行整理分类，寻找突破口；晚上加班加点逐一核对，并作出会计鉴定，把账务彻底扎死。最后，终于查明张某贪污公款 12 万余元的犯罪事实。破案后，这个大队的职工自发地为反贪局送来了"人民卫士 腐败克星"的大红锦旗。

★ 勇斗病魔 坚强如钢

王书田同志 1986 年在公安机关工作时就患有乙肝，他虽然也很关心自己的病情，但是一上案子，就全身心地投入工作。由于过度劳累，他先后三次住院，两次大吐血，仍奇迹般从死亡线上挺了过来。即便如此，他只要病情稍微好转，就又回到了工作岗位。领导劝不住，同志劝不住，家属也劝不住。他总感觉到责任重大，放心不下案子。他始终以对检察事业的挚爱，以饱满的工作热情，坚守在办案第一线。

2001年6月1日，王书田在带领干警查处某银行临潼支行借贷部经理陈某挪用公款案时，连续加班一周，感到身体极为难受，头昏眼花。干警们闻讯后，迅速把他送到417医院。经诊断，他患有早期肝硬化腹水。但在休息后，他又回到了工作岗位。

2003年4月底，王书田带领反贪局干警加班加点十余天，查处了临潼区医院出纳王某贪污公款17万元的犯罪事实。5月4日办完案件，安排好干警休息后，他回家不久就开始吐血，第二次住进了医院。在输血4000毫升、摘除脾脏、昏迷五天五夜后，他奇迹般醒了过来。在经过不到5个月的休息恢复，他又上班了。

2004年3月，检察长方满友去市党校学习，王书田主持全院工作。3月27日，在查处临潼区某公司科长赵某贪污14万余元案件时，他一直忙到28日凌晨两点才回家，一个小时后他开始吐血，第三次住进了医院。经过抢救，早上8点前后，他感觉病情有所好转，就在医院给单位打电话，通知9点开检委会。当单位同志得知他住院赶到医院时，他还放心不下赵某案，要求"案子要紧快研究，人一定要采取强制措施，不能出任何意外"。

面对荣誉和成绩，王书田并没有满足，而是倍加努力，拖着带病的身体全身心地投入工作中。2006年，临潼区人民检察院党组考虑到王书田的身体状况，让其分管预防职务犯罪、监所检察、检察政治工作。面对新的任务、新的形势，王书田又扑下身子，深入科室与干警一起研究工作方案，制订学习计划，并取得了明显的工作成效。王书田加大对职务犯罪工作指导力度，带领干警进企业、进机关、进社区、进乡村、进学校搞调研，积极拓展预防工作空间，不断延伸预防工作触角，强势构建预防网络格局。在王书田的认真指导、精心部署下，临潼区人民检察院先后开展了国税系统"预防职务犯罪宣传年"、全区重点项目"百项工程阳光行"、渭河行北大桥建设工程专项预防、医疗行业"抵制诱惑 拒绝'红包'"等活动。同时，结合陕西省人民检察院提出的"两下移、三贴近"活动，王书田带领干警深入农户家中走访调查，又部署了"预防职务犯罪进万家"活动。以新市街办为示范点，建立了预防工作联络站，在11个行政村设立了预防工作联络点，在小组聘请了11名预防工作联络员，并将临潼区人民检察院11名中层领导干部配备为法治村长，与站、点、员层层签订了预防职务犯罪协议书。这项举措的出台，对减少农村职务犯罪、农民涉法上访以及促进新农村建设起到了积极的推动作用，形成了临潼区人民检察院的特色品牌。尤其是在秦陵遗址公园开展的重点工程预防，其经验和做法先后被中央电视台、《检察日报》等多家媒体刊登报道，连续三年被评为省、市预防工作先进单位，预防职务犯罪工作成绩在最高人民检察院举办的预防职务犯罪成果展上展出。

王书田同志坚持经常深入监区、号舍，与在押人员谈话，了解在押人员思想动态，在他的督促指导下，监所检察室从在押人员伙食、健康状况、监所安全等多个方面加强监督检查，建立了一整套全方位、无缝隙的监督机制，确保了在押人员的合法权益和监管场所的安全稳定，监所检察工作连续九年保持了羁押"零基数"，被最高人民检察院评为二级规范化检察室。

★ 铁面无私 清廉如水

王书田多年从事政法工作，在办案中始终坚持铁面无私，拒说情、拒收礼、不徇私情，严格依法办案。西安市人民检察院和新闻媒体记者在向发案单位、社会各界、社区群众以及王书田的亲朋好友走访调查中，大家一致反映，找王书田说情，王书田从未答应过，大家一致认为，王书田是一位清正廉洁、秉公办案的好检察官。1998 年 2 月，王书田在调往检察院工作时，一位平时从未去过他家的民警李某，出于对王书田的敬重，到他家为他送行。2000 年，该民警涉嫌刑讯逼供，被检察院立案查处。王书田的妻子李玉琴得知这一情况后，认为这位民警人品不错，试图为这位民警说情，结果被王书田顶了回去。该案依法起诉到法院后，法院作出了有罪判决。王书田作为检察机关领导干部的杰出代表，在平凡的工作岗位上保持了共产党员的政治本色，保持了人民检察官的良好形象。

2013 年 4 月 19 日，王书田因病在西安逝世，终年 60 岁。

（岳红革编写）

参考资料

1.《铁面办案，铁血铸魂》，载《光明日报》2018 年 12 月 21 日，第 2 版。

2. 中央电视台时代先锋栏目——王书田，2005 年 11 月 21 日。

3.《书田走了，但他留下的更多》，载《检察日报》2018 年 11 月 28 日，第 6 版。